降伏其心

万行

② 2

대유불교시리즈 【12】 항복기심 ② 부처가 되는 수련의 길

- 초판 발행   2018년 8월 28일
- 저자   만행스님
- 번역   지연 옥간
- 교정   법승 화장 여서 서림심우 동우 현진 지아정심 유소정 권규민
- 편집   이연실 윤여진 박순영 김시연 최진형
- 발행인 윤상철   발행처 대유학당 since1993
- 출판등록 2002년 4월 17일   제305-2002-000028호
- 주소 서울 동대문구 휘경동 258 서신빌딩 402호
- 전화 (02)2249-5630~1
- 홈페이지 http//www.daeyou.net 대유학당
- ISBN 978-89-6369-086-5 03220
- 정가 **20,000**원

- 이 도서의 국립중앙도서관 출판예정도서목록(CIP)은
  서지정보유통지원시스템 홈페이지(http://seoji.nl.go.kr)와
  국가자료공동목록시스템(http://www.nl.go.kr/kolisnet)에서
  이용하실 수 있습니다. (CIP2018025986)

- 후원해 주신분들
  성견(了尘)스님 원명스님 정각스님 法承스님 화장스님 단호스님 현성스님
  心亮慧誻스님 중성스님 지아스님 서림심우스님 동우스님 보민스님
  一壺世界 智涌法師 慈傳佛堂 李花子 雲澤 王經輝 金軒庭 金燕 金釋蘭 苗秀菊
  주희순 이은희 최영호 이정안 祁燕보살 김경원 김남숙 김복길 노병간 박준희
  박중환 배영자 백옥숙 서명환 서민국 이경우 조미자 진성거사 최인석
  윤재기 이정남 윤윤호 최미옥 윤성혁 윤소윤

降伏其心

萬行

머리말

　동화선사[1]는 육조이신 혜능대사께서 은거하며 수행하셨던 성지 聖地이다. 이곳에서 3년 동안 마음을 닦으며 불법을 빛내려고 노력하며 무문관수행을 할 수 있었던 것은 나에겐 큰 행운이었다. 이 3년간의 수행으로 그전에 행했던 두 차례의 무문관수행을 원만하게 마무리 지을 수 있었다.

　불교의 역사는 유구하고 그 뜻은 넓고도 심오하다. 나는 중학생 때 이미 불교에 심취했고, 출가하여 민남 불교대학에 들어간 이후에는 불교뿐 아니라 도교·유교의 경전들을 읽고 연구하며 그 깊이를 더하였으며, 세 차례의 무문관수행을 통해 그것들을 융합시켜 나와 한 몸이 되게 하였다.

　동화사는 중국 남조시대南朝時代 양梁나라 502년에 세워졌다. 하지만 1500여 년의 세월이 흐르면서 흔적이 거의 없어지다시피 했는데, 내가 2001년에 중창불사를 다시 시작하며 '선禪'자를 보태서

---
[1] 중국 광동성 옹원현 소재

동화선사東和禪寺라고 이름 하였다. 부처님을 공경하며 따르는 것에 멈추지 말고, 부처님의 가르침에 따라 수련하여 부처님이 되라는 뜻에서이다.

낮에는 신도들과 절을 짓고 밭을 갈며 밤에는 함께 공부하며 수련하였는데, 7년 동안 무문관수행의 경험과 깨달음이 힘이 되어서 뜻을 같이 하는 신도들이 나날이 늘어났다.

신도들은 설법한 내용을 책으로 정리하여 불법을 이해하는데 도움을 주자고 하였다. 하지만 나는 산승山僧이라 학식이 깊지 못하여, 만에 하나라도 사람들을 잘못 인도할까 두려워서 설법한 내용을 녹음하지 않았고, 책으로 낼 생각은 더더욱 하지 않았기 때문에, 이제 와서 책으로 펼쳐낸다는 것은 무척 난감한 일이었다.

그렇지만 여러 인연이 구비되었음을 깨닫고, 2002년 겨울부터 2003년 여름까지 사부대중과 함께 공부하고 수련하며 설법한 내용을 『금강경』에 나오는 '항복기심' 글귀를 제목으로 삼아 책으로 엮어 내기로 하였다.

나의 좁은 소견을 드러내어 다른 사람의 고견을 듣고, 여러 선지식과 만나서 가르침과 지도를 받고 싶으며, 또한 이 책을 통하여 한국독자들이 불법과 인연을 맺고 선근을 심어 행복한 삶을 누리는데 도움이 되었으면 하는 바램이 간절하다.

2018년 7월
중국 광동성 옹원현 동화선사에서
석만행 삼가 씀

일러두기

① 이 책은 2012년 10월에 『항복기심-성불하는 마음가짐과 수련법』이라는 제목으로 일부분 출간되었던 것을, 2018년 완역하여 3권으로 재편성해서 출간한 것입니다.

② 중국 동화선사에서 발행한 책은 만행스님의 설법을 날짜순으로 정리한 것이었으나, 한국에서 출간하면서 주제에 맞게 순서를 재배치하고, 소제목을 달아 읽기 편하도록 편집하였습니다. 1권의 뒤편에 『항복기심』의 원래 순서를 실어 놓았습니다. 이 책의 원문은 동화선사 홈페이지(www.donghuasi.org)에서 보실 수 있습니다.

③ 불교의 전문적인 용어나 속담 등은 원문을 함께 실었으며, 한자 병기가 필요한 곳은 그대로 두어 뜻을 음미할 수 있도록 하였습니다.

④ 한국에서는 '아미타불'이라고 음역하는 것이 보통이지만, 만행스님의 의견에 따라 '어미타불'로 수정하였습니다.

⑤ 본문에는 '서장'이라고 한 것을 한국독자들의 이해를 돕기 위

해 '티벳'이라고 하였습니다.

　⑥ 글 중간중간에 편집자 주석을 했고, 내용이 긴 것은 그 장의 하단에 주석으로 처리하였습니다. 이는 오로지 독자들의 편의를 위해 편집자가 주석한 것으로, 혹여 잘못 주석한 곳이 있으면 연락 주시기 바랍니다.

목차

【2권】 부처가 되는 수련의 길

■ 머리말 5 / 일러두기 7 / 목차 9

제 4부 스승의 역할

1강. 수행의 진정한 진보는 마음의 변화이다   17
2강. 불법의 시작과 머무는 곳   31
3강. 수련방법을 어떻게 보는가?   53
4강. 어떻게 자기의 마음을 열어놓을 것인가?   73
5강. 우란분회란 무엇인가?   87
6강. 법맥을 전승받으려면 겸손하고 공손해야 한다   101
7강. 마음을 한 곳에 두면 못할 일이 없다   119

제 5부 염불

1강. 염불은 어떻게 하는가?   125
2강. 어떻게 정확히 염불할 것인가?   137
3강. 염불한 씨앗을 어떻게 8식심전에 심을 것인가?   149

제 6부 입정과 무아

1강. 수행과정의 4가지 반응   167
2강. 마음을 가라앉히는 것이 수행이다   171

3강. 어떻게 도를 알고, 수도하고, 증도할 것인가?   183
4강. 무엇이 일심불란인가?   201
5강. 일심불란으로 일을 하는 것이 바로 수행이다   207
6강. 어떻게 하면 잡념에 머무르지 않는가?   221
7강. 순기자연과 무아   235
8강. 잠드는 것과 입정   247
9강. 지관止觀과 입정入定   265
10강. 입정의 네 단계   275
11강. 어떻게 정확하게 입정해서 머무를 것인가?   289

제 7부 좌선

1강. 매일 두 시간 이상 좌선해야 한다   303
2강. 정좌하는 방법   307
3강. 좌선하는 과정에서 자발동공이 생기는 원인   339
4강. 진심을 지키는 것은 모든 수련방법을 초월한다   351
5강. 체내의 에너지가 깨어나면 어떤 현상이 있는가?   373
6강. 머리가 몽롱하고 혼란한 것을 어떻게 다스리는가?   389
7강. 무엇이 분명한 경계인가?   403
8강. 화두는 어떻게 참하는가?   415
9강. 선칠 수련의 의의(打七的意義)   427

제 8부 동공과 음념법

1강. 불법은 실증에 의거한다   441
2강. 「육자대명주」 음념법(六字大明咒音念法)   453
3강. 연화생동공   469
4강. 진리의 깨달음   479
5강. 어떻게 에너지를 활성화 하는가?   505

- 찾아보기   513
- 만행스님 글씨   517

【1권】 부처가 되는 길을 향해서

■ 머리말 5 / 일러두기 7 / 목차 9

제 1부 부처가 되는 길

1강. 무엇을 하는 것이 수행인가? 17
2강. 신앙은 성불수행의 근본이다 27
3강. 성불수행은 자기의 체득과 소감이 있어야 한다 41
4강. 부처를 믿는 것과 성불수행 51
5강. 성불수행은 어떻게 하는가? 67
6강. 총림叢林의 규칙 85
7강. 사원의 규칙 91
8강. 불문의 규칙과 예의 97
9강. 성불수행을 하는 사람은 달라야 한다 103
10강. 옳고 그름에 대해 121
11강. 열두 띠의 원리 135

제 2부 식견의 중요성

1강. 성불수행은 자기의 부처님사상이 있어야 한다 151
2강. 수행자는 자기를 관리할 줄 알아야 한다 161
3강. 무엇을 정지정견正知正見이라고 하는가? 173
4강. 만물은 한 몸이다 189
5강. 성불수행은 식견이 첫째다 203
6강. 식견은 수행의 처음이자 끝이다 219
7강. 노인도 수련하면 성공할 수 있는가? 233
8강. 몸과 마음을 같이 수련해야만 원만하다 249
9강. 『아미타경』에서 말한 임종의 참뜻 269
10강. 수행에 있어서 몇 가지 중요한 문제 287
11강. 수행의 세 가지 요소, 식견 수증 행원 303

12강. 실제적인 수련이 없다면 식견도 원만할 수 없다   319
13강. 도를 닦으면 경계가 생긴다   323
14강. 빙의(附體)는 어떻게 오는가?   331
15강. 자기의 마음을 똑똑히 보아야 한다   351

제 3부 수행자의 종합적 자량

1강. 선지식에 대해   369
2강. 자아반성이 곧 수련이다   379
3강. 공경하게 바치는 정신   385
4강. 종합적인 자질   399
5강. 부처와 비교해야 비로소 자기를 알아본다   413
6강. 수련은 쉬우나 사람노릇은 어렵다   425
7강. 성불수행은 사람노릇을 배우는 공부다   437
8강. 아집을 없애야 부처와 하나가 될 수 있다   453
9강. 성불수행을 하고 사람노릇을 하려면
     반드시 실증적 수련을 해야 한다   463
10강. 복과 지혜는 함께 닦아야 한다   475
11강. 성불수행을 어떻게 사용하는가   491
12강. 남녀쌍수男女雙修라는 것이 있는가?   501

- 만행스님은   508
- 역자 후기   510
- 찾아보기   512
- 항복기심 중국어판 찾아보기   516
- 남은 이야기 – 도록   521

【3권】 부처와 한 몸이 되다

■ 머리말 5 / 일러두기 7 / 목차 9

제 9부 명심 견성

1강. 명심과 견성과 증과의 구별	17
2강. 수행인과 팔상성도八相成道	31
3강. 수행의 단계 – 명심 견성	45
4강. 정기신과 열	65
5강. 견성한 다음의 수련(1)	87
6강. 견성한 다음의 수련(2)	99

제 10부 무문관수련

1강. 영성을 어떻게 수련할 것인가?	121
2강. 신체수련과 육조의 실천	131
3강. 수행자들의 병폐는 청정한 것을 즐기는 것이다	145
4강. 무문관수행의 규칙	161
5강. 무문관수련할 수 있는 조건	175
6강. 무문관수행의 경계에서 나와야 한다	187

제 11부 무위법과 연꽃이 활짝피다

1강. 유위법과 무위법의 수련방법	201
2강. 향불을 관하면 좋다	211
3강. 선禪 정淨 밀密의 관계	221
4강. 성불수행은 공空부터 배워야 한다	233
5강. 대광명을 뿌린 다음 어떻게 수련해야 하는가?	243
6강. 어떻게 우주법계와 하나로 융합할 수 있는가?	257
7강. 무상대법 수련	281

8강. 수련방법의 수련과 도를 수련하는 것의 차이   301
9강. 화신化身은 어떻게 오는가?   317
10강. 관상은 아주 효율적인 수도방법이다   331
11강. 생리수련과 수도   341
12강. 자기가 변해야만 성불한다   383
13강. 연꽃이 활짝 피다   397

제 12부 성불과 보살행

1강. 근본지와 후득지   415
2강. 『단경』과 선종   437
3강. 어떻게 하면 관자재가 되는가?   451
4강. 잡념과 4대와의 관계 - 우리 몸에 있는 풍수   467
5강. 세상일을 겪으며 마음을 연마하는 것은
       복과 지혜를 함께 닦는 일이다   483
6강. 화신化身과 8식의 단계   497
7강. 어떻게 만물과 한 몸이 될 것인가?   507

■ 찾아보기   524

제 4부 스승의 역할

1강
수행의 진정한 진보는 마음의 변화이다

상기를 다스리는 법

어째서 좌선할 때 트림을 하게 되는가? 심신이 조화되고 통일되지 못했기 때문이다. 그래서 기氣가 가라앉지 못하고 다시 위로 올라가 트림을 하는 것이다. 또한 좌선하기 전에 몸 안에 있는 숨을 밖으로 내보내어야 하는데 그러지 않은 것이다.

숨을 내보내지 않고 좌선하면 시간이 갈수록 위장에 허기虛氣가 쌓이면서 트림을 하게 되고 위장에 어혈까지 생긴다. 이런 상황에 빠지면 화를 내고 짜증도 내게 된다. 이는 기가 가라앉지 않아서 생기는 현상이다. 그러므로 기가 가라앉지 않았다면 방법을 찾아 밖으로 내보내야 된다.

이를테면, 간肝에 발생한 열을 제거하려면 천천히 '쉬(噓)~' 소리를 내면 된다.

또 달마조사께서 전수해주신 '후(呼)~', '시(唏)~', '하(哈)~' 세 글자를 매 글자마다 세 번씩 읊는다. '후~, 시~, 하~, 후~, 시~, 하~,

후~, 시~, 하~'이다.

또 다른 방법은 기를 단전까지 깊게 들이마셨다가 숨을 세차게 내쉬면서 이 세 글자를 읊어도 된다. 내쉴 때는 아랫배가 쏙 들어갈 때까지 말끔히 내쉬어야 한다.

지자智者선사께서는 한걸음 더 나아가서 '허(呵)~, 추우이(吹)~, 후(呼)~, 쉬(噓)~, 희(嘻)~, 시(呬)~'의 여섯 글자를 주창해서 병을 물리치게 하셨다.

오늘은 유난히 춥다. 이 추운 날씨에 앉아 있었는데 왜 손발이 따뜻한가? 손발이 따뜻하지 않다면, 아직 몸과 마음이 풀리지 못했고 기혈이 통하지 못한 것이다. 좌선을 잘 하면 겨울에도 온 몸이 따뜻해지고 여름에는 시원해진다. 기혈이 통하지 못하면 몸이 조화롭지 못하게 되고 마음도 평안해지지 않는다.

요즘 여러분들이 앉은 자세를 보면 대체로 바르지 못하다. 자세가 바르지 않기 때문에 기혈이 막히고 통하지 못하는 것이다. 자세가 바르고 정확해야 기혈이 통하고 기가 가라앉는다. 어떤 사람은 좌선을 오래해서 등이 구부러졌다. 그 원인은 자세가 바르지 않기 때문이며, 나아가 중기中氣가 부족하기 때문이다.

진실해야 진보가 된다

수행을 오래하였는데 왜 이렇게 성취가 더딘 것인가? 여러분이 생각하기에 수준이 높아졌다고 하겠지만 내가 보기에는 더디다.

심지어 진보한 것이 아예 없다. 듣기 좋은 말은 누구나 할 수 있지만 무슨 소용이 있겠는가?

좌선을 오래 하다보면, "아, 빛이 보인다, 소리가 들린다. 수행이 한 발 나아갔구나!" 라며 자신이 진보했다고 착각할 수 있다. 빛과 소리처럼, 보이고 들리는 것이 오가기도 한다. 그러나 이런 것들이 수행의 진보에 무슨 소용이 있겠는가? 중요한 것은, '수행을 통해 우리의 마음 상태가 어떻게 바뀌었으며 또 받아들이는 능력이 얼마나 높아졌는가'이다.

수행자는 반드시 진실해야 한다. 진실한 만큼 얻는다. 오직 진실해야 탐욕과 아집을 타파할 수 있다. 평상시의 말과 행동은 그 사람의 속마음을 나타낸 것이다. 억지로 가식을 만들어봐야 얼마나 가겠는가? 얼마 지나지 않아 내면의 자질이 드러나게 된다. 수행을 통한 내면의 변화가 있어야 진실하고 솔직하며 자연스러워질 수 있다.

다만 처음에는 인위적으로 자기 마음을 변화시키는 과정이 필요하다. 자연의 순리를 따른다는 미명하에 마음을 내버려두면 절대로 마음 상태가 바뀌지 않는다. 왜냐하면 인간의 습성에는 세세생생(죽고 다시 살아나기를 반복) 이어지면서 누적된 것들이 너무 많기 때문이다.

🈯 규율과 마음의 변화

　선조들께서는 순리에 따라 그대로 두어서는 영원히 변화할 수 없고, 오직 강제적인 방법으로만 마음을 바꿀 수 있음을 깨달으셨다. 그래서 나라에는 법률이 있게 되었고 종교에는 계율이 있게 되었다. 만약 제약을 안했는데도 나쁜 습성을 바꿔나갈 수 있다면 법률도 필요 없고 계율도 필요 없을 것이다.

　새로운 단체에 들어가면 낯설게 느껴지는 이유는 무엇인가? 각 단체에는 저마다의 규칙이 있기 때문이다. 이런 규칙의 대부분은 사람의 습성이 제멋대로 퍼지는 것을 방지하는 목적이 있다. 규칙에 익숙하지 않다는 것은 그만큼 나쁜 습성과 습관이 많다는 것이다.

　내가 오랫동안 동굴에서 살다가 총림에서 단체생활을 하게 되니, 처음에는 모든 것이 익숙하지 않았다. 총림에서의 일과 행사는 전부 통일되어 이루어진다. 공양하는 것도 통일이고 예불하는 것도 통일이고 좌선하는 것도 통일이므로, 자의적인 도량행을 금지한다. 만약 마음대로 도량행을 하면 한두 번 경고하고 그래도 지키지 않으면 내쫓는다. 승려들은 유행가 같은 것을 들어도 안 된다. 이렇게 금지했는데도 듣지 않으면 이 역시 쫓아낸다.

　우리 몸에는 '가시'가 너무 많아 단체 생활에 적응하기 어렵다. 만약 우리 몸에 이런 저런 습성이 없고 대중을 따를 수 있다면 어디를 가든지 모두 극락의 도량일 것이다.

　군대에 "모든 군인은 한마음 한뜻이다."라는 말이 있다. 총림도 마찬가지이다. 매일 예불하고 독경하고 좌선하고 참선하며 울력하면서, 몸에 배인 각종 습성들을 다스리고 몸에 돋은 가시들을 모조리 빼버리는 것이다. 그래야만 비로소 어디를 가든지 적응할 수 있다. 공양하기 전에 먼저 부처님께 공양을 올리는데, 이것이 습관되면 매일 공양 전에 즐거운 마음으로 부처님께 공양을 올릴 것이다. 마찬가지로 어떤 사람의 생각과 의식이 오로지 부처님 밖에 없도록 바뀐다면 그 사람의 행동은 자연스럽게 부처님과 상응할 것이다.

공양하기 전에 부처님께 공양을 올리지 않고, 또 사온 물건들을 우선 부처님·보살님과 믿고 받드는 성인께 공양하지 않으면 영성은 가피를 받지 못한다. 요즘 젊은 스님들은 공양하기 전 부처님께 공양 올리기를 싫어하고, 평소에 예불하는 것도 싫어한다. 이러한 것을 두고 마음 밖에서 법을 구한다고 말하는 것이다. 그렇다면 옛 분들은 이런 것을 깨닫지 못하였단 말인가?

어떤 사람들은 나무로 조각한 목각불상에는 편히 예배를 하지만 선배님(노수행자)에게 예배드릴 때는 얼굴이 붉어진다. 무엇 때문인가? 마음속에 있는 아집이 훼방을 놓기 때문이다. 노수행자들은 생존해 있으며 자기를 지켜보는 사람이기 때문에, 예배를 드리면 왠지 모르게 쑥스럽게 여겨진다. 우리들은 목각불상은 물론이고 선배님께도 머리를 조아리며 절을 할 수 있어야 한다. 절하는 행위는 선배님께서 바라는 것이 아니라 사실 우리 자신을 위한 일이다.

자신의 결점을 보라

불교에서는 탐貪(탐욕스러움), 진嗔(성냄), 치痴(어리석음), 만慢(게으름), 의疑(의심함)를 근본번뇌라고 한다. 덧붙여 말하면, 오만함도 성불수행成佛修行을 할 때의 큰 장애이다. 과거에 나는 스스로 오만함이 없다고 가벼이 생각했는데 오만함은 사실 매우 중대한 것이다.

아주 작은 아집은 세심히 관찰하지 않으면 발견하기 어렵다. 나는 이전에 다른 사람들이 내 결점에 대해 말하고 있다는 것을 전혀 느끼지 못하였다. 그들이 말하는 내 결점이란 것이 '언어가 체계적이지 못하고 요점을 명확하게 말하지 못한다'는 것이었다. 한 사형께서 나를 고쳐주겠다고 하시면서 근 열흘 동안 집중적으로 나의 결점만을 들추었다.

나는 나 스스로를 변화시키고 앞으로 나아갈 것을 갈망하며, 또 나 스스로를 이기기 위해 나를 완전히 열어놓고 그 사형께 신랄하게 내 결점을 들추라 하였다. 매번 사형이 결점을 말할 때마다 평온한 척 했지만, 사실 불편했다. 사형은 내 결점을 수없이 말했기 때문에, 얼마간 지난 후에는 사형과 함께 있으면 정신적으로 매우 힘들었다.

이렇게 열흘이 지나고 또 며칠이 더 지난 어느 날, 사형은 뜻밖에도 나에게 긍정적인 평가를 주었다. "너의 도량度量은 그만하면 되었고 큰일을 할만하다. 하지만 지혜는 아직 멀었다." 내가 대답했다. "저는 근본적으로 지혜가 부족합니다. 사람 노릇하고 일 처리하는 것들은 아직 멀었습니다." 평소에 나는 자신이 그럭저럭 쓸 만한 사람이라 여겼는데, 수행이 높은 사람들과 접촉해보니 '아, 나는 아직 멀었구나!'하는 것을 깨닫게 되었다.

　자기를 완전하게 다른 사람에게 맡긴다는 일은 쉽지 않다. 설령 자기를 어떤 사람에게 맡기고 싶어도 그 사람이 받아 줄 것인가도 문제이다. 만약 자기를 받아주겠다는 사람을 만나게 되면 그야말로 당신의 조화옹이며 참된 복이 아니겠는가! 자기를 변화시키려거든 반드시 자신을 상대방에게 완전히 맡겨야 한다. 내가 직접 체험한 바에 의하면, 자기를 상대방에게 맡긴 정도에 비례해 상대방이 나에게 주는 영향력도 커진다. 다시 말하면, 나 자신을 상대방에게 열어 놓은 것만큼 내가 받아들일 수 있는 능력이 정해진다.

🧘 자신의 결점을 들을 용기가 필요하다

　불문에서는 마음의 변화를 진정한 변화라고 말한다. 성불수행의 목적은 성불成佛이다. 단지 부처님에 대한 믿음이나 예불이 아니다. 부처님만큼의 마음 크기가 있어야 그만한 지혜와 자비심도 있을 수 있다. 예를 들어, 동화선사 무문관센터(대규모 단체 무문관수행터)에 천여 명이 식사할 수 있는 식당을 만들고자 하면, 그 전에 반드시 그것을 지을만한 공간이 먼저 확보되어야만 가능하다. 여러분들은 모두 성불을 목표로 하는 사람들이다. 부처님의 아량은 우주 전체의 허공을 다 포용하였기 때문에 뭇 인간을 넘어서는 지혜와 자비심을 갖출 수 있었다.

성불수행을 하는 사람들의 가장 큰 결점은 자기의 부족한 점을 인정하기 싫어한다는 것이다. 그들은 부처님의 아량을 모르기 때문에 항상 자기를 부처님과 비교한다. 바다를 보지 못한 사람이 어떻게 그 드넓은 경지를 가늠할 수 있겠는가? 이런 사람은 자신을 살피는 마음이 부족하다. 고정된 자기 관점의 틀을 만들어 놓았기 때문에 바다를 상상할 수도 없다.

같은 이치로, 우리는 아직 부처가 아니기 때문에 부처님의 경지를 상상할 방법이 없다. 아무리 추측해보고 이것저것 견주어 봐도 우리의 상상이 부처님의 경지는 아닌 것이다. 성불수행을 시작하고 도를 수련하면서, 처음 몇 년은 잘 되었지만 지금껏 진척이 없는 근본적 원인은, 아량이 부족하고 자기 자신을 철저히 열어놓지 못했기 때문이다. 성불수행을 하며 진보하고자 한다면 반드시 다른 사람의 지적과 가르침을 받아야 한다. 그들이 다소 지나치게 지적할 때도 허리를 굽히고 합장할 수 있어야 하고, 심지어 엎드려서 절도 올려야 한다. 이런 과정을 거치면 우리의 아량은 지금보다 몇십 배, 몇 백 배로 넓어질 것이다.

하지만 우리들은 이렇게 하지 못한다. 이 핑계 저 핑계 대면서 자신의 과오를 인정하지 않는다. 아량이 너무 작아 감당을 못하는 것이다. 사실, 일을 하다보면 일이 잘못 될 때가 있고 말을 하다보면 잘못 말할 때가 있다. 아예 일하지 않고 말도 하지 않으면 잘못 될 것도 없다. 마찬가지로 밥을 먹을 때 어찌 돌 씹을 때가 없겠는가? 오직 마음가짐을 평안하게 가지면 된다. 이런 저런 이유를 대며 끝까지 자기 잘못을 인정하지 않으면 똑같은 잘못을 계속 저지르게 된다. 대담하게 자기 잘못을 인정하고 바르게 고치려 할 때 똑같은 실수를 두 번 다시 하지 않는다.

성인聖人도 잘못할 때가 있다. 하물며 일반인이야 말해 무엇하랴! 우리는 자기 잘못을 당당하게 인정하고 받아들이는 성인의 정신을 본받아 배우고, 부처님의 아량과 마음상태 또한 배워 나가야 한다. 오직 진실된 마음으로 있는 그대로를 인정한 뒤에야 자기를 변화시킬 수 있고 또 비로소 자기의 경지를 끌어 올릴 수 있다.

서로가 서로를 거울로 삼아라

신통·선정력·지혜를 수련하는 것은 모두 세속에서 쓰기 위한 것이다. 이 모든 능력을 세속에서 발휘하지 못하고 본인이 크게 쓸 수 없다면 그야말로 무용지물이다. 그래서 세속에서 수행하고 세속에서 깨달음을 얻고 세속에서 쓰여야 한다.

생활 속에서 만나는 사람과 일은 우리가 성취할 수 있도록 돕는다. 그것을 모르고 쓸 줄 모른다면 자기를 파멸시키는 것과 같다. 반드시 이것을 알아야 한다. 여러분을 성취시키는 존재는 그들이고, 여러분을 파멸시키는 존재는 바로 여러분 자신이라는 것이다.

성불수행을 하는 사람들은, 자기가 얻은 성취는 모두 남들이 준 것이라고 보아야 하고, 모든 잘못은 자기 탓이라고 생각해야 한다. 남들이 항상 자기보다 높다고 생각해야만 성취할 수 있다. 마음속에서 진정으로 이렇게 생각하고 이렇게 말해야 하며, 또 이렇게 일해야 한다.

  어떤 이들은 입으로는 "당신은 나보다 수행도 잘 하고 모든 면에서 나보다 우수하다."라고 하지만, 사실 오만한 마음에서 나온 말이다. 어떤 때는 이런 것을 깨달아 알기도 하지만, 패기가 없기 때문에 대담하게 자신을 마주하지 못하고 변화시키지도 못한다.

  부처님·보살님들은 모든 중생을 제도하겠다고 말씀하셨다. 인지因地[2]에 있을 때 중생이 그들을 연마시키고 성취시켰기 때문에, 성불해 부처·보살이 된 다음 다시 와서 중생들을 제도하지 않을 수 없는 것이다. 마치 어느 날 내가 성불한다면 다시 와서 여러분들을 제도해야 하는 것과 같다. 여러분들 각자는 도를 구하러 여기로 왔다고 생각하겠지만, 나의 관점에서 보면 여러분들은 나를 돕고 나를 성취시키려 이곳에 온 것이다. 우리는 마땅히 서로가 서로에게 감사를 드려야 한다.

  사람과 사람은 서로 상대방의 거울이 된다. 탐욕이 많은 사람을 보면 그 즉시 나 자신에게도 이런 탐욕이 있는지 살펴보고 반성한다. 좌선할 때는 자기 결점과 부족한 점을 돌이켜보고, 평소에는 자신의 언행을 관찰해야 한다.

  제자는 제자답게 스승은 스승답게 자기가 할 도리를 다 해야 한다. 도대체 무슨 근거로 자기는 다 잘했다고 생각하는가? 그것은 제자는 제자답게, 스승은 스승답게 처신하는 법을 모르기 때문이다. 제자는 효자 같아야 하고 스승은 자애로운 어버이 같아야 한

---

2 원인이 되는 곳, 과위果位를 얻기 위해 수행하는 곳)

다. 이것을 알아야만 각자의 처신을 할 줄 안다고 말할 수 있겠다.

③ 욕계에서 온 습성을 계율로 바로잡아야 한다

출가한 사람은 반드시 계율을 배워야 한다. 계율을 배우지 않으면 계율을 범해도 범하였는지조차 모른다. 계율은 우리를 도와 심신을 단정하게 하고 성취시킨다. 만약 우리의 행동이 모두 계율에 딱 맞는다면 계율의 존재를 느끼지 못하게 된다. '살생하지 말라'는 계율을 초월한 사람은 살생하지 않을 것이기 때문에 이 계율의 속박을 느끼지 못한다.

왜 성불수행을 하려면 먼저 사람의 처신부터 배우라고 반복해 강조하는가? 오직 사람 처신을 잘해야만 비로소 천인天人이 될 수 있다. 천인이 되어야만 성불하는 것이다. 사람이 되는 것을 포기하고 성불하겠다는 것은 있을 수 없는 일이다. 아파트를 지을 때도 반드시 일층부터 쌓아야 한다. 일층부터 쌓지 않고 이층, 삼층부터 쌓는다는 것은 허황된 망상에 불과하다.

『열자列子』에 이런 이야기가 있다. 열자列子가 스승에게 구도할 때의 일이다. 스승은 3년 만에 겨우 한 번 열자를 쳐다보았고, 6년 만에 열자와 도를 말했고, 9년 만에 비로소 그와 함께 가부좌를 하고 앉게 되었다고 한다. 지금 사람들의 구도는 스승을 만나자마자 귀의 시켜달라며 법을 전수해달라고 한다. 만약 스승이 이를 허락하지 않으면 꿇어앉아서 일어나지 않는다. 이 얼마나 패륜적인 행동인가?

　공유 큰스님에게 구도할 때의 일이다. 당시의 나는 나의 내심세계가 청정하지 못하다고 생각해 두려운 마음에 감히 말도 꺼내지 못했다. 그때 큰스님께서 "너의 내심이 청정하지 못한 것은 너를 탓할 바가 아니다. 그것은 무량겁無量劫 이래로 형성된 습성이다." 라고 말씀하셨다. 나는 이 말씀에 매우 감동받았다.

　우리는 욕계에서 온 중생이므로 온갖 욕망이 있기 마련이다. 성불수행을 하기 전에는 잘 느끼지 못했지만, 성불수행을 시작한 다음에서야 비로소 그것을 느끼게 되었다. 이것을 알고도 고치지 않으면 영원히 자기를 이길 수 없다. 자기는 도를 깨달은 부처라고 자칭하면서 실제로는 나쁜 습성과 흠집이 쌓여있다면 그는 절대로 부처가 아니다.

득도한 사람은 인因을 두려워한다

　『고승전高僧傳』에 이런 말 있다. "불법을 들었을 때는 성불하고 싶었는데, 부처님을 보고 나니 도리어 부처가 되기 싫다."는 것이다. 당시 나는 분명하게 알지도 못하면서 아는 체 거드름을 피우면서 몇 년 동안 공을 들여 수행하였는데, 오늘에야 비로소 이 말의 참뜻을 알게 되었다.

　불경에는 부처님을 "정수리에서는 빛을 뿌리고 입에서는 연꽃이 뿜어 나온다."3라고 묘사하였다. 그 후 성취하신 사람 몇 분을 만나 뵌 적이 있었다. 도를 깨친 사람들은 매우 평범했다. "병에 담긴 물이 꽉 차지 않으면 출렁거린다."라는 말이 있다. 장엄한 체, 기세 높은 체 하는 사람에 대한 비유이다. 나는 비로소 알게 되었다. 진정하게 수행해 경지에 이른 사람은 정말 평범해서 신비한 구석이 없으며, 그들에게 사람을 홀리는 구석이라고는 존재하지 않는다는 것이다.

또 이런 말이 있다. "대자재大自在하고 대성취한 사람들의 극히 일부만이 중생을 제도한다." 부처님께서 성불하실 때 두 갈래 힘이 부처님을 끌어당겼다. 마魔는 부처님께 중생을 제도하지 못하게 하고, 천신天神은 부처님께 중생을 제도할 것을 애원하였다. 부처님께서는 아주 옛날부터 중생에게 형성된 습성들이 고질이 되어서 아무리 말해도 듣지 않기 때문에 제도하기 어렵다는 것을 아셨다.

마치 부처님 앞에 다가선 사람들이 '부처님은 왜 이러한가? 왜 나에게 힘도 주지 않고 나를 놀라게도 하지 않는가?'라고 생각하면서, '이해할 수는 없지만 도리어 마왕 앞에서는 가슴에 감동을 느낀다.'고 한다. 이것이 이른바 "승려가 장난질을 하지 않으면 신도가 오지 않는다."라는 말의 본래 뜻이다.

어떤 사람은 온갖 일을 벌여서 신도를 많이 끌어 모으는데, 그 신도들은 그 사람을 가리켜 해탈한 사람, 초월한 사람이라고 말한다. 하지만 일을 벌이지 않는 연세 많으신 큰 스님에게는 도리어 수행이 부족하다고 한다. 석가모니불과 관세음보살은 이미 초월한

---

3 頭頂放光 口吐蓮花.

사람들이지만, 중생을 제도할 때는 아주 신중하게 한다. 보살은 인(因)을 두려워하고 중생은 결과(果)를 두려워하기 때문이다.

③ 스승을 믿고 모든 것을 맡겨라

　성불수행은 쉬운 일이 아니다. 언어 속에 답이 있는 것도 아니고 경전 속에 있는 것도 아니다. 오로지 우리의 행위 안에 있는 것이다. 무아의 경지에 도달해야만 자신의 전부를 스승님께 맡길 수 있다. 진정하게 자기의 신·구·의를 스승에게 맡기는 그 찰나에 스승과 차원이 같아지는 것이다.
　왜 법을 전수할 때 자기를 완전히 스승에게 맡겨야 스승과 융합해 한 몸이 된다고 하였는가? 만약 그 찰나마저 자기를 비우지 못한다면, 여러분은 기초가 부족하고 아주 옛날부터 좋은 인연을 심어보지 못했다는 뜻이다.
　불경을 문자 그대로 해석한다면, 삼세의 모든 부처님·보살님들께서는 "사실 그런 의미가 아니로다.……"라며 억울함을 토로하실 것이다. 우리는 부처님의 마음을 헤아릴 수 없다. 그래서 우리는 부처님의 가르침을 받들고 따라야 하는 것이다. 여러분들이 나를 찾아 동화선사로 왔으니, 내가 가르친 대로 착실하게 행하면 되는 것이고 알려준 방법대로 수련하면 되는 것이다. 나를 추측한들 무슨 소용이 있는가? 시간이 흐르면 자연스럽게 나와 서로 응하게 될 것이다.

2강

불법의 시작과 머무는 곳

🪷 해탈은 언제 어디에서 하는가?

어제 저녁 화두를 주었는데 참구參究하였는가? 화두가 무엇인지 기억하시는가?

"언제 해탈하는 것인가(在那裏解脫)?" 입니다.

불법에서 말하는 해탈은 현재를 말하는가? 아니면 미래를 말하는가? 살아서 해탈인가? 아니면 죽은 다음의 해탈인가?

내가 19살 때이다. 한 신도가 나의 동창에게 "불법을 수련하여서 얻은 최고의 경계는 무엇입니까?"하고 물었다. 동창이 하는 말은 "해탈하고 성불하는 것이다." 그분이 계속하여 "어느 때 가면 해탈하고, 성불하는 것입니까?"하고 물었다. 동창은 "죽으면 해탈이고 바로 성불한다."라고 하는 것이었다.

그때 당시 동창이 하는 말이 그르다는 것을 알고 있었지만, 적당한 답안을 찾지 못하여 말을 막지 못하였다. 이미 16년이 지났지만 이 문제는 여전히 내 마음속에 있었고, 또 이로 인하여 많은 문제들을 생각하게 되었다.

🕉 불법의 시작과 머무는 곳은 어디에 있는가?

지금 또 다른 화두를 내겠으니 모두들 참구參究하기 바란다. "불법의 시작과 머무는 곳은 어디에 있는가?" 이 화두를 이해하기 어려우면 이렇게 해석하면 명백하게 이해가 될 것이다. 불법을 배우고 수련하려면 어디서부터 손을 쓰면 되는가? 원만하게 성취하자면 또 어디에 머물러야 하는가? 어디에 머물러야만 원만하다고 하는가?

"불법의 시작과 머무는 곳이 어디에 있는가?" "불법은 어느 곳이 시작점이고 어느 곳이 머무는 곳인가?" 또 "어느 곳을 시작점이라고 하고, 어느 곳을 머무는 곳이라고 하는가?" 성불수행을 하는 사람들이 이런 질문에 대답을 못한다면, 어떻게 손을 써서 공을 들이는가를 모르는 사람이다. 또 불법의 진실하게 내포된 뜻을 이해하지 못한 것이다.

성불수행을 하고 지혜의 문을 열려면 평소에 이런 문제들을 곰곰이 생각해 봐야 할 것이다. 다리를 누르고 자리에 앉는다고 되는 일이 아니다. 공연히 망념에 끌려 고생스럽게 여기저기 왔다 갔다 하며 몇 시간을 흘려보내고 헛수고를 할 것이다.

좌선을 하면 한두 시간은 휴식이 되어 좌선하기 전보다 편안한 것 같다. 이것을 도라고 생각하겠지만, 여러분의 두뇌는 망념이 번쩍번쩍하며 떠들썩하기가 그지없을 것이다. 이렇게 하는 것은 입도가 아니다.

🕉 이 세상에서 해탈하는 것이다

첫 번째 문제를 여러분이 아직 대답하지 못하였다. 불법에서 말하는 '해탈'이란 언제 어디에서 해탈하는 것을 말하는가? 죽을 때 혹은 죽은 다음에 한다면, 그것은 자기도 기만하고 남도 속이는 멀쩡한 거짓말이다. 살아서 건강하지 못한 사람이 죽어서 건강할 수 있겠는가? 살아서도 해탈하지 못한 사람이 어떻게 죽어서 해탈할 수 있겠는가? 살아서 입도를 못한 사람이 어떻게 죽어서 입도를 할 수 있다는 말인가?

그러면 여러분은 이렇게 물을 것이다. "불법에서 '중음신(영혼, 영가)일 때 도를 초월하고, 중음신일 때 성취한다'[4]라는 말은 거짓말인가?" 그런 말이 있다는 것을 내가 부정하지 않는다. 여러분이 한창 젊은 나이의 희망찬 시절인데, 무엇 때문에 지금 살아생전에 성취하지 않고 하필 최후의 임종 때를 기다리는가?

사바세계에서 해탈하지 못한 사람의 두뇌는 모두 탐·진·치들이 꽉 들어차 있을 텐데, 극락세계로 간다고 이것들이 없어지고 해탈할 수 있겠는가? 지금 이곳에서 내려놓지 못하였는데 극락세계로

---

4 중음초도中陰超度, 중음성취中陰成就.

간다고 내려놓을 것 같은가? 지금 이곳에서 업력에 눌려 걸음도 못 걷는 상황인데 당신이 어떻게 극락세계로 갈 수 있겠는가? 움직이지도 못하는 당신이 어떻게 극락세계까지 도달할 수 있겠는가?

……

불법을 배우고 도를 수련하려면 도대체 어디에서부터 시작해야 하는가? 최후에는 또 어디에 머물러야 할 것인가?

……

어미타불이라고 해야 신식이 정수리로 나간다

도방道芳, 당신 대답이 왜 그렇게 빠른가? 당신 대답은 틀렸을 뿐만 아니라 근처에도 오지 못하였다. 어떻게 마음속에서부터 손을 쓸 것인가? 당신처럼 날마다 '아미타불'하고 읽는 데에서부터 손을 쓸 것인가? 하지만 당신은 어미타불조차 틀리게 읽지 않는가? 왜 '어(e)미타불'을 '아(a)미타불, 아(a)미타불…' 하며 읽는 것인가? 당신은 '어(e)'를 '아(a)'로 읽는다.

전체적인 불법이 소위 대사大師라고 하는 한 분에 의해 왜곡되고 말았다. 고대로부터 분명히 어(e)미타불이라고 읽었는데, 대사라는 사람이 출현하더니 지금 전국 각지나 세계 각지에서 모두 아(a)미타불이라고 읽지 않는가? 정토종을 전법한다는 대사라면, 임종 때 신식神識이 정수리로 나가야만 왕생정토往生淨土가 된다는 것을 알 터인데 왜 입을 그렇게 크게 벌리게 하는가?5

🔊 배꼽이나 발밑을 관상하면 지옥아귀도로 떨어진다

그리고 배꼽과 발밑을 관상하게 하게 한다. 그러면 신식이 어디로 갈 것인가? 바로 신식을 이끌어 배꼽과 발밑으로 가게 하지 않는가? 이렇게 관상하면, 임종 때 신식이 필경 배꼽이나 발밑으로 나가서 아귀도餓鬼道나 지옥에 떨어질 것이다.

정토종이라고 하면 임종 때 신식이 정수리로 나가야 된다는 것을 뻔히 알면서, 왜 중생들을 이끌어 신식을 배꼽이나 발밑을 지키게 하고 어(e)를 아(a)로 읽게 하는가? 사리가 있는 사람이라면 이 대사가 가짜라는 것을 모두 잘 알 것이다. 대사라고 하는 사람이 불법의 가장 기본적인 이념도 모르고 있지 않은가?

우리가 어(e)라고 읽으면 정수리에 연꽃이 필 것이고 모든 힘이 정수리로 빠져나갈 것이다. 지금 아(a)를 한 번 읽어보고, 다시 어(e)를 읽어 보면서 실험해 보자. 어(e)를 읽을 때 모든 힘이 정수리로 치솟고, 연꽃 봉오리가 팽창하게 된다. 이렇게 계속 어(e) 하면 정수리에 충격이 가고 힘이 정수리로 빠져나갈 것이다. 우리가

---

5 편집자주 : 아(a)의 발음은 소리의 힘이 입으로 나가고, 어(e)의 발음은 소리의 힘이 입천장(상악上顎)을 진동하여 정수리로 전파되면서 정수리로 빠져나간다. 임종 때 신식이 정수리로 나가야 서방정토로 갈 수 있으므로, 소리를 비롯한 모든 에너지를 정수리로 내보내는 수련을 해야 한다.

아(a)로 읽으면 어떤가? 두뇌에 있던 모든 힘이 입으로 빠져나가 버리지 않는가?

이 점에 대하여 나의 생각이 틀렸다고 치자. 그런데 정토법문을 전파하는 대사가 사람들의 신식을 배꼽이나 발밑에다 두라고 한다면, 사람들의 신식을 아래로 끌어내리는 것이 아니고 무엇인가? 신식이 정수리로 나가야만 극락세계로 왕생한다는 것을 뻔히 알면서 왜 신식을 아래로 끌어내리는 것인가? 그러면서 사람들에게 죽은 다음에 극락세계로 왕생할 것을 기대하게 하는가?

③ 불법의 시작도 끝도 모두 지금 이 순간이다

불법의 시작도 현재의 이 순간에 있으며 불법의 최종 결과도 역시 현재의 이 순간에 있다. 상상불법上上佛法의 정신은 과거를 제창하는 것도 아니고, 미래를 제창하는 것도 아니며 바로 눈앞에 있을 뿐이다. 손을 쓰는 것도 눈앞이고 최후의 귀결도 역시 눈앞에 있다. 이런 것을 인정하지 않는다면 설사 3대아승지겁三大阿僧祇劫을 수련한다고 할지라도 추호의 성취도 없는 것이다.

이른바 불법에서 과거도 있고 미래도 있다는 것을 인정하는 것은 중하근기中下根器의 사람을 대상으로 하는 말이고, 진정한 상상근기上上根器의 사람들은 지금 당장의 눈앞에 있을 뿐이다. 그때 당시 신수神秀의 제자는 상근기의 사람이고 혜능慧能의 제자는 모두 상상근기의 사람들이었다.

미래도 없고 과거도 없고 오로지 지금 이 순간 밖에 없다! 불법에 과거가 있다고 해도, 당신은 이미 그것을 파악하지 못하였기 때문에 겪어서 지나갔지만 경험이 없는 것과 마찬가지다. 또 불법에서 미래가 있다고 하지만, 미래는 아직 오지 않았기 때문에 파악할 방법이 없다. 때문에 지금 이순간일 뿐이다. 이것이 바로 선종의 최고 경계이며 역시 불법의 핵심이다.

당신이 지금 내려놓지 못하면 지금의 생에서 해탈할 수 없다. 소위 눈앞이라는 것은 미래의 눈앞이고 과거의 눈앞이기도 하다. 당신이 눈앞에서 입도할 수 있으면 그 다음의 눈앞에서도 입도할 수 있다. 당신이 일념에서 입도할 수 있다면, 다음의 생각과 다다음의 생각에 무슨 구별이 있겠는가? 때문에 일념에 입도할 수 있다면 생각마다 모두 입도할 수 있다는 것이다. 눈앞에서 입도할 수 있으면 매 상황의 눈앞마다 모두 입도할 수 있는 것이다.

불법은 처음부터 '당하當下(눈앞, 지금 여기, 당장, 현재 맞닥뜨린 상황)'라고 말했고, 그것을 더욱 치밀하게 해석하기 위하여 '찰나간刹那間'이라고 했다. 찰나간이라는 것은 당하보다 속도가 더욱 빠르다. 당신이 찰나간에 잡을 수 있다면 매 찰나마다 모두 잡을 수 있다. 말하자면 당신이 오늘 할 수 있는 일이라면 내일이라고 할 수 없는 것이 아니다. 오늘 할 줄 알면 내일, 모레도 영원히 할 줄 아는 것이다.

당신이 손을 써서 수련하는 공능공부가 눈앞의 일이 아니고, 과거를 회상하고 미래를 갈망하는 데 있다면 그것은 이미 사견邪見이다. 당신이 성취하고 행원을 하게 될 때도 역시 지금 당장 귀결歸結

해야 한다. 시시각각으로 지금 당장 귀결해야만 공덕이 원만하게 된다.

🔅 불법에서의 '당하'는 사회의 현실적이라는 말과 다르다

불법에서 당하(눈앞)라고 하는 것은, 사회에서 말하는 '현실'을 말하는 것이 아니다. 우리는 불법을 소개할 때 틀리게 소개하면 안 된다. 신도 한 분이 "스님에게 무엇이 당하입니까?" 하고 물었더니, 그분은 "현실적이면 그것이 바로 당하다."라고 대답하였다. 이 말은 내가 직접 눈으로 봤고 귀로 들었다. "에끼 이놈, 무슨 허튼 소리야!" '당하當下'가 어떻게 '현실'인가? 그래도 이 사람은 소위 전도한다고 하는 이름이 있는 큰스님이 아닌가?

🔅 사도에 빠지면 위험하다

불법에는 "천 일 동안 깨닫지 못하게 할지언정 하루라도 마귀에게 귀착하게 할 수 없다."[6]라는 말이 있다. 내가 여러분을 부처를 믿지 못하게 할지언정 사불邪佛을 믿지 못하게 하고, 사도에 들어서지 못하게 한다는 뜻이다.

---

6 영가천일불오寧可千日不悟, 불가일일착마不可一日着魔.

불교에는 이런 관념을 가지고 있는 사람들도 많을 것이다. 즉 "그 사람이 그르고 사지사견이라고 하지만, 그 사람이 말을 전했기 때문에 많은 사람들이 부처를 믿게 되었다."라는 것이다. 당신이 이렇게 해서 부처를 믿었다면 그것은 바로 '사불邪佛'을 믿은 것이다. 애당초 믿지 않았으면 좋았겠는데, 당신이 마음먹고 처음 접촉하고 들어선 길이 바로 사도邪道였다는 것이다. 아예 길에 들어서지 말고 부처를 믿지 않았으면 더 나았을 것이다.

당신이 믿지 않고 있었다면 진정으로 경험하고 과정을 겪어온 분을 만나게 되었을 것이고, 당신을 이끌어 정도正道로 들어갈 수도 있는 것이다. 혹 당신은 자리에 서서 기다리는 것보다 사지사견 선생을 따라가는 것이 좋지 않냐고 생각할 수 있겠지만, 그것은 사도에 빠지는 아주 위험한 일이다.

③ 불경을 먼저 읽고 주해를 읽어야 한다

사람들은 경전을 읽지 않으면서도 경전에 대한 '주해註解(주석, 후학들의 해석)'에는 흥미를 가진다. 어째서 옛날의 조사·대덕들은 온 정성과 심혈을 다 기울여서 불경의 원문과 원저작들을 보존하며 비석에 글을 새겨 넣었는가?! 후학들이 각자의 생각대로 불경을 해석하고 고치는 것이 두려웠기 때문이다.

원문을 읽고 난 다음 주해를 읽어야 한다. 주해부터 읽게 되면 아주 쉽게 남의 사상에 끌려 다닐 가능성이 있고, 남의 사유 방식과 사고방법에 끌려 들어갈 수 있다. 먼저 경전을 읽고 자신의 사고방식과 방향이 형성된 다음, 다른 사람의 주해를 읽으면 잘 감별할 수 있다.

임종 때 해탈한다는 말은 거짓말이다

해탈의 희망으로 임종을 기대한다면, 당신의 일생은 아무 일도 성사 못할 것이 자명하다. 또 수행 도중에 티끌만한 성취도 없게 된다.

선종의 사상 경계를 생각할 때마다 나는 진짜로 믿고 복종해서 오체투지五體投地를 하게 된다. 하지만 중생들에게 얘기하여 줄 방법이 없다. 나는 물론이고, 과거의 조사님들과 부처님·보살님들도 그것을 중생들에게 얘기하여 줄 방법이 없었던 것이다. 하지만 나는 이미 이것을 간파해서 안 된다는 것을 뻔히 알면서도, 그것을 내려놓지 못하고 여러분에게 말한다.

어떤 때 나는 이러한 생각을 해보곤 한다. '어떤 신도들은 이미 나의 곁에서 오랫동안 불법을 배웠지만 아직까지 불법에 담긴 진실한 뜻을 모르는구나!' 어느 날 이들이 세속으로 나가면, "만행 곁에서 1~2년 있었으니 법문을 한번 해보라!" 하는 사람들이 있을 것이다.

이들의 법문을 혜안이 있는 사람이 들어보면, "저 동화선사의 만행은 개소리를 했던 모양이다." 라고 코웃음을 칠 것이다. 또 그들을 보고 "만행은 불법의 시작점과 머무는 곳을 어떻게 해석하던 가?" 하고 물었을 때, '임종 때 해탈'이라고 한다면, "만행이 진짜 개소리를 지껄인 것이 분명하다."라고 할 것이다.

부처는 자신의 마음에 있고 자기가 바로 부처다

이런 옛말이 있다. 마조馬祖께서 곁에 있는 꼬맹이 스님을 보고 "너는 어디부터 공부를 시작했느냐? 부처는 어디에 있느냐? 너의 스승은 너를 어떻게 가르치더냐?"고 물었더니, 꼬맹이 스님이 "부처는 서방에 있습니다."라고 대답하였다. 마조는 "너의 스승은 개소리를 했구나." 하였다. 꼬맹이 스님이 스승의 얼굴을 많이 깎아 놓았다.

꼬맹이 스님은 납득이 되지 않았다. "흥, 당신이 감히 나의 스승을 욕하다니, 그럼 우리 스승의 말이 틀렸단 말인가? 돌아가서 스승님께 물어봐야 되겠다."라고 하면서 툴툴거렸다.

꼬맹이 스님이 돌아가서 스승을 보고 "마조께서 스승님이 개소리를 했다고 하며 욕을 합니다."라고 하니, 스승이 묻기를 "마조께서 무엇을 묻더냐?" 꼬맹이 스님은 "부처가 어디에 있는가 하고 물었습니다."라고 하였다. 스승은 꼬맹이 스님을 보고 "부처가 눈앞에 있다."라고 알려 주었다.

꼬맹이 스님은 "아, 옳구나! 이렇게 대답하면 마조께서 반가워하실 것이다." 하고 생각하면서 마조가 계신 데로 달려갔다. 마조가

"너의 스승이 무어라고 하더냐?"고 물으니, "부처가 눈앞에 있다고 합니다."라고 대답했다. 마조는 "이 영감이 참말 교활하구나" 하셨다.

마조께서는 이미 꼬맹이 스님의 스승이 말한 참 뜻을 알았다. 스승은 아주 완곡하고 그윽하게 '부처는 자신의 마음에 있고, 자기가 바로 부처다'라는 말을 한 것이다. 노스님의 뜻은 '내 눈앞에는 네가 있고, 네 눈앞에는 내가 있다. 너도 부처이고 나도 부처이다'라는 것이다. 그는 '마음이 곧 부처다'라는 말을 직접적으로 하지 않았을 따름이다.

대개의 사람들은 다른 사람이 입에 넣고 씹었던 찌꺼기를 자기 입에 넣고 곱씹는다. 그들을 보고 '어떻게 해야 하는가?' 하고 물으면 마음에서부터 시작해야 한다고 대답할 것이다. 하지만 구체적으로 '어떻게 시작해야 하는가?' 하고 물으면 모르는 것이다.

🌀 연도풍광은 표지판이다

여러분들은 수행을 몇 년이나 하였는가? 여러분이 '수행은 마음으로부터 해야 한다'는 것을 안다면, 어째서 몇 년이나 했는데도 아무런 경계가 없는 것인가? 그러면 여러분은 '일체의 유상有相은 모두 허망한 것이다. 경계는 궁극적인 물건이 아니다'라고 대답할 것이다. 하지만 궁극적이 아니라고 하는 그 경계도 없지 않은가?

경계는 있어야 한다. 이것을 '연도풍광沿途風光(길거리 풍경)'이라고 하는데 길에 들어섰다는 표시이다. 예를 들면 기차역에서 옹원현까지 오는데, 관도까지 도착하면 옹원현이 30Km가 남았다는 것을 짐작하고, 주유소까지 오면 옹원현까지 2Km 남았다는 것을 짐작한다. 이것을 연도풍광이라고 하며 이것이 바로 표지판이다.

어째서 옛날 사람들은 '3계三界는 28중천二十八重天이기 때문에 매일같이 다른 경계가 있다'고 하였는가? 선정이 어느 단계에 이르면, 필연적으로 생리와 심리에서 모두 다른 반응이 있을 것이다. 이것은 틀림없다. 자기가 수행해서 체험한 경험이 없다면, 이런 경계는 가짜라고 하며, 『금강경』의 '모든 상은 다 허망하다'라는 말을 가지고 자기를 위해 변명하고 얼버무리려고 할 것이다.

🪷 사도를 행하는 사람도 음과 색에 통달하였다

"어떤 사람이 형색으로 나를 보려 하고, 음성으로 나를 알아보려 한다면, 이 사람은 사도를 행하는 사람이니 여래를 보지 못할 것이다."[7]라는 말은, 사도를 행하는 사람도 이미 음과 색이 있는 경계까지 수련하였다는 것을 말한다.

하지만 지금 우리의 수련은 소리가 있고 색깔이 있기는커녕, 눈만 감으면 칠흑같이 컴컴하고, 자리에 앉으면 머리는 흐리고 멍청해지지 않은가? 여러분의 눈을 들여다보면 반짝반짝 빛이 나고 정

---

7 약유인이색견아若有人以色見我 이음성구아以音聲求我 시인행사도是人行邪道 불능견여래不能見如來

기가 넘쳐흐르는 것이 아니라 모두 어두컴컴하고 침침해 보인다.

　무엇 때문에 여러분은 해탈의 희망으로 임종 때를 기대하는가? 이것은 자기에 대한 방종이다. 마치 금년에 해야 할 일을 내년으로 미루고, 내년에 가면 또 하지 못하고 다음 해로 미루고, 또 다음 해로…, 이렇게 계속 미루게 되면 영원히 성공하지 못한다. 어째서 수행은 눈썹에 붙은 불을 끄는 식으로 한시도 지체하지 말고 해야 한다고 하는가? '눈썹에 불이 붙었다'는 말은, 수행은 1분 1초도 지체하면 안 된다는 말이다.

시작점도 눈앞이요, 머무는 곳도 눈앞이다

　진정 애를 쓰고 열심히 공부를 하는 사람, 진정하게 성취한 사람은 시작점도 눈앞의 이곳이요, 머무는 곳도 눈앞의 이곳이다. 불법은 3세인과三世因果를 인정하지 않는 것도 아니고, 어제와 내일이 있다는 것을 인정하지 않는 것도 아니다. 하지만 어제와 내일은 우리에게는 의의가 크지 않다. 지금 현재뿐이다.

　'눈앞의 현재(당하當下)'라는 것은 아주 빨리 지나가 버린다. 당신이 진짜 눈앞의 현재를 틀어쥘 수 있다면, 과거에도 모두 틀어쥐었다는 것을 의미한다. 왜냐하면, 눈앞의 현재라는 것은 금방 지나가 버리고 금방 과거가 되어 버리기 때문이다. 당신이 오늘을 아주 의미 있게 보냈다면, 내일이 되어 어제를 회상할 때 아주 의미가 있을 것이다.

마음속에 일을 품었다면 내일을 기다리지 말고 미래를 기다리지 말며, 또 지나간 일들도 오늘까지 품어두지 말아야 한다. 일은 이미 지나갔는데, 그것을 지금까지 가슴에 그냥 품어둔다면 무슨 의미가 있겠는가? 내일의 일, 미래의 일, 또 중간에는 얼마나 많은 변화가 있을지 어느 누가 알 수 있겠는가? 불문에서 이것을 '생각마다 다르다(염념부동念念不同)'라고 한다. 전의 생각과 나중의 생각은 동일할 때가 한 번도 없는 것이다! 그것을 어떻게 파악한단 말인가?!

왜 어떤 사람들은 '인과는 고정된 것이 없다'고 하고 어떤 사람들은 '인과는 정해져 있다'고 하는가? 이런 것도 역시 사견이다.

🟢 눈앞의 현재를 파악해야 한다

성불수행을 하는 사람이 이런 관점도 받아들이지 않고 인정하지도 않는다면, 영원히 자기가 만든 족쇄에 갇혀서 벗어나지 못할 것이다. 지금 눈앞의 현재를 파악하지 못한다면, 다음 눈앞의 현재만은 파악하여야 할 것이다. 어느 눈앞의 현재를 막론하고 하나는 파악하여야 한다. 일단 한때의 눈앞의 현재를 파악한다면, 당신은 필경 다음의 눈앞의 현재도 또 다음의 눈앞의 현재도 파악할 수 있다.

임제臨濟조사님께서 이런 말 한마디로 사람들을 타일렀다. "털을 불어 사용하였으니, 빨리 다시 연마해야 한다(취모용료吹毛用了, 급수

마急需磨)."8 이 말은 아무리 예리한 보검이라도 한 번이라도 사용하면 바로 갈아서 보강해야 된다는 말이다. 무엇을 '털을 분다'고 하는가?

옛날에 간장干將과 막야莫耶는 머리카락 하나를 뽑아서 칼날에 대고 불면 머리카락이 금방 끊어졌다고 한다. 그렇지만 제아무리 예리한 칼날이라도 갈지 않고 계속해서 쓰면 차츰차츰 무디어질 것이다. 이렇게 예리한 보검도 제때에 갈아 보강하지 않으면 무디어지는데 하물며 우리 일반인들임에랴! 우리는 언제 어디서나 시시각각으로 자기를 관조하고 보강하여야 한다. 완전하게 깨달은 사람이라고 아무것도 하지 않는 것은 아니다.

'현실'과 '눈앞의 현재(당하當下)'는 본질적인 구별이 있다. '현실'의 원래 의미는 객관적인 존재를 말하지만, 지금 사회에서 말하는 '현실적'이라는 것은 타협과 굴종이라는 뜻과 혹은 눈앞의 이익에만 급급해하는 의미로 변해 있다. 불법에서 말하는 '눈앞의 현재(당하當下)'는 최고의 경계를 말하는데, 그것은 초월이고 얽매이지 않음이며, 자재自在이고 무애無碍(막힘이 없음)이다.

---

8 편집자 주 : 잘 드는 칼로 다른 것도 아닌 터럭 몇 개를 잘랐지만, 그래도 사용한 것은 사용한 것이니 다시 칼을 갈아 써야 한다는 것이다.

🈯 임종 때 극락세계로 왕생한다고 오해한다

사실 정토종도 임종 때에 가서야 극락세계로 왕생한다고 한 것이 아니다. 지금 중생들의 근성이 부족하기 때문에, 조사님들이 중생제도의 방편으로 자비심을 베풀어서, 그런 근기(토대)가 아니라는 것을 뻔히 알면서도 중생들의 보리심이 물러나지 않게 하기 위하여 듣기 좋게 임시방편으로 말씀하신 것이다.

살아생전에 생사를 해탈하지 못하고 소원대로 되지 않았지만, 열심히 염불만 잘하면 임종 때 서방 정토에 왕생할 수 있다는 것이다. 그런데 오랜 세월을 너도 이렇게 말하고 나도 이렇게 말하더니, 급기야 이것이 바로 정토종의 진정한 정신이고 죽은 다음에 성취하는 줄로 오인하게 된 것이다.

과거의 조사님들은 이치를 알고 방편을 위하여 이렇게 말을 하였다. 하지만 지금의 큰 스님들은 이치도 모르면서 이것이 바로 정토종의 경계라고 여긴다. 또 많은 사람들이 선종·정토종·밀종은 같지 않기 때문에 서로 포용할 수 없고 공존할 수 없다고 한다. 정토종에서 '정념상속淨念相續 화개견불花開見佛(고요한 마음을 계속 이어가면 정수리에 꽃이 펴서 부처를 보게 된다)'이라고 말하는데, 이것이 선종에서 말하는 '당하돈오當下頓悟(지금 현재 이 몸으로 깨닫는다)'와 밀종에서 말하는 '즉신성취即身成就(현재 몸으로 성취한다)'와 다른 점이 무엇인가?

㉛ 다른 문파에 대해 편견을 갖지 마라

　이것은 우리가 불교의 이치를 잘 몰라서 마음의 작은 공간을 벗어나지 못하고, 다른 계통의 불교의 이치들을 접촉하지 않은 탓이다. 이른바 정토법문을 수련하는 사람들은 선종의 책을 보지 않고, 선종의 법문을 수련하는 사람들은 밀종의 책을 읽지 않는다.
　중국에 '우매한 무리 중에서 가장 세력이 있어 잘난 체하고 뽐냄(야랑자대夜郞自大)'이라는 말이 있는데 지금 성불수행을 하는 사람들이 바로 이렇다. 아울러 어떤 스님들은 신도들을 자기 손에 틀어잡기 위하여 '한 문파에 깊이 입도하라(일문심입一門深入)'는 핑계로 신도들에게 경전을 보지 못하게 하면서, "어느 보살의 저작은 보면 안 되고, 어떤 논술은 읽지 말아야 하고, 그런 법사의 법문은 듣지 말아야 한다."라고 강조한다.
　읽어보는 것이 두려운 것이 아니라, 무슨 말인지 뜻을 알아보지 못하는 것이 두렵다. 진정한 법사라면 어째서 제자들이 외부와 접촉하는 것을 두려워하고, 책을 많이 읽는 것을 두려워하는가? 생각해 봐도 뻔한 일이다. 어느 부모가 자식이 학교를 다니고, 공부를 많이 하는 것을 두려워하는가? 자식들이 나쁜 책을 읽고 중독되어 나쁜 길에 들어설까봐 두려워할 뿐이다.

지혜를 닦으려면 도교 경전도 보고 기독교 성경도 보아라

지금 우리가 읽고 있는 책들은 모두 불교 경전과 서적들이다. 아울러 이미 몇 십 살이나 되는 성년들인데 불교 경전을 읽는 것을 왜 그렇게 두려워하는가? 성불수행은 먼저 넓고 박식하여야만 전일專一이 될 수 있다.

여태 불교 경전을 보지 못했던 사람이 어느 날 경전 한 부를 얻더니 "아이구! 내가 이 세상에서 제일 좋은 보배를 얻었구나. 내가 가진 경전만이 둘도 없는 책이로구나!"라고 하면서 반가워서 소리치며 날뛰는 것이다. 그러다가 하루는 또 다른 경전이 눈에 보였다. 지금 가지고 있는 경전보다 더 좋지 않은가!!

앞으로 계속 나아가면 보다 좋은 경전들을 더 많이 볼 수 있을 것이다. 왜 앞으로 나아가지 못하는가? 자기 손에 있는 첫 번째 경전이 최상이고, 자기 스승은 이 세상에서 제일 위대하고 또 자기는 제일 총명한 사람이라고 생각하기 때문에 앞으로 나아가서 탐구하기 싫은 것이다. 말하자면 우리들은 불교경전이 제일 원만하다고 인정한다. 그렇다면 도교의 경전들은 지혜의 결정이 아니고,『성경』도 지혜의 현현顯現이 아니란 말인가?

과거에는 문파간의 편견이 아주 대단했다. 하지만 지금 시대는 다르다. 시대가 진보하였기 때문에 문파가 달라도 개방하지 않을 수 없게 되었다. 손에 경전 한 부만 붙들고 기타 경전들을 접하지 않는다면, 장래에 자기 심령의 공간을 넘어설 방법이 없다. 당신 생각에는 어(e)미타불 한마디면 성불하고, 가부좌를 틀고 좌선만

하면 성도成道한다고 생각하지만 그것이 그렇게 간단하고 쉬운 일이 아니다.

이치가 명백하지 않으면 가는 길도 명확하지 않다

이치가 명백하지 않으면 가는 길이 명확하지 않을 것이다. 가는 길이 명확하지 못하면 들어갈 방법이 없다. 들어갈 방법이 없다면 또 어떻게 나올 수 있겠는가? 나왔다고 할지라도 최후는 '화룡점정畫龍點睛'하는 시각뿐이다.

또 나왔으면 어디에 서 있으며, 어디에 머무르겠는가? 마치 지난번에 내가 지객知客스님에게 물은 것과 같은 말이다. "이 대웅전의 어느 위치가 내 자리이고, 내가 어떤 위치에 머물러야 할 것인가? 이런 문제는 내가 전문가가 아니기 때문에 지금의 신분으로 도대체 어느 위치에 서 있고, 어느 위치에 머물러야 되겠는지 모르겠다."

여러분이 성불수행을 하여 깨닫고 또 정수리에서 영체가 나갔다 들어오는 경지를 경험했다면, 절 밖으로 나가서 사람들을 시험해 보는 것도 괜찮다. 풍문에 어떤 사람이 깨달음을 얻었다고 하면 찾아가서 공손하게 절을 한 다음 그에게 물어라. "지금 당신은 어디에 머무르고 있습니까?" 그가 대답하기를 "염불에 머무른다." 아니면 "좌선에 머무른다."라고 하면 당신은 바로 그 사람이 어느 차원에 있는지 짐작이 갈 것이다.

물어본다는 것은 좋은 일이다

모르면 물어라! 질문은 아주 좋은 일이다. 설사 내가 대답한 것이 틀렸다고 할지라도, 당신은 돌아가서 경전을 보며 정확한 답을 찾아볼 수 있을 것이다. 혹은 나의 대답이 만족스럽지 못했다면, 그것을 마음에 두었다가 다른 사람의 가르침을 받아도 좋은 일이다.

불법은 시작점도 있고 머무는 곳도 있다. 최종의 머무는 곳은 필연적으로 최초의 시작점일 것이다.

오늘 이 시간은 이만큼 말하고, 혹 여러분이 다른 견해가 있으면 제출하여서 다 같이 토론하는 것이 좋다. 말을 틀리게 할까봐 두려워하면 안 된다. 누구 말이 맞는가? 여러분 생각에는 내가 한 말만 옳다고 생각하는가? 그것은 여러분 생각일 뿐이다. 내가 한 말은 요 몇 년 동안 성불수행을 한 개인의 견해이고, 내가 이해하고 깨달은 심득일 뿐이다. 부처님의 관점을 대표하지 않았다.

도방道芳! 당신도 수행을 몇 년 잘 하였으니, 성불수행을 어떻게 하였는지 마음에 얻을 것을 여러분들에게 얘기하기 바란다.

▪도방 : …

▪만행스님 : 당신은 현재 진종일 '아(a)미타불' 하며 염불하지 않는가? 영통암靈通庵에 가서도 몇 달 하고, 청산靑山에 가서는 1년이나 하고, 도처에 돌아다니면서 염불하지 않는가? 그런데다가 가는 곳마다 집도 지어야하니, 그렇게 바쁘고 힘들어 죽을 지경인데 언제 염불할 겨를이 있겠는가? 게다가 집을 짓고는 얼마 살지 않고, 또

안심이 되지 않아 다른 곳으로 이사 가서 또 집을 짓는다.
- **도방**: "속으로 사람이 적은 곳을 찾아서 수행한다고 생각하였는데 어디 가나 사람은 모두 많습니다."

밖에서 구하지 말고 내 안에서 구하라

내가 출관하던 날 나의 사형사제들과 함께 공부하던 이들이 와서 나의 출관을 맞아주었다. 그날 3,000명이나 되는 사람들이 왔는데, 저녁이 되니 거의 다 돌아갔다. 그날 사형 한 분이 이렇게 물었다. "사제는 3년 무문관수련을 하느라 동굴에만 있었으니, 호관護關하는 사람 외에는 사람을 볼 수 없었을 텐데, 오늘 갑자기 이렇게 많은 사람들을 보니 긴장이 되지 않던가? 익숙해지던가?" 하는 것이다.

내가 대답하기를 "다른 사람이 그렇게 물었다면 상세하고 세심하게 대답을 하겠는데, 사형에게는 마지못해 한 소리 해야겠소." 그리곤 "안하무인(목중무인目中无人, 안하무인眼下無人)이로구나!"라고 하였다. 그러자 사형이 금방 합장하면서 "알았소, 알았소, 명백하게 알았소." 하는 것이었다.

3강

수련방법을 어떻게 보는가?

🔯 선·정·밀은 모두 일심불란을 위한 것이다

좌선하는데 졸음이 오면 기를 흠뻑 들이마셨다가 꾹 참고 내쉬지 않고 있던가, 아니면 머리를 두어 번 툭툭 치면 졸음을 면할 수 있다. 설핏 오는 졸음은 정신이 산란한 것을 말하고 심한 졸음은 수면을 말한다.

정토법문을 십 몇 년 수련하였다고 하는 사람이 무엇이 정토법문인지를 모르고, 선종을 몇 십 년 수련하였다는 사람이 선禪이 무엇인지 모르며, 밀종을 수련하였다는 사람도 마찬가지로 무엇이 밀법인 줄 모른다.

또 어떤 사람들은 '어미타불'만 부르면 정토법문이고, 가부좌만 틀고 앉으면 선종이고, 진언眞言(주어)을 좀 읽고 결수인을 할 줄 안다고 밀법을 수련한다고 생각한다. 이렇게 말한다면 머리 깎고 승복을 입으면 스님이고, 양복을 입으면 서방사람이며, 일본인 복장을 입으면 일본사람이 아니겠는가?

무엇을 정淨(정토종)이라고 하는가? 물들지 않으면 정이다.
무엇을 선禪(선종)이라고 하는가? 흩어지지 않으면 선禪이다.
무엇을 밀密(밀종)이라고 하는가? 난잡하지 않으면 밀密이다.

정이란 마음의 정이요, 선도 마음의 선이며, 밀도 마음의 밀을 말한다. 수없이 많은 수련법, 수없이 많은 종파들의 수련법을 총괄하면 선禪·정淨·밀密 세 가지일 뿐이고, 선·정·밀을 또 귀납하면 한 마음(一心)일 뿐이다.

우리가 어미타불 하고 부르는 염불도 일심불란을 위한 것이다. 선을 수련하는 것도 일심불란을 위한 것이고, 밀密을 수련하는 것도 신·구·의를 호응하게 하여 일심불란하기 위한 것이다.

어미타불을 부른다고 서방정토로 가는 것도 아니고, 참선한다고 도를 깨우쳐 득도하는 것도 아니고, 밀법을 수련한다고 신·구·의가 서로 호응되면서 즉신성불卽身成佛이 되는 것이 아니다. 방법이란 수법이고 수단이며, 효과를 내고 목적을 달성하기 위한 선택이다.

정토법문을 수련하는 사람들이 어미타불을 한마음으로 염불하고 또 지속적으로 깊이 수련해 나갔다면, 곧 부처님·보살님과 호응하고 극락세계 서방정토로 갈 수 있을 것이다. 선을 수련하는 사람도 한 가지 수련방법을 통해서 한마음으로 도달하면, 입정하고 지혜의 문이 열려 부처님과 소통할 수 있는 것이며, 밀법의 수련도 같다.

수련법이란 수단일 뿐 목적이 아니다

　수련법이란 수단이며 방법일 뿐 목적이 아니다. 만약 몇 십 년을 수련하였다는 사람이 아직도 방법문제로 이리저리 헤매고 다닌다면, 수련법이 당신을 좌지우지하는 동안 한 발자국도 내디디지 못하였다는 것을 의미한다. 진정으로 수련하는 단계라면 당신은 이미 도와 상응하였는데, 수련해야 할 방법이라는 것이 어디에 있겠는가?!

　도와 상응하는 첫 번째 걸음이 바로 수련법이다. 일단 도에 들어가면 수련법이 필요 없는 것이다.

　자전거를 세워놓고 손으로 페달을 힘껏 돌리면 자전거 바퀴가 아주 빠르게 돌아간다. 하지만 자전거는 달리지 않는다. 성불수행을 하고 도를 닦는다는 사람들도 앞으로 달리지 않는 자전거와 같다. 몇 년을 장좌불와를 하고 하루 한 끼를 먹으며 수련한 수행자들이, 몸만 망치고 지혜문도 열지 못한 채 도와 상응하지도 못한다.

　이때 그들은 원인을 찾아 방법을 고치는 것이 아니라, 보리심을 뒤로 하고 자기는 토대가 나쁘고, 수련법을 잘못 선택했고, 심지어 수행할 자질이 못 된다고 한탄한다. 즉 제자리걸음만 하고 앞으로 나가지 못했다는 것이다.

　도를 닦았으면 입도하여야 하고, 입도하였으면 도와 상응하고 도와 통일체가 되어야 한다. 만약 한 가지 방법을 선택하고 도에 들어가면, 우리가 도를 끌고 나가는 것이 아니라 도가 우리를 밀고 나간다는 것을 분명히 알아야 한다.

수련법은 산란한 마음을 닦기 위한 것이다

『아미타경』에는 "어미타불을 염불하는 사람은, 하루 내지 칠 일 동안 일심불란하게 염불하여야만 극락정토에 왕생할 수 있다."라고 쓰여 있다. 이 자리에 앉은 분들 가운데 누가 칠 일 동안 일심불란할 수 있는가? 아마 7분도 일심불란에 도달하지 못할 것이다. 일심불란하게 염불하지 못하면 어떻게 극락정토에 왕생할 수 있을 것인가?

성불수행을 하고 도를 닦는 사람들이 서로 만나면, 흔히 어떤 수련법을 수련하는가를 잘 묻는다. 그러나 이런 걸 묻는 사람이나 대답하는 사람이나 아직까지 모두 문외한이다. 과거의 수행자들은 절대로 어느 종파요, 어느 수련법이요 하는 것을 묻지 않는다. 다만 단도직입으로 마음수련이 어떻게 되었으며 어떤 방법으로 마음수련을 하였는지부터 묻는다.

성불수행을 하는 사람들은 절대로 종이나 파벌의 구분이 있으면 안 된다. 만약 문벌 간의 구별과 차별이 심하면 바로 8식(아뢰야식)에 저장되어서, 극락세계로 왕생한다고 해도 네 편 내 편 하면서 패거리를 만들고 소란을 피울 것이다. 모든 수련법이란 바로 산란한 마음을 다스리는 심법이다. 만약 산란한 마음을 전부 잠재웠다면 방법이 더 이상 필요 없는 것이다.

🧘 수련방법은 단계를 지나면 필요가 없다

　수련방법이라고 하는 것에는 단계가 있다. 그것을 영구불변한 것이라고 생각하면 안 된다. 이를테면 저 앞에 강이 있다고 치자. 강을 건너기 위해서는 다리나 배가 있어야만 하지만 일단 강을 건넜다면 더 이상 다리나 배가 필요하지 않다.
　어떤 사람은 한 가지 수련법을 택하여 십여 년을 수련하였는데도 아무런 감응도 없다고 하고, 어떤 사람은 약간 반응이 있다고 한다. 하지만 이러한 감응들이 무슨 소용이 있겠는가? 불경에서 분명히 극락세계는 연꽃도 있고 칠보지七寶池, 팔공덕수八功德水가 있다고 하지 않았는가?
　사람들은 눈앞에 어쩌다가 불광(자성의 빛)이 좀 나타났다고 도취되고 넋을 잃을 정도가 된다. 나타났다고 해도 그것은 문 앞에서 어른거리는 불빛이요, 길가의 풍경이라 목적지까지는 아직 멀었다.

🧘 오직 일심불란만이 도와 상응한다

　만약 당신이 근기가 있는 사람이라면, 선禪·정淨·밀密 등등의 수련방법에 정통한 스승이 필요 없다. 글공부를 하거나, 채소밭을 가꾸든 간에 일심불란하게 한 경계에 오래도록 전념함으로써 자연히 도와 상응될 것이다.

염불하는 것도 한 가지 일을 하는 것이고, 참선하는 것도 한 가지 일을 하는 것이며, 신·구·의가 호응되는 밀종을 수련하는 것도 한 가지 일을 하는 것이고, 책을 읽고 채소를 가꾸는 것 역시 한 가지 일을 하는 것이다. 어떤 것이 되었건 한 가지 일을 하는 과정에서 일심불란에 도달하면 되는 것이다. 당신은 염불하여 일심불란에 도달하였고, 나는 채소밭을 가꾸면서 일심불란에 도달하였다. 어떤 것에 집중했든지 간에 오직 일심불란만이 도와 상응한다.

십여 년 염불을 해도 일심불란에 도달하지 못하는 사람이 있다. 이들은 염불한다고 중얼거리기는 하지만 잡담도 하고 TV도 보고, 손에다 염주를 들고 여기저기 두리번거린다. 이들은 TV 방송이 끝나면, 사고도 끝났고 잡담도 끝났고 염불도 끝났고 생각하던 일도 모두 끝난 것으로 여긴다. 지금 몇 가지 일을 하였는가? 이것은 일심다용一心多用(한 마음으로 여러 가지 일을 함) 정도가 아니라 산란심散亂心이다.

단숨에 성취하려 하지 말고 기초를 잘 닦아야 한다

모두들 법문을 찾았다고 하는데 어째서 수행이 되지 않고 도와 상응할 수 없는가? 기초를 닦지 않았기 때문이다. 고층건물을 지으려면 우선 지반부터 잘 닦아야 한다. 토대가 단단하지 않으면 고층건물을 지을 수 없다. 지금 여러분들이 바로 이렇다. 성불수행을 하고 도를 닦기 시작하면서 "어떻게 하면 몸을 튼튼하게 만들 것인가? 어떻게 하면 나쁜 버릇과 습성을 근절할 수 있겠는가?" 하는 문제들을 생각하는 것이 아니라 당장에 성불할 수 있는 수련법부터 찾겠다고 한다.

　옛날에 열자列子가 구도求道하던 얘기를 들었으리라고 생각한다. 열자가 구도하려고 스승을 찾아갔는데, 스승은 3년 만에 겨우 그를 한 번 쳐다보았고, 6년 만에 그와 말을 시작했으며, 9년이 지난 다음에야 비로소 그와 함께 길을 걷고 밥을 먹었다고 한다. 처음 찾아갔을 때 스승은 그를 거들떠보지도 않았을 뿐만 아니라 말도 하지 않았던 것이다.

　어떤 사람들은 수행이 높은 스님들이 있다는 소문을 들으면 바로 찾아가서 일 분도 지체하지 않고 법을 구한다. 자기를 제자로 받아 달라고, 자기에게 법을 전파해 달라고 성화를 부린다. 수행이 높은 스님은 이런 사람들에게 법을 주지 않는다. 스님이 그들에게 법을 준대도 받지도 못하거니와 도무지 전파가 되지 않는다. 그들의 두뇌는 복잡하고 내심세계는 잡초가 무성하고 쓰레기로 가득 차 있는데 스님이 어떻게 전법傳法할 수 있겠는가?

　무엇이 잡초이고 쓰레기인가? 바로 탐貪·진瞋·치痴·만慢·의疑·사견邪見들이다. 이런 것들이 바로 잡초고 쓰레기가 아니고 무엇인가? 잡초와 쓰레기들이 가득 차 있는 그 내심세계가 도의 힘을 배척하기 마련이다. 설사 석가모니 부처님께서 다시 오신다고 하여도 지금의 중생들을 어찌할 방도가 나지 않을 것이다.

독경은 소리 내어 읽어야 한다

　법문하기가 두려운 사람은 경문을 많이 읽어라. 경문을 많이 읽게 되면 지혜가 생긴다. 제일 좋기는 성음으로 읽어야 한다. 소리를 내서 독경하게 되면 귀가 성음을 흡수한다. 귀가 성음을 흡수하면 바로 8식심전八識心田에 저축된다. 만약 묵독만 하면 이근耳根에 투입되지 못하고 따라서 8식심전에 저축할 수 없다. 『능엄경』에서 이렇게 말하였다. "이근의 원만은 천이백 공덕千二百功德이다. 시방의 소리를 빠트리지 않고 듣는다. 의근意根과 설근舌根의 원만도 천이백 공덕인데 안근眼根과 비근鼻根의 공덕은 그 다음"이라고 하였다.
　대부분의 정보는 귀로 수집한다. 두 귀가 소리를 들은 다음 비로소 머리를 돌려 눈으로 바라본다. 눈으로 보는 거리는 귀로 듣는 거리보다 멀지 못하다. 두 눈은 다만 전방만 볼 수 있고 후방은 볼 수 없으며 좌우도 볼 수 없다. 하지만 두 귀는 주위의 모든 것을 빠트리지 않고 전부 다 들을 수 있다.

수련한지 3년이 되었는데도 소식이 없으면 방법이 틀린 것이다

　그 어떤 방법을 사용하여 수련하든지 간에, 자기의 6근을 다스려 항복시키고 막지 않는다면 도와 상응할 방법이 없다. 이생에서 성공할 수 있느냐 없느냐 하는 것은, 훗날 임종 때 가서 아는 것이 아니라 지금 알 수 있고 지금 결론을 내릴 수 있다.

여러분은 성불수행을 한 지 비교적 오래 되었다. 성불수행을 하고 도를 닦은 지 3년이 되었는데도 아직까지 싹이 트지 않고 그림자가 보이지 않는다면 수련방법이 적합하지 않은 것이다. 때문에 수련방법을 바꿔야 한다고 생각한다. 습관이 된 방법이 좋다고 하면, 왜 3년이 되었는데도 아직 순조롭지 않는가? 순조롭지 않다고 해서 이 방법이 나쁜 것이 아니라 다만 사용할 줄 모르는 것이다.

염불에 습관이 된 사람에게 참선하라고 하면 공을 들이는 방법을 모른다 하고, 참선을 오래한 사람에게 밀법을 수련하라고 하면 정력도 소모되고 마음도 지친다고 한다. 하지만 그 어떤 방법을 사용하고 수련하든지간에, 일단 공을 들여 수련하면 정력도 소모되고 마음도 지치게 되는 것이다. 수련을 가뿐하고 쉬운 것이라고 하는 사람들은 망상에 빠진 사람들이다.

수련도 인이 박인다

보통 좌선을 한두 시간 하고 나면 확실히 가뿐한 감이 든다. 그것은 사람 몸이 잠시 휴식되었다는 뜻이다. 그러나 공을 들여 참선하는 사람의 몸은 힘들고 망상할 겨를조차 없거니와, 참선을 끝마치고 자리에서 내려오면 고달프고 피로를 느낀다. 하지만 이런 상황도 역시 일정한 단계가 있는 것이다.

어떤 방법을 사용하든지 일단 수련의 두서가 잡히면, 담배 피우는 사람이 담배에 중독되는 것처럼 인이 생기게 된다. 매일 그 시간이 되면 염불하는 사람은 염불할 것이요, 좌선하는 사람은 좌선할 것이다. 이 단계를 넘어서면 방법과 형식에 얽매이지 않고 언제 어디서나 시시각각으로 수련할 수 있을 것이다. 단지 문을 닫고 가부좌만 한다고 참선하고 염불하는 것이 아니다.

어떤 방법을 통하여 일심불란하게 수련하였다고 하면 외부의 성색聲色이 당신을 어찌할 것인가? 외부의 각종 소리와 색깔들이 방해가 되는 것은 당신이 아직도 문에 들어서지 못하였기 때문이다. 만약 당신이 집 안에 들어섰고 6근을 막았다면 외부의 소리와 색깔들이 어떻게 당신을 방해할 수 있겠는가?

성색을 차단하면 의근은 몇 백 배 활발해진다

만약 외부의 성색이 당신에게 방해가 된다고 해서, 당신을 강제로 동굴에 가둬 놓고 참선시키면 내심세계의 잡념이 더 커질 것이다. 더구나 강제로 외부의 소리와 색깔을 차단하면, 외부의 성색은 당신의 5근五根에 투입되지 않는다고 해도 당신의 의근意根은 이전보다 몇 백 배 더 활약할 것이다.

눈으로 색진色塵을 못 보고 귀로 소리를 못 들으면 자연히 모든 힘들이 의근에 집중된다. 이때의 마음은 초조하고 심지어 불안하기까지 하다. 당신의 귀·눈·코·입 등의 기능들을 의근이 홀로 담당하고 발휘하기 때문인데, 생각이 꼬리에 꼬리를 물고 일 초에도 열 몇 번씩 생기게 된다.

만약 동굴을 나와 눈으로 보고, 귀로 듣고, 코로 냄새를 맡고, 입으로 말을 한다면 내심세계의 잡념이 적어진다. 무문관수련하는 동안 6근의 기능을 의근이 홀로 담당하고 발휘하던 것을, 세속에 나온 다음 6근이 나누어서 부담하고 담당하기에 잡념이 적어지는 것이다.

6~7의식을 다스리지 않으면 수행의 문에 들어갈 수 없다

6근 중 어느 근부터 막아야 하는가? 『육조단경六祖壇經』에는 이런 말이 있다. "6·7은 원인에서 전환하는 것이고, 5·8은 결과에서 원만하다." 수행의 첫 걸음은 우선 제 6근인 의근부터 절단하여야 한다. 제7식(말나식)과 제6식(의식)을 처음부터 다스리고 항복시키지 않는다면 수행의 문에 들어갈 방법이 없다는 뜻이다.

설사 문에 들어섰다고 할지라도 석 달을 넘기지 못하고 밖으로 쫓겨나올 것이다. 왜냐하면 당신은 제6·7의식을 다스리고 길들이지 못하고, 다만 외부의 환경과 조건에 의거하여 강제적으로 제5근을 차단하였기 때문이다.

앞에 있는 다섯 가지 의식의 번뇌를 제6의식에만 감당하라고 얹어 놓았으니, 어떻게 동굴 속에서 조용히 앉아 있을 수 있겠는가? 번뇌가 심할 것은 뻔한 일이다. 그래서 견디지 못하고 쫓겨나오는 것이다. 그러나 의근부터 다스리고 길들인다면 자신을 동굴에 가 둬 놓고 무문관수련을 할 수 있을 것이다.

어떤 수련법으로 수련하든지 수행의 첫 걸음은 반드시 의식(잡념 과 망상)부터 다스려야 한다. 무엇이 잡념이고 망상인가? 잡념이란 조용히 앉아 있을 때 저절로 떠오르는 생각이고, 망상이란 의식적 으로 일으킨 생각 즉 고의적으로 사고하여 만든다는 의미이다.

🌀 의식을 다스린다는 것은 맞닥뜨려 해결하라는 뜻이다

성불수행은 자기 자신을 다스리는 것이 가장 어려운 일이지만, 수련방법을 파악해서 장악하는 것은 더욱 어려운 일이다. 자칫하 면 극단으로 흐를 수 있다. 이를테면 성불수행을 하는 사람들은 허 튼 생각을 하면 두뇌가 복잡해진다는 것을 알기 때문에, 아예 문제 들을 사고하지 않으려 한다. 결국 갑작스레 문제가 생기면 혼자서 처리할 줄 모르게 된다. 옳고 그름을 분간할 줄 모르고, 무엇이 높 고 낮으며, 무엇이 급하고 급하지 않은지를 가리지 못하고 멍청이 처럼 어리둥절해하는 것이다.

어떤 스님들은 아주 총명하고 일처리도 야무지다. 하지만 그들 에게 조용히 앉아 참선하라고 하면 죽는 것보다 더 힘들어 한다. 이런 사람들은 아주 산란한 사람들이다. 몸과 마음이 조화가 되지 않고 통일되지 않았기 때문에 조용히 앉아 참선할 수 없는 것이다. 염불도 못할 것이고 절도 못할 것이다. 다만 여기저기 사방을 주유하면서 말이나 좀 하고, 절을 위하여 일처리는 좀 할 수 있다.

절을 위하여 일처리를 능통하게 할 수 있는 사람이 인재이다. 사원에는 이런 인재가 정말 필요하다. 수행을 잘하는 사람도 역시 훌륭한 인재이다. 하지만 우리가 제일 두려운 것은 수행도 하지 못하고 일처리 하는 것도 어려워하는 사람들이다. 마치 봉사가 전쟁터에서 함부로 쏘는 대포와 같이 명중시키지도 못하면서 대포에 탄알이 없다고 떠드는 것과 같다.

입도했다 나와야 성공한 것이다

수행자는 어느 곳에 가서 어떤 방법으로 수행하든지 우선 자신을 책임져야 한다. 수행하는 방법을 파악하였다면, 반드시 수련하여 입도를 하고 들어갔다 다시 나와야 할 것이다. 만약 수행에 성공하지 못하고, 또 도에 들어갔지만 나오지 못했다면, 당신은 이 법문이 어떻고 저 스님이 어떻고 하며 평론할 자격이 없는 것이다.

어떤 사람이 종점에 도달하지 못하였거나 종점에서 되돌아오지 못하였다면, 그 길에 대해 좋고 나쁘고를 평가할 자격이 없는 것과 같은 이치이다. 때문에 도를 닦아 성공한다는 일에, 반드시 들어갔다 다시 나와야 된다는 것을 강조하는 것이다.

경전 몇 권을 읽고 스승이 가르치는 방법대로 반년가량 수련하였다고 해서 무엇을 결단하고 평론할 수 있겠는가? 지금 성불수행을 하는 사람들은 무엇이든지 쉽게 결론짓기 좋아한다. 이것은 자기가 그 일에 대하여 책임지지 못한다는 뜻이다.

③ 성불수행은 우리가 원해서 시작한 것이다

　여러분은 무엇 때문에 출가하였고 출가해서 무엇을 할 것인가? 성불수행을 해서 성불하려고 하는가? 만약 성불수행도 잘하지 못했고 성불도 하지 못하면 어떻게 할 것인가? 돌아서 가는 방법이 있는가?
　무엇 때문에 부처님을 믿고, 성불수행을 하는가? 부처님을 믿는 것과 수행하는 것은 본질적으로 다르다. 나는 스스로를 성불수행을 하는 사람이라고 장담하지 못한다. 겨우 부처님을 믿는 사람이라고밖에 하지 못한다. 성불수행을 제대로 하지 못하면 자기를 책임지지 못하고, 가정을 책임지지 못하고, 자기 스승님을 책임지지 못하는 것이다.
　누가 우리보고 성불수행을 하라고 했고, 누가 우리에게 출가하라고 하였는가? 적어도 90%의 사람들이 가족으로부터 출가 반대를 경험했다. 그렇게 많은 장애가 있었지만 우리들은 출가하고 성불수행을 하겠다고 소원하였다. 기왕 성불수행을 하고 도를 닦아서 성불하겠다고 발원하였으면, 열심히 성불수행을 하고 도를 닦는 것이 본분을 지키는 것이고 자기를 책임지는 일이다.
　세상의 일은 두 가지로 나눌 수 있다. 하나는 자기가 자발적으로 소원한 것이고, 다른 하나는 비자발적으로 소원한 것이다. 성불수행은 첫 번째 경우에 속하는데, 자기가 주체가 되고 자발적으로 소원한 것이지 누가 강요한 것이 아니다. 두 번째에 해당하는 경우는 우리가 어머니 뱃속에서 나온 것인데, 이는 비자발적이고 자기가 주체하여서 된 것이 아니다. 다시 말해 자기도 모르는 사이에 수태되었고 출생한 것이지 우리가 주체하고 자발적으로 하고 싶어서 한 일이 아니다. 오로지 성불수행만이 우리가 소원하고 주체하고 자발적으로 할 수 있는 것이다.

불문에는 경쟁이 너무 없다

불문은 경쟁이라는 것이 너무 없다. 치열한 경쟁이 없기 때문에 불문의 자질은 비교적 낮다. 만약 슈퍼마켓이나 정치계처럼 경쟁이 치열하면 불문에도 천재나 영웅들이 수두룩하게 나올 것이다. 세상의 걸출한 사람들은 두 곳에 모였는데, 하나는 정치계이고 하나는 상업계이다. 종교계에는 극히 적은 사람들만이 걸출하고, 대부분은 매일 허송세월을 보내는 게으름뱅이들이다. 종교라는 울타리에 들어서기만 하면 밥 얻어먹기는 제일 괜찮은 곳이다.

수련법이 아니라 수련하는 사람이 중요하다

보통 아둔하고 무능하며 수줍은 사람을 수양이 있고 도심도 있고 수행에 노력하는 사람이라고 하고, 총명하고 일처리도 잘하고 능력이 있는 사람을 수행이 없고 도심도 없고 수행인이 아니라고 한다. 거의 90%나 되는 사람들이 다 이런 개념들을 가지고 있고, 극히 적은 사람들만 이 문제의 답을 깨닫게 된다. 숙련된 수행자라고 자칭하는 사람에게 일을 시켜보면 뒤죽박죽이고 엉망진창이다. 이런 사람들은 폐물과 다름이 없다.

성불수행을 하고 도를 닦는 자체가 바로 한 가지 일에 종사하는 것임을 반드시 알아야 한다. 정토법문을 수련하는 것이 한 가지 일에 종사하는 것이 아니고 무엇인가? 선법을 수련하는 것도 밀법을 수련하는 것도 모두 한 가지 일에 종사하는 것이다. 자기 마음속의 일을 할 줄 모르면 밖의 일은 더욱 할 줄 모를 것이다. 오직 마음속의 일을 잘해야만 비로소 밖의 일도 잘할 수 있다.

안팎 두 가지 중에 단 하나만 정통하면 자연스레 다른 방면에도 정통할 수 있다. 성불수행에는 이런 말이 있다. "색신色身으로 법계를 꿰뚫어 볼 수 있고, 법계에서 색신에 들어갈 수 있다." 수행만 하고 일은 할 줄 모르거나 혹은 일은 할 줄 아는데 수행할 줄 모른다는 말은 없지 않은가? 진정 영리하고 야무진 사람이라면 수행도 야무지게 잘할 것이고, 일도 야무지게 잘할 것이다.

미련하고 둔한 사람이라면 정토법문을 수련하여도 되지 않고, 선법 또는 밀법을 수련하여도 전부 다 되지 않는다. 왜냐하면 그 사람의 낮은 자질이 모든 것을 결정하기 때문이다. 미련하고 둔한 사람은 그 어떤 법문도 수련할 수 없다. 모든 수련법을 전부 수련했지만 되지 않을 때에는 복의 씨앗이나 심고, 수행하는 것은 그만

두어라.

수련법들은 모두 지혜문을 열 수 있고 도와 상응할 수 있다. 어째서 이렇게 말을 하는가? 수련법이라는 것은 전부 기계나 연장처럼 고정된 것이다. 그것을 조작하고 운용하는 것이 바로 사람의 심령이요, 지혜인 것이다. 예를 들면 북경의 자전거든 상해의 자전거든 심양의 자전거든지 간에 모두 같은 자전거지만, 둔한 사람이라면 이런 평범한 자전거도 탈 줄 모르는 것이다.

무엇이 안분수기인가?

일전에 나의 불교사상을 "분수에 만족하고 본분을 지키며, 각자는 맡겨진 직업에서 최선을 다하며, 사람을 근본으로 삼고 일을 통해서 마음을 다스리자!"로 더욱 확고하게 진술했다고 말하였다.

몸을 건강하고 튼튼하게 닦고 심리상태를 단정하게 하자면, 첫째는 일을 많이 하면서 지혜를 계발하고 의지력을 굳건하게 단련하여야 한다. 두 번째는 자기에게 맡겨진 직업에 성실하게 전심전력으로 직무를 다하고 책임을 져야 한다. 이 산에서 저 산이 높은가 바라보고, 오늘은 동화선사로 갈까 내일은 서화사로 갈까, 모레는 남화사로 갈까? 오늘은 스님이 되고 싶고 내일은 도사가 되고 싶고 등등 이 모든 것은 바로 '안분수기安分守己'가 아니다. 즉 분수에 만족하지 않고 본분을 지키지 못한 것이다.

분수에 만족하고 본분을 지키며 성실한 비구가 되고 비구니가 되려고 해도 반밖에 되지 못한다. 따라서 출가승들은 전심전력으로 출가승의 직무를 담당하고 책임져야 한다. 또 거사님(보살과 처사님)들께서는 전심전력으로 부모로서의 직무를 다하고 책임져야 한다. 이것이 바로 안분수기이다.

깨달은 스승을 만나는 것은 타고난 복이다

지금 성불수행을 한다고 하는 출가한 스님이나 거사님들을 보면 1년 365일 가운데 거의 200일은 사방으로 돌아다닌다. 정지정견正知正見이 수립되지 않은 채로 밖에 나간다면 무엇을 배우겠는가? 사지사견邪知邪見의 사람을 활불活佛이라고 배알할 것이고, 진정한 활불을 뵈면 그를 사도라고 할 것이다. 지혜문이 열리지 않고는 옳고 그름을 분별할 수 없다.

이 자리에 있는 분들에게 오늘 내가 아주 분명히 말하겠다. 여러분이 정법을 만나고 깨달은 스승을 만나는 것은 기도해서 되는 것이 아니라 타고난 운명이다. 기도로는 이런 소원을 이루지 못한다. 당신이 전생에서 깨달은 스승을 소원하였고 찾느라고 애를 썼기 때문에 이생에서 깨달은 스승을 만날 수 있는 것이다. 반대로 당신이 전생에서 귀신을 좋아하고 요정을 좋아했기 때문에 이생에서 그런 사사邪師와 사도邪道를 만난 것이다.

이생의 모든 일체는 전생의 열매인데, 과거에 심어놓은 종자(인因)로 결정된 것이다. 우리가 선택할 수는 없다. 깨달은 스승을 만나면 다행이고 사사邪師를 만나도 어쩔 수 없다. 모두 과거에 심어 놓은 인과인 것이다.

🌀 선지식 슬하에서 3~5년 수련해야만 행각을 할 수 있다

　성불수행을 하는 사람은 반드시 한 스승의 슬하에서 혹은 좋은 도량에서 3~5년 동안 착실하게 꾸준히 수련해야 선학禪學을 할 수 있다. 왜냐하면 자기의 지견知見(정지정견)이 배양되지 않았고 옳고 그름을 분별하는 능력이 없는데 어떻게 나가서 선학을 하겠는가!
　지금은 절마다 경전들이 산더미처럼 쌓여 있어서 경전을 스승으로 삼고 배울 수 있다. 과거엔 경전이 적었기 때문에 스승을 찾아 그의 슬하에서 착실히 배워야만 했다. 과거의 경전은 전부 깨달은 스승의 두뇌 속에 있었던 것이다.
　과거의 조사·대덕들께서는 모두 선지식 밑에서 10~20년을 꾸준히 공부해서, 지혜문이 열리고 자기의 부처님 사상(불교사상)이 형성된 다음, 비로소 나가서 선학을 하며 검증을 하고 나아가서 부처님 사상을 확고히 했다.
　지금 사람들이 선학을 한다는 것은 사실상 관광이나 하고 산수의 경치나 즐기며 노니는 형편이다. 한 곳에 오래 머물면 지루해하고 단조롭고 적적해 하며, 고생도 하기 싫어한다. 그저 선학이라는 이름을 핑계대고 나가 돌아다니는 것이다. 만약 한 곳에서 마음이 편안하지 않으면, 자리를 옮겨도 편안하지 않을 것이다. 한 곳에서 기껏해야 2~3년, 심지어는 반나절도 되지 않고 자리를 옮기는 사람은 본분을 지키지 않는 사람이다. 바꾸어 말하면 안분수기 하는 마음만 있다면 어디로 가든지 모두 안분수기하고 있을 수 있다.

4강
어떻게 자기의 마음을 열어놓을 것인가?

관정은 무엇인가?

　동화사로 오는 많은 사람들은 이 만행이 관정灌頂을 해주기를 기대한다. 하지만 관정의 의의가 무엇이며, 왜 관정을 받고자 하는지를 알아야 한다. 또한 관정을 받은 다음, 당신은 무엇을 하려하고 또 무엇을 하겠는가?

　사람들은 관정을 하면 좋다고 하는데 왜 좋은가? 심지어 어떤 사람들은 수차례 관정을 받아 보았다. 풍문에 어떤 사람의 도력이 높다고만 하면 바로 찾아가서 관정을 받는 것이다. 관정을 받지 못한 사람은 관정이 어떤 것인지 느낌이 없을 수 있지만, 관정을 받은 사람들도 아무런 느낌이 없다.

　관정이라는 것은 티벳불교에만 있는 형식이다. 그렇다면 티벳의 장족은 한족보다 총명하기 때문에 관정법을 만들었고, 한족은 관정의 장점을 발견하지 못하였기 때문에 관정법을 만들지 않았는가?

티벳에는 라마승이라면 모두 관정을 할 줄 안다. 사람들의 말에 의하면 관정만 받으면 최소한 지옥에는 가지 않는다고 한다. 그러므로 관정을 받는다는 것이다.

관정하는 방법

관정하는 방법은 여러 가지이다.
① 사람들이 모두 땅에 엎드린다. 스승(활불 혹은 법왕)이 입에 물을 한 모금 머금었다가 공중을 향해 뿜어서, 사람들의 머리에 물이 뿌려지면 '감로수가 뿌려졌다.'고 하며 관정되었다고 한다.
② 관정하는 물을 감로수 병에 담았다가, 버들가지로 그 물을 묻혀서 사람들의 머리에 뿌려준다.
③ 어떤 사람은 손으로 머리의 정수리를 만져주면 관정이라고 한 다.
④ 또 한 가지 방법은 붉은색 천으로 사람들의 눈을 싸맨다. 그리곤 스승이 무대 위에 앉아서 사람들과 함께 주문을 몇 번 독송한 다음 공중에 물을 뿌리는 것이다.
이와 같이 관정하는 방법은 천기백괴千奇百怪로 기기묘묘한데, 기괴할수록 관정을 갈망하는 사람들이 더 많다.
하지만 성취한 진정한 명사明師는 절대로 이런 형식으로 중생을 가피하지 않는다. 명사께서 가피를 한다면 이미 가피가 된 것이고, 한번만 보아도 바로 가피를 받는 것이다. 심지어 명사님을 생각만 해도 명사님의 힘이 몸으로 들어오는 것이다. 하지만 관정을 받은 다음 수행하지 않으면, 그 관정은 아무런 소용이 없다.

사람에게는 모두 보리종자가 있다. 그런데 왜 지옥을 가는 중생이 있는가? 이치대로 말하면 불성이 있으면 지옥에 떨어지지 않아야 한다. 하지만 불성이 있어도 지옥을 가고, 관정 받은 사람도 역시 지옥을 간다. 또 관정 받은 다음에 그 사람의 보리종자가 깨어났어도 마찬가지로 타락할 수 있다. 보리종자를 불러 깨울 수 있다면 깊은 잠에 들어 있어도 깨울 수 있다. 그러나 스스로 깨우려는 마음이 없다면 백 번을 관정해도 소용이 없는 것이다.

관정은 내재의 영성을 상승하게 만든다

진정으로 성취한 명사님께서 우리들에게 관정을 해주시면, 우리들 내재의 영성은 곧바로 몇 차원 더 상승하게 된다. 이를테면 우리에게 내재된 영성의 힘이 10°의 술이고 명사의 영성이 50°의 술이라면, 스승님의 힘이 우리 몸에 들어 온 다음에는 우리 내재에도 똑같이 50° 술의 힘을 갖게 된다.

만약 이때 스승님께서 관정해서 주신 힘에 의지해서 수련한다면, 내재한 50° 술의 양과 질이 점점 더 커지고 강하게 된다. 하지만 관정 받은 다음 수련하지 않는다면, 비록 내재한 힘이 섞여서 질적으로 50°가 되었다 하더라도 조금밖에 되지 않기 때문에 소용이 없는 것이다.

진정하게 명사를 믿는다면, 뵙지 않아도, 머리와 머리를 마주대지 않아도, 마음속에 명사님이 있기만 하면 그 자체가 바로 명사님과 상응한 것이고 가피가 된 것이다. 마음의 문을 열지 않는다면, 설령 부처님·보살님의 힘이라고 해도 들어오지 못한다. 사실 부처님·보살님의 힘은 시시각각으로 우리들의 주변에 있다. 하지만 우리들은 그것을 느끼고 받아들지 못하고 있다. 왜냐하면 우리들은 마음의 문을 열어 본 적이 없었고, 자신을 철저히 느슨하게 풀어 본 적이 없기 때문이다.

어떻게 해야 자기를 철저히 느슨하게 할 수 있는가? 진정으로 수행하고자 하는 사람은 남을 보지 말고 오로지 자기만 보아야 한다. 자기의 심신의 문을 열어놓고, 사람들이 뭐라고 말하든 전부 받아들이고 반항도 변명도 하지 말아야 한다. 대담하게 받아들인다는 것은, 이미 아량이 넓어졌고 큰 그릇이 되었다는 것을 말한다. 이런 큰 그릇이라면 명사의 힘만 얻는 것이 아니라 우주의 힘도 얻는 것이다. 우주의 힘을 얻었다면 자연 명사의 힘도 포함되는 것이고, 명사의 힘은 이미 당신의 세계에 융합이 된 것이다.

하지만 사람들은 그렇게 하지 못한다. 그렇게 할 수 있다면 지금 여기에서 바로 성취한 사람이다. 얼마만큼 할 수 있냐에 따라 그만큼 성취하는 것이다. 또한 할 수 있는 시간에 따라 성취하는 시간도 결정된다. 하루를 그렇게 하면 하루가 부처이고, 한 시간을 그렇게 하면 한 시간이 부처의 경계인 것이다.

성불수행은 부처님의 아량을 배우는 공부이다

　성불수행은 부처님의 아량을 배우는 공부이다. 부처님의 아량이 없다면 아무리 모방해도 영원히 범부凡夫이다. 성인과 범부의 근본적인 구별은 바로 아량이다. 부처님의 아량이 있어야만 부처님의 자비심과 지혜가 있게 되고 신통력이 있게 된다.
　어떤 사람은 입으로도 성불수행을 한다고 하고 마음속으로도 성불수행을 하겠다고 하지만, 동시에 그 사람 몸에서 다른 힘이 나오면서 그로 하여금 성불수행을 하지 않는 사람보다 못하게 만든다. 그 사람 자체는 모르지만, 제3자가 볼 때 그 사람이 하는 말과 하는 일은 조리와 순서가 맞지 않아 뒤죽박죽이며, 성불수행을 하는 사람도 아니고 범부도 아닌 꼴불견인 것이다.
　대부분의 성불수행을 하는 사람들은 다른 사람의 결점을 잘 보고 말하기 좋아한다. 하지만 자기 결점은 보지 못한다. 항상 얻어갈 궁리만 하고 이바지할 줄 모른다. 성불수행은 이바지하는 공부이지 얻어가지는 공부가 아니다. 이바지하는 것이 많을수록 얻는 것도 많지만, 얻어가지는 것이 많을수록 내재의 선천적으로 본래 있었던 것을 잃는 것도 많아진다.
　아량을 키우지 못하면, 아무리 방법을 써도 오로지 방법만 수련하는데 불과하고 도를 수련하는 것이 아니다. 도를 수련하는 근본 방법은 아량의 문을 여는 것이다. 하지만 여기서 성불수행을 하는 사람들은 한 마디 말하기 바쁘게 열 마디로 변명하고 반박한다. 성불수행을 하지 않을 때는 순진한 편이었는데, 성불수행을 하더니 말주변이 늘어나 아무리 말해도 자기 말만 옳다고 주장한다.

성불수행은 자기 것을 죽여 영혼의 힘이 출현하게 하는 것

　성불수행은 일종의 '사망死亡 체험'이다. 자기의 사상을 죽이고, 자기의 관점을 죽이고, 자기의 모든 생각을 모두 죽여야 한다. 이렇게 해야만 비로소 영혼 안에 있는 그 힘이 출현하는 것이다.
　어째서 사람 사는 것이 그렇게 즐겁지 못한가? 두뇌에 있는 많은 소원을 이루지 못했기 때문이다. 왜 사람 사는 것이 이렇게 힘든가? 많은 생각이 있는데 말을 하면 사람들이 듣지 않고, 사람들이 자기와 어울리지 않는다고 생각하기 때문이다.
　만약 아무 생각도 없고 모든 것을 다 만족해하는 사람이라면 틀림없이 즐거운 사람일 것이다. 또 아무 생각도 없고 누구와도 다 어울리며, 누구의 의견도 다 좋다는 사람 역시 즐거운 사람일 것이다. 성불수행 하는 사람의 내심이 약간이라도 열리지 않으면 그 핵심에 들어갈 수 없는 것이다.
　만약 우리들이 혼자 살 때, 그래서 사람과 사물에 접촉하지 않을 때면, 자기 딴에는 아주 청정하고 지혜도 있으며 선정력도 있고 나무랄 데 없는 완벽한 사람이라고 생각할 것이다. 하지만 일단 일을 하면서 사람들의 의견과 자기의 의견이 맞지 않을 때, 세심한 사람이라면 바로 지금 여기에서 아집과 자기의 의견(성견成見)이 금방 튀쳐나오는 것을 발견하게 된다.

하지만 극히 적은 사람들만 이 찰나에 자기의 결점을 발견한다. 자기와 다른 의견을 들을 때, 자기에게서 문제를 찾는 것이 아니라 상대방에게서 문제를 찾는 것이다. 큰 아량은 배워서 되는 것이 아니라 선천적으로 구비된 것이다. 왜 선천에서 구비된 것이라고 말하는가? 이것은 생생세세로부터 축적해 온 것이다. 매 생마다 조금씩 닦아서 여러 생을 내려오면서 축적된 것을 오늘의 생에 와서 쓰는 것이다. 듣는 그 순간에 아량을 열려고 하지만, 일단 문제가 생기면 그 아량의 힘은 '아집'에 의해 삼켜버려진다.

아집을 소멸하지 못하면 불성을 발휘할 수 없다

아집을 소멸하지 못하면 명사明師의 힘이 몸에 들어갔다 하더라도 작용하지 못한다. 마치 사람마다 모두 불성을 구비하고 있지만 발휘하지 못하는 것과 같은 이치이다. 불성이 우리들을 따라다니지만, 세세생생 축적된 습성들도 마찬가지로 우리들을 따라다니기 때문이다. 뿐만 아니라 습성들도 나날이 증가하고 있다.

"만약 군인들이 수행하면 아주 빠를 것이다."라고 전에 말한 적이 있다. 군인들은 아집이 없는 사람들이다. 아집이 없기 때문에 장애가 없다. 군인들의 두뇌는 이미 명령에 복종하고, 지휘에 복종하며, 상급자의 명령에 복종하는 타성이 형성되었기 때문이다.

한 사람이 다른 사람과 대항할 때 무엇으로 대항하는가? 당신들은 "자기의 관점으로 대항한다. 상대방의 관점이나 방법은 자기 것 보다 못하다."라고 말할 수 있다. 자기의 관점이나 방법이 좋다고 하는 그 배경은 무엇인가? 그것을 '아집'이라고 인정하지 않으면, "나의 방법이 확실히 저 사람 것보다 나은 것이다."라고 주장할 것이다. 어째서 '확실'이라는 생각이 존재하는가?

③ 감사하는 마음을 배워야 한다

  감사하는 마음을 배워야 한다. 감사하는 마음이 있어야만 아집을 타파할 수 있다. 감사한 마음이 생기는 그 찰나에 아집의 힘이 밀려나가는 것이다. 또 아집의 힘이 밀려나가는 그 순간, 내재의 불성이 치솟아 나올 수 있는 공간이 생기게 된다.
  나라에 감사해야 하고, 환경에 감사해야 하며, 곁에 있는 모든 사람들에게 감사해야 한다. 나라가 태평하지 않으면 우리들이 어떻게 수행하며, 이런 환경이 없다면 어디 가서 수행하겠는가? 주변 사람들이 당신과 대항하지 않는다면, 어떻게 확실하게 자기의 아집을 보아내고 자기의 아량이 작다는 것을 알 수 있겠는가?
  우리 앞으로 다가오는 사람들은 모두 우리들을 시험하러 왔고, 우리들을 도우러 왔으며, 우리들을 성취시키러 왔다. 상대방을 받아들이면 수행에서 커다란 초월이다. 그러나 상대방을 좌절시켰을 때 겉보기에 이긴 것 같지만, 사실상 내재한 아집이 이미 몇 단계 더 올랐고 자기도 모르는 사이에 중독된 것이다.

하지만 상대방에게 지고 상대방의 말을 듣는다면, 여러분의 아집은 한층 더 없어지고 내재한 불성은 밖으로 한층 더 나오게 되는 것이다. 오로지 감사한 마음을 배워야만 이바지할 줄 알고, 이바지하는 그 즉시로 내재의 힘이 밖으로 튀쳐나오는 것이다.

나는 이미 똑같은 말을 여러 번 하였다. 사람들은 모두 성불하고자 한다. 하지만 여러분은 사람이 갖춰야 하는 가장 기본적인 자질과 심리도 구비하지 못하였다. 부처는 얼마나 위대하고 고상하며 자비롭고 무아無我이신가! 하지만 우리 몸에는 부처의 그림자조차 보이지 않는다. 우리의 아집과 탐욕이 형용할 수 없을 정도로 크면서도 감히 성불수행을 하며 성불하겠다고 한다.

우리 같은 사람들이 성불한다면, 이런 부처는 공경할 가치도 배울 가치도 없다. 믿든 안 믿든 본인 나름이겠지만, 나는 여태까지 성불하겠다는 생각을 해 본적이 없다. 다만 지혜의 문을 좀 열어서 나 자신을 알고 자질을 높이고자 했을 뿐이다. 성불수행은 무엇이 구비되어야 하고, 성불하고자 하면 무엇이 구비되어야 한다는 것을 잘 알고 있기 때문이다. 그런데 나는 이런 조건들을 모두 구비하지 못하였다.

지금 우리는 어떤 마음상태인가? 내가 한 마디 하면 벌써 열 마디가 기다리고 있고, 네가 나를 한번 때리면 나는 너를 두 번 이상 때리겠다는 상황이다. 여기 앉은 사람들의 마음상태를 보면 대개 이런 것이다. 이런 마음상태로 어떻게 성불수행을 할 수 있겠는가?

복보는 감사하고 이바지하는 데서 온다

일처리를 하고 사람노릇을 하는 것을 보면, 복보를 심지 못했을 뿐만 아니라 심어 넣을 수도 없다. 왜냐하면 감사할 줄도 모르고, 감사하고자 하지도 않으며, 이바지하는 것은 더욱 싫어한다. 복보는 어떻게 오는가? 감사할 줄 아는 데서 오고, 이바지하는 데서 온다. 그런데도 지금 우리들은 욕심만 부리고 얻고자만 하며 점유하고자만 하는 마음상태를 가지고 성불수행을 하고 사람노릇을 하고 있다.

아주 옛날부터 형성된 이런 습성들을 이생에서 전부 버리는 일은 참으로 어렵다. 뿐만 아니라 우리들의 아집은 이미 깊어져서 없애기가 아주 어렵다는 것을 반드시 인식해야 한다. 또 아집이 계속 깊어지고 만연하며 성장하면 안 된다는 것도 반드시 알아야 한다. 그런데 지금 우리들의 아집은 없어지는 것이 아니라 나날이 자라나며 만연하고 있다.

여러분이 이곳에 온 이유는 나를 도와 성취하기 위한 것이다. 처음에는 돈한스님 한 사람만 받아들였는데, 지금은 몇 백 명의 스님들을 받아들이게 되었다. 한 사람으로부터 시작해서 몇 백 명을 받아들이게 되었다는 것은 내가 성장하고 진보하였음을 의미한다.

지금 내가 여기에 앉은 여러분들조차 받아들이지 못한다면, 나의 아량은 좀처럼 열리지 않았음을 말할 뿐만 아니라 도리어 점점 줄고 있음을 의미한다. 지금 이 자리에 앉은 여러분들을 보면, 다른 사람을 포용하기 싫어하고 어울리기 싫어한다. 왜냐하면 여러분들은 이런 담력과 식견이 없고, 자아를 잃을까봐 두려워하며, 자기를 희생해야 할까봐 두려워하기 때문이다. 도대체 무엇을 잃는 것인가? 잃는다고 걱정하는 것은 사실 아집인 것이다.

나는 군인친구들이 몇 명 있다. 몇 년간 그들과 사귀면서 '만약 군인이 도를 수련하고 좌선방법을 배운다면 다른 사람들보다 더 좋은 그릇이 될 것 같다.'고 생각했다. 오랫동안 부대에서 근무하였던 사람이 선을 수련하면 틀림없이 성취가 빠를 것이다. 군인들은 이미 뼛속까지 단 한 가지 관념만 갖고 있기 때문이다. 즉 상급자의 말 한마디면 다른 의견이나 반항할 생각도 없이 절대적으로 복종하는 것이다.

이렇게 형성된 군인들의 타성은 그들에게 아집이 없음을 말해주는 것이다. 하지만 이 자리에 앉은 여러분들은 내가 한 마디 하면 머릿속에는 이미 자기의 생각과 견해가 자리 잡는다. 여러분이 군인이고 내가 상급자라면, 여러분은 절대적으로 자기의 생각이 없을 것이다. 하지만 성불수행을 한다는 사람들이 군인들과 정반대이다.

🙏 수행은 자기를 반성하고 자기의 마음을 지켜보는 일이다

성불수행은 언제 어디서나 자기를 반성하고 자기의 마음 씀씀이를 지켜봐야 한다. 우리가 말하는 '수본진심守本眞心(근본을 지키고 마음을 참되게 하라)'이라는 말은 자기의 생각을 지켜보라는 말이다. 여러분은 이미 동화사에 온지 오래 되었다. 어떤 진보가 있는가?

　진보가 없다고 말하면 지나친 말 같지만, 진보하는 속도가 너무 늦어서 놀라울 정도이다. 옛날 사람들은 "한 번만 지적해도 바로 깨닫고 한번 만 들어도 바로 알아차린다(일점취오―點就悟 일청취명―聽就明)."라고 말하였다. 하지만 여러분에게서 이런 점을 발견 못하였다. 단지 내가 한 마디 말하면 곧바로 자신의 견해 혹은 자신이 생각하는 바가 있다고 주장하는 것을 발견하였다.

　수행이란 바로 마음의 수련이다. 이점은 모두 잘 알고 있다. 하지만 자기를 방에 가둬놓고 어떻게 홀로 마음상태를 수련하는가? 다 같이 일하고 지내면서, 서로의 마음이 충돌하고 마찰해 피투성이가 되어야만 수련되는 것이다. 적응하면 이 관문을 넘긴 것이고, 적응하지 못하면 도태되어 나가야 하는 것이다. 무엇을 융통성이 있다고 하고, 무엇을 성장하고 성숙되었다고 하는가? 단체 생활이란 서로 충돌하고 마찰하면서 지내야 비로소 차츰차츰 어울리게 된다. 이렇게 하지 않으면서 어떻게 수련한다고 할 수 있겠는가?

　왜 단체생활에 적응하지 못하고 사람들과 어울리지 못하는가? 바로 아집이 너무 크기 때문이다. 통속적으로 말하면 몸에 가시가 많고 모서리가 많기 때문에 부딪치고 충돌되면 견디기 어려운 것이다. 이 환경에서 견디기 어려우면 다른 환경에 가서도 견디기가 어렵다. 몸에 모서리가 없고 성격이 유순해야만 어떤 단체에 들어가더라도 적응해 사람들과 잘 어울릴 수 있다. 이 단체에 여러분이 있어도 없는 듯 하고 없어도 있는 듯 할 때, 비로소 여러분의 모서리가 다스려져서 부드럽게 된 것이다.

아직 시간이 남았으니, 각자의 생각과 성불수행을 해서 깨달은 것을 말하기 바란다. 대담하게 앞에서 말해야하고, 뒤에서 수근거리며 뒷소리를 하지 말아야 한다. 성불수행을 하는 사람은 물론이고, 속인들도 앞에서 말하는 습관을 양성해야 한다. 우리들은 모두 범부이고 성장하는 단계이이며 완벽한 부처가 아니다. 그러므로 주저하지 말고 대담하게 말하기 바란다. 어떻게 자기의 의사를 표현하는가 하는 것은 말의 기교에 해당하지만, 무슨 일이든 어떤 말이든 모두 명백하게 말할 수 있어야 한다.

관념을 바꾸고 생각을 지켜야 한다

아무리 경계가 높고 본 것이 많다고 해도 마음상태를 다 변화시키지 못하면 아무 소용이 없다. 관념을 바꾸는 일은 어렵고도 마음이 아픈 일이다. 더욱이 다른 사람의 책망을 들을 때, 받아들이고 싶든 혹은 받아들이기 싫든 간에 마음이 아프기 마련이다.

하지만 진보하고자 하면 반드시 이 과정을 겪어야 하고 이런 아픔을 겪어야 한다. 진정으로 아집을 버리고 마음의 문을 열어놓고 외부의 것을 받아들일 때, '사실은 아무것도 없구나!' 하는 것을 발견하게 된다. 하지만 저항하는 마음을 가진다면 튕겨져 나오는 힘이 엄청나게 큰 것이다.

수행은 관념을 바꾸고 생각을 지켜야 한다. 옛날 사람들은 "대지혜를 가진 사람은 모두 자기의 생각을 잘 지킨다."라고 말한다.

『금강경』에서 강조하는 것도 역시 '생각을 잘 지킴(선호념善護念)'과 '머무르는 바 없음(무주無住)'이다. 하지만 마음상태를 바꾸는 일은 반드시 근기가 필요하다. 왜냐하면 나쁜 습성과 습관을 고치는 일은 아주 어려운 일이기 때문이다. 사람들이 억울한 누명을 씌울 때 당장에 반격하고 싶은 마음이 생긴다. 하지만 억울한 누명 자체가 바로 우리들을 성취시키는 것이다.

불조佛祖의 수십 년 수행은 모두 외부의 경계를 바꾸기만 하지, 절대로 외부의 환경에 의해 휩쓸리지 않는다. 하지만 중생은 환경의 지배를 받고 외부의 환경에 휩쓸린다.

5강

우란분회란 무엇인가?

🪷 많은 사람들의 성취를 중생과 부처님이 기뻐하는 날

내일은 우란분회盂蘭盆會 날이다. 우란분회란 무엇인가? 나름대로 말하기 바란다.

도기스님 말씀해 보세요.

(도기:…)

돈한스님이 말씀해 보세요.

(돈한:…)

왜 '부처님께서 즐거워 하시는 날(불환희일佛歡喜日)'이라고 하는가? 이 자리에 하안거를 참가한 사람이 있는가? '우란분회'이든 '부처의 환희날'이든 '승자자일僧自恣日(하안거를 마치고 각자 자기의 잘못을 참회하고 서로가 서로를 지적하고 가르치는 날)'9이든 본질적인 구별은 없

---

9 한국에서는 음력 7월 15일이다.

고 내포된 뜻도 같다. 불제자들이 백 일의 하안거를 끝냈는데, 이 백 일 안에 많은 사람들이 성취해 아라한과를 증득하게 되었다. 어떤 사람은 아라한과를 원만히 증득하지 못하였지만 초과初果, 이과二果, 혹은 삼과三果를 증득한 것이다. 하안거를 끝내면서, 차원이 좀 다를 뿐 사람마다 수확이 있고 모두 성취하게 된 것이다. 그래서 중생들도 환희하고 부처님도 환희한 것이다.

🙂 마음의 문을 열고 서로 배우는 날

왜 '자자일自恣日'이라고 하는가? 백 일의 수련으로 사람마다 모두 현성승賢聖僧의 차원이 되었기 때문에, 마음의 문을 활짝 열고 자기와 다른 사람의 부족한 부분을 하고 싶은대로 다 말할 수 있게 되었다.

무엇을 '현賢'이라고 하고 무엇을 '성聖'이라고 하는가? 이미 여러 번 말했다. '성'이란 이미 과위를 증득했다는 것이고 '현'이란 아직도 수행 도중에 있는 것을 말한다. 성인의 과위에 도달해야만 마음의 문을 열고 자기를 검토하고 반성할 수 있는 것은 아니다. 수행 과정에서 진실한 면목으로 자기를 마주하고 주변의 모든 일체를 마주해야 한다. 진실한 삶을 살지 않고, 더욱이 자기에 대해 진실하지 않는다면 입도할 수 없다.

평상시 어느 누가 속 시원하게 마음의 문을 열고 감히 자기와 다른 사람의 결점을 말할 수 있는가? 말을 하지 않으면 그만이지만, 일단 말을 시작하면 비위 맞추는 말만하거나 남을 질책하는 말만 한다. 마음의 문을 열어놓고 평온하고 온화하게, 사람들과 자기의 진실한 생각과 느낌을 말하는 사람은 극히 적다.

자기의 진면목으로 일체를 마주하면 수행에서 물러나지 않는다

한 사람이 거짓말 한 마디를 하고는, 열 마디 다른 거짓말을 만들어 그 한 마디 거짓말을 덮어 감추려 한다. 또한 백 가지 거짓말을 만들어 열 가지 거짓말은 거짓말이 아니라고 증명하려고 한다. 이렇게 진실하게 살지 못하기 때문에 사람들은 사는 것이 힘들다고 한다. 거짓말을 하고 사기 치는 일을 하게 되면, 들통날까봐 온갖 방법으로 덮어 감추고자 하고 자기를 변명하고자 하는 것이다.

만약 용감하게 자기의 진면목으로 모든 일체를 마주한다면, 수행이라는 이 길에서 물러나지 않을 것이다. 수행에서 물러나지 않고 과위에서 떨어지지 않는 일은 이렇게 간단하다. 어디에 팔지보살이 되어야 물러나지 않는다고 했는가?

일반 범부들은 진실하게 살아갈 식견과 신심이 없는데, 어째서 현성승은 진실하게 살아갈 수 있고 이것저것 고려하는 것이 많지 않은가? 현성승은 득실에 신경을 쓰지 않기 때문이다. 성불수행은 염불念佛을 해야만 성공하는 것이 아니다. 염법念法을 하고 염승念僧을 해도 성취할 수 있다. 뿐만 아니라 염승이 염불보다 낫다. '염승'에서 말하는 '승'은 현성승을 말한다.

왜 현성승을 염하면 성취할 수 있다고 하는가? 현성승은 불佛·법法·승僧의 셋을 한 몸에 집결하고 겸비했다. 그러므로 현성승을 공경하고 현성승을 공양하는 것은 시방삼세의 모든 부처님·보살님을 공경하고 공양하는 것보다 나은 것이다. 우리들은 부처님·보살님을 통해 불법을 안 것이 아니라 승려를 통해 불법을 알고 부처님·보살님을 알았다. 승려가 없다면 어떻게 불법을 알고 부처님·보살님을 알 수 있었겠는가? 승보僧寶가 없다면 불보佛寶도 없고 법보法寶도 없다.

현성승을 '불퇴위不退位(물러서지 않는 지위)'라고 하지만 그래도 구별이 있다. 여기서 말하는 불퇴위는 두 가지 뜻이 있다. 하나는 신심信心이 불퇴이고(물러서지 않았고) 다른 하나는 과위果位가 불퇴인 것이다.

신심이 충만해서 염불하는 수많은 사람들처럼 자기를 의심하지 않았고, 부처님·보살님을 의심하지 않았으며, 임종시 극락세계로 왕생한다는 것도 의심한 적이 없는 것이다. 이것을 신심이 물러서지 않았다(신심불퇴信心不退)고 말한다. 일단 과위를 증득하면 믿고 안 믿고 하는 것은 상관없다. 어떤 일에 대해 이미 명백하게 알게 된 다음은 이미 믿는 차원을 초월한 것이기 때문이다.

🌀 우란분절은 자신을 반성하는 날

'우란분절'은 또 자신을 반성하는 날이기도 하다. 이날은 모든 사람들이 전부 자신을 반성하는 동시에 서로간의 결점도 지적하고 도와주면서 다 같이 진보하는 날이기도 하다. 사람들은 평소에 다른 사람의 결점을 지적하지 않는다. 하지만 우란분절만은 모두 마음의 문을 활짝 열어놓고 아무런 거리낌 없이 자기와 다른 사람의 결점을 말할 수 있는 것이다. 왜냐하면 우란분절은 사람들에게 통쾌하게 말할 수 있는 기회를 주기 때문이다.

그때 당시 부처님 주위는 이미 방대한 단체가 형성되었다. 물론 그 단체에는 순수하지 못한 수행자들도 있었고, 옳고 그름을 시비하는 사람들도 있었으며, 수행자들의 자질과 차원도 같지 않았다. 승려단체뿐만 아니라 어떤 단체든지 들락날락하면서 혼잡하게 하는 사람들이 있다.

부처님께서 이런 상황을 보시고, 마침 목건련존자께서 어머니를 제도하기 위해 현성승賢聖僧과 비구니들에게 큰 연회를 베풀며 공양하는 기회를 빌려서 성회에 참가하셔서 모두에게 하고 싶은 말을 하게 하였다.

백 일 동안의 하안거 기간에는 누구도 말하는 사람이 없다. 누구나 할 것 없이 모두 용맹정진 하였는데, 각기 자기 나름의 깊은 체득이 있었다. 안거기간은 절대로 서로 방문하지 않는다. 전부 자기의 초막에서 수련하는데 무문관수련과 같은 것이다.

다시 말하면 백 일 동안 서로 보지 않고 용맹정진한 결과 모두 몇 차원씩 올라가게 된 것이다. 과거에는 능력이 없어서 자기의 역대 부모님들과 조상님들을 제도할 수 없었지만, 하안거 수행을 통해 전부 큰 성과를 얻고 차원이 높아진 것이다. 그리하여 부처님과 목건련존자는 모두를 한자리에 모이게 하고, 그들의 역대 부모님과 조상님들을 전부 제도시킨 것이다.

이 성대한 법회가 끝나면서 모두들 수행이 더 높은 차원으로 올랐다고 축하하고 축복하였다. 하안거 무문관수련을 통해 각기 다른 차원에서의 새로운 느낌과 깨달은 것도 있고 의혹이 드는 것도 있었다. 그리하여 이 '자자自恣', 즉 서로 담화하는 기회를 이용해 수행도중에 생긴 자기의 깨달음과 의혹을 말하고 연구토론하며 고무격려하면서 수행을 촉진하게 된 것이다. 현성승들이 자기의 체험을 말하면 부처님은 그들을 인정해 주고 칭찬해 주셨고, 동시에 비구들에게 각기 다른 수기授記를 주셨다.

현성승이 힘을 합해 목건련존자의 어머니를 제도하였다

왜 부처님은 목건련존자의 어머니를 직접 제도하지 않으시고, 목건련존자가 여러 현성승을 초청하게 하고 다 같이 목건련존자의 어머니를 제도할 것을 제의하셨는가? 부처의 지혜가 얼마만큼 크면 중생의 무명無明도 그만큼 크고, 부처의 신통력이 얼마만큼 크면 중생의 업장도 그만큼 크게 된다.

다시 말하면 중생들의 업장이 얼마만큼 크면 부처의 지혜도 그만큼 크다는 것이다. 업장과 지혜 그리고 신통력은 그 크기가 원래 같은 것이다. 이렇게 말한다면 중생을 전부 제도하지 못하면 업장도 전부 소멸할 수 없는 것이다.

독경하고 도를 수련하면 자기의 역대 종친들을 제도할 수 있겠는가? 수행자들이 도와 상응할 수 있다면 자기의 역대 종친들을 제도할 수 있는 능력이 있는 것이다. 사실 우리 모두는 우란분회의 설화를 잘 안다.

목건련존자의 증과를 얻기 전의 신통력은 이미 제일이었다. 그렇지만 아무리 신통력이 큰 사람이라도 증과를 얻지 못하면 누구도 제도할 수 없다. 증과를 얻고 도와 상응하며 우주의 힘과 소통해야 제도하는 능력이 생기는 것이다.

하지만 도와 상응하고 소통할 수 있어도, 역대 종친들의 업력이 무거우면, 마치 목건련존자의 어머니처럼 업장이 무거우면 한 사람의 힘으로는 부족한 것이다. 그래서 시방의 현성승들의 힘에 의지해야 비로소 그들을 제도할 수 있고 그들을 해탈시킬 수 있는 것이다.

㉛ 신통력을 쓸수록 사람들의 인과에 개입해 업장을 만든다

사람들은 모두 다른 차원의 신통력을 가지고 있다. 심지어 어떤 사람은 부처도 믿지 않고 수련도 해본 적이 없지만 신통력이 있다. 어떻게 그들은 신통력이 있게 되었는가?

어떤 사람의 신통력은 아주 큰데도, 지혜문이 열리지 않았고 여전히 무명의 상태에서 탐·진·치가 가득하고 나쁜 습성들도 많다. 이런 것을 보면 신통력은 아무것도 설명하지 못한다.

도선율사道宣律師께서 종남산에서 도를 수련할 때, 아직 성도하지 못했는데도 하늘의 천녀天女들이 밥을 날라다 주었다. 그때의 그는 지혜문도 열리지 않았고 신통력도 없었다. 규기대사窺基大師(삼차스님)가 방문했는데, 앞에 있는 사람이 대보살인 것을 알아보지 못하고 도리어 한바탕 훈계를 하였던 것이다. 그는 오로지 청정심으로 하늘을 감동시키고 그들의 공양을 받은 것이다. 이 설화는 비록 지혜문을 열지 못하고 무명을 타파하지 못했지만, 청정한 도심만 있다면 용천龍天 신장님들의 보호를 받을 수 있다는 것을 보여준다.

그러므로 청정심으로 사람들을 위해 독경하고 기도한다면 틀림없이 이익을 보게 된다. 청정하지 못한 사람은 아무리 신통력이 있다고 해도 제도하지 못한다. 기공수련을 하였다는 어떤 기공사가 자기는 운반기능이 있어서 생각만으로 물건을 움직일 수 있고 주위의 상황도 바꿀 수 있다고 한다. 그런데 그 기공사가 병이 들었다고 하는데 왜 그 병을 운반하지 못하는가?

신통력이 있다고 업장이 없는 것이 아니다. 신통력을 쓰면 쓸수록 업장을 더 만들게 된다. 신통력으로 쉽게 사람들의 인과에 개입하기 때문이다. 선인善因이든 악인惡因이든 업장을 만들면 반드시 그 응보를 감당해야 한다.

청정한 마음이 신통력보다 낫다

　출가한 사람이 환속하고자 하면, 왜 자기의 의발을 청정비구에게 맡기고 환속한다고 말해야 하는가? 환속은 이미 계를 버렸다는 것을 의미한다. 만약 청청비구에게 알리지 않고 남몰래 슬며시 환속하면, 그 사람은 아직도 계율을 버리지 않은 것이다. 어떻게 청정한 승려는 환속하는 사람의 증인이 될 수 있고, 환속하는 사람을 도와 계를 버리게 하며, 그 사람으로 하여금 업을 짓지 않게 할 수 있는가?

　천도재薦度齋10는 출가한 사람들만 할 수 있다고 한정된 것이 아니다. 집에서 수행을 잘 해 청정심을 얻은 사람들도, 독경을 해서 자기의 역대 종친들을 회향回向시키면 그 종친들이 혜택을 받는 것이다. 더구나 자기 자신이 독경해 조상들을 천도한다면 그 힘은 말할 수 없이 아주 크다.

　경문의 어느 단락의 문구가 천도할 수 있는 것이 아니라, 중요한 관건은 청정심이다. 경문은 마치 컵과 같고 청정심은 컵에 담은 물이다. 갈증을 풀어주는 것은 컵이 아니라 물이다. 만약 독경만으로 천도할 수 있다면, 글을 아는 사람은 누구나 다 천도를 할 수 있지 않은가? 아니라면, 어째서 글을 모르는 승려가 향을 올리고 아미타불을 독송하면서 기도하면 바로 천도가 되는가? 경문이 작용한 것이 아니라 바로 그들의 청정심이 작용한 것이다.

---

10 죽은 이의 명복을 빌기 위해 독경・시식施食・불공 등을 베푸는 의식.

🌀 수행의 관건은 몸과 마음의 청정清淨

　수행의 관건은 심신의 청정清淨이다. 왜 수행자들은 육식을 가리는가? 청정하지 못한 음식은 사람의 신체에 영향을 미친다. 또 청정하지 못한 신체는 사람의 마음에도 직접적인 영향을 미친다. 하지만 이와 반대로 먹는 것이 청정하면 몸은 상쾌하고 가뿐하며 따라서 마음도 평화롭고 고요해진다.

　어째서 육식하는 사람의 몸에는 탁기濁氣가 많고, 몸에서 발산하는 자기장이 채식(소식素食)하는 사람들을 불편하게 하는가? 사람이 음식을 먹어서 소화되고 흡수된 다음에는 전신에서 그 음식의 냄새를 발산한다. 고기가 썩으면 무슨 냄새가 나는가? 채소가 썩으면 무슨 냄새가 나는가? 말을 하지 않아도 잘 알리라고 생각한다. 사람이 음식을 먹으면 위에서 위산의 작용으로 썩어문드러지는 것이다

　안거기간에는 하루에 한 끼씩 먹는다. 어떤 사람은 단기간 음식을 먹지 않는다. 음식을 적게 먹을수록 소화계통에서 분비하는 것도 적게 된다. 식물이 몸에 들어가면, 신체는 원래 가지고 있는 힘으로 그것을 소화시키고 흡수해야 한다. 이것이 바로 음식을 많이 먹으면 정신이 흐리고 혼란하며 피로가 오는 원인이다. 하지만 신체가 직접적으로 우주의 에너지를 흡수할 수 없는 상황이므로, 아직도 오곡과 잡식으로 신체의 필요를 유지해야 한다.

　사실상 공기에도 영양이 있고 햇빛에도 영양이 있으며 물에도 영양이 있다. 만약 수행자들이 심신의 문을 열어놓고 우주와 한 몸

이 된다면, 그 신체는 영원히 고갈되지 않을 것이며 영양부족은 없을 것이다. 수련을 잘한 사람의 기질은 남달리 뛰어나므로, 그의 곁에 접근할 때 그의 몸에서 발산하는 자기장이 특별히 청정하다는 것을 느끼게 된다.

수행자의 자기장이 청정하려면 우선 먹는 음식이 청정해야 하고, 다음은 마음이 청정해야 한다. 심신이 모두 청정할 때 비로소 인과를 고칠 수 있고 업장을 깨끗이 소멸할 힘이 있게 된다. 따라서 그 사람의 자기장도 자연 청정한 것이다.

수행자들이 육근을 안으로 거두게 될 때, 즉 육근이 닫힐 때면 신체에서는 말할 수 없는 향기가 풍긴다. 아울러 이때는 뱀이나 전갈, 혹은 지네같은 작은 동물들을 불러들이게 된다.

환희의 날은 무문관수련 후 경험을 나누는 날

■질문 : 그러면 어떻게 해야 합니까?
■만행스님 : 형편에 따라 처신해야 한다. 사람은 인기人氣가 있다. 산에 있는 작은 동물들은 사람 몸에서 나는 냄새를 맡고 다가오는데 절대로 사람을 물지 않는다.

오늘 이 '환희의 날(진정한 날은 자시 이후인 내일이다)'에 모두 나름대로 '자기는 어떻게 사람노릇을 하고 어떻게 일처리를 하였는가?' 하는 체험과 깨달음을 말하기 바란다. 이것은 부처님께서 주신 권리다. 말을 하라고 할 때 하지 않으면 틀리고, 말을 하지 말라고 할 때 말을 하면 더 틀리다.

　오늘 앞당겨 말하고 내일은 말하지 않을 것이다. 만약 오늘 말을 하지 많으면 금년은 더는 말을 못한다. 부처님은 일 년 가운데 오늘 하루만 실컷 말하게 하셨다. 승단은 어느 때든지, 그것이 옳고 그르고 간에 말을 하면 안 된다.

　내가 이전에 '그르다'고 말하는 사람도 가증스럽지만, '옳다'고 말하는 사람은 더 가증스럽다고 말한 적이 있다. 왜 옳다고 말한 사람을 틀리다고 하는가? 당신이 '옳다'고 하는 자체가 상대방은 틀리고 자기가 정확하다는 것을 증명하고자 하는 것이기 때문이다.

　그때 당시 부처님의 승단은 규칙이 있었다. 항상 부처님을 따르는 승려만 천이백오십 명이었는데, 부처님께서 어디로 가시면 그들도 같이 따랐다. 이와 같이 방대한 집단에서 너 한마디 나 한마디씩 해서 모두 말하면 시장통과 무슨 다른 점이 있겠는가? 시장통보다 더 소란스러울 것이다.

　모두 수행자라고 해도 서로 자문하고 도를 얘기해도 안 된다. 그래서 부처님은 매년 한동안 무문관수련을 하게 한 다음, 스스로 반성하게 하고 검토하게 하며 결론짓게 하였다. 그 다음에는 한자리에 모여서 음식을 맛있게 잘 먹게 하였다. 마치 현시대의 친목모임이거나 회식같은 것이다. 사람들은 잘 먹고 즐기면서 마음을 풀게 되고 하고 싶은 말을 하였다. 하지만 평소에는 감히 말을 못하고 말을 하면 안 되는 것이다.

　'우란분절'인 오늘에야 비로소 발언하는 기회가 생긴 것이고 오늘에야 비로소 발언할 수 있다. 만약 부처님 곁에 있게 되면 절대로 우리들에게 말을 못하게 할 것이다. 그때 당시 부처님을 따르는 제자들은 얼마나 법도를 잘 지켰는지 모른다. 수행자는 입을 열거나 닫거나 단지 수행에 관한 말만 하게 하고, 수행과 관계되지 않은 말은 못하게 하였다. 오로지 오늘 같은 '우란분절'만 아무런 구애도 없고 가리는 것이 없다.

■질문 : 스승님의 책에서 '비밀번호를 맞춰야 한다.'고 하셨는데, 저도 그 비밀번호를 찾고 싶은데 어떻게 해야 합니까?
■만행스님 : 심신이 청정해야 한다. 어떻게 하면 심신이 청정할 수 있는가? 채식을 하고 마음에 일을 담지 말아야 한다. 일이 있으면 일을 처리하고, 일처리가 끝나면 바로 내려놓고 마음에 두지 말아야 한다. 아울러 없는 일을 만들지 말아야 한다.

  수행방법이나 좌선하는 기교는 어쩔 수 없는 상황에서 가르치는 유위법有爲法이다. 전부 수행자들을 도와 수행의 한 노정을 걷게 할 뿐이다. 이 노정을 끝내면 이런 유위법은 쓸모없다. 유일한 방법은 바로 '심신의 청정'이다.

  입도할 무렵에는 반드시 모든 유위법을 내려놓아야 한다. 유위법은 다만 심신의 번뇌를 다스릴 뿐이고, 입도하는 것은 도와주지 못한다. 소위 법문이라는 것은 단지 심신의 번뇌를 다스리기 위한 것이다. 심신의 번뇌를 다스린 다음에는 '공무空無'의 힘으로 '도道' 안으로 들어가는 것이다.

  『심경心經』에서 이미 '관觀, 행行, 조照, 도度, 공空, 무無'라고 하였는데 또 다른 방법이 필요한가? 무명을 돌파하는 바로 지금 여기에서가 바로 지혜이고 도이다.

6강

법맥을 전승받으려면 겸손하고 공손해야 한다

🌸 사승과 법맥은 하나다

　성불수행을 하는 사람이라면 '사승師承과 법맥法脈'이라는 말을 듣게 된다. 사승과 법맥이 그렇게 중요한가? 그렇다면 무엇이 사승이고 무엇이 법맥인가? 사승과 법맥은 둘이 아니라 하나이다. 간단히 말해, 지금 우리가 수행하는 수련방법의 근본은 어디에 있으며 어느 파벌이며 어느 법맥을 이어받았고 또 어느 지방에서 뻗어 나온 것인가 하는 것이다.

　사람들은 이렇게 묻는다. "법맥도 없고 사승도 없는 사람이 혼자 수행하면 도에 들어갈 수 있는가? 수행자들은 사승과 법맥이 있어야만 하는가? 혼자 경전을 연구해도 도를 깨닫고 해탈할 수 있고 성불할 수 있는가? 과거의 수행자들은 전부 법맥을 이어받았는가? 지금의 전파 방식과 성불수행을 하는 방식으로 지금 수행자들이 도를 깨달을 수 있는가?"

　지금은 가는 곳마다 부처님 경전이다. 사람들은 각기 다른 방식으로 부처님의 법을 들을 수 있다. 성불수행하는 조건도 좋고 경전도 쉽게 얻을 수 있으며 불법도 쉽게 들을 수 있다. 옛날에는 깨달은 스승 한 분을 만나 뵙고 방문하려면 몇 날 며칠, 1년 혹은 2년이라는 시간을 걸어야 겨우 만나 뵙고 참배할 수 있었고, 경전 한 부를 읽어 보자면 자기가 직접 베껴 써야만 하였다. 하지만 지금 성불수행하는 사람들의 방에는 책들이 쌓였고, 깨달은 스승이라고 하면 금방 가서 그분을 만나볼 수 있다. 그런데 어째서 고대 사람들보다 증과證果를 성취한 사람들이 적은가?

법맥의 힘을 얻지 못하면 수련하기 어렵다

불교 역사를 연구하다 보면 이런 이치를 알게 된다. 과거의 수행자들은 전부 스승의 가르침이 있었고, 10~20년을 스승의 뒤를 따랐다. 스승님이 불법을 가르쳐주시기 전에 이미 불법에 대한 인식과 수행의 식견 등에 있어서 상당한 수준에 도달한 것이다. 그래야만 스승이 불법을 가르쳐 주고 법맥의 힘을 주었다.

쉽게 말하면 마치 두 가닥의 전기선이 서로 연결되는 것과 같은 이치이다. 사람들은 모두 각기 전기선의 한쪽 부분이다. 깨달은 스승은 이미 위에 있는 전기선과 연결되고 통한 전기선이다. 매 세대의 깨달은 스승님들은, 모두 그 이전에 깨달은 스승의 힘과 서로 연결하고 통하는 전기선들이다. 이런 전승傳承 방식으로 법맥의 힘을 얻지 못하고 홀로 수련하여 도를 깨우치는 사람들은, 어느 정도의 차원까지는 들어갈 수 있겠지만 가장 높은 차원까지 수련하기는 어려운 것이다. 불성도 구비되고 지혜도 구비되었다고 하지만 제일 결정적인 차원에는 연결할 방법이 없는 것이다.

성불수행은, 한 면은 자력에 의해, 다른 한 면은 타력他力 즉 스승의 힘에 의거하여야 한다. 매 세대의 사승의 힘은 그분이 몇 십 년 수행한 힘을 응집한 것이다. 제자의 식견이 충분하다면, 스승이 몇 십 년을 수행한 공부의 힘을 찰나에 전부 흡수해서 소유할 수 있다. 스승은 자기의 식견과 제자의 식견이 같아야만 자기의 전기선과 제자의 전기선을 연결시킬 수 있다. 아니면 연결할 수 없다.

법맥의 힘과 연결하지 않고 소통하지 않는다면, 사람은 전부 각기 단독적인 개체이기 때문에 혼자 힘으로 수련하는 것은 아주 어렵고 힘이 든다. 법맥의 힘과 연결되지 않은 경우에는 일반인의 마음으로 문제를 보게 되기 때문에, 아무리 열심히 해도 핵심부분으로 들어갈 수 없다.

법맥과 소통하려면 공경심과 겸손한 마음이 중요하다

물론 법맥과 소통하려면 식견이 중요하지만, 식견을 얻기 전에는 공경심과 겸손한 마음이 가장 중요하다. 성불수행을 하는 사람에게 공경심과 겸손한 마음이 있었다면, 식견도 절반은 구비되었다고 볼 수 있다. 아울러 법맥을 전승받는 시점에서는 겸손하고 공손한 마음이 식견보다 더 중요한 것이다.

식견이 구비되었다고 해도 겸손하고 공손한 마음이 없다면, 불경에서 말하는 '광혜狂慧(잘못된 지혜)'에 지나지 않는다. 이런 사람은 나중에 부처님이 아니라 마왕과 상응하게 된다. 성불하고 싶다면 겸손하고 공손한 마음부터 길러야 한다.

③ 경험한 자만이 진실을 알 수 있다

사실 도와 소통하기 전에는 겸손하고 공손한 마음이 들기가 아주 어렵다. 고정된 자기사상의 울타리를 벗어나지 못하기 때문이다. 태어나서 죽을 때까지 우물에서 사는 개구리에게 하늘이 아무리 넓고 크다고 설명해줘도 상상하지 못하는 것과 같다.

나도 그러한 경험이 있다. 내 고향에는 바다는 없고 대신 집 앞에 못이 하나 있었다. 나는 어릴 적에 이 연못을 종종 들여다보곤 했다. 이 못의 둘레는 200m가 넘었는데 어린 내 눈에는 꽤 커 보였다. 나이가 들어 이곳저곳을 돌아다니면서 다른 지방의 큰 저수지 몇을 보게 된 다음, 우리 집 앞의 연못은 너무 작은 것이라는 것을 깨달았다.

당시 바다를 본 적 없던 나는 바다에 대해 사람들에게서 듣거나 TV로만 보았다. 그리고 나는 바다가 얼마나 큰지를 한껏 상상해보곤 하였다. 열여덟 살이 됐을 때 중국 남방 연해 도시인 하문에서 출가하였는데 하문 주위는 전부 바다였다. 이때 처음 바다를 보았는데 실로 내 눈을 믿을 수 없었다. 무엇이 '일망무제—望無際'이며 무엇이 '무변무안無邊無岸'인가 하는 것을 깊이 깨닫게 되었다. 너무도 감개무량했다.

어째서 이전에 바다에 대해 그렇게 많이 상상해 보았는데 다 틀렸을까? 자기가 겪어보지 못한 사물을 상상하기란 어려운 것이다. 상상은 결코 자기의 경험을 벗어나지 못한다. 심지어 어떤 사람은 겪은 일인데도 이전 경험의 울타리를 벗어나지 못한다.

위대한 사람만이 위대한 사람을 이해한다

보통의 사람은 부처님·보살님에 대한 이해는 말할 것도 없고 큰스님의 행위도 이해하기 어렵다. 위대한 사업을 하는 사람들의 사상은 일반인들이 이해하기 어려울 뿐만 아니라 그들의 마음의 깊이를 상상도 하지 못한다. 오로지 우리가 위대한 일을 통해 위대한 사람이 되어야만 위대한 사람의 심리상태를 이해할 수 있다.

우물 밑에서 살던 개구리가 어느 날 우물 위로 올라와 세상을 본 것처럼, 일반인이 위대한 사람이 되었다면 천지가 뒤집힐 정도로 사상에 변화가 생긴다. 그렇지 않고는 아무리 말을 해 주어도 이해는 물론 받아들이지도 못한다.

🧘 겸손한 마음이 무아다

 겸손하고 공손한 마음을 기르지 못했다면 성불수행은 헛된 것이다. 이 문제가 왜 이렇게 중요한가? 겸손하고 공손한 마음이 있어야 무아의 상태가 되기 때문이다. 무아가 된 사람이라면, 이미 만물과 한 몸이 되었고 이미 영성의 힘과 소통한 것이다.

 어떻게 겸손하고 공손한 마음을 기르는가? 사실 성불수행의 각도에서 보면, 겸손하고 공손한 마음은 이생에서 배워서 된 것이 아니라 이미 갖추고 태어난 것이다. 이생에서 배운 것을 이생에서 쓰려고 하면 늦다. 도를 깨우치고 성불한 사람만이 이생에서 배운 것을 이생에서 쓸 수 있으며, 심지어 배우는 즉시 쓸 수도 있는 것이다.

 진리를 갈망하고 추구하는 사람은 영원히 고정된 사상이 없으며 영원히 고정된 사상에 얽매이지 않는다. 고정된 사상이 형성되면 이미 그것에 대한 선입견이 생기므로 외부의 힘이 들어갈 수 없는 것이다.

🧘 시련을 받아들이면 초월이고 회피하면 퇴보이다

 많은 사람들이 겸손하고 공손한 마음을 갈망하지만, 각종 고난과 시련이 닥치면 고비를 넘기지 못한다. 성불수행을 하는 사람은 이 점을 인정해야 한다. 다가오는 어떤 일이나 사람은, 모두 여러분을 시험하러 왔으며 여러분을 도와서 성불시키는 것이다. 이것조차 인식 못한다면 성불수행을 하고 진보하겠다고 하는 것은 불가능한 일이다.

여러분 앞에 닥치는 갖가지 사정들과 사람들을 이해하고 받아들이면 그게 바로 초월이고, 회피하면 퇴보이다. 이런 환경을 회피하면 겉으로는 잘 넘긴 것 같아도, 비슷한 문제가 다시 발생하면 결국 해결하지 못할 것이다.

성불수행을 하고 도를 닦고자 하면 대단한 기백과 용기가 필요하다. 올해 우리 절에서 만든 탁상용 달력에다 내가 이런 말을 썼다.

구하는 것이 없는 것이 참으로 구하는 것이고
대가를 치러야 참으로 얻을 수 있고
목숨 걸고 도박을 해야 결과에 승복한다.[11]

이 뜻을 어떻게 이해할지 모르겠지만 성불수행 자체가 바로 엄청난 도박이나 다름없다.

---
11 무구시진구無求是眞求, 부출시진득付出是眞得, 원도시복수愿賭是服輸

왼손의 것을 포기하지 않으면 오른손으로 잡을 수 없다

이 점에 대하여 나는 아주 뜻깊은 체험이 있다. 22세 때 나는 벌써 큰 도박을 걸었다. 내 동창 중에는 불교대학을 졸업 후 유학을 가 깊은 연구를 한 사람도 있고, 또 새로 지은 절에 가서 지도자를 맡은 사람도 있다. 이것은 전부 눈으로 볼 수 있고 손으로 만질 수 있는 일들이다.

당시 나는 외국에도 가고 싶었고, 무문관수련을 하고 싶은 생각도 있었다. 하지만 무문관수련은 볼 수도 만질 수도 없는 일이다. 한동안의 고민과 비교를 거쳐 외국으로 가는 기회를 포기하고 산의 동굴에 들어가 무문관수련을 하게 되었다.

그때 나의 심정은 말로 표현하기 어렵다. 왼손에 확실히 잡은 것이 있는데, 아무것도 잡지 못한 오른손 때문에 이를 포기하게 되었으니 말이다.

옛날 성불수행을 했던 경험에 이렇게 말한다. "왼손에 쥔 것을 포기하지 않으면 오른손으로 잡을 수 없다." 다시 말하면 오른손으로 물건을 잡고자 하면 먼저 왼손에 들었던 것을 포기해야 한다는 것이다. 아니면 오른손은 영원히 아무것도 잡을 수 없는 것이다. 문제는 오른손으로 잡고자 하는 것은 보이지도 않고 확실하지도 않은데, 이미 왼손에 확실히 잡은 물건을 포기해야 하는 데 있었다.

다행히 내가 동굴에 들어간 지 반 년 만에 좋은 소식이 생겼다. 수행을 통해 체험이 생기고 경계가 있게 된 것이다. 성불수행을 진정으로 하고 싶으면 두뇌는 단순해야 하고, 스승이 가르친 수련방법에 대하여 깊은 분석을 하지 말아야 한다. 실제로 내가 한 공부가 성불하는 방법이 아니라 하더라도, 그때 당시 쓸 수 있었고 당신을 진보시켰다면 좋은 방법인 것이다.

자기 수준에 맞는 스승이 좋은 스승이다

여러분의 스승이 꼭 부처여야만 그분의 방법을 받아들이겠다고 하면 안 된다. 스승이 나한이고 당신이 일반인이라면 그에게 배우는 게 맞다.

누구나 제일 훌륭하고 가장 대단한 스승을 만나서 공부하고 싶어 한다. 그러나 당신의 수준이 겨우 초등학교 1학년밖에 되지 않는데, 어떻게 대학 교수의 가르침을 받겠는가? 중졸 정도의 스승이면 충분하다. 무엇 때문에 자기에게 적합한 중졸 수준의 스승을 버리고 대학교수를 스승으로 모시려고 하는가? 초등학생은 대학교수와 소통할 수 없으며, 초등학생에게 제일 좋은 스승은 바로 중학교를 졸업한 스승인 것이다.

스승이 가르쳐준 수련법과 하나가 되어 보았는가?

대학생과 초등학생이 서로 교류하게 되면, 아이러니하게도 대학생이 초등학생을 부정하는 것이 아니라 초등학생이 대학생을 부정하게 된다. 대학생은 초등학생을 알아보지만, 초등학생은 대학생을 알아보지 못하기 때문이다.

여러분이 성불수행을 했던 시간을 돌이켜 보면, 누구나 할 것 없이 많은 스승을 만나 보았을 것이다. 그런데 어째서 나중에는 그 스승을 전부 부정하는가? 진정 자기의 마음과 목숨을 걸고 스승을 따라 공부하여 보았는가? 또 어느 정도까지 열심히 해 보았는가? 일시적인 충동으로 이 스승의 책을 몇 권 읽어봤고 며칠 동안 따라다녀 본 것으로 대충 판단하고, 그 스승은 자기가 생각했던 스승이 아니라고 부정하고 돌아서서 방향을 바꿨을 것이다.

스승이 자기 제자를 굽어보는 것은 마치 부모가 자식을 굽어보는 것과 같다. 때문에 스승은 제자를 너무 잘 안다. 그렇다고 해서 스승이 자기가 본 것을 그대로 알려줄 수도 없고 또 알려줄 필요도 없는 것이다.

애들이 장난감 차를 가지고 한창 재미있게 노는데, 왜 가짜 차를 갖고 노냐며 놀지 못하게 차를 빼앗고 욕지거리를 하는 분들은 없을 것이다. 왜 그런가? 어른은 장남감차를 가지고 놀지 않는다. 이는 불문에서 말하는 '식견'이 있다는 것으로, 어른은 이미 성장하고 성숙하였기 때문에 어느 것이 진짜이고 어느 것이 가짜라는 것을 분별할 수 있다는 것이다.

어느 것이 진짜라는 것을 인식한 다음에는 담력과 식견이 커져서 차 운전을 배운다. 배우는 과정이 아무리 힘들고 고달파도 아랑곳하지 않고 열심히 배운다. 심혈을 기울여 운전을 배우는 데 집중하였기 때문에 주위의 모든 것을 잊고 차와 하나가 된다.
　차를 운전하는 사람은 모두 이런 이치를 알고 있다. 사람과 차, 그리고 도로가 삼자합일이 되어야 운전을 잘하고, 안전하게 집까지 운전해서 돌아올 수 있는 것이다. 성불수행을 하고 도를 닦아 입도하는 것도 마찬가지다. 자아를 잊고 심지어 방법마저 잊어버려야 한다. 자기는 어떤 방법으로 하고 있는지도 모를 정도가 되어야 모든 것이 자연스럽고 순리대로 진행되는 것이다. 이 정도까지 수련하면 자기의 존재를 느낄 수 없고 그 수련방법에 대해서도 느끼지 못하는 것이다.

❸ 업장이 두꺼우면 공경심을 기를 수 없다

　공경심을 기르기는 아주 어렵다. 하지만 겸손하고 공손한 마음으로 입도해야 무아의 상태가 될 수 있다. 그렇다면 어째서 어떤 사람들은 공경심을 기를 수 없는가? 한마디로 말하면 그 사람의 업장이 너무 심하기 때문이다.
　우리는 부처를 보면 공경심이 생기는데, 당신은 왜 부처를 보면 공경심이 생기지 않는가? 업장 때문이다. 성불수행은 하고 싶은데, 공경심이 생기지 않는 것을 어떻게 해석하는가? 아직은 인연이 되지 않았다고 이유를 대겠지만, 진정 성불수행을 하는 사람은 이 부처와는 인연이 있고 저 부처와는 인연이 없다고 핑계대지 않는다. 이 부처와 저 부처는 모두 동일체이기 때문이다.

처음 공경심을 기를 때는 억지로라도 자기를 바치는 것을 배우고 순종하는 것도 배워야 한다. 그러다보면 시간이 흐르면서 자연스럽게 공경심도 우러나오고 '아집'도 차츰 한쪽으로 밀려 나가게 되는 것이다.

승복을 입는 것은 쉬운 일이 아니다

'습관이 되면 자연스러워 진다(습관 성자연習慣成自然)'는 말이 있다. 우리가 처음 성불수행을 할 때는 머리를 조아리며 절을 할 줄 몰랐다. 특히 다른 사람들이 옆에 있을 때면 부처님께 엎드려 절을 하는 것이 부끄럽고 얼굴이 뜨거워진다. 나도 이런 적이 있었다. 출가 후 처음으로 집에 부모님을 뵈러 갔는데, 승복이 부끄럽고 쑥스러워 속가의 옷차림으로 집에 갔었다.

출가해 스님이 되는 일은 내가 원했던 일인데, 승복을 입고 부모님 뵈러 가는 것이 왜 그렇게 부끄러웠을까? 어쨌든 지금은 승복을 입고 큰길에 나서면 아주 영광스럽고 긍지를 느낀다.

승복을 입는 일이 결코 쉽지 않음을 나는 잘 알고 있다. 이런 승복을 이제 하루도 빠짐없이 입고 있다. 나와 함께 승복을 입은 사람이 몇 십 명이 넘었었는데, 이제는 거의 절반이 이 옷을 벗었다. 신앙은 남아 있지만 승복을 다시 입지는 못할 것이다. 내가 입은 승복은 결코 정연하지도 장엄하지도 않지만 나는 이 승복을 포기하지 않고 입고 있다.

항상 헌신하겠다는 생각을 유지하라

정좌하는 것을 배울 때 망념과 번뇌도 같이 생긴다. 생각이 모두 번뇌인 것이다. 생각의 싹이 나타나면 그냥 자리에 고정되어 있는 것이 아니라, 일어났다 사라지고 또 일어났다 또 사라진다. 생각의 싹이 나타난 다음 바로 사라지지 않으면 그것도 역시 정定(선정력)인 것이다. 문제는 하나의 생각의 싹도 남아 있지 않고 생각마다 전부 도망가고 또 다시 가득 생기는 것이다.

그 어떤 생각의 싹이 나타나더라도, 성불수행을 할 때는 겸손하고 공손한 마음과 헌신하겠다는 정신만은 항상 보존해야 한다. 성불수행은 삼가 바치는 데에서 배우고, 도는 겸손하고 공손한 가운데서 깨닫게 되는 것이다. 입도를 하려면 우선 도를 깨달아야 한다. 도를 깨닫지 못하면 방향을 모를 것이며, 방향을 찾지 못하면 입도하지 못하는 것이다.

방금 말한 것처럼 식견의 반은 공경심과 헌신이다. 헌신은 불문에서만이 아니라, 우리 사회생활에서도 필요하다. 우리가 끊임없이 나라와 백성에게 헌신해야만, 자기의 마음을 크게 열어 놓을 수 있는 것이다. 기왕 성불수행을 한다면 부처의 마음을 구비해야 한다.

무언가 얻어 가지겠다는 마음으로 성불수행을 하는 사람은, 조금 지나면 자신이 점점 고립되고 몸과 마음도 메마르고 있음을 발견하게 될 것이다. 입도하는 것은 법맥의 힘에 의거하여야 하고 전

僧傳承의 가피력에 의거하여야 한다. 겸손하고 공손한 마음과 무아의 마음이 없다면 법맥과 전승의 힘을 얻을 수 없는 것이다.

🕉 머리를 비우고 선입견을 버려라

이런 법맥과 전승의 힘은 일반인의 마음속으로 들어갈 수 없다. 법맥과 전승의 힘이 무한히 크다고는 하지만 일반인의 아집과 협소한 마음 또한 견고하기 때문이다. 어째서 어떤 사람은 배우는 것이 빠르고 어떤 사람은 느린가? '머리가 복잡해서 밖의 것들이 들어가지 못한다'는 말을 답으로 듣게 되는 이유가 여기에 있다.

진정 무엇을 배우고 싶다면 우선 자기의 두뇌부터 비우고 원래 가지고 있던 선입견부터 버려야 한다. 깨달은 스승의 힘은 없는 곳 없이 어디에나 다 있다고 하지만, 아집과 선입견도 없는 곳 없이 어디에나 다 있는 것이다. 우리가 아집과 선입견을 포기하지 않는다면, 어떤 방법으로 수련한다고 해도 핵심에 들어갈 방법이 없고 핵심의 주위에서 빙빙 돌기만 할 것이다.

우선 자기 머릿속 선입견을 한쪽에 밀어 놓아야 성불수행이 된다. 이 말은 과거에 배운 것을 전부 버리라는 말이 아니라, 더욱 새롭고 좋은 것을 배우기 위하여 원래의 것을 한쪽에 밀어 놓으라는 뜻이다. 과거에 배운 것도 언젠가는 쓸모가 있을 것이다. 새 가구를 방에다 들여놓자면, 원래 있던 가구들을 정리하고 한쪽에 치워야만 새 가구가 들어올 수 있는 공간이 마련되는 것과 같은 이치이다.

용감하게 정진하면 성공한다

　세속에서 목숨을 아까워하고 욕심과 향락만 추구하던 사람이 어느 날 출가하여 스님이 된다면, 그는 여전히 목숨을 아까워하고 욕심과 향락만 추구할 것이다. 하지만 마음을 바꾸어 전심전력으로 몰입하고 용감하게 정진할 수만 있다면 바로 성공할 것이다.
　요즘 사람은 이런 용기가 없다. 특히 성불수행을 하는 사람들은 더욱 그렇다. 세속의 사람들보다 못하다. 세속의 사람들은 세속의 공명을 위하여 자기를 희생하기도 하는데, 이 정신으로 성불수행을 한다면 생명을 무릅쓴 수행이 될 것이다.
　성불수행을 하는 사람이 죽음을 두려워하고 욕심과 향락만 추구하며 희생정신이 없다면, 그는 성불수행을 하기 전에도 그런 사람이었고, 성불수행을 하지 않아도 역시 같은 사람일 것이다.

우리의 행동은 내면 세계를 그대로 보여주는 것이다

■질문 : 스승님! 성불수행을 하는 사람도 국토를 장엄하게 할 수 있습니까?
■만행스님 : 없다. 자신이 머무는 방도 돼지우리 같은데 어떻게 국

토를 장엄하게 할 수 있겠는가? 열 평 남짓한 방조차 관리 못하는 사람이 국토를 어떻게 장엄하게 한다는 것인가? 헛된 말이다. 성불 수행을 한다는 사람들의 방을 보면 열에 여덟은 돼지우리이다. 또 열에 여덟은 무식하기 그지없는 촌뜨기들이다. 내가 붓을 들고 글이나 쓰는 사람이면 점잖은 말로 일깨워 줄 수 있겠지만, 불행하게도 여러분에게 법문하는 나 자신도 역시 무식한 촌뜨기이니 내뱉는 말이 미려하지 않고 받아들이기가 어려울 것이다.

자기 방도 정결하지 못하고 엉망진창인데, 어떻게 외부의 환경을 깨끗하고 장엄하게 할 수 있단 말인가? 마음이 어지럽고 엉망진창인 사람은 외부의 환경을 정연하고 조리 있게 또 장엄하게 할 수 없다.

이전에 우리 절에 상주하면서 채소밭을 가꾸던 사람이 몇 있었다. 그런데 그 사람들이 가꾼 채소밭은 풀이 무성하여 자기들도 풀과 채소를 분간하지 못했다. 나는 채소밭을 볼 때마다 '어째서 저 사람들의 눈에는 채소밭의 무성한 풀이 보이지 않을까?' 하고 생각했다.

그 후 북방에서 비구니 스님 두 분이 오셔서 채소밭을 책임지고 가꾸었는데, 풀 한 포기 없이 아주 정연하게 가꾸었다. 어째서 두 비구니가 가꾼 채소밭에는 풀 한 포기가 없을까? 그들의 눈은 풀 한 포기를 용납할 수 없는 것인가? 이 문제의 답안이 무엇인가? 모두들 잘 알 것이라 생각한다.

지금은 명후가 채소밭을 관리하고 가꾸고 있는데 역시 풀 한 포기도 볼 수 없다. 어째서 채소밭을 가꾼 결과가 이렇게 다른가? 처음 채소밭을 가꾼 사람들의 내심 세계는 '탐·진·치·만·의'라는 풀들이 가득 자랐기 때문에 마음에서 자라난 풀을 보지 못한 것이고, 자연히 밭에서 자란 풀들도 보지 못하는 것이다.

그들은 자신의 마음에 자란 풀을 대충 그럭저럭 놔두면 된다고 생각했기 때문에, 밭에서 자란 풀도 대충 그럭저럭 가꾼 것이다. 왜냐하면 그들은 대충대충 하는 마음이기 때문에, 어떤 일을 하든지 대충대충 세월을 보내는 것이다.

나중에 채소밭을 가꾼 사람들은 자기에 대해 엄격했기 때문에 외부 환경에 대한 요구도 엄하였던 것이다. 이들은 마음에서 자라는 탐·진·치·만·의를 용서하지 않기 때문에 외부 환경에서 자라는 잡초도 허용하지 않았다. 아울러 그들의 내면세계가 정결하고 완미하며 청정할 것을 추구하기 때문에, 외부의 사물을 처리할 때에도 전부 완미하고 정결할 것을 추구한 것이다.

우리가 밖에서 하는 모든 일은 내면세계를 그대로 보여주는 것이다. 세속에서 사람들은 한 치 사람 속을 알아보기가 힘들다고 한다. 하지만 차림새와 거실 모습, 혹은 걸음걸이나 앉은 자세에서 우리는 사람의 내면세계와 심리상태를 알 수 있다. 사람의 내면은 사람의 행위에서 가장 잘 드러나 보이는 것이다.

7강
마음을 한 곳에 두면 못할 일이 없다

스스로 세웠다는데 무슨 뜻을 세웠는가?

"30이면 스스로 뜻을 세운다."라고 하는데 무슨 뜻을 세웠는가? "40세가 되면 미혹되지 않는다."라고 하는데 무엇에 미혹되지 않는가? "50세가 되면 천명을 안다."라고 했는데, 무엇이 천명인가? 여기서 말하는 천명은 어떤 천명을 말하는가? "60세가 되면 귀가 거슬리지 않는다."라고 했고, "70세가 되면 자기 마음 내키는 대로 해도 규칙을 위반하지 않는다."라고 한 말12과 불교에서 말하는 '성인聖人'들이 자기 뜻대로 할 수 있다는 것과 같은가?

이 자리에 앉은 대다수 사람들은 30세가 넘었다. 뜻을 세울 수 있는가? 뜻을 세웠다면 무슨 뜻을 세웠는가? 사람의 사상은 보통 지금은 지금이요 그때는 그때이다. 도를 크게 깨달은 성인의 사상도 기복이 있을 때가 있다.

---

12 『논어』, 「위정」: 삼십이립三十而立, 사십이불혹四十而不惑, 오십이지천명五十而知天命, 육십이이순六十而耳順, 칠십이 종심소욕불유구七十而 從心所欲不踰矩.

『성경』을 읽어 보았는가? 예수가 십자가에 못 박혔을 때 그는 머리를 쳐들고 하늘을 향해 하나님께 물었다. "하나님 아버지시여! 내가 왜 이 쓴 물을 마셔야 합니까?(대개 이런 의미다)" 그러나 성인은 즉시 마음을 바꾸었다. "내가 마시지 않으면 누가 마시랴?" 하지만 일반인은 그렇지 않다. 첫 마디를 묻고, 다음은 바로 욕이 나올 것이다. 예수는 결국 이 쓴 물을 마심으로써 성취하였다. 예수가 이 쓴 물을 마시지 않고 도망가서, 이 짐을 다른 사람에게 넘겼더라면 그는 영원히 사라지고 지금까지 살아있지 않을 것이다.

🌏 마음을 한 곳에 두면 못할 일이 없다

　머리의 잠재력과 능력을 날마다 동원하여야만 허튼 생각을 하지 않는다. 특히 뇌는 영원히 놀리지 말고 끝없이 일을 시켜야 한다. 뇌에게 일을 시키지 않으면 뇌는 저절로 할 일을 찾아 나설 것이다. 바로 잡념이 많은 원인이다. "마음을 한 곳에 정(집중)하면 못하는 일이 없다."라고 하는데, 왜 산란한 마음을 거두어서 한 곳에 '정'해놓지 못하는가?
　10년을 갈아서 보검 한 자루를 만든다는 말이 있다. 우리가 심혈을 기울여서 보검을 갈아 만들 수 있다면, 10년이라는 시간이 필요 없다. 옛사람들은 왜 7자와 9자를 특별하게 많이 썼을까? 나는 늘 이것을 생각해 보곤 한다. 이 두 숫자는 거의 다 고비를 나타내는 숫자인데, 성취한 사람들은 거의 다 이 고비를 돌파하고 성공했다.

③ 인재 양성의 세 방법

이번에 밖에 나갔다가 제자 한 명을 만났다. 그가 하는 말이 자기 몸에는 아직도 나쁜 버릇과 습성들이 많은데, 스스로는 고치지 못하겠으니 내 도움을 받았으면 한단다. 내가 웃으면서 "나는 그저 착한 사람이 되고 싶은 일반인일 뿐 성인이 아니다. 혹 내가 성인이라면 너의 뺨을 불이 번쩍 나게 쳐 금방 정신 차리고 나쁜 버릇과 습성들을 고치게 할 테지만, 그러면 너는 한평생 한을 품고 나를 원망할 것이다."라고 했다.

나와 같이 출가한 사형 한 분이 제자 30명을 두었는데 그분께 "인재를 어떻게 배양하였는가?" 하고 물었더니, 이렇게 말하였다. "인재는 배양해 나오는 것이 아니라 '압제壓制'하여 만들어진 것이다. 여기서 말하는 압제는 넓은 의미인데, 구체적으로 세 가지 방법이 있다.

① 하나는 억압을 주어서 그가 목숨을 걸고 필사적으로 단련하고 연마하여 인재가 되는 것이고,

② 두 번째는 사람들끼리 서로 마찰하고 경쟁시키면, 단련되는 자는 인재가 되고 안 되는 자는 도태되어 나갈 것이다.

③ 세 번째는 그를 냉대하고 거들떠보지 않는 방법으로, 그의 자

존심을 극도로 상하게 하여 그의 잠재의식을 분발시키고 폭발시켜서 인재를 만든다.

사람이 어떤 재질인가 하는 것은 이미 결정되어 있는 것이다. 말하자면, 인생은 태어날 때 이미 절반이 결정된 것이다. 나머지 절반은 자기의 노력과 스승님의 간곡한 타이름, 그리고 정성스러운 가르침으로 나머지 '길'을 차단하면 바뀔 수 있다. 하지만 어느 누가 당신을 도와 나머지 절반을 고쳐주겠는가? 하물며 당신들은 그런 재질도 아니다.

"부모가 낳아주셨지만, 뜻은 내가 세운다(부모생하지父母生下地, 자기장지기自己長志氣)." "쌀 1되로는 은인이 될 수 있지만, 쌀 10되로는 원수를 키운다(일두미一斗米 구개은인救介恩人, 십두미 양개구인十斗米養介仇人)." 이 말들은 사는 곳은 달라도 누구나 다 아는 이치이다.

제 5부 염불

1강

염불은 어떻게 하는가?

염불수행법의 시작과 유행

"어떻게 염불하는가?" 이 문제를 다시 한 번 말하기로 한다. 왜 염불을 해야 하는가? 염불은 수행방법인가? 염불도 수행방법이라면 다른 방법(法門)과 비교할 때 가장 좋고 가장 빠른 수행방법이 아닌가? 이 문제에 답을 하기 전에, 우선 옛날 사람들의 염불하는 방법, 그리고 언제부터 염불하는 수행방법이 생겼으며 언제부터 유행되었는지를 말하기로 하겠다.

『능엄경』을 읽어본 사람들은 모두 알다시피, 부처님께서 원통圓通(도를 원만하게 통함)의 수증修證방법을 물을 때, 25보살과 대아라한 중에 한 보살님이 염불하는 수행방법으로 원통을 증득하였다고 하였다.

사실 그전에도 염불로 수련해 성취한 사람이 있었다. 그때의 염불방법과 지금의 염불방법은 어떤 차이가 있는가? 옛날 사람들의 염불방법은, 임종 때 아미타불께서 인도하는 것을 기대한 것이 아니라 살아있을 때 성취하고자 한 것이다. 하지만 지금 사람들은 임종 때를 기대할 뿐, 살아있을 때 성취하겠다는 희망을 품지 않는다.

염불수행법은 동진東晉 때부터 반세기 동안 유행했고, 반세기 후 남북조시대에는 지관止觀수행법이 유행해 많은 사람들이 성취하였다. 그로부터 100년이 지난 당나라 때부터는 좌선하는 방법이 아주 성행했는데, 근 200년 동안 성취한 사람들이 아주 많았다. 뿐만 아니라 집에서 수행하는 재가자들도 성취한 사람이 아주 많았다. 3세기가 지난 9세기 송나라 때부터 선종이 쇠락하기 시작했다. 대부분의 수행자들이 선을 수련했지만 성취한 사람이 적었다. 선종이 쇠락하였기 때문에 다른 수행법들이 연이어 일어나기 시작하였다.

바로 이때 중국의 서북지대와 서남지대에서 라마교喇嘛教가 성행하기 시작하였다. 하지만 중국의 동남과 동북 그리고 중원의 한인漢人들이 집중된 세 구역은 라마교가 적었다. 그렇다면 몇백 년 동안 한인들은 무슨 방법으로 수행하였는가? 선종과 정토종 그리고 천태종이다.

이론에 집착하면 공空이나 유有에 떨어진다

송나라 이후부터, 수행인들은 점차적으로 불교학을 연구하기 시작하였다. 임제조사(臨濟禪師)께서 예언한 "이 시기(당나라)가 지난 뒤부터 건혜乾慧(두뇌의 지혜)가 유행될 것이다." 라는 말과 같게 되었다. 다시 말하면 '머리를 쓰는 지혜'가 유행했다는 말이다.

또 "이후부터 공空에 떨어지지 않으면 유有에 떨어질 것이다." 라고 했는데, 이 말은 틀린 데가 없으니, 출가한 사람들의 표현이 더욱 더 극단적이고 정확한 것이다.

'공'에 떨어진 사람들은 청정한 것을 좋아하고 사람들이 방해하는 것을 질색한다. 사람들이 방해하면 화를 내고 원망하며 심할 때는 진한심嗔恨心까지 생긴다. 고독하고 사람을 싫어하는 인상을 주는 이런 사람들은 청정한 것을 좋아하기 때문이다.

'유'에 떨어진 사람들은 시끌벅적하고 떠들썩한 것을 좋아하고, 일하기 좋아하며 일을 찾아서 하거나 사람들과 대화를 나누기 좋아한다. 출가한 사람 중에는 이런 사람이 적지만 속가에는 이런 사람들이 많다.

어떤 유형이든 그들의 마음상태는 다 틀렸다. 출가한 사람들은 동動도 할 수 있어야 하고 정靜도 할 수도 있어야 한다. 어떤 환경이든지 간에 자기 마음을 제어할 수 있어야 하고 환경에 끌려다니지 말아야 한다. 자기의 마음을 통제하지 못하기 때문에 육근이 육진六塵에 끌려다니게 된다. 어떤 사람은 끌려다니면서도 그 상황을 알아차리지 못한다. 어떤 사람은 알아차릴 수 있기 때문에, 염불을 하거나 주문을 독송하면서 마음을 제자리에 안착시키지만 얼마 지나지 않아서 또 환경에 끌려다니게 된다.

염불하고 귀로 들으며 마음으로 받아들여야 한다

왜 염불을 하는 사람들은 성취하기 어려운가? 이 시대에 염불수행법이 유행되었다면 성취한 사람들이 많아야 한다. 이전에 어떤 사람이 "말법시대는 염불이 유행할 것이다."라고 예언하였다. 그렇다면 진晉나라 때 염불이 유행했는데 이미 말법시대에 들어섰다는 말이 아닌가? 그런 것이 아니다.

어떤 대법사는 "말법시대가 되면 『아미타경』 한 권만 남을 것이니, 사람마다 모두 『아미타경』을 독송해야 하고 사람마다 모두 '아미타불'을 염불해야 한다."라고 말한다. 이 말을 다시 새겨보면 『아미타경』만 독송하고 다른 경전을 독송하지 않는다면, 인위적으로 불법을 말법시대로 밀어낸다는 말이 아닌가? 그렇지만 어느 시대를 막론하고 팔만사천 가지의 수행방법은 하나도 줄어들지 않았다. 중생들의 유형이 늘은 만큼 수행법도 늘어나서 전파되는 것이다.

여러분들이 모두 염불하지만 단지 입으로만 염불하고 마음으로 염불하지 않는다. '념念'이란 글자를 어떻게 쓰는가? '마음 심心'자 위에 '이제 금今'자가 있다. 다시 말하면 이순간 마음으로 열심히 읽으라는 말이다. 단지 입으로만 읽고 마음이 개입되지 않으면 어떻게 정념공부淨念功夫를 8식에 저장할 수 있는가?

'정념상속淨念相續(잡념이 없는 깨끗한 생각이 끊어지지 않는다)'이라는 말은 정념을 8식에 저장한다는 말이다. 무엇이 정념인가? 생각에 아무것도 끼워 넣지 않는 것을 말한다. 정념을 계속 유지한다면 지금 여기가 바로 정념이기 때문에 임종 때까지 기다릴 필요가 없다. 여러분들은 정념상속을 할 수 없기 때문에 중간에 망상이 생기는 것이다.

만약 '마음(心)'이 발동하게 되면 입으로만 읽지 않아도 된다. 아직도 '마음'이 발동되지 않았다면 소리를 내어 음념音念으로 독송하는 것이 좋다. 설근舌根으로 소리를 낸 다음에 이근으로 소리를 녹음해 8식에 저장하는 것이다. 입에서 소리가 나지 않으면 이근은 외부 잡소리의 방해를 받는다. 마치 녹음기로 녹음할 때 밖이 소란하면 잡소리가 같이 녹음되는 것과 같다. 잡소리가 없을 때 그것이 바로 단순한 념인 것이다.

여러분은 입으로 염불하고(口念) 귀로 들으며(耳聽) 마음에서 받아들일 수(心受) 있는가? 이 셋이 결합되지 않으면 아무리 염불해도 소용이 없는 것이다. 반드시 입으로 읽고 귀로 들으며 마음으로 받아들여야 한다. 이렇게 해야만 염불한 힘이 8식에 입력되면서 과거의 나쁜 정보들을 희석시킬 수 있다. 8식은 마치 각종 맛의 물을 담은 컵과 같다. 만약 그 컵에 계속 사탕물을 넣어서 희석시키면 컵의 물은 단물로 변한다. 염불할 때 입·귀·마음이 결합하지 않으면 컵의 물을 충분하게 희석시키지 못한다.

정념상속의 경계를 수련하라

염불수행법은 내가 제일 좋아하는 수행방법이다. 염불수행법은 수행법 중에 가장 간단하고 편리하며 안전하고, 상·중·하의 근기에 모두 적합한(삼근보피三根普被) 법문이다. 하지만 여러분들은 열심히 염불하는 것이 아니라 입만 놀리고 있다. 더욱 가소로운 것은, 어떤 사람은 자기에게 '매일 십만 번 염불하겠다.'고 약속한다. 사실 이런 염불은 입만 놀리고 마음속으로는 다른 일을 생각하는 염불이다. 십만 번 염불을 완전하게 끝내면, 잡념이 생기는 문제도 끝나게 되니 일거양득이라 염불이 좋지 않을 수 없다.

지금 여러분에게 잡념이 없다면 내가 하는 말소리가 마음속에 그대로 녹음될 것이다. 녹음기처럼 내가 말을 시작하면 바로 녹음되고 내가 말이 끝나면 녹음도 금방 정지될 것이다. 하지만 그렇게 할 수 없을 것이다. 강의할 때는 나의 목소리가 여러분의 망념을 방해해서 망념이 적겠지만, 내 말이 끝나면 곧바로 망념이 많아진다.

과거에 「정토법문」을 수련하였던 사람들은 염불을 하지 않았다. 단지 "어미타불, 어미타불, 어미타불…." 하는 것은 「정토법문」이 아니다. 몇 백 년 동안이나 법사님들이 크나큰 착오를 범하였다. 마치 머리를 빡빡 깎았다고 모두 스님이 아닌 것과 같이, 겉모습이 어떻게 실질을 대표하겠는가?

'중간에 끼운 것 없이' 혹은 '끊어지지 않는다'는 말은 계속해서 끊임없이 "어미타불, 어미타불, 어미타불…." 하면서 염불하라는 말이 아니다. 앞의 잡념이 끊어지고 뒤의 잡념이 아직 일어나지 않았을 때, 바로 그 공령명료空靈明瞭한 상태가 '정념淨念'이고 '끼운 것이 없는 상태'인 것이며, 이런 '정념'이 계속 이어진 것이 바로 끊어지지 않는 '정념상속淨念相續'인 것이다.

이와 같은 '정념상속'이 출현하지 못하기 때문에 잡념이 끊어지지 않는다. 그러므로 조사님들께서 자비로운 마음으로 좋은 방편을 내셔서, 우리들에게 끊임없이 "어미타불, 어미타불, 어미타불…" 하면서 염불하게 하셨다. 아니면 하나에서 둘, 둘에서 셋, …, 이렇게 계속 잡념이 끊임없이 생기게 된다. 조사님들께서는 중생들의 이런 폐단을 알았기 때문에 「정토법문」을 창립하시고 "어미타불"을 염불하게 하신 것이다.

천태종의 지관止觀을 포함한 모든 법문은 '정념상속'의 경계를 수련하기 위해 만든 방법이다. 혹은 시시각각으로 '각조'를 출현시키기 위한 방법이다(시시각각으로 각조가 출현하는 것이 바로 정념상속이다). 그러므로 장자莊子가 말한 "좌망경계坐忘境界(정좌하고 앉아서 경계를 잊어버림)"와 밀종에서 말하는 "중맥이 통해 대광명장大光明藏에 있다."라는 것이 모두 이런 경계인 것이다.

🪷 지혜는 번뇌속에서 현현한다

「정토법문」을 수련할 줄 모르면 다른 수행법도 수련하기 어렵다. 왜냐하면 어떤 수행법이든지간에 다 마음을 다스려야 하기 때문이다. 마음을 다스리면 어떤 수행법이든지 모두 수련할 수 있다.

지금 여러분들은 밀종을 최고 수행법이라고 한다. 밀종은 제일 마지막에 출현한 수행법이다. 사람들은 보통 마지막에 출현한 것을 제일 좋다고 생각한다. 사실상 밀법과 도교의 수련방법은 거의 비슷하다. 모두 유위법으로부터 시작한다. 하지만 밀법과 도교방법을 수련하는 사람들은 무위법으로 나아가는 경우가 극히 드물다. 왜냐하면 유위법이라는 익숙한 지팡이를 버리고 무위법을 수련하기가 어렵기 때문이다.

마치 십 년 이십 년 염불하는 사람에게 염불을 못하게 하면 공허해서, 무엇이라도 손에 쥐고 있어야 마음이 안정되고 편안해지는 것과 같다. 그러므로 염불하는 사람들은 "어미타불" 한 마디를 붙잡고, 밀종은 방울을 흔들고 주문을 독송하면서 결수인結手印을 하고, 선종은 시시각각 생각을 지켜보는 것이다. 몇 분 동안만이라도 지켜보지 않으면 망념이 한 뭉치씩 생긴다. 이 덩어리 망념이 그나마 얼마 되지도 않는 각지를 전부 휩쓸어 버리는 것이다.

이런 현상들이 자주 나타나게 되는 원인은, 우리들이 수련할 때 공부한 보잘것없는 경계를 너무 맑은 환경 속에서 수련하였기 때문이다. 환경만 조금 바꾸면 얼마 되지도 않는 공부기능이 금방 사라진다. 그러므로 조용한 가운데서 수련한 선정력은 시련을 이겨낼 수 없다. 다시 말하면 무문관수행을 하거나 동굴에서 수련한 선정력은 공고하지 못하고 든든하지 못한 것이다.

왜 조사님들은 한동안만 동굴서 수련하다가 나오셨는가? 동굴에서 수련한 청정심을 세속에서 연마하기 위해서이다. 이것이 바로 번뇌는 번뇌 속에서 수련하고, 선정력은 세속에서 수련하며, 지혜는 번뇌 속에서 현현된다는 말이다.

🕉 부처가 부처를 염불한다

우리 절의 한 두 사람은 일이 많을수록 차근차근하고 침착하다. 하지만 대부분의 사람들은 일이 많으면 마음이 흔들리고 어떻게 하면 좋을지 막연해 한다.

기왕에 수련한 정토수행법이 다 틀렸다면 옛날 사람들은 어떻게 정토수행법을 수련하였는가? 옛날 사람들의 정토수행법은, "아미타불"을 생각할 때마다 육근이 전부 아미타불의 형상으로 변하고, 자기가 아미타불을 염불하는 것이 아니라 아미타불이 아미타불을 염불하였다. 이렇게 계속 나아가면 아미타불도 아미타불을 염불할 필요가 없게 된다.

그러므로 부처님께서 제자들에게 "수행법이 한없이 많지만 다 배울 것을 맹세해야 한다."라고 하셨다. 다시 말하면 바다를 만나면 배를 타고, 산을 만나면 기어오르고, 평지를 만나면 차를 운전해 가면 된다는 말이다.

옛날 사람들은 깨달은 스승을 만나 배우면 아주 열심히 착실하게 깨달은 스승님에게 배웠다. 하지만 지금 사람들은 깨달은 스승에게 배우면 배울수록 더 어리석어 진다. 만약 스승 한 분을 모시고 배운다면 그런대로 머리가 맑을 수 있지만, 스승 두세 분을 모셨다면 더 혼란스러워 하고 갈피를 잡지 못한다. 왜 그런가? 지혜가 없고 법리法理에 통달하지 못하기 때문이다.

🙏 공마저 공이 되는 경계

어떤 도구(즉 어떤 수행법)를 사용하든지 반드시 '정념상속'의 상태가 되어야 한다. 아니면 절대로 성공하지 못한다. 때로는 인위적인 방법으로 이런 경계에 도달할 수 있지만 오랫동안 유지할 수는 없다.

이를테면 숨을 막고 조용하게 호흡하지 않고 있으면서, 자기의 마음씀씀이를 지켜본다면 마음이 아주 맑을 것이다. 이때가 '정념상속'의 경계에 접근한 것이고, 이것이 바로 육조혜능대사께서 혜명에게 "선도 생각하지 않고 악도 생각하지 않을 때라야 어떤 것이 너의 본래면목인지를 알 수 있다."라고 말씀하신 것과 같다.

이때 과거도 회상하지 않고 미래도 생각하지 않는 바로 지금 여기에서의 상태가 바로 본래면목이다. 이런 상태를 계속 유지한다면 바로 성취할 수 있다. 이런 경계에 처하면, 사람들이 욕하는 소리를 들어도 내면의 경계가 파괴되지 않는다. 주변에서 아무리 술을 먹자고 유혹해도 내면의 경계가 파괴되지 않는 것이다. 이미 삼매경에 있기 때문에 근根과 진塵의 연계가 끊어졌고, 외부의 경계는 내면의 경계를 방해하지 못하기 때문에 육근과 육진이 서로 작용하지 않는 것이다.

하나하나의 호흡도 분명하고, 하나하나의 걸음도 분명하며, 하나하나의 마음씀씀이도 모두 분명하다면, 그리고 매일 이렇게 할 수 있다면 바로 삼매경인 것이다.

저 앞의 광장을 밀어서 평평해지면, 여러분을 데리고 매일 두어 시간씩 길을 걸을 계획이다. 이전에 내가 길을 걸을 때 이런 경계를 포착했었다. 당시에 나는 웃통을 벗고 반바지만 입고 매일 몇 시간씩 걸었다. 그러던 어느 날 한참 걷고 있는 데, 갑자기 세상이 비워지면서 내가 사라지고, 강대한 힘이 나와 합해지면서 한 몸이 되었다. 그로부터 이제까지 이런 경계가 사라져 본 적이 없었다.

'아공我空'에 도달하지 못했는데 어떻게 '법공法空'에 도달하겠는가? 어떻게 하면 '공空마저 공이 되는 경계(모든 것이 공이 되는 경계)'가 되는가? 이 세 가지 공空에서 '아공'은 순식간에 도달하고, '법공'은 천천히 도달한다. 처음 시작은 의식적으로 도달하지만 후에는 자연스럽게 도달하게 된다. '공마저 공이 되는 경계'는 도달하기 쉽지 않다. 어쩌다 도달하지만 오래가지 못한다.

2강
어떻게 정확히 염불할 것인가?

염불할 때 염하는 부처님의 상을 관상해야 한다

지금 여러분 중 몇 사람은 졸고 있다. 왜 졸고 있는가? 좌선을 잘못했기 때문에 부처님·보살님들을 뵙지 못했으니 졸 수 밖에 없다. 왜 좌선하면 할수록 정신이 맑고 환희를 느끼는가? 그들은 좌선하면서 부처님·보살님들을 보았기 때문이다.

어떤 사람은 좌선한 지 오래되어도 줄곧 제 길에 들어서지 못한다. 마치 우리들이 일을 제대로 하지 못하면 아주 힘들어지는 것과 같다. 수행은 세간에서 일을 하는 것과 같은 이치이다. 더욱 초입자에게는 수행방법이 아주 중요하다.

좌선할 줄 아는 사람은, 다리도 아프지 않고 좌선할수록 편안해진다. 좌선할 줄 모르는 사람은 염불하면 된다. 하지만 염불하는 방법이 맞지 않으면 부처님과 소통할 수 없다. 염불은 마치 우리들이 전화를 걸 때 번호가 틀리거나 전화 거는 방법을 모르면 상대방과 통화할 수 없는 것과 같다. 전화번호가 맞고 전화 거는 방법을 알면 번호만 누르면 바로 통할 수 있다.

염불은 어떻게 해야 하는가? 염불할 때 염불하는 그 부처님의 형상을 관상할 수 있어야 한다. 이를테면 우리들의 염불 즉 '어미타불'을 염불할 때 '어미타불'의 형상을 관상할 수 있어야 한다. 마치 어머니 말만 나오면 두뇌에는 어머니 형상이 나타나는 것과 같다. 염불하는 사람들은 '부처님'이라는 말이 나오기만 하면 두뇌에는 바로 부처님의 형상이 떠올라야 한다. 오직 이렇게 되어야 부처님과 감응이 생긴다.

어떤 사람이 갑자기 어미타불은 어떤 모양인지를 물었을 때 곧바로 어미타불의 형상을 말하지 못한다면, 아직도 염불하는 방법을 모르는 것이다. 오직 염불하고 염불한 부처님을 떠올려야만 부처님을 볼 수 있다.

염불을 아주 잘 하는 사람은, 염불할 때 두뇌에는 그 어떤 부처님의 형상도 없으며, 다만 영명한 각지覺知가 있을 뿐이다. 하지만 성불수행을 처음 시작한 사람들은 반드시 어미타불의 형상을 기억해야 한다. 어미타불이라는 말이 나오면 지체 없이 어미타불의 형상을 바로 떠올려야 한다.

🙏 염불하는 동시에 부처님의 형상을 분명하게 관상하라

옛날 염불하는 법문은 관觀과 념念을 동시에 진행한다. 즉 염불하는 동시에 부처님의 형상을 아주 분명하게 관상해야 한다. 심안

心眼은 찰나간에 부처님의 형상을 분명하게 볼 수 있다. 절할 때도 관상한다. 엎드려 정례할 때 두 손으로 부처님의 두 발을 받들어 올리면, 부처님의 광명이 우리들의 몸을 두루 다 비춰주고, 부처님께서 감로수를 우리들의 몸에 뿌려준다고 관상해야 한다. 살아생전에 부처님과 소통할 수 있어야 죽을 때 부처님의 인도를 받을 수 있다.

부처님을 관하는 것과 염불하는 것 중에서 어느 것이 더 중요한가? '관觀'은 초보적이고 '염불'[13]은 아주 높은 차원이다. 머릿속에 부처님의 형상이 있어야만 비로소 부처님과 소통할 수 있다. 염불을 하다가 마음이 하나가 되고 혼란스럽지 않게 되면 부처님의 형상이 없어진다. 일반적으로 염불하는 동시에 반드시 부처님을 관해야 한다. 『대승관무량수경大乘觀無量壽經』[14]은 정토종의 주요한 경전이다. 바로 이 경전에서 관상수련(관수觀修) 방법을 말하였다.

어떤 수행방법을 사용하든지 모두 관과 생각을 동시에 시작해야 한다. 이를테면 선을 수련하려면 세간의 무상無常을 관한다. 그렇다면 무슨 생각을 해야 하는가? '생로병사는 무상이다.'라는 생각을 한다.

사실 어떤 단계는 관과 생각을 동시에 하고 어떤 단계는 나누어서 한다. 관과 생각은 모두 마음에서 뜻을 펼치는 것이다. 만약 부처님을 관하면서 염불할 때 잡념이 많아서 부처님의 화면이 파괴

---

[13] 부처님의 상호를 단단히 기억하여 잊지 않기 위해 생각하면서 해당 부처의 명호를 부르는 일.
[14] 보통 '대승'이라는 글자 없이 『관무량수경』으로 불린다.

되면 처음부터 다시 부처님을 관하면서 염불하면 된다.

　염불을 너무 느리게 하면 잡념이 쉽게 생긴다. 때문에 좀 빠르게 염불해서 생각마다 모두 염불(부처를 생각하며 명호를 부름)이면 잡념이 쉽게 생기지 않는다.

　이렇게 해도 망상이 있다면 남은 힘이 있다는 것을 말하므로 관상을 더 해야 한다. 마치 쉬운 일을 할 때는 다른 일을 생각할 겨를이 있어도, 어려운 일을 하면 다른 일을 생각할 여유가 없는 것과 같다.

염불은 업장을 희석시킨다

　염불을 배우는 것은 다른 수행법을 배우는 것보다 복잡하지 않다. 단지 의심하지 않고 굳게 믿으면서 부처님을 생각하는 것이 끊어지지 않으면 바로 이룰 수 있다. 하지만 다른 수행법을 배우려면 많은 교리에 통달해야 한다.

　사실 염불은 쓴물을 담은 컵에 설탕물을 계속 부어서 쓴물을 희석시켜 단물로 만드는 방법과 같다. 다시 말하면 염불을 통해 우리들의 업장을 헹구고 희석시켜 업장이 나타나지 못하게 하는 것이다. 업장이 두터운 사람이라면 매일 염불하는 것을 최우선으로 해야 한다. 수행은 서투른 것도 두렵지 않고 느린 것도 두렵지 않지만, 염불하다가 중간에 그만두는 것이 가장 두렵다.

　왜냐하면 수행은 하루 이틀 사이에 되는 일이 아니라 장기적으로 누적돼야 하기 때문이다. 몇십 년 인생을 살아오면서 이미 머릿속에 사회의 많은 것들을 가득 채웠고, 오늘에야 비로소 성불수행을 하게 되었기 때문에, 성불수행을 하는 힘과 염불하는 힘을 축적하기가 매우 힘들다. 그렇다면 어떻게 해야 하는가?

오직 몸과 마음을 느슨하게 풀어놓고 끊임없이 부처님을 외치면 자연적으로 부처님의 음성과 모습이 두뇌에 기록된다. 일단 염불을 한 종자가 8식 심전에 심어지면 염불하지 않아도 된다. 이때의 모든 생각은 모두 부처님이라서 다른 생각들도 이미 동화되었기 때문이다.

진정하게 발심하고 염불한 사람은 감응도 특별하다. 감응이 오더라도 감응에 따라가지 말고 계속 염불해야 한다. 만약 염불을 하다가 그 경계境界를 따르면 곧바로 경계가 사라진다. 우리들의 염불이 진짜로 일심불란할 수 있다면 모든 소원을 다 이룰 수 있고, 어떤 것을 요구하면 그것이 있게 되고, 생각만 움직이면 바로 달성할 수 있다. 일심불란하면 바로 부처님과 소통할 수 있다.

ॐ 마음속에 불당을 세우고 심향心香을 올리며 염불하라

집에서 향을 사르고 염불하는 일은 불편할 수 있으므로 마음속으로 염불을 해도 된다. 특히 도시의 집들은 환경이 복잡하므로 불당을 만들기 어렵다. 그럴 때는 마음속에 불당을 세우고 영원히 꺼지지 않는 심향心香을 올리고 염불하면 된다.

옛날에 염불하는 사람들은 마음속에 활짝 핀 연꽃이 있는데, 아주 생기발랄하고 영원히 시들지 않는다고 생각하였다. 향불 올리기를 좋아하면 속으로 부처님께 향불을 올린다고 관상觀想하면서 염불하면 된다. 이런 향불은 밥을 먹으나 일을 하거나 길을 걷고 잠을 자거나를 막론하고 영원히 꺼지지 않고 마음속 깊이 스며들며 그윽한 향기를 풍기는 것이다.

매달 초하루와 보름에는 채식하면 좋다

매달 초하루와 보름에는 채식하면 좋다. 채식은 방생放生하는 것과 같다. 아울러 방생은 돈이 들어야 하지만 채식하는 것은 쉬운 일이다. 특히 부모님 생신에 채식하면 부모님께 공덕을 쌓아 주는 것과 같다. 부모님이 임종하실 때 비교적 높은 차원으로 왕생할 수 있다.

입으로 소리 내며 염불을 하면 집안사람들이 좋아하지 않지만 속으로 염불하면 아무도 모른다. 오직 생각만 끊어지지 않으면 소리 내어 염불하지 않아도 부처님·보살님들은 다 아신다.

수행자들은 첫째 지혜를 수련하고, 둘째 복보福報를 수련해야 한다. 복보(福)와 지혜(慧)를 동시에 수련하면 더욱 더 좋다. 사실 진정한 복보는 큰 지혜를 얻는 것이다. 오직 지혜를 갖춰야 세간의 일과 출세간의 일을 성취할 수 있다.

옛날 성불수행하는 사람들은 스승을 만나기도 어렵고 불경과 불상은 더욱 보기 힘들었다. 하지만 그들은 날마다 마음속으로 부처님·보살님을 생각했기 때문에 아주 쉽게 부처님·보살님들과 소통하고 매일 도道 안에 있는 상태였다.

지금 향 올리는 사람들을 살펴보면 모두 한편으론 예불하면서 한편으로는 소원을 이뤄달라고 입으로 무어라고 중얼거린다. 사실상 부처님·보살님들은 중생들이 마음속으로 무슨 생각을 하는지 다 알고 있다. 때문에 입 밖으로 말을 낼 필요가 없다.

오늘은 이만 강의하고 다음 시간은 질문하는 시간으로 한다. 저마다 알고 싶은 것이 다르다. 오늘 오후 상해에서 거사 두 분이 오셔서 염불과 정토법문 수련을 물었는데 질문의 내용이 아주 심도 있었다. 하지만 정작 그들은 자신들의 진보가 매우 늦다고 말한다. 금방 말한 것처럼 성불수행은 시작이 아주 중요하다. 세간법을 배워도 사람들의 가르침이 있어야 하는데, 하물며 출세간법을 배울 때는 어떻겠는가? 반드시 출세간법을 겪고 지나온 사람의 전수를 받아야 한다.

🔊 아침저녁으로 각기 30분 정도 염불하라

노거사들은 아침저녁으로 30분 정도 염불해야 한다. 아침은 하루의 시작이고, 또 하룻밤 휴식하였기 때문에 머릿속의 잡념이 비교적 적다. 30분 정도 염불하면 하루 종일 머릿속에 부처님이 있게 된다.

저녁에 염불하면 잠을 자면서도 염불하게 된다. 이렇게 하면 하루종일 부처님과 함께 있게 되는 것이다. 염불을 많이 하는 게 중요한 것이 아니라 집중하는 것이 좋다. 아침저녁 각 30분이면 충분하다. 물론 시간이 허락한다면 많이 할수록 좋다.

염불해서 나타나는 경계들

■질문 : 스승님! 제가 처음 염불을 시작할 때는 아주 미묘하고 아름다운 것 같았는데, 후에는 무섭다는 느낌이 듭니다. 어떻게 하면 됩니까?

■만행스님 : 계속 염불하면서 수련해야 한다. 수행하려면 경계를 두려워하지 말아야 한다. 경계라는 것의 한 쪽은 과거세에 입력되었던 정보들이고, 다른 한 쪽은 다른 시간과 공간에 있는 중생들이 나타나는 것이다. 부처님을 생각하면서 염불하는데, 부처님을 보고 부처님을 무서워하는 것은 복보가 부족하기 때문이다.

■질문 : 계속 염불을 수련하면서, 본원수행법(밀법密法)도 수련하면 너무 혼잡하지 않을까요?

■만행스님 : 모든 수행법은 일심불란을 위한 것이다. 어떤 수행법을 수련하든지간에 일심불란에 도달할 수 있다면, 그것이 바로 자기에게 적합한 수행법이다. 그러므로 계속 수련하면 된다.

■질문 : 스승님! 경계에도 진짜와 가짜가 있습니까? 어떤 사람이 말하는데 부처님·보살님이 오셔서 머리를 만져주면서 수계를 해주더라는 것입니다. 이것이 진짜일까요?

■만행스님 : 그것이 진짜인지 판단할 필요는 없다. 일정 정도 청정하지 않으면 이런 경계는 나타나지 않는다. 이런 경계는 두 가지다. 하나는 진정한 부처님·보살님이 머리를 만져주고 수계를 준 것이고, 다른 하나는 과거세에 다른 사람이 하는 말을 두뇌에 입력하였는데 지금에서야 나타난 것으로 이것도 진짜이다. 부처님·보살님은 어떤 때는 직접 가피하시고 어떤 때는 다른 사람의 손이나 입을 빌려서 가피하신다. 이런 말을 들은 당신도 가피를 받는다.

　마치 중앙정부의 수장이 직접적으로 우리 옹원현에 오지 않았지만, 성과 시를 통해 중앙정부의 마음을 우리 옹원현에 전달하는 것과 같다. 부처님도 처음은 사람이었는데 끊임없이 수행해서 성불하신 것이다. 이 자리에 앉은 사람들 가운데 확실히 어떤 사람은 다시 온 보살이고 우리들을 제도하러 왔다. 하지만 우리들은 지혜의 문이 열리지 않았기 때문에 누가 누군지 알아보지 못한다. 부처님·보살님들은 귀신의 힘을 빌려서 사람들을 제도할 때도 있다.

■질문 : 스승님! 제가 꿈을 꾸었는데, 꿈에 말과 소가 와서 나를 데리러 왔다고 합니다. 그들은 "너는 이미 왕생할 때가 됐으니 우리가 데리러 왔노라."라고 말합니다. 무슨 의미입니까?

■만행스님 : 귀인을 만날 징조이다. 하지만 꿈이라도 부처님·보살님을 잊지 마라.

■질문: 스승님! 좌선할 때 두뇌에서 알지 못하는 한자漢字들이 나타났는데 무슨 의미인지 모르겠습니다. 그래도 계속 관을 해야 합니까?

■만행스님: 무슨 뜻인지 신경 쓸 필요는 없다. 이런 장면은 점점 더 분명하게 나타날 수 있다. 과거세 때 저장하였던 것들이 이번 생의 뇌에 전달된 것이다. 자기를 느슨하게 풀어놓고 그들이 계속 나타나도록 두면 된다.

좌선할 때 수행자의 얼굴이 나타나 보이거나 혹은 어떤 장소가 나타나 보게 되는데, 이것은 전생의 자기 생김새와 전생에 살았던 장소가 출현한 것이다. 자기의 전생을 알고자 하면 좌선하기 전에 '세월이 거꾸로 흐른다.'고 자기에게 알려주면 된다.

좌선할 때 특별히 경계가 많은 사람은 왜 그런가? 이런 사람은 좌선할 때 망념은 적지만, 그 힘이 앞으로 계속 가지 않고 뒤로 가기 때문이다.

■질문: 스승님! 어떤 사람은 수행을 십여 년 하였지만 경계가 나타나지 않습니다. 무슨 영문입니까?

■만행스님: 일단 길에 들어서면 반드시 경계가 있다. 길을 잘못 들었어도 경계가 있다. 십여 년 수련하였지만 경계가 나타나지 않았다면 방법이 틀렸거나 제 길에 들어서지 못한 것이다. 비록 경계가 목적은 아니라고 하지만, 도로의 표지판 정도는 될 수 있다.

■질문: 스승님! 어떤 사람이 말하는데 경계가 반복적으로 나타나

면 에너지를 소모한다고 합니다. 이 말이 맞습니까?

■만행스님 : 에너지를 소모하지 않는다. 좌선하면서 경계가 나타난다는 것은 에너지가 충분하다는 뜻이다. 경계는 내재된 과거세의 것을 다시 내보내는 것이고, 또 외부의 힘이 나타난 것이기도 하다. 그것들은 에너지를 증가시킬 뿐 에너지를 소모하지 않는다. 하지만 경계가 과다하게 많으면, 경계에 빠져서 길을 잃고 주의력이 분산된다. 그럴 때는 경계를 버리고 도道에 들어가야 한다.

■질문 : 스승님! 좌선을 하는데도 경계가 없는 것은 무슨 이유입니까?

■만행스님 : 마음속이 청정한 것이 가장 좋은 경계이다. 경계가 너무 많으면 마음이 흩어졌다는 뜻이다.

■질문 : 스승님! 어떻게 하면 세월을 거꾸로 흐르게 할 수 있습니까?

■만행스님 : 스스로에게 '세월이 거꾸로 흐른다.'는 의념意念을 주며 좌선하면 거꾸로 흐르게 된다. 선정공부가 깊어지면 미래도 예견할 수 있다.

하지만 지금 여러분들은 신체라는 1단계 관문도 돌파하지 못했다. 부처님께서 사람의 의식을 8단계로 나누었지만 단지 8단계만 있는 것은 아니다. 두뇌에는 시공의 개념이 있다. 하지만 2단계에 도달하면 시공을 초월하고 과거와 미래를 볼 수 있다. 3단계와 4단계에 들어서면 미래의 형상을 볼 수 있고, 2단계와 소통할 수 있다. 5단계로 들어가면 많은 것들을 배우지 않아도 쓸 수 있다. 손이 가는 대로 가져와도 도이다. 다음 주에 본격적으로 8단계에 대한 강의를 하겠다.[15]

---

[15] 3권 12부 6강 「화신化身과 8식의 단계」 참조.

3강

염불한 씨앗을 어떻게 8식심전에 심을 것인가?

🪷 수련의 목적은 8식에 저장하기 위한 것이다

 오늘 광주에서 많은 거사님들이 오셨는데, 대부분 한 번도 동굴에서 좌선을 해보지 못했을 것이다. 오늘 이 동굴에서 좌선해보니 어떤 느낌이 있는가? 동굴에서 좌선하는 것이 아파트에서 좌선하는 것보다 마음이 쉽게 가라앉을 것이다. 왜 선방은 창문이 없거나 창문을 아주 작게 하는가? 왜 조사님들은 동굴에서 수련하기를 좋아하고, 초막집을 골짜기에 짓고 산 정상에 짓지 않는가? 왜 동굴에서 좌선하면 마음을 가라앉히기 쉬운가?
 사람의 심리와 생리는 주위의 환경과 아주 밀접한 관계가 있다. 좌선하는 장소가 좋아서 기가 쉽게 모이면 신체의 기가 쉽게 모이며, 신체의 기가 산만하지 않으면 마음도 산만하지 않게 된다. 산 정상에서 바람을 마주하고 앉아 좌선하면 신체의 기가 쉽게 산만해지고, 신체의 기가 산만하면 마음도 산만해진다. 그러므로 관상하고 염불하며 주문을 독송하는 효과가 크지 못한 것이다.

어떤 수련방법을 사용하든지, 모두 심신을 통일하고 조화시키며 마음을 조용히 가라앉혀 입정하는 것이 목적이다. 수련하면서 마음을 가라앉히지 못하는 원인은 이근耳根과 안근眼根 때문이다. 바쁘게 사는 사회생활에서 우리들은 끊임없이 새로운 사물과 접촉하고, 눈과 귀로 끊임없이 외부의 새 정보를 받아들인다. 하지만 이미 받아들인 정보들을 밖으로 내보낼 기회가 없다, 그러므로 자리에 앉아 좌선하면서 안근과 이근을 차단하면, 이런 정보들이 자연적으로 밖으로 풀려나가게 된다.

우리들이 수련하는 목적은, 염불하고 독경하며 관상하는 등등의 좋은 정보를 6식에 입력하고, 7식에 전달하며, 나아가 8식에 저장하기 위한 것이다. 어떤 사람들은 8식이 무엇인지 모른다. 우리는 잠시 8식을 창고라고 이해하자. 뼈에 사무치는 일들은 전부 8식에 저장된다. 각종 습성과 버릇들도 모두 8식에 저장된다. 8식에 저장한 것들은 세세생생 내려오면서 사용하는 것이다. 심각하지 않은 것들은 6식에 저장되지만, 그것들은 왕생한 뒤에는 쓰지 못한다.

염불이 도움이 되지 못하는 이유

지금처럼 성불수행을 하는 사람들은 만에 한 사람도 염불한 종자를 8식 심전心田에 심지 못한다. 지금의 성불수행 방식으로는 성불수행의 종자를 8식 심전에 심을 수 없기 때문이다. 성불수행의 종자를 8식 심전에 심지 못했다고 하면, 성불수행은 단지 복보만 좀 배양했을 뿐 '인因'을 심지 못한 것이다.

자기생각에는 염불한 종자를 이미 8식 심전에 심었다고 생각하지만, 사실 6식에도 넣지 못하였다. 만약 6식에 들어갔다면 천천히 자기도 모르는 사이에 7식에 들어가고, 나아가서 천천히 8식에도 들어가게 된다. 대부분의 사람들이 법문을 아주 많이 들었는데도 수련할 줄 모르는 것은, 염불 종자가 6식에도 저장되지 못하였기 때문이다.

과거에 들었던 경전과 이치를 기억하지 못하는 이유는 애당초 그때 8식에 입력하지 못했기 때문이다. 요즘 염불하는 것이 아주 유행이다. 그런데 많은 시간과 정력을 들여 염불했지만 아무런 효과가 나타나지 않는다. 모두 입으로만 염불하고 두뇌는 다른 생각을 하느라 제대로 개입하지 못한 것이다. 겨우 입으로 염불하는 것이 어떻게 인상에 남겠는가?

임종 때 전5식은 차츰 죽어가기 때문에, 눈도 볼 수 없고 귀도 들을 수 없고 입도 말할 수 없고 몸도 움직이지 못한다. 그래도 의식은 미세하게 활동을 하고 약간의 이치는 안다. 생전의 성불수행이 6식에 강렬한 인상으로 남았다면, 성불수행을 한 그림자 정도는 남아있을 것이다. 만약 성불수행의 힘이 7식에 깊이 파고들어 갔다면, 보기에는 죽은 것 같지만 7식은 계속 활동을 한다. 그러나 결국 7식도 죽는다.

만약 성불수행의 의식기록이 부족하면 여기까지이다. 평소에 성불수행을 한 힘이 부족해 8식까지 들어가지 못했기 때문이다. 이

때는 평소 자신의 업력에 따라간다. 즉 평소에 투기가 심해 싸움을 많이 했던 사람은 아수라도에 떨어져 태어나고, 평소에 욕심이 많은 사람은 아귀도에 떨어져 태어난다.

③ 8식에 공부를 인식시키는 방법

만약 훌륭한 스승을 만나 지도를 받으면, 성불수행을 한 힘이 바로 8식에 기록된다(7식까지는 죽으면 없어지고 오직 8식만 불생불멸한다). 뿐만 아니라 임종 때 부처님 힘에 이끌려 가게 된다. 이렇게 되어야만 비로소 부처님들께서 오셔서 인도하는 것이다. 사실 이 정도면 부처님의 인도 없이도 자기의 힘으로 서방정토로 갈 수 있다.

어떻게 하면 염불한 힘이 6식, 7식, 8식에 들어간 것을 알 수 있는가? 영명연수선사永明延壽禪師께서 "진정하게 8식 중에 있는 사람은, 평상시의 꿈도 부처와 관계있고, 꿈을 꾸어도 살·도·음·망 같은 내용은 절대 꾸지 않는다."라고 하셨다. 이 점에 근거해 우리들은 자신의 성불수행의 정도를 판단할 수 있다.

어떻게 해야 성불수행의 힘이 8식에 침투될 수 있는가? 단지 염불을 많이 하고 독경을 많이 한다고 되는 것이 아니다. 지금 여러분의 상황이라면, 모두가 서방정토로 왕생하지 못한다. 아무리 머리를 조아리고 몇십만 번 절을 하고, 몇십만 번 부처님을 부르고, 몇십만 번 독경하고, 수없이 향불을 올린다고 해도, 마음이 없으면 아무 소용이 없다. 오직 마음이 참여해서 깊이 들어가야만 된다.

어떻게 하면 8식에 마음이 참여해 깊이 들어갈 수 있는가? 일심불란으로 염불하고 향불을 올리면 마음이 참여하고 깊이 들어간다. 만약 향을 올리면서, '돈 가방을 법당 밖에 두었는데 잃어버리면 어쩌나?' 또 '절에 올 때 수도꼭지를 잠그지 않은 것 같은데 어쩌나?' 또 '지금 도반이 법당 밖에서 기다리는데 어떻게 할까?' 등등. 이와 같은 잡생각을 한다면 마음이 참여하지 않은 것이다. 오직 일심불란으로 염불하고 절하고 독경하고 좌선하고 관상해야만, 성불수행의 종자를 8식에 심을 수 있고 임종 때 사용할 수 있다.

염불하면서 마음을 부처님 이름에 집중하고 망념이 생기면 바로 깨달아 살핀다. 입으로만 염불하고 마음은 망념을 따르면, 부처님 이름을 6식에 입력할 수 없고 당연히 8식에는 들어가지도 못한다.16

🕉 마음의 힘으로 염불하라

사람의 육체는 죽어도 정신은 소멸되지 않는다. 생전에 물든 것은 죽은 다음 모두 나타나게 된다. 생전에 착실하게 성불수행을 하였다면 8식에 저장한 것들은 전부 부처의 정보일 것이다.

"집착하지 마라." "지나온 흔적이 없다."라고 하지만, 이렇게 할 수 있는 사람은 몇 안 된다. 오직 깨우친 사람만 그렇게 할 수

---

16 현대과학에서 사람에게는 6식이 존재하고, 뿐만 아니라 더 깊은 정도의 의식도 있다는 것을 증명하였다. 언젠가는 과학도 불교에서 말한 8식이 있다는 것을 증명할 것이다.

있다. 범부들은 모두 흔적을 남기고, 임종 때 모든 의식은 육체가 죽으면서 사라진다. 우선 6식이 사라지고, 이어서 7식이 사라지며, 가장 마지막에 8식이 사라진다. 기독교에서 말하기를 '임종 때 하나님의 심판을 받는다.'고 하지만 사실상 자기가 자기를 심판하는 것이다.

왜 절할 때 오른손으로 방석의 중간을 짚은 뒤, 왼손을 바로 앞에다 놓고 오른손도 따라서 앞으로 놓으면서, 두 손바닥을 위로 펼치고 머리를 조아리며 몇 초 동안 머무르는가?

지금 사람들의 절하는 동작은 기준에 맞지 않다. 기준에 맞는다 해도 모양새뿐이다. 절하는 동작의 실제적인 뜻을 모르기 때문이다. 손바닥을 위로 펼칠 때 반드시 3~5초 관상을 해야 한다. 즉 '우리들의 두 손으로 부처님의 발을 받들어 올리는 데, 부처님의 광명이 우리들의 전신을 비추고, 감로수가 우리 몸에 뿌려진다.'고 관상해야 한다. 반드시 관상해야만 예불한 정보를 8식에 심어놓을 수 있다.

왜 정토종에서 "염불하면서 부처를 생각해야만 장래에 부처를 볼 수 있다."라고 하는가? 이를테면 부모님을 생각하지만, 진정하게 마음속에서부터 생각하지 않으면 부모님을 생각하는 것이 아니다. 입으로는 말하지 않더라도 속으로 아주 간절하게 생각한다면 그 힘은 이루 말할 수 없이 클 것이다.

진정한 염불은 입으로만 하는 것이 아니라 마음속으로 열심히 해야 한다. 하지만 여러분은 대부분 입으로만 염불하고 마음으로 염불하지 않는다. 왜냐하면 만나는 선지식마다 모두 "입을 열고 염불하라."고 알려주기 때문이다. 어쩌다가 한두 사람이 "마음으로 염불해야 한다."라고 알려주어도, 습관이 되지 않아 계속 입을 열고 염불한다.

처음 성불수행을 시작한 사람들은, 마음의 힘이 발동되지 않았기 때문에 입으로 염불하게 된다. 하지만 입으로 염불했던 시간이 너무 길었기 때문에, 염불은 단지 입으로 하는 것이라고 오해하고 마음으로 염불하지 않는다. 진정한 염불은 반드시 생각마다 각지覺知해야 하고, 한마디 염불 할 때마다 분명하게 자신이 지금 염불하고 있다는 것을 똑똑히 각지해야 한다. 소리 내서 염불하면 단지 귀만 똑똑히 듣는다. 소리 내지 않고 마음속으로 염불하면 몸과 마음이 같이 염불하는 것이다.

일념으로 8식에 침투할 수 있다

진정한 염불은, 염불하는 것과 듣는 것이 둘이 아니라 하나이다. 그 둘은 갈라놓을 수 없다. 일단 일념으로 염불할 수 있게 되면, 염불하지 않아도 저절로 염불하게 된다. 스스로 염불하겠다는 생각만 시작되면, 하루 종일 모든 허공과 우주법계가 모두 염불하고, 당신의 마음과 눈도 염불하며, 따라서 모든 것이 다 부처의 형상이 된다.

이것은 마치 사람들이 선글라스를 끼고 물건을 보는 것과 같다. 푸른색 선글라스를 끼면 만사만물이 전부 푸른색으로 보이고, 붉은 색 선글라스를 끼면 만사만물이 전부 붉은 색으로 보인다. 우리들의 마음속이 오직 부처의 형상으로 충만하면, 만사만물을 볼 때 만사만물이 모두 부처로 보인다. 우리들의 마음이 사랑으로 충만하면 보는 사람마다 모두 사랑스럽고, 우리들의 마음이 전부 시비是非로 충만하면 보는 사람마다 모두 시비를 거는 사람으로 보인다.

염불할 때 일심전력으로 끊임없이 염불할 수 있는가? 근본적으로는 그렇게 할 수 없다. 하지만 일념만은 순진純眞할 수 있다. 아울러 사람마다 모두 일념의 순진을 이룰 수 있다. 이 일념의 순진이야말로 완전히 8식 심전에 침투될 수 있다. '이번 생에 성불수행을 할 수 있고 삼보를 옹호하고 지킬 수 있다.'는 것은, 과거세에 '순진한 일념(一念純眞)'의 종자가 8식 심전에 심어졌다는 뜻이다. 하지만 이 한 알의 종자는 힘이 너무도 미약하기 때문에 여전히 업력에 끌려다닌다.

업력業力이란 무엇인가? 바로 습성과 버릇이다. 사실상 성불수행도 일종의 습성과 버릇을 형성하기 위한 것이다. 임종 때 어느 방면의 습성과 버릇이 크면, 바로 그 방면의 업력에 의해 이끌려 가는 것이다.

옛날 사람들은 이런 이치를 알았기 때문에, 우리들을 보고 염불도 많이 하고 절도 많이 하라고 하였다. 하지만 형식적인 염불이 형성되면 마음속의 무형의 염불을 버리게 된다. 저 사람을 봐도 그렇게 염불하고 이 사람을 봐도 그렇게 염불하기 때문에, 모든 사람들이 모두 다 그렇게 염불한다.

마치 선방에서 자세를 조절하는 방법, 호흡을 조절하는 방법, 그리고 마음상태를 조절하는 방법을 가르치지 않는 것처럼, 대대로 내려오면서 누구도 가르치지 않기 때문에 단지 죽은 좌선밖에 하지 못한다. 사람들은 서로 '이 사람이 아는가? 저 사람이 아는가?' 하지만, 사실 누구도 방법을 모른다. 어쩌다가 아는 사람이 있어도 입을 다물고 말하지 않는다.

늦게 선방에 들어간 사람은 먼저 들어간 사람을 따라 좌선한다. 거사님들은 절에 와서 스님들이 좌선하는 것을 보고 따라서 같이 좌선한다. 어쩌다가 "어떻게 좌선하느냐?"고 물으면, "아무것도 생각하지 말고 단지 앉아있기만 하면 된다."는 것이다. 이제 막 좌선을 배우는 사람이 어떻게 할 수 있는가?

31 불교의 교리부터 통달해야 한다

성불수행을 아주 경건하게 할 정도가 되면 망아忘我(나를 잊음)가 된 것이다. 오직 망아가 되어야만 비로소 도와 상응할 수 있고, 천지와 나는 한 몸이라는 것을 느낄 수 있으며, 무엇이 '불생불멸不生不滅'이고 무엇이 '불구부정不垢不淨'이라는 것을 알 수 있다. 믿는다는 것도 한 가지 차원이고, 이해한다는 것도 한 가지의 차원이며, 체득해서 느낀다는 것도 또 한 가지 차원이다. 자기가 어느 차원에 속하는가? 오직 자기 자신만 아는 것이다.

어떤 방법과 방식으로 성불수행을 하든지 중요한 것은 체득한 느낌(感受)이 있어야 한다는 것이다. 단지 믿기만 하고 느낌이 없다면 안 된다. 하지만 느낌보다 더 중요한 것은 이해가 되어야 한다는 것이다. 성불수행 하는 사람들은 서로 어떤 감응이 있는지만 묻고 어떻게 이해하는지를 묻지 않는다. 단지 느낌만 중요하다고 생각하고 이해는 느낌보다 중요하지 않다고 생각한다. 대부분은 이해가 따르지 않기 때문에 성불수행의 길에 들어서지 못한다.

지금 성불수행 하는 사람들은 스승도 많이 모시고 방법도 많이 배운다. 하지만 단지 방법을 배우는 데만 신경 쓰고 이치는 배우지 않는다. 마치 차를 한 대 샀는데 설명서도 보지 않고 운전방법도 배우지 않은 채 바로 차를 운전하다 구덩이에 빠지는 것과 같다.

성불수행도 우선 불교의 교리부터 통달해야 한다. 불교교리를 배운다고 성불수행 하는 시간을 낭비하는 것이 아니다. 땔나무를 하려면 우선 도끼부터 갈아야 한다. 십 분이면 도끼를 예리하게 갈 수 있다. 도끼를 가는 시간 때문에 나무하는 시간을 낭비하는 것이 아니다. 도끼가 예리해야만 나무를 빨리 할 수 있다. 같은 이치로, 교리를 배워야만 수련의 진척이 빠르게 된다.

다음 시간은 질문하는 시간이다. 여러분은 모두 멀리서 왔는데, 의문이 있으면 모두 묻기 바란다. 최선을 다해 답변해 드릴 것이고, 지금 대답할 수 없으면 천천히 참하면서 연구해 볼 것이다.

「육자대명주」 염송하는 법

■질문 : 스승님은 책에서 "사람들이 「육자대명주六字大明呪」를 염송念誦하는 방법이 틀렸다."고 하셨는데 어떻게 염송해야 정확합니까?

■만행스님 : 처음 주문呪文을 독송할 때 숨 한 번에 한 글자를 독송한다. 「육자대명주」의 첫 글자인 '옹嗡'자는 우선 콧구멍으로 들숨을 단전까지 들이쉰 다음, 단전에서 3~5초 숨을 머무르게 했다가 밖으로 숨을(여전히 코로 숨 쉰다) 내쉬면서 독송한다.

숨을 다 내쉰 다음 또다시 들숨을 단전까지 들이쉰 다음, 단전에 3~5초쯤 머무르게 했다가 날숨으로 '마嘛'하고 독송한다.

중간의 네 글자(마嘛, 니呢, 삐呗, 메咪)는 모두 입을 약간 벌리고 숨(입으로)을 내쉬는 동시에 주문을 독송한다.

마지막 글자 '훙吽'과 첫 번째 글자 '옹'자는 모두 입을 다물고 독송한다. 독송하는 방법이 정확하면 십 분만 독송해도 단전이 바로 따뜻해진다.

초기불교는 「보병기寶瓶氣」17를 수련하는데, 바로 이런 방법으로 「삼자명三字明」을 독송한다. 「졸화정拙火定」18도 이렇게 수련한다. 「

---

17 티벳의 밀종 수행방식 중의 하나이다. 수련자가 앉아 있으면 그 몸통의 생김새가 병처럼 보이므로 '보병'이라고 하고, 3자명 6자명 등 금강송 방식으로 수련하면, 기운의 파장이 몸통(보병)을 울리면서 온몸을 단련시키므로 보병기라고 하였다. 이 수련을 하면 몸이 고르게 건강해지고 특히 추위를 타지 않게 된다.

18 역시 티벳의 밀종 수련방식이다. 몸의 열을 화火로 만들고 화를 마니주의 광光으로 만들어 수행한다. 숨을 들이쉰 것을 참으면, 기가 코로 빠져나가지 못하고 온 몸으로 분산되어 전신의 모공을 통해 나가게 된다. 기가 모공을 통해 나가는 것이 마치 불이 분산되어

「보병기」를 잘 수련하면 「졸화정」이 생기는데, 몸에서 열을 생성하고 그 열이 전신에 두루 다 퍼진다. 신체에 양기가 충족되면 눈앞에서 빛을 뿌리게 된다. 지금 사람들이 「보병기」 수련하는 방법은 다 틀렸다. 비록 사가행四加行을 수련했다지만 아무것도 수련해내지 못하였다.

생각마다 모두 각지할 수 있다면 십만억 불토의 부처님이름을 독송하는 것보다 더 낫다. 다시 말하면 아무리 십만억의 부처님이름을 독송해도 념마다 각지할 수 없고, 자기의 마음씀씀이를 보지 못한다면 아무 소용이 없는 것이다. 자기마음을 지키는 것이 시방삼세의 부처님들을 독송하는 것보다 더 나은 것이다. 자기의 마음을 지키지 못한다면, 염불이라는 것은 다만 좋은 인(선인善因)만 좀 심을 뿐이다.

왜 요즘은 점점 주문呪文의 종류가 많아지고 점점 더 복잡해지는가? 지금 중생들은 자기 마음을 지키지 못하기 때문이다. 석가부처님께서 열반하신 때에는 오직 심주心呪 하나뿐이었다. 하지만 지금은 「관음심주」, 「약사심주」, 「지장심주」 등등 헤아릴 수 없이 많다.

나가는 것 같다고 해서 '졸화'라고 하며, 고도의 집중력이 필요하므로 '정'이라는 이름을 붙였다. 보병기수련을 하면 자연히 졸화정수련으로 이어진다.

성불하려면 지금 생에서 수행하라

지금 사람들은 모두 부처를 믿기만 하고 성불수행은 하지 않는다. 성불수행을 해야만 성불할 수 있다. 단지 부처를 믿기만 한다면 영원히 성불할 수 없다. 마치 부자가 되고 싶은 사람은 반드시 돈을 벌어야 부자가 될 수 있고, 그렇지 않으면 부자가 될 수 없는 것과 같다.

싯다르타께서도 성불수행을 하셨기 때문에 성불하셨다. 우리들도 성불수행을 하려면 반드시 싯다르타를 따라 배워야 하고, 싯다르타의 자비심과 원력願力을 따라 배워야 한다. 하지만 지금 우리들은 겨우 '부처를 믿는 모임'에 접근할 정도뿐이고, 아직까지 '부처가 되는 공부를 하는 모임'에는 접근하지 못하였다.

지금 사람들은 성불하려면 반드시 삼대 아승지겁三大阿僧祇劫을 겪어야만 된다고 생각한다. 왜 지금이 자기의 마지막 겁이고 마지막 생이라고는 생각하지 않는가? 왜 부처가 되는 희망을 이생에 두지 않고 다음 생에 두는가?

성불수행은 처음 시작할 때 선지식의 법문이 아주 중요하다. "십지를 단번에 초월하는 것은 어려운 일이 아니니, 아승지겁을 겪지 않아도 법신을 얻으리라."는 말이 있다. 삼대아승지겁을 겪지 않아도 단번에 일념에 초월할 수 있다. 선종에도 "일념에 백겁을 초월한다."는 말이 있다.

믿으려면 정말 믿어야 하고, 수련하려면 확실하게 수련해야 한다. 무엇을 정말 믿는다고 하는가? 불교로 말한다면 생사윤회와 삼세인과를 의심치 않고 굳게 믿으며, 오계십선五戒十善을 정성으로 준수해야 한다.

무엇을 확실하게 수련한다고 하는가? 일상생활에서 수행을 확실하게 하고, 하나하나의 언행에서 모두 구체화되어야 한다. 수행을 하면 업장이 소멸된다고 말하는데 업장이란 무엇인가? 바로 우리들의 습성과 버릇이다. 수행을 몇 년 잘했다는 사람들이 습성과 버릇이 하나도 줄어들지 않고 지혜문이 하나도 열리지 않았다면, 성불수행을 잘 하지 못했다는 것을 알 수 있다.

이미 너에게 마음을 넣어주었다

■질문 : 달마조사께서 이조二祖에게 무슨 마음을 주셨습니까?
■만행스님 : 그때 당시 이조는 머리를 숙이고 몇 초 동안 생각하다가 "마음을 찾는다고 하였는데 못 찾았습니다(覓心了 不可得)"고 말하니, 달마조사는 "이미 너에게 마음을 넣어 주었노라."고 말씀하셨다. 이조는 달마조사께 큰 절을 세 번 드리고 수년 동안 달마조사를 따랐었다. 이미 이조는 철저하게 도를 깨달았는데, 왜 계속 달마조사를 따랐는가?

이조의 『전기傳記』에 의하면 "달마조사께서 제자들의 수행경계를 보려는데, 오직 이조만 아무 말 없이 큰 절을 세 번 올렸다."라고 한다. 이조는 삼조三祖에게 법을 전파한 다음 홍등가紅燈街로 갔다. 어떤 사람이 '왜 그런 곳으로 갔느냐?'고 물으니, 이조는 "내가 내 마음을 조절하거늘 당신과 무슨 상관이냐?"고 했다고 한다. 앞뒤를 맞춰보면 달마조사께서 사람을 잘못보지 않았는가? 애초에 좋은 마음을 넣어주지 않았단 말인가?

여기 앉아서 터무니없는 허튼 생각을 하기 보다 이런 문제를 가지고 참구하며 수련해도 좋다. 만약 성불수행에서 입도하지 못한다면, 달마와 혜가의 이야기를 열쇠 삼아 들어가면 입도할 수 있다. 하지만 그 열쇠를 쓸 줄 모르면 안으로 들어가기 어려운 것이다. 이 열쇠는 사람들은 볼 수도 없고 가져가지도 못하며 내어 주지도 못한다. 하지만 그 열쇠를 알면 마음속으로 완전히 깨달을 수 있다.

그분들이 법을 전수할 때 쌍방의 오가는 눈빛을 우리들은 상상조차 할 수 없다. 오직 눈빛이 마주쳐야만 마음속으로 깨닫게 된다. 눈빛이 마주치지 않으면 마음속으로 깨달을 수 없다.

인도印度에서 원시적으로 법을 전수하는 방법은, 스승과 제자가 서로 마주 보면서 눈빛으로 교류하는 것이다. 나중에는 머리와 머리를 마주치는 방법으로 법을 전수하였다. 또 그 뒤에는 주문呪文을 독송하게 되었다.

왜 초기에는 주문을 독송하지 않았는가? 사람은 본래부터 소통하는 능력이 있기 때문이다. 언제부터 사람들이 이런 방법을 개발하였는지는 모르겠다. 과거 선종의 조사들은 불법을 강의하다가 갑자기 멈추고, 제자와 눈빛을 마주보면서 교류했다. 이때 제자는 마음이 확 트이면서 문득 참뜻을 깨닫게 된다.

깨달음을 얻은 제자라야 제대로 수련할 수 있다. 경전에는 "인사를 마치고 갔다."라고 기록하였다. 이 말은 그 제자가 참뜻을 깨달은 다음 수련하러 갔다는 말이다. 이치는 문득 깨달을 수 있지만, 성불수행의 능력은 점진적으로 수련해야 한다. 오직 '선禪'만이 중국불교의 영혼이고 기둥이다. '선'이란 선종을 말하는 것이 아니다. 하지만 선종은 '선'을 포함하였다. 각 교파들의 교법도 모두 다른 차원의 '선'을 표현한 것이다.

제 6부 입정과 무아

1강

수행과정의 4가지 반응

🙏 부처를 믿으면 부처의 가속이 된다

이 자리에 기공수련을 한 분들이 몇이나 되는가? (여러 사람이 손을 들었다) 며칠 전에 홍콩을 다녀왔는데, 적지 않은 사람들이 집에다 크기가 10cm 되는 상자를 만들어서 귀신을 기르고 있었다. 10cm라는 상자는 우리가 볼 때 작지만, 귀신들에게는 금빛을 뿌리는 궁궐처럼 아주 큰 공간이다.

귀신 기르는 사람들은 대개 미얀마나 태국에 가서 귀신을 청해다가 집에서 모신다. 목적은 민간의 박수나 무당들을 대신하여 귀신을 시켜서 사소한 일들을 조사하는 것이다. 이런 귀신들은 큰일은 조사하지 못한다.

수행하는 사람들이 믿는 바에 따라 무엇이 와서 당신을 인도하고 그들의 백성으로 만드는 것이다. 당신이 부처를 믿고 부처를 배알하면 부처와 상응해서 부처의 백성이 되며, 부처의 가속이 된다. 정령이나 귀신을 배알하고 그들을 믿으면 그들의 백성이 되고 그들의 가속이 되기 때문에, 당신이 임종할 때 정령이나 귀신들이 와서 당신을 인도한다. 무엇 때문에 우리는 귀의할 때 "귀의불경歸依佛竟 영사신명寧舍身命 종불귀의終不歸依 자재천마自在天魔……"라고 발원하는가?

신체수련의 4가지 단계와 반응

어떤 수행자들은 신체의 수련, 즉 '기氣'의 수련에만 공을 들이면서 기의 수련을 수행의 근본이라고 한다. 예로부터 수행은 4가지 단계로 나누어서 한다. 수행자들이 4가지 단계로 나누어 수련하든지 않든지 간에 몸과 마음의 반응은 4가지 현상으로 나타난다. 다시 말하면 4가지 단계로 나뉘어져서 출현한다.

① 제일 첫 단계에는 신체 안에서 어떤 '기기氣機(기 움직임의 근원이 되는 기구)'가 움직인다는 느낌을 받는다. 마치 한 줄기 기류가 체내에서 일정하게 맴도는 것 같다. 이것은 최초의 반응이다.
② 이 '기氣'의 단계를 지난 다음 두 번째는 '빛'의 단계인데, 좌선할 때나 잠을 잘 때면 빛(光)을 볼 수 있다.
③ 세 번째 단계는 신식神識이 육체를 이탈하는 것이다. 좌선하거나 잠을 자거나 혹은 입정할 때면 신식이 몸을 이탈하고 나가버린다.
④ 네 번째 단계가 최후의 단계인데 바로 심리상태의 수련이다.

불문에서는 심리상태의 해탈을 진정한 해탈이라고 한다. 신식이 몸을 이탈해서 나가는 것은 최고의 해탈이 아니다.

　이번 홍콩에 가서 다섯 번의 법문을 하였는데 나중에는 하기가 싫었다. 홍콩은 국제적인 대도시이고 아주 자유로운 곳이다. 세계 각국의 대사(큰 스님)들과 각 파의 대사들이 사무실을 두고 법문을 강의한다. 하지만 영성靈性이 높은 대사들이 홍콩에 와서 법문을 강의하고 신도들을 데리고 수행한다고 하는데도 아직도 신체수련의 단계에 머무르고 있다.

　어떤 때는 참으로 말하기 싫었다. 말을 해도 아무 소용이 없을 것이기 때문이다. 그들이 갈피를 잡지 못하고 헤매는 것을 보고, 말을 하지 않으면 미안한 것 같고 그렇다고 말을 해도 듣지 않는다. 누구도 이런 상황을 돌려 세울 방법이 없다. 이것은 각자 다른 시대에 유행되는 다른 방식과 다른 방법 때문이라고 할 수 있겠다.

초선이 끝나면 이미 기의 반응을 초월한 것이다

　지금 많은 불교신도와 출가한 스님들이 '기氣'의 수련에 몰입한다. '기'의 반응은 초기의 단계일 뿐이다. 일단 초선初禪의 수련이 끝나면 '기'의 반응을 초월한 것이다. 그런데 어떻게 '기'의 수련이 수행의 근본 방법이 되겠는가?

　이전에 내가 여러 번 강조하였다. 당신이 수행하는 사람이라면 자기의 육체를 잊어버려야 한다. 아니면 입도入道할 수 없다. 또 세속의 부귀영화를 포기하지 않으면 도를 닦을 방법이 없고 역시 입도할 수 없다. 무엇을 경계境界라고 하는가? 통속적으로 말하면 수행 도중에 나타나는 각종 현상, 혹은 길거리 경치인 것이다. 수행 도중에 나타나는 반응은 오로지 몸과 마음 두 가지뿐이다. 사람들이 몸과 마음을 모두 비울 수 있다면 이런저런 현상들이 어떻게 나타나겠는가?

머무르는 바 없이 마음을 내라

"머무르는 바 없이 마음을 내라."[19] 머무르는 바 없을 때 내는 마음은 무슨 마음인가? 이 문제는 오늘 저녁 화두이다. 돌아가 정좌할 때 참구하기 바란다. 무엇 때문에 옛날 사람들은 "머무르는 바 없이 마음을 내라"고 했는가? 사람들이 진정 머무르는 바 없을 때는 어떤 심리상태이겠는가? 이때에도 마음을 낼 필요가 있는가? 아니면 머무르는 바 없을 때 마음이 생기는가?

---

19 응무소주이생기심應無所住而生其心

2강
마음을 가라앉히는 것이 수행이다

🪷 마음을 가라앉히지 않으면 보리종자를 심지 못한다

어째서 수행은 마음을 가라앉히고 고요히 해야 하는가? 그렇지 않으면 수행할 수 없는가? 가부좌를 하고 참선하는 것이 정심(靜心, 마음을 가라앉히고 고요히 함)인가? 이 모든 문제는 수행자가 풀어야 하는 문제이다. 이와 같은 문제를 풀지 못한다면, 당신에게 날마다 앉아서 무얼 하느냐고 물을 때 뭐라 대답하겠는가?

아마도 당신은 앉아서 수행한다고 대답할 것이다. 왜 앉아서만 수행하는가? 수행은 앉아야 되는 것인가? 실질적으로 우리가 조용히 앉아서 수행하는 시간은 하루 중 두 시간도 못 된다. 따라서 두 시간씩 어느 정도 수행하는 건 가능하다. 하지만 일 년 내내 매일 두 시간씩 하라면 유지하기 어렵다.

더구나 정심하지 않으면 매일 24시간을 앉아 있어도 소용이 없다. 보리종자를 심으려고 해도 심지 못한다. 정심하지 않고 보리종자를 어떻게 심을 것인가? 과거 조사님들은 이렇게 말씀하셨다.

"일념상응 일념불 一念相應 一念佛, 염념상응 염념불念念相應 念念佛!" 이 말은 "한 번의 생각이 부처와 상응하였으면 한 번의 생각이 부처가 되고, 생각마다 부처와 상응하면 생각마다 모두 부처가 된다."라는 말이다. 우리가 매일같이 이 자리에 앉아 있지만, 단 한 번의 생각이라도 도와 상응하고 부처님·보살님과 상응하여 보았는가?

정신집중이 되지 않으면 마음도 집중할 수 없다

진정한 정심은 꼭 가부좌를 틀고 앉아야만 되는 게 아니다. 아무 때고 마음이 가라앉아 고요해야 하고, 어떤 일을 하든지 마음이 가라앉아 차분하며 조용하여야 한다. 일상생활에서조차 정신을 집중하지 못하는데 가부좌를 틀고 앉았다고 도를 닦을 수 있겠는가? 제일 간단하고 기초적인 일처리에서 정신 집중이 되지 않으면, 마음을 집중해서 도를 닦는다는 것은 헛말이다.

도를 닦는 사람들이 가장 꺼려야 하는 것은 몸 밖에서 무엇을 구하려는 것이다. '안에서 구해야 한다'는 것을 잘 알아야 한다. '어떻게 하면 안에서 구하는 것인가?' 하고 물으면, 자기의 마음이 움직이는 것을 지켜봐야 한다고 대답할 것이다. 그러면 몇 명이나 자기 마음의 움직임을 들여다볼 수 있겠는가? 작정을 하고 지켜본다면 3초~5초 더 길게는 1분까지는 볼 수 있다. 그러나 또 몇이나 되는 사람이 자기 마음의 움직임을 1분이나 지켜볼 수 있겠는가?

다들 자기 마음을 지켜보아야 한다고 하지만 사실 불가능하다.

지금의 불법은 세상에 가득하지만 성취자는 적다

옛날에는 어떻게 그 많은 사람들이 성취를 이루었는가? 지금의 수행 조건이 옛날보다 훨씬 좋으니 성취하는 사람도 그만큼 많아야 하는 것 아닌가? 하지만 오히려 적은 것은 어찌된 일인가?

옛날에는 몇 달 동안 몇 백 리를 걸어야 겨우 법문을 들을 수 있었다. 하지만 지금은 어떠한가? 동에 번쩍 서에 번쩍, 어떤 깨달은 스승이든지 모두 찾아볼 수 있다. 문턱을 넘지 않고도 깨달은 스승의 법을 얻을 수 있다.

과거에는 경전 한 부 얻는 일이 하늘의 별 따기였다. 절에도 경전 몇 부밖에 없었다. 하지만 지금 절에는 가는 곳마다 산더미같이 쌓여 있고, 『대장경大藏經』만 해도 몇 십 부나 되고, CD는 더 말할 것 없이 많다. 스님의 방에도 책들이 가득 쌓였다. 경전은 가는 곳마다 볼 수 있고 들을 수 있고 읽을 수 있다. 하지만 진정으로 체득한 사람은 극히 적으며 성취한 사람은 더더욱 적다. 지금 불법은 아주 빠른 속도로 홍법弘法이 되는데, 이것은 경제와 과학기술이 발달한 것도 있겠지만, 나라가 태평하고 우리의 생활이 좋아졌기 때문에 종교가 번창하는 것이다.

그런데 많이 읽고 많이 들었는데도 지혜가 나타나지 않는다고 한다. 구도심求道心이 부족한가? 깨달은 스승의 힘이 부족해서 그런가? 모두 아니다. 그런데 진보가 왜 이렇게 늦고 더딘가? 우리의 구도심도 충분하고, 깨달은 스승의 힘도 충분하고, 각종 환경과 조건도 모두 갖춰져 있는데 어째서 아직 성취를 못 이루었는가? 저녁공부를 할 때 이 문제를 집중적으로 분석하고 화두로 참선하기 바란다. 불법을 배우고 받아서 쓸 수 있는데, 성불수행을 한다는 사람의 얼굴이 어째서 근심에 싸여 있는가? 또 성불수행을 하면 지혜의 문이 열려서 슬기로울 텐데, 어째서 일처리를 더 못하고, 해탈은커녕 속박을 받아 불편해 하는 것인가?

지금 성불수행을 하는 많은 사람들은 시작하자마자 성불할 수 있는 방법부터 구하는데, 이는 석가모니 부처님이 오셔서 직접 수련 방법을 전수하여 준다고 해도 되지 않는다.

과거에 티벳불교는 우리 한인(중국의 한족을 의미함)이 배울 수 없었지만, 지금은 사상도 개방되고 경제도 좋아졌으며 나라의 정책도 나아졌기 때문에, 중국에 와서 전법하는 티벳출신의 활불들이 많아졌다. 밀법을 배우고 수련한 사람들에 의하면, 밀법을 수련하면 성취가 비교적 빠르다고 한다. 또 한편으론 밀법을 수십 년 수련하던 사람이 그것을 버리고 되돌아 와서 염불하고 참선하기도 한다. 티벳사람들도 중국불교의 선종도 배우고 정토종도 배운다. 그리고는 오히려 선종과 정토종의 수련법이 밀종의 수련법보다 훨씬 좋다고 한다. 무엇 때문에 이런 경향이 나타나는가?

③ 자기에게 엄격하라

어떤 사람은 문제에 봉착하였을 때 원인을 찾지 않고 그냥 포기한다. 이런 사람은 아무 일도 하지 못한다. 평소에 일처리를 어떻게 하는지 살펴보면, 그 사람이 성불수행을 해서 성공할 수 있는지 없는지를 알 수 있고, 또 수련이 어느 차원까지 도달할 것인지도 알 수 있다.

사람들은 평상시 할 수 있는 일도 하기 싫어하고, 좀 어렵다 싶으면 바로 포기하면서, 도리어 세상에서 제일 어려운 일인 성불수행을 하겠다고 한다. 자기들 딴에는 성불수행이 아주 쉬워 보이는 것이다.

"집착하지 말고 자연의 순리를 따르라(순기자연順其自然)." 이 말은 우리가 한 말이 아니요, 또 우리에게 쓸 수도 없다. 이 말대로 한다면, 당초에 석가모니부처님께서 왜 그렇게 오랫동안 수련하였으며 또 설산에서 고행을 하셨는가? 가섭존자는 왜 두타행頭陀行을 하였는가? 고대부터 중국에 그렇게 많은 선사님들과 조사님이 나왔는데, 그 누구랄 것 없이 모두 몇 십 년을 수행하지 않았는가? 자기에게 엄격하지 못한 사람은 성불수행을 할 수 없다.

③ 자기가 수련하던 방법에 머물러야 한다

한 도반이 이런 말을 한 적이 있다. "자기의 호흡소리도 듣지 못하고, 자기의 걸음 소리도 듣지 못하는 사람들은 성불수행을 못한다." 처음에는 이 말이 이해가 되지 않았다.

지내놓고 보니, 이 도반의 말은 전혀 지나친 것이 아니었다. 십여 년 동안 내가 관찰해 본 결과 도반의 말에 해당하는 사람은 성불수행은커녕 사회에서도 아무런 성취를 이룰 수 없는 사람이었다. 여러분들 가운데 누가 자기의 걸음 소리, 호흡 소리를 들을 수 있는가? 물론 들어본 적은 있겠다. 그러나 겨우 잠깐 '들어본 적이 있다'뿐이지 않은가? 하루에 몇 시간씩 들을 수 있는가?

이 도반은 도를 깨닫고 입도하는 모든 과정에서 그 어떤 방법에도 의존하지 않았고 또 빌지도 않았다. 그는 다만 호흡하는 소리만 듣거나 아니면 자기의 걸음 소리만 들었다. 좌선할 때는 자기의 호흡 소리를 듣고, 일을 할 때나 걸음 걸을 때는 발자국 소리를 들은 것이다. 다시 말하면 정공靜功을 수련할 때는 자기의 호흡하는 소리를 듣고, 동공動功을 수련할 때는 자기의 발자국 소리를 듣는 것이다.

우리가 낮에 움직이는 상태에서는 시시각각으로 자기의 발자국 소리를 들을 수 있고, 조용할 때는 자기의 호흡 소리와 심장 뛰는 소리를 들을 수 있다면 이것이 바로 선정禪定이고, 법에 머물러 있는 것이 아닌가? 이른바 참선하고 관공觀空하며, 염불하며 진언을 외우는 모든 것은 바로 그 수련법에 머물러서 수련한다는 것이다.

몇 해 동안 성불수행을 하였는데도 자기가 수련하던 방법에 여전히 익숙하지 못했다면, 당신은 크게 산란한 상태이다. 그러나 우리가 수련하던 방법대로 늘 할 수 있다면 온몸에 끊임없이 힘이

용솟을 것이다. 자기가 평소 하던 수련법이 가장 옳고 정확하다.

한 가지 일에 몰두하라

사람이 한 가지 일에 몰두할 수 없다면 그 어떤 일을 하더라도 몰두할 수 없다. 사물에 대한 몰두는, 사람이 되고 일을 잘하며 수행을 하는 유일한 방법이다. 착실하지 못한 사람은 그 어떤 일을 하든지 착실할 수 없으며 성공도 어렵다. 이 세상에는 지혜로운 사람은 없고, 다만 세심한 사람만 있다. 세심한 마음을 키운다면 내면의 경계는 금방 변화될 것이다.

여러분은 수행자들을 관찰하고 살펴본 적이 있는가? 이들은 규율을 안 지켜서 자기를 단속하지 못하며, 고생을 하기 싫어하고, 또 근면하지 못하고 책임감이 없는 산란한 사람들이다. 때문에 과거의 조사님들은 "천 명의 병사는 거느릴망정 스님 한 명을 거두지는 못한다."라고 하셨다.

앞서 말한 것처럼 수행자들이 진짜 그렇다면, 그의 내적 힘이 밖으로 방출되어 나간다는 것을 의미한다. 왜냐하면 밖으로만 신경을 쓰는 탓에 그의 힘이 모두 밖으로 흘러 나가게 된다. 물론 반대로 하면, 안으로 힘을 쓰고 안으로 들어가는 것이다.

한 방법으로 꾸준히 하라

수행 방법에 대해서 이미 몇 번 말을 하였다. 그 과정을 서로 연결된 두 개의 확성기로 비유하면, 양쪽 끝은 말하는 곳이고 중간은 양쪽을 연결시키는 줄이다. 이때 에너지는 밖으로 나가기도 쉽고 중간으로 들어가기도 쉬운데, 이는 생각을 안으로 향하는가 아니면 밖으로 향하는가에 달렸다.

일반인은 밖으로 향하는 것도 오래하지 못한다. 왜냐하면 그들은 한마음 한뜻으로 꾸준히 하는 마음이 없고 또 자기를 희생하고 봉사하는 마음도 없기 때문에, 밖으로 나간다고 해도 잠시뿐이고 금방 그만둔다. 설사 속으로 들어간다고 하여도 역시 그때뿐이다. 때문에 이런 사람들은 들어가지도 나가지도 못한다. 진정으로 한 가지 수련방법에 몰두하고 꾸준히 할 수 있다면 반드시 성공할 수 있다.

연결된 두 확성기의 양쪽 끝은 이쪽도 커다란 입구이고 저쪽도 커다란 입구이다. 두 입구 사이를 가느다란 줄로 연결하였다. 이쪽 입구로 들어가 그 가느다란 줄을 얼마간 지나면 저쪽 입구로 나간다. 우리가 이 중간 부분을 돌파하면 저쪽으로 반드시 열리게 되는 것이다.

이 말은 사람의 힘을 계속 밖으로 내보내면서 찾는 것을 꾸준히 한다면 역시 도를 깨닫고 증과證果를 얻을 수 있다는 뜻이다. 밖으로 나가기 싫으면 안으로 계속 들어가면서 찾고 찾으면 역시 밖으로 열리게 된다.

일반인은 어떤 방법을 가르쳐 주어도 끈기 있게 인내심을 가지고 꾸준히 하지 못하고, 하다 말다 한다. 오늘은 이 방법을 배우고, 내일은 저 방법을 수련한다. 하지만 사회에서 고생과 노고를 견디고 이겨낸 사람은 성불수행 역시 잘한다.

자기를 단속할 수 있어야 한다

타인의 구속을 받기 싫어한다면 자기를 절제할 수 있어야 할 것인데 사실 그렇지 못하다. 이런 사람은 스스로를 절제할 줄 모른다. 오히려 타인의 구속을 꺼리지 않는 사람이 스스로를 아주 엄격하게 단속하고, 타인이 자기를 구속할 때보다 더욱 자기를 잘 단속한다.

성불수행을 하지 않으면 모르겠는데, 공부를 할수록 지혜가 점점 더 없어진다. 때문에 성불수행은 함부로 하는 것이 아니다. 왜냐하면 지혜가 없는 사람은 불법의 지혜를 잘못 이해하기 때문에 자칫하면 폐물이 된다. 성불수행은 자기에 대해 엄격해야 하며, 스스로를 단속해야 하는데 지혜롭지 못한 사람은 그러지 못하고 방종한다. 그리고 스스로 마음대로 할 수 있는 핑계를 만들어 놓고서 하는 말이, 이것이야말로 자연의 순리를 따르는 것이라고 한다.

자연의 순리를 따른다면 천당이든 지옥이든 그 어디에나 다 가도 되고, 사람이 되어도 되고 짐승이 되어도 된다는 말이 아닌가? 성불수행은 자연의 순리를 따르고 자기가 하고 싶은 대로 하는 것이 아니라, 자기가 자기를 책임지고 자기의 주인이 되기 위해 하는 것이다.

　다른 사람을 단속해야 하면 반드시 단속해야 하고, 반대로 다른 사람이 나를 단속하면 그것을 받아들일 수 있어야 한다. 그래야 자기 스스로를 단속할 수 있다. 원래는 단속 받는 것을 싫어했지만 나중에는 단속을 받아들인다. 이것은 자기가 스스로를 단속한 것이고, 또 스스로 자기를 설득하며 지켜보고 있다는 뜻이다.

　자기를 단속하고, 설득하고 지켜볼 수 있다면, 그 힘을 밖으로 돌리더라도 스스로를 단속할 수 있다. 때문에 옛날 사람들이 "남을 정복하려면 우선 자기부터 정복해야 하고, 남을 단속하려면 자기부터 단속해야 한다."라고 한 것이다.

　좌선을 할 때 어떤 사람은 자기 눈앞의 빛을 볼 수 있다 하고, 또 어떤 이는 자기 귀에서 나는 소리를 들을 수 있다고 한다. 만약 당신이 날마다 끊임없이 계속하여 눈앞의 빛이나, 귀에서 나는 소리에 집중할 수 있다면 이것도 정定이며 입도가 된 것이다. 문제는 이렇게 할 수 없다는 데 있다.

집착할 줄도 알아야 한다

　집착할 줄 모르는 사람은 정규적인 길에 들어갈 수 없다. 어떤 사람은 자기는 집착을 모른다고 하는데 어째서 집착하지 않는가? 자기가 자기를 단속할 수 없기 때문에 집착하지 않는 것이다. 또 어떤 사람은 사람들과 어울리지 않고 맞서지도 않는다고 한다. 왜 어울리지 않는가? 자기가 자기 스스로를 단속할 수 없고, 자기를 설복하지 못하며, 자기가 자기의 주인이 되지 못했기 때문에 어울리지 못하는 것이다.

사람은 환경에 적응해야 한다. "환경은 스스로 창조해야 한다."라는 말이 있지만 몇 사람이나 성공적으로 환경을 창조할 수 있겠는가? 대부분 그러지를 못하고 환경에 자기를 녹여버리고 만다. 수행자는 타인의 본보기가 되어야 하는데, 결국은 이도저도 아닌 사람이 되었다. 많은 사람들이 스님을 아주 존경하지만 막상 출가한 사람들과 같이 지내보면 출가한 사람들도 별것이 아니라는 결론을 내린다. 왜냐하면 말은 제법 할 줄 알아도, 막상 어떤 일을 맡기면 바로 엉망진창이 되고 말기 때문이다.

평소 작은 일이라도 확실히 잘할 수 있다면 다른 일도 잘할 수 있다. 한마디 말을 잘 깨달을 수 있다면 역시 여러 가지 이치와 사리도 통달할 수 있는 것이다.

성불수행을 하는 사람들은 집착하면 안 된다고 하지만, 이 말이 많은 사람들을 해쳤다. 어느 날 집착이 당신을 필요로 할 때, 또 당신이 집착을 사용하고 싶을 때면 집착을 하려고 해도 할 수 없다. 왜냐하면 당신은 집중하고 싶은 생각이 없고, 집착하고 싶은 마음도 없기 때문이다. 말하자면 휴대폰번호는 겨우 7자리 숫자나 8자리 숫자인데, 다른 사람은 한 번만 말해주면 기억하는데 당신은 세 번 말해도 기억 못한다. 지금 성불수행하는 사람들 중에는 자기 집 전화번호를 못 외우는 사람이 수두룩하다.

성불수행하는 사람들의 생각이 왜 이렇게 산란한가? 그 이유는 평상시에 방임하고 산란하여 마음 둘 곳을 모르기 때문이다. 그래서 어떤 일에도 마음을 안주하지 못하고 어떤 일을 하여도 여전히 산란할 수밖에 없다. "집착도 없고 머무르지도 않으며 자연의 순리에 따른다."가 습관이 되었기 때문이다.

한 가지 일이나 한마디 말을 알려줘도 돌아서면 잊어버린다. 이런 사람들이 죽으면 어디로 갈 것인가? 나는 말하기조차 무섭고 말할 용기도 없다. 평상시 집중도 잘 못하는 사람이 임종 때라고 다르겠는가?

그 어떤 일을 하든지 모두 착실하게 잘하는 외에 다른 방법은 없다. 즉 '진실하고 성실하게'라는 방법밖에 없다.

3강

어떻게 도를 알고, 수도하고, 증도할 것인가?

🪷 견혹을 간파해야 내려놓을 수 있다

   지난 시간에 강의한 내용을 기억하고 있는가? 어떤 일을 하든지 철저하게 그 일을 알고 해결한 다음에야 내려놓을 수 있다. 만약 그 일에 대해 철저하게 알지 못하고 해결하지 못하면, 같은 문제에 부딪혔을 때 해결하지 못한다. 오늘 저녁에 주로 견도見道, 수도修道, 증도証道를 강의하려 하는데, 그 셋 사이에는 세세한 문제들이 많다.

   견도見道란 무엇인가? 여기서 말하는 견도는 견성見性한다는 '견見'이 아니라 그저 살펴본다고 할 때의 '견'이다. 즉 다른 사람의 도를 살펴보는 것이다. 성불수행을 하기 전에는 소박하고 겸손하였는데, 성불수행을 시작하고 나면 몇 년 되지 않았는데도 호언장담하고 큰소리를 친다. 주위 사람들을 부처님의 경지로써 평가하고 자기에 대해서는 그렇게 하지 않는다. 성불수행을 하는 것은, 눈에 불을 켜고 남을 지켜보고 평가하는 것이 아니라 자기를 지켜보는 일이다.

간파看破하면 견도見道한 것이다. 대부분의 성불수행을 하는 사람들은 간파하였어도 내려놓지 못한다. 어떻게 하면 내려놓을 수 있는가? 견도를 했어도 계속 수련하지 않으면 여전히 탐·진·치·만·의가 작용한다. 도를 수련해서 증도의 차원에 도달해야만 비로소 탐·진·치·만·의와 같은 습성을 소멸시킬 수 있고, 세간의 명예와 이익 그리고 욕망을 내려놓을 수 있다.

진정으로 내려놓으려면 반드시 과위果位에 도달해야만 한다. 진정하게 견도한 사람의 사상은 궁극적으로 정지정견이다. 하지만 그것도 겨우 초과初果를 증득한 상태이다. 초과를 증득한 사람은 단지 견혹見惑(사상적 혹은 관념적 미혹)과 단절한 것이다. 견혹은 이론적인 지식과 분별력(知見)을 말한다. 오직 증도해야만 비로소 사혹思惑(생각으로 인한 미혹)을 초월할 수 있다.

여러분들은 아직 간파(견혹見惑을 단절)하는 차원에도 도달하지 못하였다. 견도하기 전의 사람들은 불법에 대해 정지정견이 생길 수 없다. 그래서 누가 큰스님이라고 하면 바로 따라다닌다. 하지만 견도한 사람은 부처님·보살님이 앞에 왔어도 여여부동이다. 그는 이미 정지正知, 정견正見, 정정正定이 있기 때문이다.

어떤 큰스님이라도 그들을 마음대로 좌지우지 할 수 있다. 어째서 그들은 어느 누구의 말이라도 다 따르고 쉽게 동요하는가? 자기의 성불수행을 체득하지 못했고, 자기의 부처님사상이 없기 때문에 외부의 경계에 따라다닐 수밖에 없는 것이다.

견혹見惑을 단절해야만 간파하고 내려놓을 수 있다. 간파하는 것은 이론이고 내려놓는 것은 기능공부이다. 일반적으로 보면 불교학 이론을 연구하는 사람들은 이미 일정한 정도는 견도見道 차원에 도달하였지만 수도修道, 증도証道까지는 올라가지 못하였다. 견혹을 단절하는 것은 불법을 들은 결과이고 학문이고 지식이다. 사혹을 단절하는 것은 수증修証한 결과이고 증도証道이고 기능공부이다.

소동파의 오도게와 불인선사의 실상반야

소동파蘇東坡와 불인선사佛印禪師의 이야기가 있다. 두 분의 사이는 아주 좋았고 불교학의 이론도 비슷했다. 그러나 소동파는 도를 깨우쳤지만 증도까지는 이르지 못하였다. 불인선사는 이미 도를 깨닫고 증도하신 분이셨다. 이 두 분의 오도게를 도를 깨닫지 못한 사람이 보면 어느 것이 더 높고 낮은가를 분간하지 못한다. 이 두 분은 항상 같이 선을 말하고 도를 논했다. 소동파는 문자반야는 상당히 높았지만 실상반야는 불인선사만 못하였다.

어느 날 소동파는 문득 깨달은 바가 있었다. 그리하여 오도게 한 수를 써서 불인선사에게 보냈다.

稽首天中天　머리 숙여 천중천에 있으니
毫光照大千　한줄기 빛이 대천세계를 비추노라.
八風吹不動　팔풍이 불어도 움직이지 않고
端坐紫金蓮　자금련紫金蓮에 단정히 앉아있노라.

이것을 본 불인선사는 "허튼 소리를 하고 있구나. 입에서 나오는 대로 마구 헛된 소리를 한다."라는 비평을 달아 돌려보냈다. 이 글을 본 소동파는 펄쩍 뛰면서 바로 배를 타고 불인선사를 찾아갔다. 배가 호숫가에 닿자 불인선사는 이미 부두에서 소동파를 기다리고 있었다. "팔풍이 불어도 움직이지 않는다더니, 허튼 소리를 한다는 말 한마디에 바로 강을 건너 왔구려." 하시면서 허허 웃으셨다. 그 말을 들은 소동파는 금방 깨달았다. 너무도 쑥스러워 "아이고, 송구스럽고 부끄럽습니다."라고 대답하였다.

이때부터 소동파는 불법에 대해 더 깊은 깨달음을 얻게 되었다. 불법은 생각해서 나오는 것이 아니라 자성自性에서 저절로 흘러나오는 것이다. 달마조사께서는 수행은 이론으로 들어가는 것과 행동으로 들어가는 것이 있음을 아셨다. 소동파는 이론으로 들어간 것이지 행동으로는 들어간 것이 아니었다. 그러나 이론으로 들어가는 것과 행동으로 들어가는 것을 나눌 수는 없는 것이다.

지금 성불수행을 하는 사람들은 모두 호언장담을 한다. 하지만 행동거지가 가볍고 경솔하며 습성과 버릇이 고쳐지지 않았다. 그들에게 불법을 말하라고 하면 사리에 알맞게 척척 대답을 잘 하지만, 중요한 부분에 있어서는 불법이 온데간데없이 사라진다. 불법은 이론에서 현실화되는 것이 아니라 날마다 수행하는 데에서 구체화된다.

③ 견도해야 수도의 과정을 알 수 있다

　견도한 사람도 여전히 탐·진·치가 있고 업에 끌려 다닌다. 단지 그들은 말주변이 좋고 예리하기 때문에 일반인이 넘보지 못할 뿐이다. 하지만 행위를 통해 보면 증도했는지 못했는지를 알 수 있다.

　이조二祖 신광神光20께서는 초조初祖이신 달마대사를 찾아 법을 구하기 전 이미 중국의 중원일대에서 이름이 높았다. 그때 달마대사는 "나의 법은 지극히 오랜 세월의 대법大法이라 작은 그릇이 얻어가질 수 있는 것이 아니다."라고 말씀하셨다. 달마대사의 눈에는 아직도 신광은 작은 그릇에 지나지 않기 때문에 법을 수련할 정도까지는 되지 않았다고 여겼다. 그때의 신광은 이미 언변이 자유자재 하게 뛰어나셨고 견도 하셨으며 증도만 하면 되는 상태였다.

　불교에서 탐·진·치를 3독이라고 한다. 견도見道한 사람(견혹見惑을 초월한 사람)에게는 앞의 2독(탐독·진독)은 이미 존재하지 않는다. 하지만 치독痴毒은 여전히 존재한다. 아직 근본적인 지혜의 문이 열리지 않았기 때문에 증도위證道位로 들어설 방법이 없는 것이다. 반드시 증도위에 들어갔다가 다시 나와야만 마지막 치독을 초월할 수 있다. 성불수행을 하는 사람들은 모두 지혜의 문을 열겠다고 하지만 지혜의 문을 열 수 있는 사람은 몇 명밖에 되지 않는다. 욕심(탐독)과 성냄(진독)을 초월하지 못하는 사람은 마지막 치독을 초월

---

20 487년 ~ 593년, 선종禪宗의 제2대 조사(혜가대사慧可大師). 속성俗姓은 희씨姬氏, 신광神光은 이름이다.

할 수 없다.

　도를 수련하기 전에 완전하게 견도 해야만 수도위修道位에 들어설 수 있다. 도를 수련하기 전에 도를 수련하는 과정에서 나타나는 각종 반응에 대해서도 반드시 잘 알아야 한다. 어떻게 알 수 있는가? 견도해야 한다. 진정하게 견도한 사람은 앞으로 도를 수련하는 과정에서 나타나는 문제와 처리법을 알 수 있다. 이 정도가 되지 못하면 견도한 사람이라고 할 수 없다. 진정하게 견도한 사람의 지식과 견해는 사람들의 말에 의거하는 것이 아니라, 자기의 마음으로 직접 보고 깨달아 얻은 것이다. 견도한 사람의 마음과 기질은 뚜렷한 변화가 있고 언어도 남보다 뛰어나다. 더욱이 일을 처리하는 태도와 인생의 생사무상에 대한 인식도 일반인보다 투철하다.

🌀 견도를 철저히 닦으면 수도 기간이 짧아진다

　사실 수도修道하는 과정의 절반 이상은 반드시 견도하는 과정에서 완성된다. 수도하고 증도하는 것은 단지 그것(실제로 보고 깨달은 도)을 체험하고(수도) 검증할 뿐이다(증도). 예를 들면, 동화선사에 오기 전 반드시 동화선사의 방향과 위치 그리고 버스시간 같은 것을 알아야 한다. 그 파악한 방향과 노선대로 온다면 동화선사에 도착할 것이다. 도를 수련하고 증도하는 과정도 견도한 기초 위에서 발을 맞추어 나아가기만 하면 된다. 시작하기 전에 정확하게 파악했기 때문에 시작만 하면 틀림없이 방향대로 나아갈 수 있다.

현명한 사람은 일을 하면서 방법을 생각하는 것이 아니라, 모든 일을 전부 사전에 파악하고 만반의 준비가 된 다음 일을 시작한다. 그래서 그들이 하는 일에는 오류가 생기지 않고 모든 일이 예상과 어긋나지 않는다.

옛날 사람들의 말에 의하면 무문관수행을 하기 전에 명심견성을 해야 된다고 한다. 눈앞이 칠흑같이 어두운데 어떻게 수련할 수 있는가? 그래서 옛날 사람들은 "초선을 돌파하기 전에는 산에 들어갈 수 없고, 중관重關21에 도달하기 전에는 무문관수행을 할 수 없다."라고 말했다.

'견혹을 단절한다'는 말은 명심을 말한 것이고 동시에 견도를 말한 것이다. 엄격하게 말하면 견성의 단계에 들어갔지만 견성의 단계에서 나오지는 못한 상태이다. 마치 초선은 도달하였지만 아직도 초선에서 나오지 못한 것과 같다. 즉 아직까지 초선을 초월하지 못한 상태이다. 초선에 들어갔다 다시 나와야만 초선을 초월한 것이고 또 이선에 들어갈 수 있다.

견도見道를 수련해 성공한 다음 수도하는 단계에 도달한다. 도를 수련하는 과정은 두 가지로 나눌 수 있다. 하나는 생리이고 다른 하나는 심리이다. 이 두 가지 방면의 수련을 얼마 동안이면 완성할 수 있는가? 만약 자기의 견도능력이 철저하고, 자기가 직접 경험한

---

21 선종禪宗의 삼관三關(初關·重關·生死牢關)의 하나이다. 7식의 관문을 넘어서는 것을 '초관을 돌파했다'고 하며, 깨달은 뒤에 계속 수행하여 8식에 심어놓은 종자를 없애서 성위聖位에 올라가며, 생사를 벗어나며, 번뇌가 없어지고 참 나(眞如)가 출현하는 경계를 '중관을 돌파했다'고 한다.

것이라면, 삼년정도 선정수련을 하면 무량겁 이래 누적되었던 업과 습성들을 모두 고칠 수 있다. 이때가 되어야만 자기를 파악할 수 있다. 앞에서 수련한 견도를 진실하고 또 실제적인 수련과 결합한다면 자기 자신의 주인이 될 수 있다.

◎ 증도위는 세속에서 완성된다

생리의 수련이 완성된 다음 심리의 수련 즉, 마음상태의 수련을 시작하는데 대부분은 세속에서 완성하게 된다. 이전에 내가 이런 말을 한 적이 있다. 만약 산에서 심리를 수련하면 단지 5할 정도밖에 성취하지 못한다. 나머지 절반은 세속에서 완성해야 한다.

혼자서 수련할 때면 '인人(사람), 사事(일), 물物(물건, 재물)'을 마주하지 않기 때문에 마음속이 조용해서 자기의 업장과 습성을 이미 소멸하였다고 착각한다. 하지만 복잡한 세속에서 '인, 사, 물'을 마주하면 다시 또 내심세계에서 수련하기 전과 같은 파동이 일어남을 발견하게 된다.

도를 수련하는 과정에서 매번 마음의 움직임을 각지(여러 정황을 깨닫고 알아차림)할 수 있어야 한다. 만약 각지하지 못한다면 아직도 수도를 시작하지 못한 것이다. 시작하였다고 해도 단지 도를 수련하는 과정에 있을 뿐이고 아직 나오지는 못했다. 여러분이 관음동[22]에 수련하러 들어가는 것은 성공의 반이고, 관음동에서 나와야만 전체과정을 완성하였다고 할 수 있다.

설령 수도위修道位에 들어갔다 다시 나왔다 하더라도 증도위證道位에 도달한 것은 아니다. 왜냐하면 도를 수련하는 과정은 점점 앞으로 나가기가 견고하고 어려우며 나아갈수록 실질적인 문제들과 만나기 때문이다.

첫 번째 단계인 견도는 완전히 이론적이다. 이 첫걸음을 완성하고 수도하는 단계에 들어가야만 일(事)과 한 몸이 된다. 증도위證道位에 도달했을 때 이미 일과 한 몸이 되었다지만 또한 한 몸이 아니기도 하다.

어째서 이렇게 말하는가? 물에 빠진 어린아이를 구하러 물에 뛰어들었는데, 물을 한 모금도 마시지 않고 몸도 상하지 않으며, 이것이 반복적으로 항상 가능하다면 이것이 진짜 성공한 기능공부이다.

단 한 번도 경계에 끌려 다니지 않았다고 해서 성공한 것이 아니다. 반복적으로 끌어올리고 백발백중이 되어야만 성공했다고 할 수 있다. 증도한 사람은 수시로 도에 들어갔다 수시로 나올 수 있다. 만약 들어갈 수 없다면 중생의 희로애락을 느낄 수 없고, 나오지 못한다면 범부의 희로애락을 초월할 수 없다.

---

22 동화선사 정문을 들어서자마자 오른쪽 옆에 있는 커다란 석회층 동굴. 초기에는 이 안에서 법회도 열고 수련을 하였다.

증도위는 무아를 닦는 것이다

증도한 사람은 물속에 있는가, 아니면 언덕에 있는가? 증도한 사람은 무아無我(남과 구별되는 내가 없다. 즉 우주와 한 몸이다)이다. 증도한 사람이 물속에 있거나 언덕에 있다면 어떻게 무아라고 할 수 있는가? 관세음보살께서 천백억 명의 화신이 있다고 하는 것은 무아이기 때문이다. 중생들이 '사는 것이 어렵고 힘들다'고 말하는 것은 유아有我(남과 구별되는 내가 있다)이기 때문이다.

금전을 아주 중시하는 사람은, 돈은 다 나의 것이라고 생각하기 때문에 내가 돈을 지배해야 한다고 생각한다. 어느 날 그 돈을 지배할 수 없게 되면 고통스러울 것이다. 무아의 경계에 도달한 사람은 금전이라는 개념이 없는데 어찌 그로인한 고통이 있을 수 있겠는가? 아我라는 것 없이 일을 하는데 어디에서 업장이 생기겠는가?

사람들이 업장이 있게 되는 이유는 다른 사람의 업장을 모으기 때문이고, 또 자기가 잘못한 업장을 감당하지 못하기 때문이다. 이 두 가지는 모두 아我라는 것이 존재하기 때문에 발생한다. 졸렬하고 속된 행동을 하는 이유는 자기를 너무 소중하게 여기기 때문이다.

자기로부터 모든 인과가 시작되어 퍼져나간다

소탈한 사람은 아집이 가벼운 사람이다. 사람들은 "명예와 부귀는 태어날 때도 가지고 나오지 못하고 죽어서도 가져가지 못한다."라고 하며 허망한 것이라고 말하지만, 일에 부딪히면 그 어느 것도 버리지 못한다. 증도하려면 심신을 활짝 열어놓고 주변의 모든 것을 받아들여야 한다. 심신을 열어놓을 용기도 없고 주변의 모든 것을 마주하기도 싫다면 증도는커녕 수도도 할 수 없다.

잘못을 고칠 수 있는 것은, 대담하게 잘못을 인정하고 잘못을 마주대하기 때문이다. 잘못을 하였는데 용감하게 마주할 용기가 없다면 온갖 방법을 다해 자기를 변명하며 책임을 회피할 것이다. 어떤 사람은 잘못을 범하였는데도 입을 닫고 말하지 않는다. 불문에서 이것을 아만심我慢心이라고 한다.

이치상 할 말이 없어서 말을 안 한다고 해서 잘못을 인정한 것이 아니다. 불법은 내심에 초점을 맞춘다. 한 가지 일을 똑똑히 보고 내려놓을 수 있는지는 자기 자신이 명확하게 아는 것이다.

부처님을 믿는 사람들은 자기들도 성불수행을 한다고 말한다. 그들은 성불수행이 무엇인지 모르기 때문에 이런 말을 하는 것이다. 만약 어떠어떠한 마음상태와 조건 그리고 어떤 자질을 갖추어야 성불수행을 할 수 있다는 것을 알게 되면 놀랄 것이다. 견도하지 못한 사람들처럼 '도'라는 것이 무엇인지 모르기 때문에 말끝마다 자기는 도를 수련한다고 말하는 것이다. 옛날 사람들은 배울수록 겸손해지고 수련할수록 스스로 아주 보잘것없는 사람이라고 생각했다.

어떤 일을 하든지 모두 한 점에서 시작해서 점차 사방팔방으로 퍼져 나간다. 절대로 사방팔방에서 한 점으로 모이지 않는다. 그래서 불문에서는 "하나만 정통하면 모든 것에 다 정통하고, 마치 태양이 중천에 뜬 것과 같이 대천세계를 다 비춘다."라고 말하는 것이다.

각념은 도를 수련할 수 있는 기본이다.

'각념覺念(생각을 알아차림)'에 대해 이미 두 번 강의하였다. 각념이 되어야만 올바른 도(수련법)를 가려낼 수 있고, 도를 가린 다음에야 도를 수련할 수 있다. 여기서 말하는 각념覺念과 견도見道는 서로 맞물린다. 도를 수련하는 사람은 모든 생각의 싹을 다 알아차려야 한다. 아울러 도에 부합되는지 안 되는지를 알아야 한다. 때로는 도 안에 있기도 하지만 자칫하면 생각이 달아나서 도와 맞지 않게 된다.

어떤 상황에서 도道와 합할 수 있는가? 단지 일심불란하게 염불해야만 도와 합일되는 것이 아니다. 일심불란하게 염불하는 것을 도와 합하는 것이라면, 일심불란하게 야채를 써는 것도 역시 도와 합하는 것이다. 이것이 바로 일심불란으로 모든 일을 하는 것이다. 일심불란으로 주문을 독송하며 수인을 하고 참화두를 하는 등등은 모두 일심불란으로 한 가지 일을 하는 것이다.

즉 일심불란으로 하는 모든 일이 선禪이고 정定이다. 하는 일과 융합해 한 몸이 되면 도를 수련하는 것이고 도 안에 있는 것이다. 일심불란하게 야채를 썰 수 있다면, 염불하고 주문을 독송하고 수인을 하고 참화두를 할 필요가 없다. 나의 책에 이런 말이 있다. "지금 이 순간이 바로 도이거늘, 도를 찾는다니 무슨 말인가? 도를 찾는다고 하면 옥상옥이로다."

마음이 산란하면 염불해도 산란하고 다른 어떤 일을 해도 산란해진다. 일심불란하게 염불할 수 있다면 어떤 일을 해도 모두 일심불란이 될 수 있다.

만약 자기의 마음 움직임을 알아차리지 못한다면, 스승께서 수련 방법을 준다해도 수련하지 못한다. 자기의 마음 움직임을 모두 알아차릴 수 있다면 더 이상 다른 방법으로 수련할 필요가 없다. 모든 아집과 법집法執을 이미 돌파하였기 때문이다.

🔴 일심으로 철저히 익혀야 무아를 이룰 수 있다

하지만 아직까지 공집空執은 돌파하지 못하였다. 아집은 주관이고 법집은 객관이지만 모두 집착에 해당된다. 무엇을 공집이라고 하는가? 금전에 욕심이 없는 사람은 수시로 보시한다. 하지만 어떤 사람은 보시를 하고는 항상 자기 이름을 공덕비에 새겨둔다. 이런 사람은 금전에 대한 욕심을 내려놓기는 했지만 공명에 대한 욕심은 내려놓지 못한 것이다. 아집을 내려놓지 못한 것이다. 어떤 사람은 좋은 일을 하면 늘 사람들이 알아주기를 바란다. 아직까지 자기를 완전히 비우지 못했기 때문이다.

진정하게 비운 사람은 무아이고 무법이다. 심지어 비운다는 자체도 존재하지 않는다. 불문에서는 이것을 아공我空, 법공法空, 공야 공空也空(공 역시 공이다. 즉 구공俱空)이라고 한다. 우리는 "무아이고 무법이며 모든 것은 다 공이다."라는 뜻이다. 날마다 공을 말하지만 공에 집착한다. 공에서 나오지 못하면 아직 유有가 있는 것이다. 무엇이 있는가? 바로 공空이라는 경계가 존재하는 것이다.

증도한 사람은 최선을 다해 일을 하고 원만할 것을 추구한다. 그러나 지나면 흔적이 없다. 일에 대해 기대가 너무 높으면 일이 끝나도 마음속에 그 일이 남아있게 되는데 어떻게 해야 흔적이 없어지는가? 전심을 다해 일을 해야만 내려놓을 수 있다. 힘은 완전무결하게 오고 완전무결하게 간다. 그래야만 지나고 나서 흔적이 남지 않는다.

운전을 배우는 과정은 이론도 많고 방법도 복잡하다. 하지만 운전기술을 모두 익히고 나면 이론과 방법은 존재하지 않는다. 차를 세우고 내리면 마음은 가버리기 때문에 마음이 차에 남지 않는다. 철저하게 익히지 못할 때만 마음속에 흔적이 남아 있게 된다.

어떤 일을 대하든지 일심전력으로 마음을 써야만 초월할 수 있다. 만약 일심전력으로 경영하지 않고, 마음 전체를 기울여 노력하지 않고 경험하지 않는다면 미련이 남기 마련이다. 그래서 우리는 생활 속에서 일을 대할 때 마다 마음을 다해 대처해야 한다. 마음 전부를 투입해야만 전부를 얻게 된다. 온 마음을 다 투입하지 않으면 그 전부를 얻을 수 없다.

어떤 사람은 무문관수행을 할 때도 밖의 일을 걱정하기 때문에, 일심전력으로 수련할 수 없고 느낄 수 없다. 하지만 이런 사람은 일심전력으로 수련하지 않았기 때문에, 출관한 다음 계속 무문관수행에 미련을 두고 또다시 무문관수행을 하고 싶어 한다. 세속에서 살면서 자기가 갈망하던 일을 일심전력으로 하지 않고 느끼지 않았다면, 비록 수행을 시작하였더라도 세속에 미련을 둔다. 그래서 깨우치려면 진정하게 깨우치고 수련하려면 확실하게 수련해야 한다.

　오늘 강의는 여기까지이다. 돌아가서 견도, 수도, 증도 이 세 차원 중 본인은 어느 차원에 도달하였는가 생각하기 바란다. 오직 증도위에 도달해야만 지혜의 문, 실상반야實相般若가 열리게 된다. 증도위에 들어서기 전 언어반야와 문자반야는 열렸다고 하지만 무명은 돌파하지 못하였다. 오직 실상반야가 열려야만 무명을 철저히 돌파할 수 있다.

▲ 도의 과위와 집착

수행	명심	견성	성불	부처행·보살행
과위	견도	수도	증도	
내용과 효과	견혹을 단절함	업과 습성을 없앰	무아	
집착	아집 돌파	법집法執 돌파	공집空執 돌파	
	아집			

🔹 철저한 견도는 증과의 절반이다.

■질문 : 무엇을 반야般若라고 합니까?
■만행스님 : 반야는 지혜의 묘용이고, 무명無明은 우매하고 무지한 것이다.

■질문 : 견도見道의 표준은 무엇입니까?
■만행스님 : 견도의 표준은 발걸음을 떼기 전에 전체 여정을 통달한 것이다. 다시 말하면 전체적인 과정을 손바닥 보듯이 이미 환하게 아는 것이다. 그래서 일단 시작하면 빈틈없고 착실하게 수련하며 문제가 생기지 않는다. 견도는 세속의 말처럼 "좋은 방법과 계획이 있으면 반은 성공한 것"과 같다. 진정한 견도는 증과證果의 절반이다. 단지 마음속 깊이 이해한 체험이 부족할 뿐이다. 이미 수십 년 수련하였지만 보리심을 물리게 된 원인은 견도하지 못했기 때문이다.

■질문 : 어떻게 해야만 견도할 수 있습니까?
■만행스님 : 경전을 보고 법문을 듣는 것은 보조적인 작용을 할 뿐이다. 진정하게 작용하는 것은 마주하는 인人, 사事, 물物, 이理에 대한 관찰, 그리고 자기의 마음 움직임에 대한 관찰이다. 수행을 많이 한 사람들이 다년간 더 수련하는 것은 단지 견도뿐이다. 일단 견도만 하면 수도하고 증도하는 것은 몇 달이면 완성된다. 절대로 몇 년 걸리지 않는다. 이것이 바로 "수도는 한 생각 사이요, 증도

는 찰나간이다."라고 말하는 것이다. 자기를 안다는 것은 작은 견도이고, 진정한 견도는 세상만사를 아는 것이다. 연각緣覺(독각獨覺)은 무사자통無師自通(스승없이 스스로 깨침)이라서, 나뭇잎이 푸르렀다가 누렇게 떨어지고 썩는 것을 보기만 해도 바로 도를 깨닫는다.

▪질문 : 스승님 우리가 돌아가서 무슨 경전을 읽어야만 하루속히 견도할 수 있습니까?
▪만행스님 : 모든 경전은 전부 성인들이 증도한 경계이다. 후세사람들은 이런 책을 읽고 또 읽는데 그야말로 남의 지혜를 도용하는 격이다. 어찌 견도할 수 있겠는가? 만약 이렇게 견도한다면 부처님·보살님들이 억울하다고 외칠 것이다.

하지만 도를 깨닫지 못한 사람은 경전으로 이끌어야 하고, 도를 깨달은 사람들은 경전이 인증을 해준다. 그래서 경전을 읽는 것은 중요한 일이다. 모든 경전이 우리에게 적합하고 필요하다. 단지 경전에 대해 우리가 등급을 나누어 분별하려고 할 뿐이다.

4강
무엇이 일심불란인가?

자기만의 부처님사상이 있는가?

좌선하는 것과 일을 하는 것에는 어떤 차이가 있는가? 여러분 가운데 어떤 사람은 출가한지 아주 오래 되었고, 어떤 사람은 성불수행을 한지 아주 오래되었다. 또 어떤 사람들은 내가 법문을 시작한 이래 아주 많이 들었다. 그런데도 아직까지 자기의 부처님사상이 형성되지 않았다면 어떻게 성불수행을 배운 것인가? 성불수행을 해서 무엇을 배웠는가?

불교학이란 성불수행을 한 다음 얻은 자기의 심득心得과 체험을 기록한 것이다. 만약 불교학만 연구하고 실천하지 않는다면, 영원히 자기의 부처님사상이 있을 수 없다. 기껏해야 남이 한 말을 외울 뿐 불법의 진리를 깨달을 수 없다.

만약 이것에 대한 구별을 말할 수 없다면 아직까지 성불수행 하는 단계에 들어서지 못했다는 뜻이다. 왜 여러분이 이 문제를 대답하지 못하는가? 아니면 말을 할 배짱이 없는가? 아니면 말하기 싫은가? 어떤 이유든지 말을 하지 않아도 되지만, 자기의 마음속에는 답안이 있어야 한다.

일심불란은 무엇인가?

성불수행을 한 다음 어떻게 자기의 부처님사상을 형성해야 하는가? 첫째는 깨달아야 하고, 둘째는 사람들의 질문을 통해 자극받으면서 자기의 지혜문을 열어야 한다. 성불수행에서 의문이 생기지 않고 착실하게 참구參究하지 않았다면 어떻게 지혜문이 열릴 수 있겠는가?

어떤 사람이 "자리에 앉아 정定을 수련하는 것은 아무것도 생각하지 않는 일이다."라고 말한다. 이 사람은 불문에서 추구하는 정定이 아니라, 잘못된 정(사정邪定)을 말한 것이다. 만약 불교학을 연구한 사람들에게 "무엇이 선인가?"하고 물으면, 모두 "일심불란이 선"이라고 대답할 것이다. '일심불란이 선'이라고 하면, 아직도 '일심'이라는 한 가지 생각이 존재한다는 뜻이다. 아니면 어떻게 '일심'이라고 하겠는가?

좌선하면서 두려운 것은, 생각이 없는 것이 아니라 잡생각 하는 것이다. 좌선하는 사람의 몸이 어디에 있으면 마음도 그곳에 있어야 한다. 몸과 마음이 같이 있어야 할 뿐 아니라 일심불란의 상태를 유지해야 하고, 앞뒤를 가리지 않고 두서없이 하는 잡생각을 하지 말아야 한다. 정연하고 조리에 맞게 생각하는 것이 바로 일심불란이다. 다른 생각하지 않고, 한마음 한뜻으로 한 가지 문제만 사고하는 것이 바로 선정禪定이다. 심지어 '채소를 어떻게 심고 밥은 어떻게 지을까?' 하는 문제를 사고하는 것도 선정이다.

일심불란을 해야 성취할 수 있다

일심불란으로 염불하고, 일심불란으로 주문을 독송하고, 일심불란으로 관상하고, 일심불란으로 독경하는, 이 네 가지 '일심불란'은 어떻게 다른가?

낮에 채소를 심을 때 신身(채소를 심는 나)·심心(채소를 심으려는 마음)·물物(채소를 심는 일)의 셋이 합일될 수 있다면, 우리들이 동굴에 앉아서 좌선하면서 일심불란으로 한 가지 문제를 사고하는 것과 무슨 차이가 있는가? 그들 사이는 차이가 없다. 자기를 훈련해 일심불란할 수 있다면, 어떤 일을 하든지 모두 대성취를 이룰 수 있다. 일심불란에 도달할 수 있고, 또 수행으로 나아갈 수 있다면 곧바로 쓸 수 있다.

우리들이 한 가지 일을 할 때 그 일 외의 문제는 모두 생각하지 말아야 한다. 이를테면 채소를 심을 때는 좌선하는 것을 생각하지 말아야 하고, 좌선할 때는 일상의 일을 생각하지 말아야 한다. 하루에 단 한 가지 일만 생각하고 다른 것은 하나도 생각하지 않는다면, 분명하고 똑똑히 알 수 있으며 추석의 둥근 달과 같이 밝고 환한 경계에 도달할 수 있다.

마하스님의 풀무질 일심불란

옛날에 마하摩河라는 스님이 있었는데, 너무 둔해 사형師兄들이 모두 경시하고 업신여기면서 싫어하였다. 하지만 이 스님은 열심히 수행하면서 수련하였다. 사형들은 아무것도 할 줄 모른다고 주방에 가서 불을 지피게 하였다. 하지만 불 때는 일도 제대로 하지 못해 어떤 때는 불을 피우지도 못하였다. 밥하는 스님들이 "풀무질도 제대로 못하는가? 힘껏 당기면 불이 활활 탈 것이다."라고 하면서 욕을 하였다. 마하스님은 "저는 확실히 생각을 집중하지 못합니다. 풀무질도 세게 밀었다 약하게 밀었다를 잘 못합니다."라고 말하였다.

마하스님은 스스로도 자기가 그지없이 미웠다. 그래서 삼년간 풀무질할 것을 결심하고 실천하였는데 확실히 일심불란할 수 있었다. 하루는 비가 와서 나무가 젖게 되어 좀처럼 불을 지필 수 없었다. 이때 한 사람이 오더니 "에이, 멍청이 같으니라고. 네 발이나 넣고 때거라."라고 하였다. 이 말을 들은 마하스님이 진짜로 자기 발을 아궁이에 넣고 땠다. 그날 밥은 이렇게 만들어졌다.

이 소식은 금방 절 안에 퍼지게 되었다. 결국 마하스님은 풀무질을 통해서 일심불란에 도달해 성취하였던 것이다(발을 땔감이라 생각하고 풀무질을 해도 밥이 만들어질 정도로 일심불란의 경지에 도달했다).

사실 어떤 일을 하든지 모두 일심불란에 도달할 수 있다. 반드시 가부좌를 하고 좌선해야만 어떤 상태에 들어가는 것이 아니다. 화가와 예술가들도 모두 일심불란의 상태에서 자기의 작품을 완성한 것이다. 그렇지 않으면 그들의 작품은 생명력이 없고, 따라서 출신입화出神入化의 경계에 도달하지 못한다. 어떤 일을 하든지 오직 망아忘我의 정신으로 투입해야만 비로소 성공할 수 있다.

마음을 다스리기 위해 신체를 다스리는 것이다

우리들이 매일 하는 좌선을 통해 신체는 휴식할 수 있지만 두뇌는 휴식하지 못한다. 일을 할 때 특히 체력노동을 할 때나 두뇌가 휴식할 수 있다. 즉 신체가 피로해야만 생각이 나지 않는다.

왜 옛날의 선사님들은 먹는 것도 적게 먹고 잠도 적게 잤는가? 두뇌로 하여금 쉬게 하기 위한 것이다. 신체를 다스려야만 비로소 마음이 조용해진다. 마음과 몸은 하나이다. 마음을 잡지 못하기 때문에 신체에 공을 들일 수밖에 없다.

왜 옛날 사람들은 신체를 수련하는 일이 소용없는 일이라는 것을 알면서도 신체수련을 하였는가? 몸과 마음은 하나이지만 하나가 아니다. 몸과 마음을 하나라고 하는 이유는, 몸은 마음의 망상에서 생겼기 때문이다. 또 하나가 아니라고 하는 것은 몸과 마음이 분리될 수 있기 때문이다.

저녁에 깊게 잠을 잤는데 아침에는 깨기 힘들고, 깨어났는데도 일어나기 싫지 않은가? 그것은 여러분의 노동이 너무 많아서 피로하기 때문이다. 좌선하면 확실히 신체의 에너지를 활성화시킬 수 있지만, 극히 적은 사람들만 이렇게 할 수 있다. 노동으로도 신체의 에너지를 활성화시킬 수 있지만 좌선으로 에너지를 활성화하는 것과 같지 않다.

　좌선을 통해 에너지를 활성화시키면, 몸이 유연하고 가벼우며 두뇌는 멍하고 공허한 느낌이 든다. 하지만 노동으로 만든 에너지는 신체를 경직시키고 두뇌를 가득 채운다. 왜냐하면 좌선해서 생기는 에너지는 먼저 하강한 뒤에 상승하지만, 노동으로 생기는 에너지는 곧바로 상승하기 때문이다. 어떤 방식으로 에너지가 생기든지 간에 극히 일부분의 사람들만 에너지를 먼저 내려갔다가 다시 상승하게 한다.

5강

일심불란으로 일을 하는 것이 바로 수행이다

🪷 세간의 일을 잘 하는 것도 성불수행이다

 '성불수행'이란 말만 나오면 사람들은 시간도 부족하고 성불수행을 잘 하지 못할까봐 두렵다고 한다. 이것은 그릇된 생각이다. 만약 시간이 부족해 좌선하고 독경하며 절할 수 없다면, 일심전력으로 세간의 일을 잘 하면 그 자체가 바로 성불수행을 하는 것이다. 세간의 일을 포기하고, 자기를 집안에 가둬놓고 좌선하고 독경하며 절을 하는 것만 성불수행이 아니다.
 일심전력으로 독경하고 절하는 것과 일심전력으로 일하는 것과 무슨 구별이 있는가? 일심전력으로 절하는 것도 한 가지 일을 하는 것이고, 일심전력으로 일하는 것도 한 가지 일을 하는 것이다. 모두 일심전력으로 한 가지 일을 하는 것인데 본질적으로 어떻게 구별이 있겠는가?
 일심전력으로 하는 모든 일들은 자기의 집중력을 키우고 훈련시켜준다. 일심전력으로 한 가지 일을 할 수 있는 경계라면 당신은 이미 선정력이 있는 것이다. 선정력만 있다면 그 어떤 곳이라도 모두 다 갈 수 있다.

③ 일심불란은 가장 큰 선정력이다

『아미타경』은 극락세계의 경계를 많이 소개했지만, '어떻게 수행하는가?' 하는 문제는 말하지 않았다. 단 한마디 "일심으로 염불해야만 극락세계로 왕생할 수 있다."고만 하였다. 하지만 '염불하면 극락세계로 간다.'는 말은 하지 않았다. '염불'이 중요한 것이 아니라 '일심'이 중요한 것이다. 일심으로 염불하였기 때문에 선정력이 생기고, 그 선정력을 기반으로 해서 서방정토를 가는 것이다.

다시 말하면 일심전력으로 일을 하였기 때문에 선정력이 생긴 것이고, 이런 선정력이 있기 때문에 왕생하고 싶은 곳으로 왕생한다는 말이다. 단지 송경하고 염불하며 좌선한다고 서방정토로 갈 수 있는 것이 아니다.

그리고 왕생할 수 있다는 것도, 독경하고 절을 하며 좌선하는 가운데서 생긴 선정력에 의거해 왕생하는 것이다. 독경하고 절을 하며 좌선하는 형식으로 왕생하는 것이 아니다. 어떤 수련법이든지 모두 선정력을 배양하는 것이 목적이다. 선정력만 있다면 하고 싶은 대로 다 할 수 있다. 일심불란은 바로 가장 큰 선정력이다.

세간의 일도 일심불란으로 할 수 없는 사람이, 독경하고 절을 하는 방식으로 일심불란에 도달하고자 하는 것은 불가능한 일이다.

세간법은 기초이다. 세간법도 잘 하지 못할진대, 어떻게 성불수행이라는 출세간법을 배울 수 있겠는가? 사람들은 세간법을 시끄럽고 복잡한 일이라고 생각한다. 그러나 성불수행을 하고 도를 수련하는 일이 더 시끄럽고 복잡하다. 사람들은 성불수행이란 단지 독경하고 절을 하며 좌선하는 일이라고 생각한다. 하지만 이것은 껍데기이고 도구에 불과하다. 단지 이 도구를 빌어서 선정력을 배양하는 것이다.

이것은 우리들이 도달해야 하는 첫 번째 목표이다. 이 첫 번째 목표도 도달하지 못하고 닦아내지 못한다면 두 번째 목표인 '지혜'는 더 어렵게 출현한다. 왜냐하면 '정定'은 '지혜'의 기초이기 때문이다.

일심전력 자체가 도를 닦는 것이다

독경하고 좌선하기는 좋아하지만, 대부분은 혼란한 마음으로 독경하고 좌선하면서도 자기 자신은 그런 줄 모른다. 마음이 혼란한 상태라면, 아무리 독경하고 좌선하는 시간이 길어도 소용이 없다. 차라리 일을 하게 되면 망상이 적어지고 마음도 가벼워진다.

일을 할 때 마음이 집중되지 않고 혼란하면 손에 일이 잡히지 않고 일도 줄어들지 않는다. 망상이 많고 사상이 집중되지 않는 사람이 좌선하면, 겉보기는 좌선하는 것 같지만 허튼 생각만 한다. 단지 본인은 깨닫지 못할 뿐이다. 이것이 바로 조사·대덕들께서 좌선할 것을 요구하지 않고, '행行'과 '주住' 속에서 자기의 심성을 연마할 것을 주장하는 이유이기도 하다.

사람들은 좌선을 하면 할수록 망념妄念이 많아진다. 좌선할 때는 앉아만 있기 때문에 헛생각이 많아지는 것이다. 할 일이 많고 긴장하고 바삐 움직이면 망념이 생길 겨를이 없다. 일심전력으로 일을 하는 자체가 바로 '정定'이다. 이런 '정'과 일심전력으로 염불하는 '정'은 무슨 차별이 있는가? 일을 하는 데서 얻는 가장 기본적인 선정력도 배양하지 못한 사람이 어떻게 좌선으로 선정력을 배양할 수 있겠는가? 어림도 없다.

좌선을 통해 생기는 선정력은 차원이 높은 사람들만 할 수 있는 일이다. 성불수행을 한다는 사람들이 세간일도 인내심 있게 제대로 하지 못하면서 좌선으로 선정력을 배양하고자 한다. 그런 사람이 좌선하면, 그 머릿속이 운동회를 하는 격이라, 망념이 어지럽게 흩날리며 일분도 일심불란이 되지 않는다. 하지만 긴장하며 일을 하게 되면 오히려 쉽게 일심불란의 경지에 도달한다.

이렇게 보면 일상생활의 모든 일들에서 도를 닦을 수 있다. 일심전력이라는 그 자체가 바로 도를 닦는 것이다. 그러므로 직장을 버리면서, 문을 닫아걸고 집안에 앉아 도를 닦는다고 할 필요가 없다.

옛날 사람들은 산에 들어가 수행하였다. 하지만 이런 사람들은 전생에서 이미 천여 년의 행각을 하였기 때문에 아주 깊은 선정력을 가지고 있는 것이다. 마지막 스퍼트를 할 때가 되었기 때문에 산속의 동굴에 들어가서 1~3년간 도를 닦아 성취하는 것이다.

하지만 지금 사람들은 행각의 도력도 없고, 원력願力도 없으며, 참학參學하는 지식은 더욱 구비하지 못했으면서 자신을 동굴에 가두고 수련하고자 한다. 결국 몇 달, 길게는 1~2년을 수련하다가 아무런 결과도 얻지 못하고 그만두면서, 도심을 잃고 스승이 가르친 수련법이 틀렸다고 원망까지 한다.

도를 닦는 일은 큰 복보福報가 있는 사람들만 할 수 있는 일이다. 자리에 앉아 청정하고 편하며 자유롭고 사람들이 방해를 하지 않는다고 큰 복보가 있는 것이 아니다. 마음을 독하게 먹으면, 누구든 직장도 버리고 가정도 버리며 집을 떠나 이런 환경을 만들 수 있다. 하지만 이렇게 몇 년 동안 앉아 있으면 도를 깨달을 수 있냐 하는 것은 다른 문제이다. 성취하고자 하면 지혜가 있어야 할 뿐만 아니라 복보도 따라야 한다. 복福과 지혜가 구족되어야만 도를 깨우치고 득도할 수 있다. 아울러 세속에서 노고와 원망을 두려워하지 않고 경험을 쌓으면서 연마해야만 비로소 '공덕이 원만할 수 있고(공덕원만功德圓滿), 복과 지혜가 구족될 수 있는(복혜구족福慧具足)' 것이다.

불법은 세속을 떠나면 발붙일 자리가 없다

세간의 모든 일들의 성패는 인연이 화합되어야 한다. 인연이 화합되어야만 도를 수련할 수 있고 나아가서 성도成道 할 수 있다. 인연의 화합이 필요하다면 한 사람의 힘으로 되는 일이 아니다. 불문에서 말하는 '법法(수행법)·재財(경제적 조건)·려侶(도반)·지地(수행터)'의 4가지 요소 자체가, 수행은 자기 한 사람의 힘으로 성취할 수 없다는 것을 말한다. 하지만 이런 조건과 환경은 자기 힘으로 노력하면 만들 수 있다.

세간의 모든 일을 포기하고 도를 수련하고자 하면 누구든지 조용한 환경을 만들 수 있다. 하지만 이것은 겨우 절반의 성공이다. 조용한 환경에 있을 때는 심성도 가라앉고 아주 안정된 것 같지만, 일단 그 조용한 환경을 떠나서 세속에 들어서면 그나마 수련해 얻은 선정력도 온데간데없이 없어져 버린다.

우리들이 수련한 선정력과 지혜는, 세속에서 사용하고 움직이는 즉 '동動'에서 쓰인다. 어차피 선정력과 지혜를 세속에서 쓸 것이므로, 세속을 이탈해 선정력과 지혜를 수련한다는 것은 완전히 불가능하다.

불법은 세속을 떠나면 발붙일 자리가 없다. 사실 진정한 수행도량은 바로 세속이다. 많은 수행자들이 세속을 떠나 산속에 들어가 수행한다고 하는데, 그야말로 이것은 '소승小乘'이다. 대승보살들은 절대 사람을 떠나지 않고 사회를 떠나지 않는다.

세간을 이탈해 수행하는 것은 아주 짧은 단계일 뿐이다. 그 수행의 진정한 목적은 인간세상으로 돌아와 세속으로 들어가려는 데 있다. 금방 내가 한 말을 들은 당신들은 "우선 무문관수련을 2~3년 하고 다시 세속으로 들어가면 되지 않냐?"라고 할 것이다. 이치에 맞는 말 같지만 그렇지 않다.

정말로 세속이 싫어서 떠나고 싶은 사람은, 세속을 피해 산 속의 동굴이든가 아니면 밀폐된 방 안에서 무문관수련을 할 수 있다. 하지만 아직도 세속에 미련이 남아있고 또한 정말로 세속이 싫지는 않은 상황에서 세속을 이탈할 수는 없다. 설령 세속을 이탈해 방 안이나 동굴 속에서 도를 닦는다고 할지라도, 두뇌는 전부 세속의 일로 가득할 뿐이다. 뿐만 아니라 주변 환경이 당신으로 하여금 세속의 일을 생각하게 한다.

이를테면 가정 같은 문제들은 아주 현실적인 문제이기 때문에 반드시 처리해야 한다. 또 어떤 사람은 비록 가정은 별문제가 아니지만 자신의 칠정육욕七情六慾을 벗어날 수 없다. 이와 같은 것들을 초월하지 못하면 각종 조건들이 구비되어서 잠시 세속을 떠나 동굴에 들어가 수련할 수 있지만, 인연이 끝나지 않았기 때문에 곧 이런저런 원인으로 인해 다시 나오게 된다.

각자의 인연으로 살아가므로 다른 사람을 부러워하지 말라

사람들이 말하는 '업력業力'이라는 것을 우리들은 상상하지 못한다. 어떤 일이든 당장에 달성되는 것이 아니라 많은 세대를 겪고 지나오면서 천천히 이루어지는 것이다. 어떤 사람은 출가하기 싫지만 환경의 압박에 의해 출가하게 되고, 어떤 사람은 출가하고 싶지만 환경에 묶여 출가하지 못하게 된다. 이것이 바로 각자는 각기 자기의 인연이 있다는 것이다.

그러므로 다른 사람을 부러워하지 말아야 한다. 어떤 직위에 있든지, 어떤 환경이나 어떤 일에 종사하든지 간에 맡은바 직분에 만족하며 일을 잘 해야 한다. 세간법과 출세간법은 구별이 없다. 이치적으로 모두 그렇다고 하지만, 진정하게 받아들이는 것은 그렇게 쉬운 일이 아닌 것이다.

왜 이치상으로는 알지만, 실제적 생활과 언행에서는 그렇게 하지 못하는가? 우리들은 겨우 이해만 했고, 받아들이거나 실증은 하지 못하였기 때문이다. 세간에서 일을 해본 사람들은, 일단 한 가지 문제가 생기면 다른 생각을 할 겨를이 없다는 것을 알고 있다. 심신을 다해 한 가지 일에 뛰어들어 하는 것과 심신을 다해 염불하고 주문을 독송하는 것과 무슨 차별이 있는가?

고도로 집중하면 자연적으로 영성의 힘이 솟구친다

옛날 사람들은 '반주칠불般舟佛七(반주삼매)'이라는 집중수행을 했다. 밤낮없이 7일을 자지도 않고 앉지도 않으며 끊임없이 염불하면서 도량행(특히 부처님 주변을 탑돌이 하듯이 도는 행동)을 하는데, 마지막 며칠은 심신이 극도로 피로해 전신이 다 뻣뻣해 진다. 7일 동안 쉬지도 않고 도량행을 해서 아무리 천천히 걸어도 심신이 극도로 긴장되는데 어디에 망상할 기회가 있겠는가? 심신이 고도로 긴장하면 자연스레 두뇌의 잡념이 멈추게 된다. 일단 두뇌의 힘이 멈추면 자연적으로 영성의 힘이 솟구치는 것이다.

지금 사람들은 이런 길을 걷는 사람이 극히 드물다. 또 이런 길은 현시대에 적합하지도 않다. 지금 사람들은 단지 염불만 하고 독경만 하는데, 이런 방법은 긴장되지도 느슨하지도 않다. 이런 긴장하지도 느슨하지도 않은 상태는 어떤 상태이고 어떤 경계이겠는가? 긴장하지 않으면 느슨해야 하고 느슨하지 않으면 긴장해야 하는데, 긴장하지도 느슨하지도 않으면 심신의 힘은 어느 쪽으로 가야 하는가? 양쪽 어느 곳도 있지 않고 중간에 있게 된다. 중간에 있다면 입도할 방법이 없다.

'도'는 긴장한 가운데 있지 않으면 느슨한 가운데 있게 된다. 긴장 속에서 찾지 못하면 느슨함 속에서 찾게 된다. 이 두 상태에서 찾지 못하면 어디에서도 찾지 못한다. 고도로 긴장하거나 혹은 고도로 느슨한 상태가 되면 잡념이 없게 된다. 느슨하지도 않고 긴장하지도 않을 때 사람들은 잡생각을 많이 하는 것이다.

밀종의 수행은 신·구·의를 동시에 활동하게 하면서 시작한다. 사람들로 하여금 극도로 긴장하게 하고, 극도로 바삐 움직이게 하며, 극도로 정신을 집중하게 함으로써 일심불란의 선정력을 얻게 함을 목적으로 한다.

고도로 느슨하면 일심불란의 선정력을 얻는다

중국불교의 염불과 참선은 '느슨하게 하는 방법'으로 일심불란의 선정력을 얻는다. 느슨하고 또 느슨하다 보면 더 이상 느슨할 수 없게 된다. 이때에 마음의 힘이 반대로 작용하게 되면 커다란 변화가 있게 되는 것이다.

사람의 사상, 특히 범부들의 사상을 시계추처럼 좌측 방향쪽으로 쭉 당기면 오른쪽 방향으로 아주 빠르게 넘어간다. 불문에는 '불의불오不疑不悟(의심하지 않으면 깨달을 수 없으니), 대의대오大疑大悟(크게 의심하면 크게 깨달으며), 소의소오小疑小悟(적게 의심하면 적게 깨닫는다)' 라고 말한다. 만약 긴장하지도 느슨하지도 않은 마음상태로 도를 수련한다면, 마치 시계추가 중간에 있는 것처럼 우도 아니고 좌도 아닌 상태이므로 도를 깨닫기가 아주 어려운 것이다.

㉛ 세속에서 집중했던 방법을 수련할 때 사용한다

세속에서 일을 할 때 정신을 고도로 집중할 수 있다면, 이런 힘을 도를 수련하는 방향에 사용할 수 있다. 세속의 일에 정신을 집중하지 못했다면, 도를 수련해도 정신을 집중할 수 없다. 한 가지 일을 하면서 정신을 집중하는 방법을 배운다면, 이런 기억과 이런 방법으로 다른 일을 해도 정신을 집중할 수 있는 것이다.

전에 나는 "중국공산당을 연 10대 개국 원수들은, 출가해 수행하였다면 모두 한 시대의 종사가 되었을 것이다."라고 말한 적이 있다. 그분들은 정신을 집중해 일심전력으로 망아의 정신으로 세속의 일을 할 수 있기 때문이다. 이런 힘으로 성불수행을 하고 도를 수련한다면 망아의 정신으로 도를 수련할 수 있는 것이다.

일심전력으로 도를 수련한 스님이 환속해 세간에 나간다 해도,

역시 커다란 성취를 얻을 수 있다. 또한 세간법으로 성취한 사람이 출가한다면 큰 스님이 되는 것이다. 그들은 일심전력으로 일할 수 있는 정신이 있기 때문이다. 하지만 어떤 사람은 세속에서도 성공하지 못하고 출가해 스님이 되어도 성공하지 못한다. 정신을 집중해 일심전력으로 일을 할 수 없기 때문이다. 그들은 단지 혼란한 마음상태로 일할 수밖에 없는 것이다.

일심전력으로 세간의 일을 하는 것과 일심전력으로 불문의 일을 하는 것은 전혀 다르지 않다. 일을 하는 것은 일종의 방법이고 수단에 불과하다. 그 목적은 일심불란의 경지에 도달하기 위한 것이다. 어떤 방식을 사용하든지간에 일심불란할 수 있다면 그것이 바로 도를 수련하는 것이다.

은행에서 돈을 헤아릴 때는 언제나 정신을 고도로 집중한다. 이미 평상시에 정신을 고도로 집중하는 것이 습관화된 것이다. 이런 습관화된 기교와 기억의 힘을 바꾸어 참선하고 도를 수련하는데 사용한다면, 일심전력으로 참선하며 도를 수련할 수 있다.

어렵고 힘든 환경에서 성취하는 사람이 많다

힘은 오로지 단 하나일 뿐이다. 세간법과 출세간법이라는 것이 따로 없다. 이 힘을 어떤 곳이든 사용할 수 있다면 전부 성취할 수 있다. 문제는 이 힘을 관리하고 지배할 수 있느냐 하는 것이다. 나는 이미 여기에 상주하는 사부대중들에게 집중력을 배양하는 방법을 훈련시켜준 적이 있다. 저녁에 좌선할 때 향을 한 대 피워놓고 계속 그 향 끝의 불꽃을 관하는 방법이다. 매일 저녁 한 대씩 관하게 되면 한 달이 지나면 잡념이 사라질 것이다.

마음이 조금 혼란할 때는 정신 차리고 일을 할 수 있고 방향도 아주 명확하다. 하지만 마음이 심하게 혼란한 사람은 밥을 먹고 나서도 뭘 해야 할지 모르고, 현장에 가서도 눈만 뚱그렇게 뜨고 무엇부터 시작해야 할지 모른다.

조사들께서 도량을 만들 때 시간이 있어서 매일 좌선했겠는가? 왜 어렵고 힘든 환경에서는 성취한 사람이 많고, 도량이 다 세워진 다음 세대인 2대, 3대가 되면 성취하는 사람이 적은가? 도량을 세울 때는 심혈을 기울이고 매일 전심전력으로 바삐 보내기 때문에 망상할 겨를이 없다. 1세대가 도량을 만들어 놓으면, 2세대는 신경 쓰지 않아도 유유자적하며 살아갈 수 있게 된다. 3세대와 4세대는 수확을 하고 이익을 얻을 때이다. 그러므로 도를 수련하고자 하는 마음이 없어지는 것이다.

자세히 사원의 자료들을 읽어보면, 개산開山한 대부분의 스님들은 다 성취하였다. 그들은 수련할 시간도 없고 독경하고 좌선할 시간도 없으며, 심지어 새벽 예불과 저녁 예불할 시간조차 없었지만 모두 성취할 수 있었다.

그러나 그 후대부터는 생활조건도 좋고, 절도 짓지 않아도 된다. 또 자기를 방에 가둬놓고 매일 몇 번씩 독경하고 염불하며 몇 시간씩 좌선하지만, 몇 년이 지나도 여전히 성취하지 못한다. 왜냐하면 그들은 자신을 억누르는 짐이 없기 때문이다.

가벼운 짐을 어깨에 올려놓으면, 그 짐을 지고도 남는 힘이 있어서 여기저기 두리번거리면서 머리를 흔들거린다. 하지만 어깨에 2백 근 되는 짐을 짊어지면, 걷기도 힘들 터인데 어디에 망상할 겨를이 있고 두리번거릴 겨를이 있겠는가? 이때는 어깨의 짐과 정신이 '합이위일合二爲一(둘이 합해서 하나가 됨)'이 된 것이다. 진정하게 '심心과 법法이 하나가 된 것(心法合一)'이다. 이 짐이 바로 수련법이다. 마음과 수련법이 하나가 되지 않으면 성취는 절대 불가능하다. 우리들의 수행에서 마음과 수련법이 하나가 되면 성취할 희망이 있는 것이다.

도력이 있는 사람은 좌선하는 방법으로 심신을 푼다

처음 내가 거문고를 배울 때는 내가 타는 거문고 소리가 들리지 않았지만, 연습하는 시간이 오래되고 익숙해지면서 차츰차츰 내가 타는 거문고 소리가 들렸다. 내가 이 문제를 나의 거문고 선생님께 물었더니, 선생님은 "자기가 타는 거문고 소리는 듣지 못하지만, 다른 사람이 타는 거문고 소리는 들을 수 있다. 손가락이 아직 잘 연주하지 못하기 때문에, 전신의 선정력이 전부 손가락에 집중되면서 청력이 감퇴되어서 그렇다."라고 말씀하셨다.

거문고가 익숙하게 되면 손가락의 신경기억과 근육기억이 형성되므로, 심신이 느슨해지면서 손가락에 집중하지 않아도 된다. 그러므로 자기가 타는 거문고 소리가 들리는 것이다. 불문에서 말하는 관조자觀照者와 방관자旁觀者는 거문고 타는 이치와 똑같다.

　무엇 때문에 아직까지 자기의 관조자도 출현하지 않고 방관자도 찾지 못했는가? 그것은 고도로 긴장하지도 고도로 느슨하지도 않았기 때문이다. 처음 거문고를 배울 때는 너무 긴장해 심신까지 굳어졌었다. 두 시간을 타고나니 너무도 긴장하고 힘들어서 전신의 뼈가 물러지는 것만 같았다. 그런데 몇 달 몇 년을 타고 나니, 심신과 손가락이 자연적으로 느슨해지면서 힘들지 않게 되었다.

　차 운전도 마찬가지이다. 처음 차에 올라 핸들을 잡았을 때의 심신은 초긴장이 되고, 몇 시간만 운전하면 힘들어 죽을 지경이 된다. 하지만 익숙해지면 아주 가볍게 핸들을 움직이게 되고 그다지 힘들지 않다는 것을 알게 된다. 처음 운전을 배울 때 나도 이런 느낌이었던 것이다.

　왜 처음 좌선을 배울 때 두 시간 정도 앉으면 전신이 뻣뻣하게 굳어지면서 당장에 누워 휴식하고 싶은가? 좌선법으로는 느슨하게 몸을 푸는 방법을 모르기 때문에, 잠을 자거나 산책하는 방식으로 몸을 풀어야 하는 것이다.

　하지만 노선사들과 도력이 있는 사람들은 좌선하는 방법으로 심신을 푼다. 몸이 피로하면 가부좌를 반시간만 해도 바로 심신이 느슨하게 풀리면서, 체력이 회복되고 편해지며 가뿐하고 선정력이 왕성해져서, 누워서 자는 방법으로 몸을 풀 필요가 없다.

6강

어떻게 하면 잡념에 머무르지 않는가?

🌷 잡념은 각지로 다스린다

    수행의 첫 시작에서 가장 힘든 것은 잡념을 다스리는 일이다. 어떻게 잡념을 다스려야 하는가? 현대 수행자들뿐만 아니라 고대 수행자들도 이 문제를 중요시 여겼다. 옛날 수행자들은 어떻게 잡념을 다스렸는가?

    『육조단경』에 '무념無念'이라는 두 글자가 있다. 진정한 무념無念은 념(생각)이 없는 것이 아니라 생각에 머무르지 않는 것을 말한다. 생각마다 머무르지 않는다면 생각이 있어도 무방하다. 만약 어느 일념에라도 머무르는 바가 있다면 그것은 장도법障道法(득도하는 것을 막는 방법)이다. 생각이 있지만 머무르지 않으면 그것이 바로 육조께서 말씀하신 무념이다.

    어떻게 하면 유념무주有念無住(생각은 있지만 머무르지 않음)를 할 수 있는가? 선종에 '칠각지七覺支'라는 말이 있다. 수행의 첫걸음은 '각념覺念(생각을 알아차림)'이라고 하는데, 언제 어디서나 자기의 생각

(생각이 생김, 생각의 실마리)을 지켜본다는 것이다.

내가 일찍이 이런 말을 하였다. 첫 번째 일초에 잡념이 생기면 두 번째 일초에는 각지를 한다. 그러면 세 번째 일초가 생기기 전에 잡념이 사라지게 된다. 또다시 잡념이 생기면 그 생각마다 이렇게 각지(알아차리고 깨달음)해서 사라지게 하는 것이다.

망념이 생겨도 그것을 알아차리지 못하면, 이미 생각에 넘어가고 생각에 빠져들어 그 생각을 변화시키지 못한다. 불문에서 전하는 '전념轉念(생각을 변화시킴)' 혹은 '습성을 변화시킨다(전변습기轉變習氣).'라는 말은 오로지 각지를 말하는 것이다.

만약 생각마다 모두 각지해서 사라지게 할 수 있다면 새로운 업장을 만들지 않을 것이다. 새로운 업장을 만든다는 것은, 마음이 생각을 따라가고 생각마다 각지가 생기지 못했다는 뜻이다.

소위 "본래의 진심을 지킨다."라는 말은 일념 사이에 각지할 수 있다는 것이다. "자기를 주체할 수 있다."는 것도 일념 사이의 각지이고, "임종 때 정신이 흐리지 않는다."는 것도 역시 일념 사이의 각지이다. 오悟(깨달음)와 미迷(미망에 빠짐) 사이는 모두 일념 사이의 각지이다. 어떤 종파에서든 또 어떤 수련 방법이든지 수행을 처음 시작할 때는 망념이 생겨난다. 이때 해야 할 일은 바로 각지를 훈련하는 것이다.

🦋 보살은 인因을 두려워하고, 중생은 과果를 두려워한다

보통 사람들은 일이 지나간 다음에야 각지하고 후회하면서 뉘우친다. '소 잃고 외양간 고치기'이다. 불교에서는 "보살들은 인因을 두려워하고, 중생은 과果를 두려워한다."라고 말한다.

생각만 움직였다하면 인이 있게 되고, 인이 계속 되면 과가 따르기 마련이다. 범부들은 인이 나타나도 미래의 과를 보지 못하지만, 깨우친 사람은 일념의 인이 출현할 때 미래의 과까지 다 보는 것이다. 인이 있으면 반드시 과가 있기 마련이다.

만약 생각이 생기는 동시에 각지도 따른다면 이 일념의 인은 연속되면서 과가 되지 않고, 8식에 인의 종자를 심지 않는다.

🦋 각지로 이끌어야 습성을 타파할 수 있다

사람들은 보통 삼세인과三世因果[23]를 믿지 않지만 어제와 오늘 그리고 내일은 믿지 않을 수 없다. 오늘은 어제의 과이고 동시에 내일의 인이다. 오늘 이 자리에 모일 수 있는 까닭은 어제 모이기로 약속하였기 때문이고, 내일 어디로 갈 것인지는 오늘 결정하는 것이다. 오늘의 인은 내일의 과이다. 오전의 인은 오후의 과이다. 한 시간 전이 인이라면 한 시간 후는 과이다. 생각을 움직이면 바로

---

23 과거·현재·미래의 삼세가 원인과 결과의 관계로 있는 것. 즉 과거에 지은 업의 원인에 의해 현재의 과보를 받고, 현재에 짓는 업의 원인에 의해 미래의 과보를 받는 것을 말한다.

과가 따른다.

과가 나타나는 방식은 전부 자신의 각지에서 결정된다. 사람의 두뇌는 세세생생으로 내려오면서 습성에 에워싸인 채로 문제를 사고하여왔다. 습성 뒤에는 아직 깨어나지 않은 강대한 기운이 있다. 물론 때로는 깨어난 상태의 기운도 있지만 사람들은 그것을 이용할 줄 모른다.

이 자리의 여러분은 수십 년을 살아왔고, 그 수십 년 동안 항상 두뇌에서 문제를 사고하였다. 그래서 성불수행을 하고 불법을 수련하면서도 여전히 두뇌로 수련한다. 영성은 두뇌로 수련해 얻은 것이 아니다. 두뇌는 영성의 그림자일 뿐이다. 물 위의 밝은 달은 하늘의 밝은 달이 투영된 그림자에 불과하다.

어떤 분이 나에게 "각지는 본래면목(佛性불성)입니까?"라고 물은 적이 있었다. 각지는 본래면목이 아니다. 하지만 본래면목을 떠나지 않는다. 성인과 범부의 구별은 단지 일념차이, 각覺했느냐 미각未覺했느냐의 차이이다. 각覺이란 바로 각지覺知이다. 범부는 습성을 따르고 성인은 각지로 이끈다.

각지를 해야 수련법을 택하여 수도를 할 수 있다

어느 때든지 수시로 자기의 생각을 살펴볼 수 있어야 자기의 수행방법을 선택할 수 있다. 수시로 자기의 생각을 각지할 수 없다면 설사 스승이 방법을 가르쳐준다 해도 그 방법을 사용하지 못한다.

하루 종일 망념 속에서 지내기 때문에 망념을 소멸시킬 수 없다.
  아픈 사람은 병부터 치료해야 일할 수 있는 것과 같다. 망념이 많은 사람은 수련하는 방법을 주어도 수련할 수 없다. 우선 망념부터 소멸시킨 다음 새로운 단계로 들어가야만 불법을 수련할 수 있다. 망념을 다스려야만 방법을 수련할 수 있고 그 수련방법에 의해 계속 수련해 나갈 수 있으며, 계속 수련해 나아가면 입도할 수 있다. 이것이 선종에서 말하는 「삼보곡三步曲」이다. 즉 각념覺念(생각을 각지함), 택법擇法(방법을 선택), 수도修道(방법을 실천하며 닦아나감)이다. 만약 시작부터 스승이 어떤 수행방법을 주면 어디서 어떻게 수련을 시작해야 하는지 모른다.
  전통적인 학문의 길에서는, 스승은 제자에게 수련방법을 가르치기 전에 우선 경전 한 권을 독송하게 하거나 주문 하나를 독송하게 한다. 일반적으로 경전 한 권을 몇만 번 독경하게 하고 한 가지 주문을 수십만 번 독송하게 한다. 독경하고 독송하는 과정을 통해 제자의 산란한 마음을 다스리는 것이다. 밀종에서 사가행과 오가행五加行부터 수련시키는 목적도 같다.
  과거의 수행들은 일단 선방에 앉으면 몇 년이 걸린다. 스승은 수행이라는 말을 하지 않고, 다만 화두를 참하게 하거나 자기의 마음 움직임을 지키라고 한다. 수행자들의 마음이 너무 산란하기 때문에 아무리 좋은 방법을 가르쳐도 그 방법과 융합해 한 몸이 될 수 없기 때문이다.
  지금 수행자들은 참 조급하다. 모두 1~2년 내에 도를 깨닫고 성불하려고 한다. 무엇을 도를 깨닫고 성불한다고 말하는가? 쉽게 말하면 자기의 마음움직임을 알아차릴 수 있는 것을 각오覺悟했다고 말하고, 스스로 자기의 본래면목을 보게 되면 성불(보았다는 것은 심안心眼으로 보는 것을 말하고 육안으로 본 것을 말하는 것이 아니다)했다고 말하는 것이다.

명심견성하지 못하면 자기의 습성과 결점을 똑똑히 보지 못하고, 업력이 존재한다는 것도 모르기 때문에 수련을 시작하지 못한다. 맹목적인 수련이라는 것은 심안心眼이 열리기 전에 수련하는 것을 말한다. 만약 심안이 열리고 자기의 불성을 보았다면 자기가 하는 모든 생각과 일들이 자연스럽게 도에 부합된다.

종宗과 교教의 불성관佛性觀

종宗으로 말하면 "명심견성을 해야만 수행이 시작되고, 세세생생 내려오면서 형성된 습성과 결점을 뽑아버릴 수 있다."고 한다. 교教로 말하면 "명심견성을 해야 비로소 수행의 한 단계를 마무리 짓는다."고 한다.

무엇이 종宗이고 무엇이 교教인가? 종은 교의 핵심이고, 교는 종을 글로 표현하고 연장한 것이다. 종은 실천을 말하고 교는 이론을 말하며, 종은 영혼이고 교는 육체라고 할 수 있다. 전면적으로 실수실증實修實證을 한 사람은 종에도 통달해야 하고 교에도 통달해야 한다. 일부 수행자들이 종의 공부를 수련할 수 없는 원인은 교리에 통달하지 못하고 착실하게 수행하지 않았기 때문이며 단지 구두선에만 머물렀기 때문이다.

  교에 공을 들이면 궁극적으로 언행이 들뜨게 된다. 또 종에 너무 깊이 파고 들어가면 중생을 위해 홍법하기 싫어한다. 교에서 볼 때 "중생은 본래부터 부처님이고 누구라 할 것 없이 원만하다."라고 한다. 종에서는 "중생의 불성은 모두 원만하지만, 세세생생 내려오면서 형성된 업력과 습성들이 불성의 힘을 삼켜버리고, 혹은 불성이 있다고 해도 찾지 못하기 때문에 없는 것과 같다."라고 한다.

  육도의 중생은 확실히 모두 불성이 있다. 우리의 불성과 석가모니 부처님의 불성은 같으며 차별이 없다. 수련을 하든 하지 않든 모두 부처님과 같으며 많지도 적지도 않다. 수련을 마지막까지 하고 나면, 자기는 아무것도 수련하지 않았다는 것을 발견하게 된다.

  수련하였다고 해도 부처님보다 불성이 더 많은 것도 아니고, 수련하지 않았다고 해도 부처님보다 불성이 적은 것도 아니다. 하지만 몇 년에서 십 몇 년, 심지어 수십 년을 수련하지 않고는, 원래부터 부처님과 같다는 것을 발견할 수 없다.

  수행이라는 것은 수련할 수 없는 상태에서부터 시작해서 수련을 할 수 있게 되고, 또 수련할 수 있는 상태에서부터 수련해서 수련할 수 없는 상태에 이르는 것이다. 수행은 바로 이런 과정을 겪고 감수하는 과정이다. 최종의 것은 바로 최초의 것이다.

  하지만 이런 상황에서 어느 누가 감히 자기를 부처님이라 할 수 있겠는가? 본질적으로 말하면 부처님과 똑같은 본성을 가지고 있고 부처님에게 있는 것은 자기에게도 있지만 모두 그것을 사용할 줄 모른다. 동시에 부처님이 없는 것 역시 가지고 있다. 무엇인가? 바로 업장이다. 즉 탐·진·치·만·의이다.

③ 가지에서 줄기로 줄기에서 뿌리로 찾아가야 한다

자기의 마음이 일어나고 생각이 움직이는 것을 깨달을 수 있다면 어떤 방법을 써서 수련하든 입도할 수 있다. 하지만 입도한 다음 또다시 나와야 한다. 입도한 목적은 도를 쓰기 위한 것이기 때문이다.

불교에서 "지혜의 문을 열고 해탈한다."라고 말하는데 이것은 지혜롭게 잘 쓰기 위한 것이다. 부처님을 믿는 사람들이 사람노릇도 못하고 일처리도 제대로 못한다면, 불법에 대한 신심이 어떻게 있을 수 있겠는가? 우리에게 지혜의 문이 열렸다면 어떻게 사람 처신과 일처리를 제대로 하지 못하겠는가? 속으로는 지혜의 문을 열고 싶지만 성과가 보이지 않는다. 그래서 자기에게 물어볼 수밖에 없다.

첫째 : 수련하는 방법이 맞는가?
둘째 : 방법이 맞다면 심리상태는 어떠한가?

심리는 줄기이고 방법은 가지이다. 근본을 잡지 못하기 때문에 가지에만 의존한다. 지혜의 문을 열려면 반드시 근본을 장악해야 한다. 근본을 꿰뚫으면 가지도 꿰뚫게 된다. 가지는 근본에서 뻗어 나갔기 때문이다.

대부분의 사람은 도시에서 태어나 자랐다. 그래서 수박이 어떻게 열리는지를 잘 모른다. 수박은 수 미터 되는 덩굴에서 하나씩만 달린다. 장난꾸러기 아이들이 밤에 수박을 훔칠 때도 덩굴을 따라서 수박을 찾는 것이다. 이것이 "가지를 따라 수박을 찾는다."라는 말이다. 가지로부터 근본을 찾는 것이다. 비록 가지이지만 근본에서 자라났기 때문에 근본과 한 몸이다. 마음을 다스리기 전에는 진짜도 가짜이다. 하지만 마음을 다스린 다음에는 가짜도 진짜가 된다.

"일체유심조一切唯心造(세상 만물이 모두 마음에 의해 생긴다)"라는 말은 대수행자들을 두고 하는 말이다. 초학자들은 원칙적으로 불가능하다. '유심조唯心造(마음에 의해 생긴다)'라는 말은 이미 마음을 다스렸다는 말이고, '사물이 바뀌었다'라는 말은 생각이 일어나는 단계에 있다는 말이다.

동動과 념念

망념이 많고 마음이 산란한 것은, 그 사람의 직업과 처한 환경에 일정한 관계가 있다. 성불수행을 처음 시작한 사람은 환경이 결정적인 작용을 한다. 무엇 때문에 과거나 현재의 많은 수행자들이 사람이 적은 곳을 찾아서 수행하려고 하는가? 소란스럽고 유혹이 많은 세속에서는 육근을 단절할 수 없고 청정한 환경에서는 육근을 단절할 수 있다고 생각했기 때문이다.

청정한 환경이든 아니면 변화하고 복잡한 환경이든 처음부터 자신의 마음 움직임을 똑똑히 볼 수 있어야 한다. 무엇을 동動이라고 하고 무엇을 념念이라고 하는가? '동'이란 파동을 말하고 고요하게 그쳐있는 가운데서 출렁이는 것을 말한다. '념'이란 생각이 지속된다는 뜻이다. 오직 거친 생각을 미세하게 만들고 그 미세한 것도 없애야만(념은 거칠고 동은 미세하다) 고요하고 맑은 호수처럼 내심을 밑바닥까지 똑똑히 볼 수 있다.

자기의 마음 움직임을 똑똑히 볼 수 없는 것은 마음을 완전히 내려놓지 못했기 때문이다. 어떻게 하면 자기의 마음을 완전히 내려놓을 수 있는가? 어떤 일을 하든지 마음을 다해서 전념하고 다른 일을 생각하지 않으면 된다. 이렇게 한동안 훈련하면 점차적으로 잡념이 적어질 것이다.

그리고 생각이 많은 것은 느슨하지 못한 것과 일정한 관계가 있다. 가부좌를 하고 좌선하는 것은 자기를 느슨하게 하는 가장 좋은 방법이며, 오래도록 유지할 수 있는 방법이다. 산책하거나 도량을 도는 것도 느슨하게 만들지만 오래도록 하기는 힘들다. 시간이 길면 도리어 몸이 굳어지면서 잡념이 생긴다. 가부좌를 할 때 힘든 이유는 마음을 완전히 이완시키지 못하기 때문이다. 이런 사람은 누워서 자는 방법밖에 없다.

옛날 고승·대덕들은 잠을 자지 않았다. 가부좌를 하고 좌선하는 방식으로 마음을 느슨하게 풀면서 휴식했다. 마음을 완전히 느슨하게 풀어야만 미세한 생각과 넘실거리는 동動을 알아차릴 수 있다.

🕉 동은 인이 못되지만 념은 곧바로 인이다

　동動은 수도하는 사람에게는 두렵지 않다. 아직 인因이 될 수 있는 힘이 형성되지 않았기 때문에 과果라는 것도 존재하지 않는다. 하지만 생각(념)은 생기기만 하면 인이 조성된다. 인은 종자이다. 현재는 종자이지만, 언제라도 싹을 틔울 것이고 꽃이 피고 열매를 맺을 수 있다.
　일부 성불수행을 하는 사람들은, 생각하지 않아서 두뇌가 점점 둔해지면 어떻게 하냐고 걱정한다. 그러나 사실 이와는 정반대이다. 반응이 늦은 이유는 망념이 너무 많고 마음이 산란하기 때문이다.
　좌선수련을 하는 사람은 평소에 문제를 사고하지 않지만, 일단 일이 생기면 바로 그 일과 한 몸이 된다. 그러나 줄곧 잡념이 드는 사람은, 생각이 그 잡념을 따라 빠져나가게 된다. 잠깐이라도 다른 생각에 빠지면 눈앞의 일처리가 늦어지기 마련이다.

🕉 기억은 인과의 씨앗이다

　옛날 정토종을 수련하는 사람들은 금강염불을 한다. 입으로 소리를 내면 그 소리가 이근에 들어가서 심령에 침투된다. 금강념金剛念과 금강송金剛誦을 완성한 다음 요가념瑜伽念(묵념)과 요가송瑜伽誦(묵송)의 단계로 들어간다. 이때는 이미 이근을 다스린 것이다.

어째서 옛날사람은 어린아이에게 큰 소리를 내서 책을 읽게 하고 낭독하게 하는가? 이근을 통해 심령에 침투시키기 위한 것이다. 더불어 공부에 더 좋은 효과를 얻기 위한 목적도 있었다.

오랫동안 성불수행을 하고 도를 수련하였는데, 무슨 이유로 아직도 입도하지 못했는가? 그 근본 원인은 마음이 너무 산란하기 때문이다. 단 30초도 일심불란이라는 것이 출현한 적이 없었기 때문이다. 일심불란하였다면 옛날사람들이 말한 "만물은 한 몸이다."라는 것이 어떤 느낌인지를 체득할 수 있었을 것이다.

이 잠깐의 느낌을, 수련할 때 기억하면서 나아가면 그 느낌이 계속 뻗어나가게 된다. 이것이 바로 기억의 작용이다. 일단 한번 겪은 일은 기억하기 마련이다. 똑같은 과정을 다시 겪을 때는 비교적 쉽다.

대자연은 무슨 이유로 우리들에게 기억을 주었는가? 좋은 일을 계속 연속시키기 위한 것이다. 기억이 있기 때문에 좋은 것을 미래에도 가지고 갈 수 있다. 하지만 세상엔 완벽한 일이 없다. 나쁜 기억도 똑같이 미래까지 가지고 가고 세세생생 가지고 가는 것이다. 이것이 바로 종교가 신도들에게 나쁜 일을 못하게 하는 이유이다.

기독교에 의하면 임종 때에 하나님께서 심판한다고 하지만, 사실 자기가 자기를 심판하는 것이다. 임종 때에 일생동안 겪은 일들이 한 장면 한 장면씩 전부 떠오르는 것이다. 오늘날의 복보나 응보는 전생에서 자기가 심어놓은 인이다. 과거의 좋은 일이든 나쁜 일이든 전부 자신이 가지고 온 것이다. 오직 각념覺念하고 수도한 뒤에 다시 나와야만(오행을 초월하고 삼계를 뛰어 넘어야만) 세간법칙의 속박을 받지 않는다. 도에서 나와야만 오행을 초월하고 기억이나 비기억非記憶이 없게 된다. "업장을 씻는다."라는 말은 과거세 때 두뇌에 입력한 나쁜 생각들을 전부 깨끗이 씻어낸다는 말이다.

성불수행을 하는 많은 사람들은 기억이 없어지면 좋겠다고 한다. 사실 기억도 일종의 향수이다. 문제는 그것을 어떻게 쓰느냐에 달렸다. 입도한 느낌이 단 일 분 혹은 30초만이라도 있다면 다음번 수련할 때도 나타날 수 있다. 진정하게 수련한다는 마음만 있다면 이런 느낌은 수시로 나타난다. 한 번만이라도 출현하였다면 다음에도 포착할 수 있다. 이렇게 반복적으로 포착하면 수시로 포착할 수 있고, 수시로 도 안에 있게 되고, 수시로 도를 수련할 수 있다.

기억만 있다면 도를 포착할 수 있다. 그러니 좋은 방법이다. 그러나 설령 이 방법을 충분히 연마했다고 할지라도 자기의 습성과 결점을 관리할 수 있는 것은 아니다. 오직 팔지보살이 되어야만 비로소 생각마다 모두 입도할 수 있고 선호념善護念을 할 필요가 없다.

🪷 마음의 산란에 대처하는 수련법

진심으로 입도할 것을 갈망했다면 칠일이면 이 비결을 깨우칠 수 있다. 옛날에 칠일 만에 깨달은 사람도 있다. 그들은 기억으로 그 느낌을 포착하고, 칠일 동안 수없이 드나들면서 방법을 연마하고 사선팔정을 끝마쳤다. 일선에서 이선으로 이선에서 삼선으로, 또 삼선에서 사선까지 끝마친 것이 아니라 사선팔정을 순간적으로 완성한 것이다. 불경에서 이것을 '사자 신삼매(사자 신삼마지獅子迅三摩地)'라고 말한다.

목건련존자께서 광룡의 콧구멍에 들어갈 때 이 방법을 사용하였다. 목건련존자는 심념心念을 사용한 것이다. 심념은 시공을 초월한다. 과거에는 빛의 속도가 가장 빠르다고 하였는데, 현대 과학에서 생각의 속도는 이보다 몇억만 배 더 빠르다는 것을 증명했다.

이 곳에 있어도 세심하게 관찰하면 아무리 먼 곳에서 폭죽을 터뜨려도 창문의 진동을 느낄 수 있다. 공기는 한 몸이기 때문이다. 우리의 수련이 우주와 융합해 한 몸이 될 때 육도중생과도 소통할 수 있다. 하지만 우리의 마음이 너무 산란하기 때문에 하나로 이루어진 틀(우주)과 자기를 갈라놓은 것이다.

법문을 들으면서 필기하면, 생각을 집중하는 습관을 양성할 수 있다. 망상이 생기면 기억하지 못해서 계속 필기를 하지 못한다. 생각을 집중해야만 법문하는 내용을 그대로 필기할 수 있다.

밀종은 호흡하는 방법으로 산란함에 대처한다. 즉 심호흡으로 숨을 단전까지 들이쉰 다음 단전에서 30초가량 정지하고, 들숨도 날숨도 쉬지 않은 채 천천히 감각을 느낀다. 하루에 수십 차례 훈련하면 입정하는 순간을 포착할 수 있다. 입정할 즈음에는 들숨도 날숨도 쉬지 않기 때문이다.

입정을 할 때 갑자기 인기척이 있으면 심장이 들썩하고 뒤집히는 듯하여 마치 심장병에 걸린 것 같지만 정상적인 현상이다.

7강

순기자연과 무아

🔋 순기자연을 해야 도에 다가설 수 있다

　무엇을 '순기자연順其自然(자연에 순응함)'이라고 하는가? '순기자연'을 어떻게 이해하는가?
　사람들은 대책없는 일에 맞닥뜨려 어쩔 수 없을 때 자연에 순응하겠다고 말한다. 또 어떤 사람들은 앞날의 향방을 알 수 없고 그래서 앞으로 어떻게 해야 할지 모를 때, 되는대로 진행하게 하는 것을 자연에 순응하는 것이라고 한다.
　'순기자연'은 도교 용어이며 불교에서 말하는 무아無我와 의미가 같고 동일한 경지이다. '순順'이란 위배하지 않고 거역하지 않는다는 말이고 '기其'란 '기중其中, 기간其間' 즉 중간이라는 뜻을 갖고 있는데 그 가운데에서 화합한다는 의미이다. 그러므로 '순기자연'이란 대자연을 거역하지 않고 위배하지 않으면서 동시에 자기를 대자연에 화합시켜 전체에 화합된다는 말이다.
　아공我空이 되고 무아의 경계에 도달해야만 비로소 순기자연이 될 수 있다. 아집이 강하고 성견成見이 많으면 순기자연은커녕 역기자연逆其自然(자연을 거역함)일 뿐이다. 각기 자기 주장을 하면서 타협하고자 하지않는 두 친구와도 같다. 만약 잠시라도 자기를 내려놓을 수 있다면, 최후에는 모두를 자기에게 화합시킬 수 있다. 문제는 몇 분간 혹은 한동안이라도 자기를 내려놓을 수 있는 능력이 있는가 하는 것이다. 감히 그렇게 할 수 없다면 도를 얻을 수 없다. 아집이 작용하기 때문이다.

아집을 버려야 진보할 수 있다

아집이란 세세생생으로 내려오면서 형성된 사유방식이기 때문에 아주 견고하고 없애기 어렵다. 어떤 사람은 이것을 개성(개별성)이라고 한다. 하지만 개성을 가진 사람은 성불수행을 할 수 없다. 아집이 사라지지 않는 한 법집法執이 사라지지 않는다. 아집과 법집이 완전히 사라져야만 비로소 순기자연을 할 수 있다. 자연과 화합해야만 비로소 영생할 수 있다. 자연과 화합이 되지 못한다면 아주 빠르게 메말라 사망하게 된다.

바다에서 물 한 컵을 떴다면 그 물이 얼마나 오래가겠는가? 컵이라는 그릇은 아집과 같다. 만약 그 컵을 치워놓으면 물은 다시 바다로 돌아가게 된다. 그 컵을 치우는 찰나, 자신이 사라지고 존재하지 않는다는 것을 알게 된다. 아집은 성불수행을 하고자 하는 많은 사람들에게, 자기를 비울 능력이 없고 다른 사람과 화합할 수 없게 하는 원인이 된다.

 조사들께서 말씀하시기를 성불수행은 대장부가 할 수 있는 일이지 제왕장상帝王將相이 할 수 있는 일이 아니라고 하였다. 성불수행은 자기를 다스리는 것이지만 제왕장상은 남을 다스린다. 자기를 다스리는 사람은 성인聖人이고 남을 다스리는 사람은 위인偉人이다. 수천 년의 세월을 내려오면서 과연 몇 사람이나 자기를 다스릴 수 있었겠는가? 자기를 다스린다는 말은, 자기 습성과 버릇들 그리고 사유방식과 지견知見 관념을 다스린다는 말이다.

 성불수행에 진보가 없다면 관념이 바뀌지 않았고 아집과 법집의 틀에서 벗어나지 못하였다는 것을 말한다. 이것은 사람들이 처한 환경과 관계된다. 어떤 사람은 평생 적지 않은 사람들과 사물들을 접촉하였지만, 그 사람이 처한 환경이 그가 더 나아질 방법을 막은 것이다.

31 성견을 내려놓고 새로운 것을 받아들여라

 불교는 행각할 것을 권한다. 본 것도 많고 아는 것도 많은 사람의 경지는 일반인들과 다르다. 무엇 때문에 행각(참학參學)하라고 하는가? 자기가 가지고 있던 지견과 관념들을 모두 내려놓고 밖으로 나가서 새로운 것을 배우라는 말이다. 만약 성견(成見 : 이미 완성된 사상)을 가지고 선지식을 찾아간다면 아무것도 배우지 못한다. 마치 뚜껑을 닫은 유리병처럼 아무것도 넣을 수 없는 것이다.

사실 어떤 선지식을 만나도 모두 이익이 있다. 문제는 자기가 그 병뚜껑을 열어놓느냐 하는 것이다. 성견을 가지게 되면 상대방의 부족한 것만 보고 장점은 보지 못한다. 사람마다 모두 장점과 단점이 있다. 사람의 본성은 선량하다고 하지만 동시에 각종 습성과 결점이 있다. 왜냐하면 사바세계에서 오랫동안 윤회하였기 때문에 각종 습성과 결점이 영혼의 제일 깊은 곳에 자리 잡았기 때문이다. 그래서 영성의 힘을 거의 열 수 없는 것이다.

❀ 자신을 확실히 알아야 한다

 욕망도 일종의 습성이다. 대부분의 사람들은 마음 먹은대로 일이 진행되지 않는다. 술자리에서 술을 마시지 않으려고 하였는데 사람들이 권하는 바람에 자기도 모르게 술을 마시게 되는 것처럼 말이다. 이는 자기를 제어하지 못하기 때문이다. 만약 정말 마시기 싫었다면 누구도 당신에게 강제로 술을 먹이지는 않을 것이다.
 수행하는 것과 일을 하는 것은 같다. 수행 자체가 일을 하는 것이다. 내재의 경지가 얼마나 높은가 하는 것은 평상시 일을 하는 데서 나타난다. 모든 일은 전부 우리의 내재한 경지의 현현이라고 할 수 있다.
 범부들이 일을 할 때 어떤 때는 이치에 맞을 수도 있지만 늘 합리적인 것은 아니다. 합리적이더라도 실정에 맞지 않는 경우가 있다. 물론 실정에도 맞고 합리적이며 합법적이면 좋은 일이다. 가정에서도 이치만 따지면 그것은 가정이라 할 수 없다. 사람마다 모두 자기에게 가장 합당한 자리가 있다. 그런데 그것을 어떻게 찾을 수 있겠는가?

옛날 사람들은 "현명한 사람은 위에 있고, 능력이 있는 사람은 중간에 있고, 노동자는 아래에 있고, 지혜로운 사람은 측면에 있다."[24]고 말한다. 이 네 가지 중 여러분은 어떤 부류에 속하는가? 만약 현명한 사람도 아니고 능력있는 사람도 아니며 지혜로운 사람도 아니고 심지어 노동자도 아니라면, 도대체 여러분을 어디에 놓으면 되는가? 사실 이 네 종류의 사람은 모두 우리들의 스승이 될 수 있다.

어떤 때 나는 잘 하는 것이 하나도 없고 어느 종류에도 속하지 못한다고 생각한다. 옛날사람들은 아주 명확하게 사람을 분간했다. 왜냐하면 옛날사람들은 대담하게 자기 자신을 마주할 수 있었기 때문이다. 대담하게 자기를 마주할 수 있어야만 자기를 해부할 수 있고 자기를 똑똑히 볼 수 있다. 지금 사람들은 자기는 감히 마주보지 못하지만 남은 잘 들여다본다. 하지만 자기를 잘 보지 못하면 다른 사람도 잘 볼 수 없다.

쉽게 남을 속일 수는 없다. 하지만 자기 자신은 잘 속인다. 모든 '과果'는 전부 자기가 빚어 만든 것이다. 좋은 과果도 자기가 만들어 놓았고 나쁜 과果도 자기가 만들었다. 지혜의 문이 열리지 않았기 때문에 좋은 과의 인을 심는다는 것이 도리어 나쁜 과의 인을

---

[24] 賢者居上, 能者居中, 工者居下, 智者居側.

심게 된 것이다.

🔹 사심은 끝없이 팽창한다

우리들은 일반적으로 결단력이 없고 항상 망설인다. 결과를 알지 못하기 때문에 대담하게 추진하지 못한다. 결과에 대해 신경을 너무 쓰면 결단력이 없어지지만 결과에 대해 신경 쓰지 않으면 마음이 편안하다. 자기만을 고려하는 사람은 눈앞의 것들을 똑똑히 보지 못한다.

어떤 사람들은 대담하고 슬기롭게 일을 한다. 그 이유는 자기의 이익을 생각하며 일하는 것이 아니기 때문이다. 만약 공정하고 사심이 없는 사람이 된다면 멀리 앞을 내다 볼 수 있을 것이다. 옛날 사람들은 "공정무사한 사람이 극치에 달하면 사적인 이익을 도모하는 사람(자사자리自私自利)이 되고, 사적인 이익을 도모하는 행동이 극치에 달하면 공정하고 사심없는 사람이 된다."라고 말했다. 하지만 이런 이치를 깨달은 사람도 많지 않다. 우리들의 경지가 올라가지 못하는 원인은 바로 사심私心때문이다.

사심이 있는 것이 정상이다. 문제는 우리들의 사심은 만족시킬 때마다 팽창한다는 것이다. 사심은 끝이 없고 영원히 만족시키지 못한다. 그래서 만족시킬 필요 없이 적당하면 된다. 진정 사심이 만족될 수 있다면 한 번쯤 희생하면서 만족시켜도 괜찮지만, 문제는 사심이란 끝이 없다는 점이다.

8식을 열어 깨끗히 변화시켜야 한다

사람들은 윤회할 때마다 이생의 모든 정보를 8식에 저장해 놓는다. 그래서 세세생생의 기억들이 전부 8식에 저장되어 있다. 8식은 우리들의 만능 보물창고이다. 수행하려면 반드시 8식 창고를 열어놓아야 하고 또 채로 걸러야 한다.

8식을 열지 못하면 자기를 볼 방법이 없다. 볼 수 있는 것은 두 뇌뿐이다. 8식을 열어놓게 되면 그 안이 풍부하고 다채로우며 무엇이나 다 있다는 것을 발견할 수 있다. 하지만 자기가 갖고 싶지 않은 것도 발견하는데 그것을 거부할 방법이 없다. 이것이 바로 성불수행을 하는 수행자들이 어느 정도의 경계에 이르면 자기를 마주 보지 못하고, 심지어 자살하고 싶은 원인이기도 하다. 내가 이런 사람 몇을 본 적이 있다.

이런 마음상태가 있게 된 원인은 두 가지이다. 하나는 염세厭世적인 마음이다. 이런 사람들은 사람의 삶이란 아무런 의미도 없고 단지 먹고 마시고 입으며, 공명과 이익만을 힘쓰는 것뿐이라고 생각한다. 또 다른 하나는 진실한 느낌이다. 8식심전에 있는 자기의 모습을 너무 생생하게 보았기 때문에 감히 자신의 모습을 믿을 수 없고 자기를 마주할 방법이 없는 것이다.

불교의 『선관정맥禪觀正脈』을 읽어 보면 자기 신체에 대해 새로운 인식이 생기게 된다. 「백골관白骨觀」은 바로 이 책에 의거해, 사람은 근육과 뼈에 가죽을 감싼 것이라고 관상하는 수행 방법이다. 때때로 「백골관」이라는 수행과정을 생각하면, 세수도 하기 싫고

양치질도 하기 싫을 뿐만 아니라 심지어 이 몸뚱아리마저 싫어진다. 아무리 애써 신체를 보호한들 백년 안으로 사라지는 것이기 때문이다. 매일 세수하고 치장하며 거울에 비춰보고 하는 시간과 정력은 전부 이 신체를 위한 것이다.

이전에 나는 수염을 기르지 않았기 때문에 매일 면도를 해야 했다. 그러나 수염을 기르기 시작한 다음부터는 한 달에 한 번만 정리하고 깎으면 되므로 아주 간단하다. 매일 밥을 먹는 것은 신체를 위한 것이라고 짜증을 안 내는데, 작은 일에 부딪히면 짜증내고 하기 싫어한다.

사실 인생은 그 자체가 매우 시끄럽다. 설령 참새라고 해도 매일 먹이를 찾아야 하고, 둥지를 틀고 후손을 키워야 하고, 천적天敵을 피해야 하는데 사람은 더 말할 것도 없다. 자연계는 약한 자를 보호하는 법이 없기 때문에 약육강식弱肉强食을 피할 길이 없다. 하지만 인류사회는 법이 있기 때문에 피할 수 있는 것이다.

🈯 아집을 초월해서 중성이 되면 우주와 융합할 수 있다

심성을 연마한다면서 날마다 좌선만 하면 해결되는가? 선정수련은 어느 정도까지 도움이 될 수 있지만, 일정한 차원에 오르면 계속 앞으로 나아가지 못한다. 사실 세속에서 연마하면서 검증받는 것은 좌선수련의 효과를 훨씬 뛰어 넘는다.

사람들은 가부좌를 하면서 한 20분정도 다리가 아프고 저린 것을 참는 것을 대단하게 여긴다. 이만한 시험이 그렇게 대단하고 어려운가? 하지만 다리가 아픈 이 관문을 통과하기도 어렵다. 사람들은 모두 좌선은 어렵고 일하는 것은 쉽다고 생각한다.

우리는 일생동안 많은 일을 하면서 성공하지 못하면 포기한다. 그러나 좌선하고 도를 수련하는 것은 포기하지 못한다. 우리들은 무엇이든 다 포기할 수 있지만 유독 신앙만은 포기 하지 못한다. 왜 그런가? 잠깐이라도 성불수행을 한 경력만 있어도 세세생생 그 기억이 지워지지 않는다. 어떤 생에 가서 철저하게 도를 깨우쳐야만, 비로소 8식에 저장하였던 정보들을 대자연과 화합할 수 있고 순기자연할 수 있다. 이때 당신은 무엇이나 다 될 수도 있지만 동시에 아무것도 아니다.

진정하게 성도한 사람은 무슨 일을 하든지 모든 힘을 다하고 집중한다. 하지만 일반인들은 기껏해야 7할 정도밖에 힘을 집중하지 못한다. 오로지 득도한 사람만이 모든 힘을 동원해 하는 일에 집중할 수 있다. 왜냐하면 그는 이미 자성의 힘을 얻었기 때문이다.

사람에게는 두 가닥의 힘이 있다. 하나는 음성陰性의 힘이고 다른 하나는 양성陽性의 힘이다. 이 두 가닥 힘을 다스려서 합일되면 중성中性의 힘이 된다. 일단 중성의 힘이 형성되면 반죽해놓은 밀가루덩어리처럼 빚어놓은 대로의 모양이 된다. 그 힘은 무아이기 때문에 아집의 방해를 받지 않는다.

아집을 초월하면 어떤 물체든지 또는 어떤 힘이든지 모두 화합할 수 있다. 바다를 보면 바다와 화합할 수 있고, 나무를 보면 나무와 화합할 수 있다. 자기를 다른 사람과 화합하게 하면 일을 하는 것이 매우 쉬워진다.

🌀 오만함이 진보를 막는다

　오늘 점안식(개광開光)에 참석하신 지불법사持佛法師님은 나에게 많은 감화를 주셨다. 이분은 큰 능력을 지니셨으나 화냄이 없다. 그런데 나는 능력도 없으면서 화를 참지 못하는 경향이 있다. 높은 경지에 오른 사람은 능력이 있고 화냄이 없다. 중간경지의 사람은 둘 다 가졌고, 가장 낮은 수준의 사람은 능력은 없으면서 화냄만 있다. 내 생각에는 내가 가장 하등인 것 같다.
　사람은 음성도 중요하다. 어째서 똑같은 문장인데 어떤 사람이 읽으면 감동적이고 깊은 사색에 잠기게 하며, 어떤 사람이 읽으면 무미건조하고 재미없는가? 사람의 목소리는 선천에서 가지고 왔으며 세세생생으로 8식에 저축하였던 능력이다. 이것은 사람들이 가지고 있는 기질처럼 추상적이어서, 구체적으로 존재하는 물건처럼 내놓지는 못하지만 확실히 느낄 수 있는 그 무엇과 같다.
　내면의 자질은 노력하면 바꿀 수 있고 끌어올릴 수도 있다. 문제는 자기가 대단하다는 듯이 고치기 싫어하는 것이다. 사람이 둔한 것이 문제가 아니라 자기를 고치지 않으려는 것이 문제이다. 어떤 사람들은 자기의 노력으로 약간의 진보를 이루지만 계속 노력하지 않기 때문에 경지가 높아지지 못한다. 세간법으로 말한다면 좀 성공을 했다고 들떠 있다가 다시 그 경지로 내려가는 것과 같다.

수행하는 것과 사람 노릇을 하는 것 모두 끊임없이 자기의 자질과 사상의 경지를 올려야 한다. 자기에 대한 요구가 엄격하지 못하면 눈앞에 놓인 생각의 틀에서 벗어나지 못한다. 필사적으로 자기 몸을 다잡고 노력해야만 내면의 경지가 솟아오를 수 있다.

우리들이 사람 노릇을 하고 일처리를 하며 도를 수련하는 목적은 자기 내면의 자질을 좋은 방향으로 바꾸려는데 있다. 이미 이렇게 오랫동안 수련하였는데 무엇 때문에 올라가지 못하는가? 그것은 자기의 내면을 고치기 싫어하고 자기 몸을 다스리는 것을 싫어하기 때문이다.

옛날 사람들은 내면의 체험과 느낌이 많았지만 그런 사실을 말하기 싫어하였다. 지금 이 자리에 앉은 여러분들은 동화선사로 온 지 오래되었는데 아무런 이익도 보지 못하였다면 이것은 나의 부끄러움이다. 이것은 바로 내가 내면의 힘이 부족해 여러분들에게 줄 것이 없다는 것을 의미한다.

나는 날마다 진보하고 내면의 힘을 고쳐나갈 것을 갈망한다. 내면의 변화를 가져와야만 바깥의 일을 해도 쉬운 것이다. 사람 처신하는 것도 관념을 바꾸는 일이다. 일을 하는 것도 역시 관념을 바꾸는 일이다. 관념을 바꾸지 않으면 그 어떤 일을 해도 모두 힘들고 어렵다.

8강
잠드는 것과 입정

마음이 혼란하면 수행 중 졸게 된다

인경引磬25을 치지 않아서 그런지, 조는 사람이 점점 더 많아지는 것 같다. 어째서 이런 일이 벌어지는가? 원인을 모르면 이런 현상을 돌파할 수 없다. 수행인들이 졸음을 이겨내지 못하면 수행의 길을 걸을 수 없다. 지금 여러분들의 마음은 아주 혼란하다. 마음이 안정될만하면 또 졸고, 심지어 꿈나라까지 들어간다. 심력心力

25 쇠로 만든 경쇠. 부처님 앞에서 절할 때 흔드는 작은 종이다. 가름한 종의 끝은 벌어졌으며, 그 안에는 종을 치는 추가 달리고 위에는 나무로 된 자루가 달려 있다. 지름 25센티미터 가량의 대접 모양의 인경을 쳐서 대중을 인도하는 데 사용한다. 인경(좌)과 인경을 치는 모습(우)

이 부족해서 마음을 굳건하게 세우지 못하기 때문에 마음이 풀려서 조는 것이다.

마음을 굳게 먹고 정신을 집중해나가면 마음이 굳고 청정해져서 좌선에 집중할 수 있다. 마음이 혼란한 가운데서 억지로 공을 들이면 공부가 되기는 하지만 곧 졸게 된다.

몸이 몹시 고달프고 힘들면 몰라도, 마음에 있는 생각을 내려놓지 않으면 졸음이 오지 않는다. 일심으로 공부하겠다는 생각을 포기하지 않으면, 설령 누워 잠을 잔다해도 여전히 공부하는 상태에 있게 된다. 꿈을 꾸어도 가부좌를 한 자기의 수행방법대로 공부가 되는 것이다. 이렇게 되어야만 비로소 입도가 되는 것이다. 여러분들은 이런 정도까지 되었는가?

지금 보면 어떤 사람들은 앉아서 혼란에 빠지고 어떤 사람은 정신이 좀 들었다가 금방 또 존다. 왜 이런 현상을 극복하고자 하지 않고 가만 놔두는가? 도를 수련하는 것이 생사문제를 끝내는 큰 대사라는 것을 마음에 둔다면 절대로 좌선하면서 졸지 않을 것이다.

여러분들도 갑자기 어떤 일 때문에 가슴이 타고 마음도 초조해 잠을 이루지 못하던 경험이 있었을 것이다. 그 이유는 마음속에서 그 일을 포기할 수 없었기 때문이다. 만약 이런 힘으로 성불수행을 한다면 아주 빠르게 입도할 수 있다.

사람들은 마음에 걸리는 일이 없으면 아주 쉽게 잠을 이룬다. 하지만 마음에 걸리는 일이 있으면 쉽게 잠을 이루지 못한다. 말끝마다 성불수행을 하고 생사를 끝낸다고 하지만, 지금의 행동을 보면 자기가 한 말과는 거리가 너무 멀다.

🕉 고도로 느슨해지는 상태를 연습하라

대낮에도 혼란한 사람이 저녁 두 시간 단체수련을 한다고 마음을 집중할 수 있겠는가? 여전히 허튼 잡생각만 할 것이다. 무슨 생각을 하는가? 혹 가정이 있고 세속의 일이 많아서 생각하지 않으면 안 되는 상황이라면 이해하겠지만, 이미 출가해서 의식주 근심할 필요도 없고, 일거리 찾느라 근심할 필요도 없으며, 절을 짓느라 고생할 필요도 없는데 무슨 망상이 그렇게도 많은가?

망상을 하고 싶으면, 어떻게 입도하고 어떻게 성불할 것인가를 생각하라. 매일 경문의 한 단락을 찾아서 읽으면서, 머리에 기억하고 마음에 새기며 이해할 때까지 생각하는 습관을 양성해야 한다. 자기의 사상을 경문의 한 단락에 두면서, 반복적으로 생각하며 이해하는 과정이야말로 망상을 다스리는 가장 효과적인 방법이다. 경전의 내용을 생각하는 것은 부처와 상응하는 과정이다. 출가한 사람들이 경전을 생각하지 않고 무슨 생각을 하는가?

사실상 여러분의 수면시간은 아주 충분하다. 그런데 왜 좌선만 시작하면 조는가? 내가 여러분의 수면 시간을 계산해 보았는데 저녁 열 시부터 아침 다섯 시까지 일곱 시간으로 아주 충분하다. 일반적으로 수면시간은 두 시간이면 충분하다. 만약 수련을 잘한 사람이라면 몇 분만 자도 되고 심지어 몇 초만 자도 된다. 하지만 일반인들은 이렇게 하지 못한다.

우리들의 신체는 확실히 휴식을 해야 한다. 누워서 푹 쉬어야 한다. 사람들이 걷거나 앉으면 몸이 고도로 느슨하게 풀리지 않고 몸 안의 음양도 조화되지 않는다. 침대에 누워야만 신체가 느슨하게 풀리고 몸 안의 음양도 융합이 되면서 조화가 잘된다. 만약 우리들의 선정기능이 높다면 가부좌를 해도 고도로 느슨한 상태가 되고 몸 안의 음양도 조화가 잘 되지만, 마음이 혼란하면 6~7시간을 침대에 누워 있어도 느슨할 수 없고 생각도 집중할 수 없다. 그래서 몸의 힘이 밖으로 분산되면서 집중할 수 없는 것이다.

우리들의 생각이 혼란하지 않다면, 힘이 밖으로 새지 않아서 몸 안에 있게 된다. 일단 눕기만 하면, 혹은 눕지 않아도 마음이 고도로 느슨한 상태가 되면서 체내의 음양이 수시로 조화되고 융합된다. 누워서 잘 필요가 없는 것이다.

침실에 돌아가서 「길상와」를 하든 아니면 반듯이 누워서 마음을 고도로 느슨하게 풀어놓고, 자기에게 '느슨하다, 느슨하다, 이미 느슨해졌다.'라고 암시하기를 바란다. 설령 느슨할 수 없어도 마음속으로 계속해 자기에게 '이미 느슨하다, 철저히 느슨하다.' 하면서 알려주어야 한다.

이렇게 몇 번 훈련하게 되면 체내의 음양 두 가닥 힘이 신속하게 부딪치면서 융합된다. 뿐만 아니라 융합된 이 힘이 아주 빠르게 신체의 각 부분에 분산된다. 심지어 말초신경까지 분산되어 간다. 이때가 되면 두뇌는 정신이 들고 맑아지므로 다시는 누워서 잘 필요가 없게 된다.

❸ 쓸데없이 잠자는 시간이 길면 꿈을 꾼다

　몸 안의 음양 두 가지 힘은 자시에 한 번 오시에 한 번, 이렇게 하루에 두 번을 교합하게 된다. 양생의 측면에서 말하면 자시와 오시에 10~20분을 누워서 휴식하면 아주 이상적이다.

　사람들은 왜 꿈을 많이 꾸는가? 몸이 필요로 하는 시간보다 더 잠을 자기 때문이다. 일어나서 일을 해야 하는 시간인데 누워서 움직이지 않기 때문에, 자연적으로 두뇌가 일을 하는 것이다. 즉 꿈을 꾸는 것이다.

　믿기지 않는가? 자기에게 3~4시간을 자고 일어난다고 미리 약속하고 자면 3~4시간 자고나면 일어나는데, 정신도 맑고 아주 상쾌하다. 그런데 이 시간을 초과하면 바로 꿈을 꾸기 시작한다.

　왜 새벽에 꿈을 많이 꾸는가? 새벽이 되면 이미 휴식이 다 된 상태다. 그러므로 계속 잠을 자면 두뇌가 일을 시작하는 것이다.

　인체의 음양 두 가지 힘은 자시와 오시에 귀원歸源(근원으로 돌아감)하게 된다. 매번 근원으로 돌아가서 서로 부딪친 다음 충분한 힘을 보충하게 된다. 보충한 뒤에 신체의 각 부분으로 분산되어 일을 하는 것이다. 열두 시간 일을 하고 나면 거의 소모되기 때문에 또 다시 보충해야 한다. 그래서 또 다시 근원으로 돌아와서 부딪치면서 힘을 보충한 뒤에 신체의 각 부분으로 분산되어 일을 시작하는 것이다. 이렇게 매일 반복한다.

　자시와 오시에 마음을 느슨하게 풀면 풀수록, 음과 양의 힘이 교합해 융합하는 것도 빠르며 질도 좋은 것이다. 어떤 사람들은 이런 이치를 모르고, 이를 악물고 버티면서 좌선하거나 누워 자지 않는다.

🌀 좌선으로 수면을 대체할 수 있다

오랜 기간 수면이 부족하면 심장과 간에 혈액공급이 부족해지고, 마음도 초조하고 잘 자지도 못하며 간에 열이 치민다. 심지어 어떤 사람은 간염이나 간경화까지 오게 된다. 몸이 충분하게 느슨하지 못하고, 기혈이 오장 육부를 충분하게 윤택하게 해주지 못하기 때문이다. 신체가 느슨하면 느슨할수록 기혈도 잘 통하게 된다.

사실 좌선은 수면을 대신할 수 있다. 하지만 좌선하는 과정에서 자기를 완전히 느슨하게 풀어놓을 수 없기 때문에 휴식하는 효과를 얻지 못한다. 그래서 누워 자야만 기혈이 교합하고 융합된다. 만약 좌선할 때 누워 자는 것처럼 전신을 느슨하게 풀어 놓을 수 있다면, 구태여 누워서 잠을 자면서 휴식할 필요가 없는 것이다.

사람들은 오랜 기간에 걸쳐 누워 자는 방식으로 신체를 느슨하게 풀었다. 그렇기 때문에 지금 자세를 바꾸어 좌선하는 방식으로 신체를 고도로 느슨하게 하는 것은 아주 어려운 일이다.

정상적인 상황에서 일정한 수련법을 파악하여 수련하고 또한 의식적으로 일년 정도 훈련한다면, 20~40년 동안 익숙해진 수면습관을 바꿔서 좌선으로 대체할 수 있다. 이때는 수면이 아니라 '좌면 坐眠'인 것이다.

오늘저녁 숙소에 돌아가 좌선으로 잠을 대체하는 방법을 실험하기 바란다. 좌선할 때 공부한다고 하지 말고, '오늘 저녁의 좌선은 공부가 아니라 잠을 자는 것이다. 좌선으로 잠자는 것을 대체한다.'고 명확하게 자신에게 알려주어라. 그리고 가부좌를 하고 허리를 구부리고 평시에 조는 자세의 좌선으로 수면을 대신하는 감각을 느끼기 바란다.

만약 몸을 완전히 느슨하게 할 수 있다면, 가부좌를 하고 졸 때 아주 미세한 힘이 몸 안에서 천천히 움직이며 돌아다니는 느낌이 있을 것이다. 그 미세한 힘은 상하좌우로 연결되면서 움직인다. 이런 연결이 끝나면 체내에는 한 가지 힘이 천천히 위로 올라간다. 두뇌가 이 힘을 얻게 되면 천천히 맑아지면서 더는 잠을 자지 않게 된다.

잠들고 깨는 과정을 포착하면 입정을 파악하여 제어할 수 있다

이런 체험을 몇 번 하게 되면, 어떻게 잠이 들고 어떻게 깨어나는가 하는 전체과정을 파악하여 제어하게 된다. 뿐만 아니라 이런 기억과 경험을 반복적으로 연습하면, 어떻게 입정入定하고 어떻게 출정出定하는가를 파악할 수 있다.

입정·출정과 입각入覺(잠드는 것)·성각醒覺(깨어나는 것)은 다 똑같다. 단지 우리들이 어떻게 잠을 자고 어떻게 잠에서 깨어나는지를 모르기 때문에, 입정하고 출정하는 것도 모르는 것이다. 내가 전에 여러분에게 말한 "어떻게 입정하고 출정하는가?" 하는 문제는 가부좌를 하고 졸 때 깨달은 것이다. 내가 입도하던 경험은 여러분과 다르고 옛날의 수행자와도 다르다. 나는 내가 졸 때 그것을 알아낸 것이다.

이 방법을 여러 사람들에게 말하였는데 모두 효과가 좋았다. 사람들이 잠을 잘 때는 생각이 차츰 적어지고 생리기능도 차츰 정지되면서 깊은 잠에 든다. 입정할 때도 생각이 점점 적어지고 정지되면서 생리에너지가 차츰 잠잠해지고 숨어버리는 것이다.

출정할 때 혹은 잠에서 깨어날 때는 그 반대이다. 즉 생리에너지가 차츰 깨어나 활성화 되면서 차츰차츰 일을 하게 된다. 심리도 마찬가지로 차츰차츰 깨어나면서 생각을 시작하고 활약하게 된다. 이 두 과정에는 구별이 없다. 단 한 번만이라도 어떻게 잠이 들고 어떻게 잠에서 깨어나는지를 포착한다면, 이 방법으로 어떻게 입정하고 출정하는지를 포착할 수 있게 된다.

입정한 다음 한동안 머물러 있게 되는 것을 '주정住定'이라 한다. 다시 말하면 입정한 다음 입정에서 머물러 있다가 출정을 하는 것이다. 잠을 자는 것도 마찬가지이다. 잠이 든 다음에 잠에서 머무르는 '주각住覺'의 과정이 있다. 수면시간이 8시간이라면 잠에서 머무르는(주각) 시간도 8시간이다. 거의 8시간이 될 때쯤 생리가 차츰 움직이면서 잠에서 깨는 것이다.

우리들은 어떻게 잠이 들고 어떻게 주각(잠에서 머무름)하며 어떻게 잠에서 깨어나는지를 모르기 때문에, 어떻게 입정하고 어떻게 주정(정에 머무름)하며 어떻게 출정하는지를 모른다. 그러므로 지금 앉아서 졸아도 시간만 낭비하는 것이다. 어떻게 졸고 어떻게 깨어 나는지를 모른다. 마땅히 포착하는 방법을 배워야 한다. 수없이 포착하고 포착하다보면 파악하게 된다. 포착할 줄 모르면 어떻게 입도하겠는가?

좌선하며 자고 깨는 방법

여러분이 도를 수련하겠다는 정성어린 마음을 보면 나의 마음도 몹시 조급해진다. 하지만 무슨 소용이 있는가? 입도하고자 하면 정성어린 마음도 구비되어야 하지만, 지혜가 있고 인내력이 있으며 패기가 있어야한다. 입도하고 진리를 깨달으며 성불하고자 하면, 각 방면의 인연이 구비되고 종합적 자질이 구비되어야 한다. 단순히 경건한 마음만으로는 성불할 수 없다.

앉아서 졸 때 목이 축 처지고 머리가 아래로 늘어진다. 만약 어떻게 깨어나는가를 알고 싶다면, 졸음에서 깨어날 때 머리를 바로 쳐들지 말아야 한다. 두뇌는 아래에서 위로 올라오는 힘을 얻어서 천천히 깨어난다. 이렇게 천천히 깨어나는 과정에서, 머리를 계속 숙인 상태로 아래에서 힘이 어떻게 위로 상승하고 있는가를 느끼고, 올라온 힘을 얻은 두뇌가 어떻게 사유를 시작하고 어떻게 활동을 시작하는가를 느끼고 깨닫는다. 이런 자세로 움직이지 않고 몇 번을 기억하면, 어떻게 잠에서 깨어나고 어떻게 출정하는가를 알 수 있는 것이다.

오늘 여러분들에게 한 가지 비밀을 알려주려고 한다. 옛날 도를 깨우친 고승·대덕들의 입정하는 비결과 방법은 잠을 자면서 포착한 것이다. 만약 어떻게 잠드는지를 배우지 못한다면, 입정도 할 수 없고 득도도 할 수 없다. 다른 방법이 없는 것이다. 이것은 만고불변의 법칙이다. 어떤 방법을 사용하든지 입정을 하고자 하면, 반드시 어떻게 잠에 드는가 하는 것부터 알아야 한다. 우리들은 모두 잠을 잘 줄 안다. 그래서 우리들은 입정하는 방법도 배울 수 있는 것이다.

좌선하면서 조는 현상은 나쁜 것이 아니다. 하지만 졸면서도 심혈을 기울여 '나는 지금 어떻게 존다.'하는 것을 분명하게 포착해야 한다. 사람들이 잠을 잘 때 갑자기 잠이 드는 것이 아니다. 생리의 힘이 차츰차츰 떨어지면서 천천히 깊은 잠에 드는 것이다. 마치 차를 뜨거운 물에 우릴 때 찻잎이 천천히 가라앉는 것과 같은 이치이다.

인체의 힘은 두 가지다. 하나는 심리의 힘이고 다른 하나는 생리의 힘이다. 우리들은 얼마든지 심리의 힘으로 생리의 힘을 파악하여 제어하고 유도하면서 이끌 수 있는 능력이 있다. 이를테면 우리들이 잠을 자기 싫을 때, 얼마든지 심리의 힘으로 생리의 힘을 유도하면서 이끌 수 있다. 즉 '휴식하지 말자, 잠을 자지 말자, 에너지는 아래로 하강하지 말고 위로 상승해 정수리까지 올라라. ….' 이렇게 유도할 수 있다.

두뇌는 마치 전구와 같다. 전기를 계속해서 공급하지 않으면, 전구의 불빛이 차츰차츰 어두워지면서 희미해지고, 나중에는 완전히 꺼진다. 잠이 드는 것도 마찬가지이다. 생리의 힘이 정수리에서 천천히 아래로 하강하면서 두뇌에 힘이 없게 된다. 그리하여 사람들은 차츰차츰 잠이 드는 것이다.

깨어날 때는 이와 정반대이다. 탁상용 전등불의 스위치를 천천히 돌리며 켜면, 처음은 불그레하다가 차츰차츰 밝아진다. 그러므로 깨어날 때는 전등을 켜는 것처럼 생리의 힘을 천천히 머리(두뇌)에 옮기는 것이다. 그 결과 차츰차츰 잠에서 깨어난다. 사람들이 깨어날 때 생리에너지(심리에너지를 포함)는, 천천히 마음과 하나가 되면서 한 가닥 힘을 생산해 정수리(전구)에 수송하는 것이다.

이 전등이 꺼질 때는 스위치를 천천히 돌려 끄므로 더는 전구에 전기를 공급하지 않게 된다. 잠을 자려고 할 때(혹은 입정을 할 때)면 정수리에 있던 힘이 천천히 아래로 하강하면서 잠이 든다. 생리에너지와 심리에너지가 완전히 근원으로 돌아간 것이다.

③ 힘의 근원은 각 기관에 있다

힘의 근원은 어디에 있는가? 예로부터 의견이 많았다. 어떤 사람은 심장이라고 하고, 어떤 사람은 단전이라고 하며, 어떤 사람은 간장이라고 한다.

도가에서 한 말이 제일 정확하다. 즉 "각자는 각기 모두 자기의 위치로 돌아가는 것"이다. 즉 심장의 힘은 심장으로, 신장의 힘은 신장으로, 비장과 위장의 힘은 비장과 위장으로 돌아가는 것이다.

찰나간의 휴식을 취한 뒤 또다시 한데 융합해 한 가닥 힘이 되어서 정수리(전구)로 운반한다. 그러면 희미한 색깔부터 차츰차츰 밝아지면서 환하게 빛나는 전등불이 되는 것이다.

기운이 순환되어야 잠도 잔다

　사실 '두뇌를 지배하고, 마음을 지배하며, 자아를 지배한다.'는 것을 쉽게 말하면, 바로 생리와 심리의 에너지(힘)를 지배한다는 말이다. 마음이 이 에너지를 지배하지 못하면 주인이 될 수 없다. 마음이 에너지를 지배하지 않으면, 마음이 에너지의 지배를 받는 것이다.
　불교에서 이 에너지를 인정하지 않는 것은 아니다. 예로부터 각 종파들이 각기 다른 이름을 짓고 불렀다. 하지만 모두 '바꾼다'는 뜻의 '전轉'자를 넣어 형용하게 되었다. 내가 너를 바꿔놓지 않으면 네가 나를 바꿔놓는다는 뜻이다.
　휴식하고 싶어도 정수리에 있는 이 힘이 하강하지 않으면 잠을 잘 수 없다. 공부하고 용맹정진하고 싶어도 이 힘이 정수리로 올라가지 않으면, 두뇌가 이 에너지를 얻지 못하기 때문에 바로 혼매에 빠지게 된다(일반적으로 두뇌에 산소가 모자란다고 한다). 그러므로 하품을 하고 졸게 되어 좌선할 수 없게 된다.

기운을 순환시키는 방법

지난 겨울에 머리가 혼매하게 된 것을 다스리는 방법을 가르친 적이 있다. 심호흡을 해 숨을 단전까지 들이쉰 다음 단전에서 머물게 하는 방법을 말한다.26 숨을 내리쉬며 단전에 있던 기를 아래로 누르면 그 기운이 등(척추, 독맥)을 타고 위로 올라간다. 이 기운이 위로 상승하면 우선 두뇌부터 충족시킨다. 두뇌가 이 힘을 얻게 되면 머리가 금방 맑아지고 잠을 자지 않아도 되는 것이다.

분무기가 물을 뿜는 원리와 같다. 분무기는 손잡이를 여러 번 당기면 분무기 안의 압력이 높아지면서 통 안에 있는 물을 밖으로 밀어 뿜게 된다. 사람의 신체도 분무기와 비슷하다. 하지만 이런 방법을 함부로 사용하면 안 된다. 아니면 큰 대가를 치를 수 있다. 영성이 있는 사람이라면 이 방법을 자연스럽게 포착할 수 있다.

에너지를 바꾸고 에너지를 다스려 사용하며 에너지가 이동하는 이 모든 것은, 채식을 하고 향불을 올리며 염불하는 것과 추호도 관계가 없다. 아무리 채식을 하고 염불해도 에너지를 사용할 줄 모르고 에너지를 보내며 다스릴 줄 모른다면, 입도하고 도를 깨치며 성불하고자 해도 불가능한 일이다.

---

26 절대로 위(위장)에서 숨을 참으면 안 된다. 위에서 숨을 참으면 위가 부풀면서 흉부를 찔러 아프게 된다. 기가 단전까지 내려와 머무를 때 숨을 참아야 한다. 단전에서 숨을 참는 방법을 모른다면 억지로 하지 말아야 한다. 반드시 스승의 지도하에 훈련해야 한다.

❸ 입정할 때 의식이 없으면 안 된다

　입정을 하고자 하면, 반드시 '어떻게 잠이 드는가?'의 과정을 포착하고 완전히 자기 것으로 만들어야 한다. 그 다음에야 '어떻게 주각住覺(수면 상태에 머무름)하는가?'를 논할 수 있다. 그리고 마지막으로 '어떻게 잠에서 깨어나는가?'를 포착하는 것이다. 아무리 아둔한 사람이라도 심혈을 기울여서 10번~20번이면 파악할 수 있다.
　파악하는 방법은, 잠에서 깨어난 다음 움직이지 않고 원래의 자세를 유지하면서 '방금 어떻게 깨어났는가?'를 기억하는 것이다. 또 몇 분 잠들었다 깨어나면, 에너지가 또 정수리를 채운다. 이때도 역시 '금방 어떻게 잠에서 천천히 깨어났던가?' 하는 것을 느껴본다. 이렇게 3~4번 반복하면 근본문제가 해결되는 것이다. 이렇게 간단하다! (스승님! 이렇게 하면 잠을 자지 않은 것과 같지 않습니까?)
　자지 않은 것과 같다고 할 수 있다. 참된 입정은 아무것도 모르는 것이 아니라 아주 확실하게 알고 있는 것이다. 마치 대야에 맑은 물을 담아 놓으면 하늘에 별이 몇 개 있고, 주위에는 나무가 몇 그루가 있는지 아주 분명히 비춰볼 수 있는 것과 같은 것이다. 참된 '수면'과 참된 '입정'도 이런 것이다.
　이런 상태를 모두 잠을 자지 않았다고 오해한다. 속으로 '분명 내가 잠을 자고 있는데 어떻게 밖에서 나는 소리가 다 들리지……?' 하는 것이다. 사실 이것은 최고로 질이 높은 수면이다. 왜냐하면 몸 안의 두 가지 힘(음양)이 평형에 도달하였기 때문이다.

잠들면 아무것도 몰라야 잠을 잔다고 한다. 왜냐하면 의근意根이 앞장서서 잠을 자면 의근이 몸 밖으로 달아나서 없기 때문에 아무것도 모르게 되는 것이다. 자기는 깊은 잠에 들었다고 하지만, 깊은 잠에 든 것이 아니라 의식이 달아난 것이다. 만약 잠을 잘 때 의식이 달아나지 않았다면 마치 입정한 것처럼 정신이 맑게 되는 것이다.

'입정'이라는 것은 의식이 체내에서 달아나지 않고 맑은 물과 같은 것을 말한다. 입정을 할 때 의식이 달아나버리면 '무기정無記定'에 들었다고 하고 또 '단멸정斷滅定'에 들었다고 한다. 참된 의식과 신식神識이 체내에 있지 않고 이미 달아나 버렸기 때문이다. 그러므로 옛날 사람들은 이런 수행자를 이미 죽었다고 해서, 육체를 끌어다 불에 태워버리기까지 하는 것이다.

마음이 고도로 통일되고 조화되면, 마음의 두 가지 힘이 자연적으로 포화가 되어 움직이지 않는 상태가 된다. 만약 포화가 되지 않는다면 사방으로 떠돌아다닐 것이다. 포화가 될수록 견제되는 힘이 생기므로, 생각이 쉽게 혼란해져서 날뛰지 않는 것이다.

신체가 허약하고 에너지가 부족한 사람일수록 생각이 혼란하고 정신상태도 나쁘며 주의력도 분산된다. 왜냐하면 이런 사람의 에너지는 충만하지 못해서 견제작용을 하지 못하는 것이다. 마치 컵에 물이 가득차면 흔들리지 않지만, 절반 밖에 차지 않으면 흔들리기 쉬운 것과 같다. 흔들릴 공간이 없어야 하는 것이다. 이와 같은 것은 여러 차례 훈련을 해야 한다. 절대로 단번에 성공하지 못한다.

정이 충족해야 신을 불러들여서 우주와 융합할 수 있다

(스승님의 말씀은 자기가 잠을 자고 조는 것을 알아도 자기를 제어할 수 없다는 말씀입니까?)

이것은 바로 내가 항상 말하던 '정신의 분산(精神分散)' 혹은 '정신이 혼란하다'라는 말이다. 정精은 정精이고 신神은 신神이다. 정이 부족하면 신을 품을 수 없다. 신을 품을 수 없으면 신이 달아나기 마련이다. 왜 도교에서 "취정聚精(정을 모음)해 회신會神(신을 불러들임)을 하라."라고 강조하는가? 정이 부족하면 한데 모을 수 없다. 그러므로 신을 품을 수 없고 나아가 신을 불러들일 수 없는 것이다.

무엇 때문에 정신병이 있게 되는가? 정신병이 있는 사람들은 모두 양기가 부족하다. 정이 충분하면 양기陽氣도 충분하고, 양기가 충분하면 신을 품을 수 있다. 왜냐하면 양성의 힘은 음성의 힘에서 오기 때문이다. 만약 양성의 힘이 부족하면 음성의 힘을 품을 수 없다.

오직 '취정회신聚精會神(정을 모아 신을 불러들임)'의 경지에 도달해야 '출신出神'을 할 수 있다. 이때의 '출신'은 바로 우리들이 말하는 개정開頂이고 득도이다. 더 나아가 '입화入化(입화入畫)'가 된다. 어떤 그림을 담는 것인가? 강산을 담고 우주를 담는 것이다. 다시 말하면 날아가서 우주와 소통하고 우주와 하나로 융합하는 것이다. 이렇게 간단하다.

수련하는 사람들은 왜 금욕을 해야 하는가? 바로 정精을 모으기 위한 것이다. 신체는 충분한 '정'이 있어야만 '신神'과 모을 수 있다.

사람들은 왜 정을 모으지 못하는가? 육근을 통해 새어나가 버렸기 때문이다. '신'은 선천에서부터 다 갖추었기 때문에 수련할 필요가 없다. 수련해야 하는 것은 후천의 정이다. 후천의 정을 수련해 포화가 된 다음 다시 선천의 정과 회합하는 것이다.

오조께서 육조에게 전수한 게송은 이렇다.
有情來下種 유정이 와서 종자를 심고
因地果還生 인지의 과는 다시 살아난다
無情既無種 무정하면 종자를 심지 못하고
無性亦無生 무성이면 또한 생겨남이 없게 된다

삼조께서 사조에게 전수한 게송은 이렇다.
花種雖因地 꽃의 종자가 인지라 하지만
從地種花生 인지를 따라 심어 꽃이 생겨나거늘
若無人下種 만약 종자를 심는 사람이 없다면
花地盡無生 꽃밭에는 생겨난 꽃이 전혀 없을 것이다

모두 이런 뜻이다. 옛날부터 알아보는 사람이 별로 없었다. 어디에 종자를 심는 것인가? 그 종자를 심는 '지地'는 어디 있는가? 어디에서 꽃이 피고 어디에서 열매를 맺는가? 예로부터 사람들은 이 몇 마디 말을 참구하지도 않고 깨닫지도 않으니 방법이 없다. 어쩌다 한두 사람이 이것을 간파하고 밝히면 또 사문외도라고 한다. 그러므로 "아는 자는 말하지 않고, 말하는 자는 다 모르는 자들이다(지자불언知者不言. 언자개부지言者皆不知)."라고 한 것이다.

사람들은 모두 말하기를 "불법은 '깨닫는(오悟)' 것이고 '수련하는(수修)' 것이 아니다."라는 것이다. 그렇다면 날마다 이 자리에 앉아 있기만 하면 깨달음을 얻을 수 있는가? 어리석고 멍청하며 얼빠진 사람처럼 정신이 흐리고, 얼굴은 누렇게 뜨고 몸은 여위고 비실비실 앓는 사람들이 도를 깨닫단 말인가? 생리기능이 '깨달음'이라고 하는 것에 시들어 버리고 있도다!

지금 앉아서 깨달음을 얻는다고 하는 20~30대 되는 사람들이 마치 나이 많은 할머니 할아버지와 같아 보인다. 원래는 봄날의 울창한 거목이 되어야 하는데, 가을의 낙엽과 같고 메마른 고목과 같아진 것이다. 도리어 수련한 70~80세 넘은 노인들이 5~60세 밖에 되어 보이지 않는다. 그들이 수련한 결과 생리기능이 아주 활기차져서, 마른 나무가 봄을 맞아 꽃피는(고목봉춘枯木逢春) 현상이 나타난 것이다.

9강

지관止觀과 입정入定

☸ 잡념을 맞이하지도 거절하지도 따르지도 마라

방금 포행(포향跑香)을 하였는데 무엇을 느꼈는가? 몸이 따뜻해졌는가? 몸이 따뜻해지지 않았다면 포행을 잘 하지 못한 것이다. 포행을 잘 하면 발바닥에서 따뜻한 기가 위로 오르면서 다리가 풀리며, 마음이 안정되어 산란한 정신을 수습하기 쉽다.

하지만 과도하게 포행하면 쉽게 피로해지고, 과도하게 좌선하면 졸음이 온다. 잡념이 많다는 것은 정력이 넘쳐나기 때문인데, 이런 사람은 누워도 쉽게 잠들지 못한다. 피로하면 잡념이 생길 겨를이 없고 자리에 누우면 금방 잠들게 된다.

좌선하는 사람들은 왜 적게 먹는가? 의식이 흐려지는 것을 방지하기 위한 것이고, 잡념이 생기는 것을 대처하기 위한 것이다. 잡념이 생기지 않는 것은 무슨 경계인가? 어떻게 수련해야 하는가? 여러분들은 "나는 아직까지 이런 경계에 도달하지 못했다."라고 말할 수도 있지만 이 물음을 화두로 삼아 참구하기 바란다. 잡념이 없을 때 내가 무엇을 하고 또 어떻게 하고 있는가? 잡념이 있으면 어떻게 처리해야 하는가? 이 모든 의문을 화두로 삼아 참구 할 수 있다.

나의 대처법은 이렇다. 맞이하지도 거절하지도 따르지도 않는다. 맞이하지도 거절하지도 따르지도 않을 때 무엇을 하고 있는가? 이것도 참구할 화두이다. 좌선할 때 생각을 하지 말라는 것이 아니라 헛된 잡생각을 하지 말라는 것이다. 좌선할 때 아무 생각도 하지 않고 나무토막처럼 앉아 있으면서 어떻게 지혜의 문이 열리겠는가? 백년을 앉아 있어도 문이 열리지 않을 것이다.

③ 지관은 하나의 경계에 전념하고 평가한다는 뜻이다

불문에는 '지관止觀'이라는 용어가 있다. '지止'라는 말은 망념을 그치게 하고 하나의 경계에 전념한다는 말이다. 입정한 다음 한 가지 일에 집중을 하거나 혹은 한 가지 문제에 집중하는 것을 말한다. 한 가지 문제나 일에 집중하지 않으면 바로 산란해진다. 한 가지 문제에 집중을 한다 해도 정념(正念, 즉 관觀을 하지 않으면)이 없으면 지혜의 문을 열 수 없다. 그러므로 '지止'는 집중(정定)을 목적으로 하는 것이고, '관觀'은 지혜의 문을 열기 위한 것이다.

어째서 '생각할 상想'을 쓰지 않고 '볼 관觀'자를 사용하는가? 관이 중요하기 때문이다. 이 관觀이란, 간자簡字로 볼 때 '또 만났다(又+見=观)'는 의미인데 묘하게 사용하였다. 원래부터 있는데 또다시 만났다는 뜻으로 외부에서 얻고자 할 것이 없다는 의미이다.

불문에서는 지止와 관觀을 연결해서 한 뜻으로 쓰지만 사실상 두 가지 뜻이다. 나중에 뜻을 넓혀서 '관상觀想'이라고 하였는데 여전히 두 가지 뜻을 가지고 있다. 어떤 사람은 "나도 관을 하는데 어째서 지혜의 문이 열리지 않느냐?"고 묻지만 관觀이라는 것은 상想이 아니다.

지止는 어떤 한 가지 일이나 문제에 마음을 집중하게 된 것을 말하고, 관觀은 심사한다는 뜻이다. 그렇다면 상想은 또 무슨 뜻인가? 추구追究한다는 뜻이다. 선방에 '참구參究'라는 단어가 있는데 참구와 상은 같은 뜻이다. 우리는 좌선하면서 습관적으로 자기를 아미타불 혹은 관세음보살로 관상하는데 이것도 역시 일종의 관상觀想이다.

🌱 지와 관을 함께 쓸 수 있으면 경계와 한 몸이 된다

그렇다면 수련할 때 지止는 어떻게 하고 관觀은 어떻게 하는가? 이를테면 좌선할 때 어떤 생각이 떠오르면 모두 그것을 '내버려 두고 머무르지 말라'고 말하지만 이것만으로는 문제를 해결할 수 없다. 문제를 해결하지 못하고 줄곧 그 문제에 멈추고 있는 것은 정定이지 지혜는 아니다.

좌선하는 과정에서 나타나는 생각마다 모두 관찰해야 하고 생각이 사라져도 관찰해야 한다. 떠오른 생각을 그냥 내버려두라는 사람들의 말대로 해서는 안 된다. 그 생각을 내버려두면 자리에 앉아서 무엇을 하겠는가? 생각은 어디에서 오고 어디로 가는가? 당신은 마치 방관자가 보는 것처럼 똑똑히 보고 분명하게 알아야 한다.

만약 이 방법을 오래 쓰고 익숙해지도록 훈련하면 지와 관을 함께 쓸 수 있다. 이 방법을 쓸 줄 모르면 먼저 지를 수련하고 다시 관을 수련해야 한다. 만약 이 방법을 아주 익숙하게 사용하면 방관자의 신분으로 불쑥 뛰어들어 망념과 융합해 한 몸이 될 수 있고, 또 그렇게 되면 볼 수 있는 것도 없고 보는 것도 없게 된다. 마치 일상생활의 주변에서 발생하는 일들을 똑똑하게 볼 수 있지만 참여하지 않는 것과 같다.

방관자가 되는 것은 혹은 시끄러울까봐 혹은 그만한 배짱이 없거나 아니면 나와는 상관없는 일이기 때문일 수도 있다. 하지만 대담하게 좌선하는 과정에서 나타나는 경계와 한 몸이 될 수 있다면, 생활에서 생기는 문제들도 모른 척 하지 않을 것이다. 생활 속에서 나타나는 문제와 좌선하는 과정에서 나타나는 문제는 그 이치가 같다.

❸ 자신의 문제를 세심하게 찾아내야 입도할 수 있다

왜 도를 수련하려면 농사지을 줄도 알아야 하고 꽃을 가꿀 줄도 알아야 한다고 하는가? 농사짓는 일이나 꽃을 가꾸는 일이나 모두 세심한 일이다. 밥을 짓고 맛있는 반찬을 만드는 일도 불을 조절해야하고 간을 보아야 하기 때문에 세심해야 한다.

　수행도 모든 방면에서 세심하게 잘 조화시켜야만 한다. 예를 들면 오늘 도를 수련할 때 나타나는 생리의 반응을 어떻게 대처하는가? 내일은 심리의 반응을 또 어떻게 대처해야 하는가? 이 모든 것들은 모두 잘 안배해야 한다.

　일상생활에서 일하는 모습과 방법은 그 사람이 도를 수련하는 과정에서 수련하는 모습이나 방법과 같다. 사용하는 마음이 같기 때문이다. 무슨 일을 하든 세심하지 못하고 대충하는 사람들은, 도를 수련해도 여전히 세심하지 못하고 대충한다. 그래서 이런 사람들은 좌선할 때 자기의 망념을 발견하지 못할 뿐만 아니라 입정入定 속에서 나타나는 경계를 관찰하지 못한다.

　나는 종종 주변 사람들이 어떤 일을 하든지 세심하지 못하고 대충 대충하는 것을 보곤 한다. 이렇게 대충 일하는 방식과 거칠고 침착하지 못한 심성으로 어떻게 도를 수련하겠는가? 세심하고 완벽한 것을 추구하는 사람이 도를 수련하게 되면 티끌만한 잡념도 놓치지 않고 실수 없이 세심하게 도를 수련할 것이다.

　그래서 옛날에 남천선사南泉禪師께서 제자를 받을 때, 우선 밭에 나가 일을 시키면서 도를 수련할 수 있는지를 가늠하셨다. 밭일을 할 때 아무리 잡초가 많아도 발견하지 못하면, 도를 수련할 때도 심전에 탐·진·치 같은 습성의 잡초들을 발견하지 못한다.

　사람들은 누구라 할 것 없이 모두 자기가 가장 총명하고 완벽하다고 생각한다. 이것이 바로 중생이다. 성인聖人은 이렇게 생각하지 않는다. 수행을 한 사람도 이렇게 생각하지 않는다. 단지 범부들만이 남의 결점을 눈여겨보면서도 자기 몸의 문제를 찾지 않는다. 하지만 성인들은 단지 자신의 문제만 볼뿐 다른 사람의 흠집을 찾지 않는다.

이와 같이 성불수행을 오래 하였지만 아직도 지止를 할 수 없거나 혹은 지는 할 수 있지만 관觀을 할 수 없다면 선정공부는 새로운 단계로 올라갈 수 없다. 수행에서 자기를 끌어 올리려면 지관止觀에 의거해야 한다.

자신의 생각을 똑바로 관찰하라

옛날 사람들은 고생스럽기는 하지만 효과적인 수련법을 창조하였다. 항상 연필과 노트를 몸에 가지고 다니면서 매번 떠오르는 생각과 느낌을 전부 기록해 점찍고 동그라미를 그리면서 구별하게 하였다. 좋은 것은 동그라미를 그리고, 나쁜 것은 엑스를 치고, 좋지도 나쁘지도 않은 것은 점을 찍었다. 우리들도 이와 같이 해서 일주일을 지나면 엑스표시가 더 많다는 것을 발견하게 될 것이다. 그때가 되면 '나의 몸에 나쁜 것이 이렇게 많았나!' 하고 놀라게 될 것이다.

사람들의 두뇌는 일 분 동안에도 수없이 많은 생각을 한다. 자기 몸에 생기는 생각들을 똑바로 보지 못한다면 어떻게 공부하겠는가? 공부는 단지 좌선만으로 되는 것이 아니다. 공부법에 좌선하는 것도 포함하였지만 유일한 방법은 아니다. 오직 지止의 공부를 해야만 수시로 관觀을 할 수 있다. 지관은 입정하기 전의 행동 방법이다.

③ 입정의 세 단계

입정하려고 할 때면 차츰차츰 몸이 사라지면서 존재하지 않게 된다. 따라서 호흡도 차츰 미세해지고 생각도 차츰 감소되다가 나중에는 존재하지 않는다. 이것이 바로 입정전의 세 가지 단계이다.

망념이 없을 때 마음의 안팎은 마치 거울과 같고 어쩌다가 아지랑이와 같은 생각이 날뿐이다. 이 아지랑이와 같은 생각은 최초의 생각과 다르다. 많은 사람들은 이것을 알아차리지 못하고 자기는 생각이 없다고 생각한다. 초선初禪과 이선二禪은 이런 아지랑이와 같은 생각은 끊어버리지 못하고 단지 거친 생각을 끊을 뿐이다.

일반적으로 초선, 이선, 삼선 때는 마음에서 '희락喜樂'이라는 것이 생긴다. '희喜'는 심리의 느낌을 말하고 '락樂'은 생리의 느낌을 말한다. 다시 말하면 삼선까지는 심리와 생리를 비우지 못하고 단지 망념만을 꺼버린 것이다. 어떤 사람은 좌선하다가 가끔씩 입정하는 느낌이 드는데, 어떻게 입정하고 어떻게 출정하였는지를 모른다. 그래서 다시 입정하고 싶지만 입정하지 못하는 것이다.

무엇 때문인가? 마치 잠잘 때 어떻게 잠들고 어떻게 잠에서 깨어났는지를 모르는 것과 같다. 만약 어느 날 입정을 어떻게 하였고 출정을 어떻게 하였는지를 알게 되면 어떻게 잠들고 어떻게 잠에서 깨어났는지를 알 수 있다. 그렇게 되면 자기의 생사도 감당할 수 있게 된다.

사망의 과정을 통달하면 임종할 때가 마치 입정할 때와 같다. 다시 말하면 입정하는 방식으로 사망한다. 사망의 경험과 입정의 경험은 똑같다(이것은 성인의 사망과 입정이 같다는 말이다). 사망할 때도 차츰 신체가 사라지고 그 다음 호흡도 정지되고 그 다음은 생각도 없어지는 것이다.

☯ 입정에 들어가고 나오는 방법을 체득해야 삼선을 넘을 수 있다

좌선할 때도 먼저 신체를 비운다. 그 다음 호흡이 없어지고 계속해 생각도 없어지게 된다. 다 없어진 다음에는 어떻게 해야 하는가? 각지覺知의 힘으로 자유롭게 오고 가면서 마음대로 삼계를 초월하는 것이다.

산을 마주하면 산을 넘고 바다를 만나면 바다를 건너고, 굽은 길을 걷지 않고 직선으로 왔다 갔다 할 수도 있다. 사람은 여기에 앉아 있지만 생각은 자유롭게 갔다 왔다 할 수 있는 것이다. 북경으로 가고 싶으면 곧바로 북경을 가고, 상해로 가고 싶으면 곧바로 상해로 가며, 천진으로 가고 싶으면 곧바로 천진으로 갈 수 있다. 기차를 타고 가듯 구불구불 가는 것이 아니다.

입정(사망)한 다음 각지는 초연히 허공 밖에서 혼자서 자유롭게 오간다. 이때야말로 무엇이 해탈인지를 느낄 수 있게 된다. '꿈을

꿀 때도 이와 같은 경험이 있었는데, 어째서 입정의 상태에서는 꿈속의 경계를 이루지 못하는가?'라고 묻지만 생각(사유)은 오직 머릿속에서의 의식일 뿐이다. 선정의 초급단계도 머릿속의 의식(獨頭意識)에 의거한다. 하지만 선정공부가 깊어지면 머릿속의 의식에 의거할 필요가 없다.

어째서 어떤 사람들은 좌선할 때 몸도 사라지고 호흡도 미약해지고 망념도 사라졌는데 깨달음의 상태가 오래가지 못하는가? 그 사람의 선정공부가 오래도록 지속되지 못했기 때문에, 선정상태를 안정적으로 유지하지 못하는 것이다. 더구나 어떻게 선정에 들어가고 어떻게 나오는지를 똑똑히 알지 못하기 때문이다. 오직 수없는 실천과 훈련이 있어야만 수시로 입정의 경계에 들어갈 수 있고 나올 수 있다. 뿐만 아니라 입정의 경지에 있고 싶은 만큼 있을 수 있게 된다.

오늘 관음동에서 좌선하는 것처럼, 전등이 없어 어두우므로 더듬으면서 천천히 동굴 안으로 들어오고 또 더듬으면서 밖으로 나간다. 처음에는 어떻게 들어오고 나가는지를 모르지만, 반복해서 지형과 노선에 익숙해지면 쉽게 드나들 수 있고 동굴 안에 있고 싶은 만큼 있을 수도 있다. 이것이 바로 선정공부이다.

오늘은 기본적이면서 최종적인 것을 말하였다. 깨달은 사람은 이런 방법으로 입정하고, 좌선공부를 배우는 사람도 역시 이 방법을 사용한다.

10강

입정의 네 단계

출정의 세 단계

지난 시간에 어떻게 입정하는가에 대해 강의하였다. 그때 사망하는 과정과 입정하는 과정은 같다고 말하였다. 계속해 이 시간에는 어떻게 입정에서 나오느냐, 다시 말하면 어떻게 출정出定하는가에 대해 강의하겠다. 아울러 사망상태에서 깨어나는 과정과 입정상태에서 출정하는 과정은 같다는 것을 강의하겠다.

우선 입정하는 과정을 다시 한 번 말하겠다. ①신체가 차츰차츰 사라지는 느낌이 든다. ②호흡이 차츰차츰 미세해지는 느낌이 든다. ③생각이 차츰 차츰 감소하다가 사라진다. 이것이 바로 입정하는 과정이다.

어떻게 출정하는가? 일반적으로 입정하기 전에 나는 얼마동안 (몇 시간, 혹은 며칠) 입정해야겠다는 목표를 암시하면, 예정한 시간에 자연스럽게 출정하게 된다. 하지만 입정하기 전 출정하는 시간을 미리 생각하지 않았거나 혹은 외부 사람이 깨워주지 않는다면 혼자서 출정하기가 아주 어렵다. 그러므로 반드시 다른 사람의 도움을 받아야 한다.

중국에서는 손가락을 튕기는 방법(탄지법彈指法)으로 입정한 사람을 깨우곤 한다. 참선하는 사람이 입정에서 나오지 못하는 경우에는, 귀뿌리 근처에서 손가락으로 세 번 튕겨 소리를 내어 출정시켜 준다. 여기에서 인경引磬을 발명하였는데, 이름 그대로(인도하는 경쇠) 깊은 선정에 들어있는 참선하는 사람을 불러 깨울 때 쓰는 경쇠를 말한다.

지금부터 자기가 입정하는 과정을 상상하기 바란다. 우선 자기의 신체가 비워졌다고 상상한다. 계속해서 호흡이 가늘어 지다가 차츰차츰 없어진다고 상상해보라. 생각도 없어지고 오직 영명靈明의 각지覺知만 존재한다고 상상해보라…….

출정은 입정할 때의 감각과 정반대이다. ①차츰 자기 신체가 존재한다는 것을 느끼게 되고 ②이어서 호흡이 살아나고, ③생각도 생겨나서 분석하고 판단할 수 있다는 느낌을 받게 된다. 이 세 가지 현상이 나타날 때 눈을 뜨면 진실한 자기가 존재한다는 것을 발견할 수 있다.

입정과 출정과정을 자각하며 관찰하라

어떤 사람은 어떻게 갑자기 입정하고 어떻게 갑자기 출정하였는지를 모른다. 좌선하는 사람에게 보통 나타나는 현상이다. 좌선하는 과정에서 갑자기 비워졌다는 느낌이 생겼다가 갑자기 이런 느낌이 없어진다(즉 신체와 호흡 그리고 각지가 회복된 것이다). 자기가 어떻게 들어갔으며 어떻게 나왔는지를 모르는 것이다.

불문에서는 참선 수련하는 사람들에게 '자기가 어디에서 왔는가?' 하는 문제를 화두로 삼으라고 한다. 만약 자기가 어디서 왔는지를 안다면 앞으로 자기가 어디로 가게 된다는 것도 알게 된다. 장래에 어디로 갈 지 모르는 이유는 자기가 어디에서 왔는지를 모르기 때문이다. 마찬가지로 입정을 파악하면 자연스럽게 출정하는 것도 파악할 수 있다.

최초단계의 입정은 십 분 정도 머물렀다가 출정한다. 그 다음 또다시 십 분 정도 입정한다. 이렇게 입정하고 출정하고 또 입정하고 출정하면서 반복적으로 열 몇 번, 심지어 수십 번 들어갔다 나왔다 하면 자연스레 입정하고 출정하는 방법을 익힐 수 있다. 하지만 몇 시간 동안 입정하였다가 갑자기 외부 사람이 깨워서 출정하면 다시 입정하지 못한다. 입정한 시간이 너무도 길었기 때문에 어떻게 입정하였는지 잊어버린 것이다.

평상시 사람들은 꿈속에서도 입정한다. 단지 그것 역시 수행이라는 것을 모를 뿐이다. 이를테면 꿈에서 깨어났지만 몸이 움직이지 않으면, 자기도 모르게 계속 자면서 꿈도 계속해 꾸는 것이다. 하지만 몸을 뒤척거리며 움직이면 꾸던 꿈을 계속 꾸기 어렵다. 입정과 출정은 같다. 수행할 줄 아는 사람은 꿈속에서도 자기를 훈련할 수 있다(꿈에서도 성취한다). 시간이 오래 되면 꿈속에서 입정하고 출정할 수 있다.

어떤 사람들은 선천적으로 자기가 어떻게 잠들고 어떻게 깨어나는지를 안다. 아침에 우리들이 깨어날 때 처음 몇 초는 자기의 신체와 호흡이 존재하는 것을 느끼지 못하고 단지 미세한 생각만 있다. 차츰차츰 신체가 존재하고 호흡이 존재한다는 것을 느끼면서 생각이 나타나게 된다. 이때 몸도 움직이는 것이다.

입정과 중음신

육체적 관문을 넘기지 못해 다리가 아픈데 어떻게 입정할 수 있겠냐고 묻겠지만, 육체의 생리적 관문을 넘기지 못해도 입정할 수 있다. 잠을 자면서도 입정을 할 수 있다고 하면 입정하지 못할 이유가 없다.

다만 신체의 기맥이 통하지 못한 사람은 출정하고 나서 전신이 아플 뿐이다. 입정할 때 신체는 큰 것으로부터 미세한 것으로 차츰차츰 사라지기 때문에 아픈 감각이 없다. 하지만 출정할 때는 미세한 것부터 큰 것으로 이어지며 생긴다. 그래서 출정할 때는 신체가 아픈 것이다.

입정하고 주정住定(입정에 머무름)하고 출정出定하는 것을 자유자재로 하는 수행인들은 생사를 다스릴 수 있다고 한다. 이 말은 절대적으로 맞는 말이다. 입정하는 과정과 사망하는 과정이 같기 때문이다. 입정하고 출정할 때 그 사람의 신식神識(정신)이 몸을 떠나는데, 사람이 죽을 때도 그 사람의 신식이 가버리는 것이다.

성불수행을 하는 사람들은 모두 '중음신中陰身'이라는 단어를 알고 있다. 몸을 떠난 뒤에 다른 사람의 몸에 들어가기 전의 과정에 있는 물건을 중음신이라고 한다. 하지만 그것을 파악할 수 있는 사람은 중음신이라고 하지 않는다.

고금으로부터 국내외의 여러 수행자들이 그에 대해 각기 수없이 많은 이름을 지었고, 각 교파마다 모두 다른 이름이 있었다. 그중 대표적이고 통상적인 이름은 '영혼'이다. 다만 불교는 영혼이라는 것을 인정하지 않고 다른 이름으로 부른다.

입정의 첫 번째 단계, 초선

입정은 네 가지 단계로 나눈다. 즉 초선初禪, 이선二禪, 삼선三禪, 사선四禪이다. 앞의 삼선(초선, 이선, 삼선)은 모두 신체와 정신의 희열이 있다.

첫 번째 : 초선은 신체를 비우는 것이다. 좌선하는 과정에서 신체가 존재한다는 느낌이 없고 단지 호흡과 잡념만 존재한다면 이미 초선에 들어선 것이다.

두 번째 : 공부가 깊어짐에 따라 잡념이 줄어들고 호흡이 미약해진다. 초선 때보다 더 강한 느낌이 존재하지 않으면 이미 이선에 도달한 것이다.

세 번째 : 미세한 생각마저 사라지면 이미 삼선에 도달한 것이다.

삼선은 심신에 많은 반응들이 일어난다. 가장 명확한 반응은 희락이다. 희喜는 심리의 반응이고 락樂은 생리의 반응이다. 삼선에 들어선 사람은 80세 노인일지라도 어린아이처럼 유연하고 경직되지 않는다. 왜냐하면 사가행四加行에서 제일행第一行인 난상暖相(따뜻하고 포근한 상태)이 나타났기 때문이다.

사람의 신체는 나이가 들수록 굳어지기 마련인데, 난상이 차츰 사라졌기 때문이다. 겨울에 어린아이가 어른 품에서 잠이 들면 아이들은 따뜻하고 포근함을 느낀다. 그런데 어른은 왜 그렇지 않은가? 어린아이의 몸에는 난상이 남아 있고, 어른의 몸에는 난상이 없기 때문이다. 어른들의 신체에 난상이 나타나면 전신 근육이 유연해진다.

어째서 어린아이들은 넘어지면 일어나 툭툭 털고 가면 그만인데, 노인들은 골절이 생기거나 근육을 다치는가? 굳고 단단한 물건일수록 땅에 떨어지면 쉽게 깨지고 파손되지만 유연한 물건은 파손되지 않는다. 장자는 "도를 아는 자는 넘어져도 상하지 않는다."고 말했다. 좌선이 잘 되면 겨울에도 손발이 따뜻하다. 좌선하는데 손발이 계속 차가운 사람은 난상이 소생하지 못하였기 때문이다.

입정의 두 번째 단계, 이선

이선二禪에 들었을 때 나타나는 가장 뚜렷한 현상은 주위 소리에 민감해진다는 것이다. 거센 호흡이 미세해지면서 심장 뛰는 소리와 혈관에서 혈액 흐르는 소리마저 다 들을 수 있기 때문에 두려운 마음이 생길 수 있다. 이런 고요한 내면은 이미 외재를 초월하였기 때문에 외부의 소리에 특별히 민감한 것이다.

크게 소리쳐 불러도 듣지 못하는 것은 두뇌가 복잡하고 내면도 아주 산란하기 때문이다. 이선에 접근한 사람은 큰소리로 부르지 않아도 금방 알아듣는다. 고요한 마음이 이미 널리 뻗어나가 부르는 사람마저 포용하였기 때문에 아주 낮고 가벼운 소리마저 모두 들을 수 있다. 하지만 내면이 조용하지 못한 사람은 아무리 큰 소리로 불러도 듣지 못한다.

❸ 입정의 세 번째 단계, 삼선

삼선三禪에 접어든 사람의 뚜렷한 특징은 사고하기를 싫어한다는 것이다. 다시 말하면 생각이 생기기 어렵다. 이때에는 생각이 하나만 생겨도 마음이 매우 힘들어 한다. 생각이 있을 수도 있지만 고의로 생기는 것이 아니라 자연스레 발생한다. 생각을 일으키는 것도 힘이 필요하기 때문이다. 생각이 일어나지 않으면 이 힘도 입정 속에 있는 것이다. '기氣가 정定에 들어가니 정신이 한가롭다.'라고 말하는 것과 같다.

어떤 사람은 한 시간 정도 좌선하면 피로를 느껴 허리를 펴고 싶거나 누워서 휴식하고 싶어 한다. 하지만 어떤 사람은 피로할 때 한 시간 정도 좌선하면 피로가 풀리고 몸도 가벼워진다고 말한다.

전자의 좌선은 한 시간 동안 긴장했기 때문에 휴식하고 싶은 것이다. 하지만 후자의 좌선은 아주 느슨한 상태이기 때문에 한 시간 동안 충분히 휴식한 것이다. 전자는 고강도의 운동이고 후자는 고질량의 휴식이다. 어째서 수행을 아주 잘한 고인들은 하루에 한 시간만 자도 정력이 넘쳐나는가? 참선하는 사람의 한 시간 휴식은 신체의 음양이 하나로 화합되어 평형상태에 이르기 때문이다.

③ 입정의 마지막 단계, 사선

사선四禪에 들어서면 이미 육근이 닫히고 수受, 상想, 행行, 식識의 작용도 멈추면서 영명의 각지만 존재한다. 이 각지覺知는 억지로 생긴 것이 아니라 자연적으로 존재하는 것이다. '지知'는 『심경』에서 말하는 '비출 조照'이다. 이때 여러분은 이미 거울이 되어, 어느 누구를 막론하고 당신 앞으로 다가오면 그 사람의 내면을 그 모양 그대로 뚜렷하게 거울처럼 비춰낼 수 있다.

사람을 제대로 보지 못하는 까닭은 수련을 통해 다른 이를 비추는 거울이 되지 못했기 때문이다. 어느 날 우리들이 자기를 수련해서 거울이 된다면, 우리 앞으로 다가오는 모든 사람들을 전부 똑똑히 볼 수 있고 그의 본래면목을 알 수 있다.

불교에서 말하는 사선四禪은 모든 교파가 걷는 길이고, 모든 교파의 수련방법이다. 불교가 출현하기 전 인도 요가교파에서 이미 '사선팔정四禪八定' 경계의 반응에 대해 묘사하였는데, 얼마 후에 석가모니 부처님께서 묘사한 경계와 반응이 같다.

　동양인이든 서양인이든, 고대인이든 현대인이든 심신의 변화는 크게 다르지 않다. 누가 수련을 하든지 사선팔정을 겪어야 한다. 사선팔정의 수련을 끝마쳐도 완전히 생사를 벗어날 수 있는 것은 아니다. 하지만 생사를 벗어나려면 반드시 사선팔정의 수련과정을 겪어야 한다.

③ 입정하려면, 자세·호흡·생각을 조절해야 한다

　입정은 어떻게 하는가? 자세와 호흡 그리고 생각을 조절하지 않으면 입정할 수 없다. 초선에서는 주정住定하기 위해서 반드시 자세를 조절해야 한다. 이선에서는 호흡을 조절해야 하고, 삼선에서는 의식과 생각을 조절해야 한다. 지금 사람들은 자세 조절법, 호흡 조절법, 의식과 생각 조절법을 모르기 때문에 입정하지 못한다.

　들숨을 깊숙이 단전까지 들이마신 다음 머무르게 하면 어떤 일이 생기는가? 잡념이 사라지고 내면의 마음이 밝고 영명해지며, 마음은 고도로 느슨한 상태가 된다. 5초가 지나기도 전에 잡념이 생기지만, 이 5초라는 시간 동안은 초선에 들어갈 수 있다. 입정 시기는 들숨을 들이마실 때이지 절대로 날숨을 내쉴 때가 아니다. 생각은 숨을 내쉴 때 생긴다.

　어떤 사람은 다년간 계속해 앉기만 하였는데 삼선에 들어간다. 하지만 이런 사람은 어떻게 들어가게 되었는지를 모르기 때문에 어떻게 나오는지도 모른다. 마찬가지로 이미 주정住定상태에 있지만 자기가 주정상태에 있다는 것을 모른다. 그래서 몇 시간 앉아 있다가 출정하였지만 그 시간동안 자기가 무엇을 하고 있었는지를 모른다.

오늘 강의한 내용을 여러분이 이해하였는지 모르겠지만 돌아가서 반시간 정도 좌선을 반복하면서 강의 내용을 기억하며 연습하기 바란다.

첫 번째: 입정할 때 나타나는 세 가지 반응이 있는가?
두 번째: 무엇 때문에 입정하지 못하는가?
세 번째: 왜 입정한 다음에 출정할 수 없는가?
네 번째: 무엇 때문에 주정住定한 것을 느끼지 못하는가?

입정, 주정, 출정을 배우고 나면 바로 생사를 장악할 수 있다. 사실상 입정, 주정, 출정은 사망을 훈련하는 것이다. 입정하고(태어남) 주정하고(삶을 영위) 출정하는(죽음) 과정은 사망하는 과정과 같기 때문이다. 잠에 들어(입정) 잠을 자고(주정) 잠에서 깨어나는(출정) 과정도 같은 이치이다(이것은 성인聖人의 잠을 말한다).

■질문: 스승님 삼매경에 들어서면 태식胎息이 정지됩니까?
■만행스님: 태식은 정지된다.『구사론俱舍論』과『화엄경華嚴經』에 이에 대한 논술이 있다. 우리들 몸에는 이미 수차례 사선팔정의 경계가 나타났었다. 만약 단 한 번만 포착하면 그 기억에 따라 계속해 나타날 수 있다. 이를테면 어떤 자세로 누우면 꿈의 경계로 들어간다는 것을 잘 아는 것과 같다.

이런 이치를 알고서 선을 수련하면 간혹 초선, 이선, 삼선을 포착할 수 있고, 그 포착했던 기억에 의거해 계속 수련할 수 있다. 사선에 들어갔다 다시 나오면, 삼선과 사선 사이에 큰 구별이 있다는 것을 발견할 수 있을 것이다.

입정과 출정을 반복 훈련함으로써 자신이 어디에 있는지 알아야 한다

■질문 : 스승님 입정한 다음 자신이 어디에 있는지를 알 수 있습니까?

■만행스님 : 진정한 입정상태에서는 그것을 알 수 있다. 입정한 다음 자기가 어디에 있는지 모르는 사람은 입정하는 과정에서 정념 正念을 세우지 못했기 때문이다. 하지만 처음 입정하기 시작한 사람은 처음 몇 번은 자기가 어디에 있는지를 모른다. 그래서 처음 입정을 시작할 때 십 분간 입정하였다 출정을 십 분하고, 다시 입정 십 분, 출정 십 분하면서…… 반복 훈련한다.

마치 이 관음동에 들어올 때, 들어와 십 분 있다가 밖으로 나가고, 또 십 분 동굴에 들어 왔다가 밖으로 나가기를 반복 훈련하는 것과 같다. 하지만 동굴 안에 들어와 몇 년 동안 있게 되면, 동굴 밖에 나갔다가 어떻게 동굴 안으로 다시 들어와야 하는지를 모르게 된다.

■질문 : 스승님 사선팔정은 수행의 유일한 길입니까?

■만행스님 : 수행의 유일한 길은 아니다. 사선팔정은 여러 교파에서 사용하는 공동 수련방법이다. 사선팔정 수련이 끝난 다음 교파별로 수련법이 달라진다.

처음 좌선하면 정신이 흐려졌다 맑아졌다 한다

■질문 : 스승님 좌선하는데 정신이 흐려지는 것은 왜 그럽니까? 어떻게 대처해야 합니까?

■만행스님 : 좌선하면서 정신이 흐려지는 것은 과정이고, 신체의 운행규칙이다. 어떤 사람은 처음 좌선을 시작하면 정신이 아주 맑고 청정해진다. 하지만 곧바로 정신이 흐려지다가 또다시 정신이 청정해지고 맑아진다. 어떤 사람은 좌선하면 할수록 머리가 흐리고 몽롱해진다. 심지어 좌선하지 않아도 머리가 흐리고 몽롱하다. 사람마다 신체 상황이 같지 않아서이다.

생리 에너지가 아래에서 위로 오를 때면, 두뇌에 충족한 산소가 공급되어 정신이 맑고 흐리지 않게 된다. 하지만 에너지가 위에서 아래로 내려오면서 두뇌에 산소가 결핍되면 정신이 흐리고 몽롱해진다. 이런 과정이 반복되는데 몇 번 반복되어야 하는지는 사람에 따라 다르다.

정신이 흐리고 몽롱할 때는, 들숨을 단전까지 들이 쉰 다음 바로 내쉬지 않으면, 들이 쉰 이 기운이 두뇌까지 이어지며 충분하게 산소를 공급해서 정신이 맑아진다.

🧘 와선보다는 좌선이 효율적이다

■ 질문 : 스승님 누워서도 선정에 들 수 있습니까?
■ 만행스님 : 누워서도 선정에 들 수 있다. 하지만 공부수준이 높은 사람은 괜찮지만 낮은 사람은 잠들어 버린다. 인도와 미얀마의 많은 승려가 길상와의 방식으로 입정한다. 만약 누워서 입정하고자 한다면, 적어도 앞에서 말한 삼선을 모두 수련한 다음에야 가능하다.

우두라융牛頭懶融선사27께서 수련한 것이 바로 수선睡禪이다. 나의 사숙師叔 한 분은 좌선하지 않는다. 그분은 진종일 누워서 선을 수련하는데 절대 주무시지 않는다. 누우면 느슨해지기 때문에 일반인들은 누우면 잠들어 버린다.

옛날 사람들은 왜 좌선하는 방법으로 입정하고 와선하는 방법으로 입정하지 않았는가? 좌선하는 자세는 사람의 생리 특성에 가장 부합되기 때문에 오랫동안 앉아있을 수 있고 쉽게 입정할 수 있다. 그래서 옛날 사람들은 걸상에 앉지 않고 무릎을 꿇거나 가부좌 상태로 앉는다. 이렇게 하면 하반신은 에너지를 필요로 하지 않기 때문에 에너지가 직접 두뇌로 이동된다. 두뇌는 에너지를 공급받아 맑고 청정해진다. 다리에 소모되는 에너지는 전체의 3/5이나 된다. 가부좌를 하고 앉게 되면 이 에너지가 상반신으로 공급된다.

자시가 되면 전신의 기가 사방팔방에서 한 곳으로 모이고 상반

---
27 우두라융(594-657), 수·당대隋唐代 사람. 우두선牛頭禪의 개조開祖이고 우두종牛頭宗을 창시했다. 법융法融, 혜융慧融, 융대사融大師 등으로 불린다.

신의 양기와 하반신의 음기가 서로 교합한다. 대략 반시간 정도면 이 화합하는 과정이 끝난다. 화합이 끝난 다음 전신의 기가 몸 중앙에서부터 사방팔방으로 흩어져 나간다. 이것이 자시에 좌선하면 각종경계들이 나타나게 되는 원인이다. 하지만 공부수준이 낮은 사람들은 자시에 좌선하면 건강에 좋지 않다. 그래서 휴식하는 것이 좋다. 오랫동안 참선한 사람들은 이런 문제가 발생하지 않는다.

어떻게 정확하게 입정해서 머무를 것인가?

중맥을 통해 두뇌로 산소를 공급하면 머리가 맑아진다

지금 어떤 사람이 졸고 있다. 여러분들은 정신이 몽롱하고 흐리면서 졸음이 몰려오는 것에 대해 대처법을 알고 싶을 것이다.

심호흡으로 기를 단전까지 흠뻑 들이마신 다음 내쉬지 말고 그 기를 가라앉힌 상태에서 정지하면, 들이마신 산소가 중맥을 따라 두뇌로 옮겨간다. 두뇌에 산소가 있으면 몽롱하거나 혼미하지 않고 졸음이 사라진다.

입정상태에서도 소리를 들을 수 있다

앞에서 이미 두 번이나 입정과 출정하는 방법에 대해 강의하였다. 오늘은 주정住定에 대해 강의하겠다.

꼼짝하지 않고 좌선하면서 불러도 듣지 못하는 도반들을 '입정하였다'고 생각한다. 입정한 다음에는 소리를 들어야 되는가 아니면 듣지 못해야 하는가? 이 문제에 대해 옛이야기 하나 할 것이니 스스로 판단해보기 바란다.

부처님께서 출가하기 전 네 개의 문門을 돌아다녔다. 제일 마지막 문에 이르러 삭발하고 누런 옷을 입은 한 수행자를 만나게 되었는데 싯다르타(부처님)께서 "당신은 누구인가?"라고 물으셨다. 수행자는 "나는 사문沙門이다."라고 대답하였다."[28]

싯다르타께서 "사문은 무슨 뜻인가?"라고 물으셨다. 그는 "출가해 고행을 수련하는 사람이다."라고 대답하였다." 싯다르타께서 "무엇 때문에 고행을 수련하는가?"라고 물었더니 "내심의 탐·진·치를 수련해 뽑아버리고 삼계를 벗어나며 생사를 끝내고 해탈하기 위한 것이다."라고 대답하였다. 이때 싯다르타께서 눈이 번쩍 뜨이셨다.

계속해 싯다르타께서 물으셨다. "수행하면 생사를 해탈할 수 있는가?" 싯다르타는 세 개의 문을 지나며 '노老, 병病, 사死'의 세 가지의 고통을 본 다음, 계속해 생사를 해탈할 수 있는 방법을 찾고 있던 중이셨다. 그는 "해탈할 수 있다."라고 대답하였다.

싯다르타께서는 그 사문을 만난 다음, 생사를 해탈하려면 도를 수련해야 하고, 도를 수련해야만 마음속의 의혹을 해결할 수 있다는 것을 깨달으셨다. 집으로 돌아온 싯다르타께서는 울적하고 답

---

[28] 출가한 사람들이 삭발하는 것은 석가모니부처님께서 만드신 제도가 아니다. 부처님께서 출가하기 전 이미 '사문沙門'이라는 이름이 있었고 부처님께서 이 이름을 사용하였을 뿐이다.

답한 마음에 출가하려고 결심하셨다.

그때 이미 바라문교는 출가한 사람을 '사문'이라고 하였다. 뿐만 아니라 다른 교파의 수행인들도 사회를 떠나 산림 속으로 들어가 고행하면 '사문'이라고 칭해졌다. 싯다르타께서도 출가하신 다음 다른 교파의 수행자들처럼 삭발하셨다. 부처님의 제자들도 그를 본받아 삭발하고는 사문이 되었다.

그때 매번 부처님의 머리카락을 깎아주던 우바리존자는 이미 아라한과를 증득한 분이셨다. 우바리존자께서는 부처님을 삭발시켜 드릴 때마다 거기에 전념하였고 망상이 없었다. 그는 머리카락 하나하나에 몰두하였고 부처님과 융합되어 한 몸이 되셨던 것이다. 한 번은 우바리존자께서 부처님의 머리카락을 깎아드리는데, 부처님께서 "당신은 이미 초선에 들었다."라고 말씀하셨다.

우바리존자는 계속해 부처님의 머리를 삭발해드리면서 부처님과 융합해 한 몸이 되었다. 부처님은 "당신은 이미 이선에 들었다."라고 말씀하셨다. 우바리존자는 명확하게 부처님의 말씀을 들었다. 두 분은 이미 한 몸이 되었기 때문에 서로 느낄 수 있었다.

우바리존자는 계속 부처님을 삭발해드렸다. 부처님은 "당신은 이미 삼선에 들었다."라고 말씀하셨다. 삼선의 경계에 있던 우바리존자도 그 말씀을 똑똑히 들으셨다.

이 이야기는 우리들에게 입정한 다음에도 얼마든지 소리를 들을 수 있음을 말해준다. 입정이라는 것은 움직이지 못하게 몸을 고정시키는 것이 아니며 일을 못하는 것도 아니다. 부처님과 우바리존자께서 같이 있는 장면을 상상해 보면 알 수 있다. 그들은 한편으로는 일하고 한편으로는 입정하면서 또 서로 대화도 나누었다.

각지가 활동해야 정확한 입정 상태이다

어떤 사람은 자기는 입정하면 아무것도 모른다면서 이것도 입정이냐고 묻는다. 그것도 입정이라고 할 수는 있지만, 우리 수행자들이 추구하는 입정은 아니다. 이와 같이 각지覺知가 없는 입정은 정확한 입정이 아니라 '무기정無記定'이고 '단멸정斷滅定'이다. 이와 같은 정으로는 십만 년을 입정해도 지혜의 문이 열리지 않는다.

우바리존자께서 부처님의 머리카락을 깎아드린 이야기를 통해 우리는 고도로 집중된 주의력으로 몰두하는 것도 선이고 정이라는 것을 알았다.

선종에 "마음과 환경이 일체가 되면 도道이다."라는 말이 있다. 야채를 썰 때도 칼과 야채에 집중하면서 열심히 야채를 썬다면 그것이 바로 선이며 정이다. 지금 여러분들이 일심불란으로 내가 하는 법문을 듣는 이것도 바로 정이다. 어떤 일을 하든지 자기의 마음을 장악하고 일심전력으로 일을 한다면 그 자체가 바로 정이다. 몸은 동굴에 있는데 마음은 동굴밖에 나가 있으면 그것은 정이 아니다. 몸과 마음이 모두 동굴 안에 있고 또 일심불란이면 그것이 바로 선이고 바로 도이다.

마음과 환경이 하나가 되는 것이 입정이다

이렇게 말하면 '도를 수련하고 입정하는 것이 이렇게 간단하고 쉬운가?' 하겠지만 마음과 환경이 하나가 되는 경지를 얼마동안이나 유지할 수 있겠는가? 십 분 동안 유지하면 십 분간 입정한 것이고, 한 시간 동안 유지하면 한 시간 동안 입정한 것이며, 하루를 유지하면 하루를 입정한 것이다. 매일매일 이렇게 할 수 있다면 매일매일 입정한 것이다.

하지만 이렇게 하기는 매우 어렵다. 비록 여기에 앉아있다지만 마음은 다른 곳에 있고, 지금 이 일을 하지만 다른 일을 생각한다. 이렇게 습관을 들이면 도를 수련하기가 매우 어렵다.

책을 읽거나 경문을 독송할 때, 눈은 문자에 집중하고 마음은 그 뜻에 집중하는 것 자체가 바로 선정이다. 일상생활 가운데 일어나는 모든 일에서 입정할 수 있다.

식사하면서도 수련할 수 있는데, 밥을 씹을 때 이와 혀, 그리고 음식에 집중하면 식사 시간이 길어진다. 하지만 사람들은 항상 밥을 먹으며 다른 문제를 사고하거나 대화하기도 한다. 밥을 먹고 나면 얘기도 끝나고 사고하는 문제도 끝났으니 시간을 절약했다고 생각한다.

그러나 밥을 먹을 때 음식 맛을 보지 않았기 때문에 맛을 모른다. 동시에 어떤 문제를 사고하였지만 전문적으로 사고한 것도 아니다. 장작을 패고 밭을 맬 때 생각을 도끼와 호미에 집중한다면, 땅과 나무 그리고 농기구가 융합되어 한 몸(신身=심心=물物)이 될 것이다. 이것이 바로 선정이다.

③ 입정을 유지하는 시간

어째서 우리들은 정신을 집중해서 한 가지 일을 할 때는 피로한 줄 모르다가 일이 끝나면 피로함을 느끼게 되는가? 너무 몰두한 상태로 일했기 때문이다. 이것이 바로 입정이다. 아주 열심히 몰두하며 일한다는 자체가 바로 도道이다.

우리가 사물과 융합해 일체가 될 때면, 정신이 고도로 집중되어 심경일체心境一體('심'은 자기를 말하고 '경'은 사물을 마주하는 것을 말한다)가 된다. 심경일체가 곧 도이다. 출정한 다음 산란한 마음이 생기면서 피로해지는 것이다.

심경일체가 될 때면 육근이 완전히 느슨하게 열리게 된다. 때문에 외부의 소리를 듣지 못할 이유가 없다. 그런데 어째서 어떤 사람은 입정한 다음 외부의 소리를 듣지 못하는가? 이런 사람의 마음은 입정한 곳에 있는 것이 아니라 다른 곳으로 달아났기 때문이다. 그래서 주위의 소리를 듣지 못하는 것이다.

입정한 뒤에 출정하려면 도대체 얼마나 많은 시간이 필요한가? 십 분이면 초선이고, 이십 분이면 이선이고, 삼십 분이면 삼선이 아니다. 참선의 매 단계는 구체적인 시간이 있거나 과정의 시간이 명확한 것이 아니다. 일념사이에도 사선팔정을 경과할 수 있다.

오래 앉아 있다고 선정이 깊어진 것이 아니다. 기술적인 방법을 터득하지 못하면 아무리 오래 앉아있어도 입정하지 못한다. 옛사람들은 "일념에 상응하면 바로 도이다."라고 말했고 또 "찰나에도 상응한다."라고도 말했다.

마음의 속도는 상상을 뛰어넘게 빠르다. 사선의 경계가 모두 같지 않다는 특징이 있어서 순서를 밟아야 할 것 같지만, 이 말들은 초학자들에게 하는 말이다. 성취한 아라한들은 사선팔정을 찰나에 들어갔다가 다시 나오는 것이다.

불경에 목건련존자께서 광룡狂龍을 다스린 이야기가 있다. 이 광룡은 말썽을 부리고 소동을 일으키면서 백성을 해쳤다. 목건련존자의 신통력은 비상하였다. 그는 작은 벌레가 되어 광룡의 콧구멍 안으로 들어갔다. 광룡은 목건련존자가 콧구멍에 들어왔다는 것을 알고 숨을 크게 내쉬어 그를 밖으로 내보내려 했다.

코끼리가 물을 뿜는 것을 보았다고 생각해보라. 코끼리는 물에 코를 넣은 다음 힘껏 들이마시고 밖으로 확 뿜으면 수 미터 밖으로 물이 뿜어져 나간다. 코끼리는 물을 들이마시는 것도 빠르고 내뿜는 힘도 세다. 목건련존자는 광룡이 숨을 들이쉴 때 콧구멍 안으로 들어가 입정하였다. 광룡이 숨을 크게 내쉴 때 목련존자는 이미 삼매경에 있었기 때문에 광룡이 뿜어낼 수 없었다.

들숨과 날숨사이 같은 짧은 시간에 목건련존자는 이미 삼매경에 든 것이었다. 목건련존자는 찰나에 모든 선정과정을 끝마친 것이다. 며칠 전에 말한 것처럼 다리를 다스리지 못해도 얼마든지 입정할 수 있다. 입정하는 속도가 너무도 빠르기 때문이다. 보통 반시간정도 가부좌는 모두 다 할 수 있다. 일 분이면 입정하고 주정하며 출정할 수 있다. 그렇다면 이 30분 동안 얼마나 많이 입정하고 주정하고 출정하겠는가?

어떤 상황이든 그 상황에 매진하라

문제는 모두 진심으로 체험해 보지 못했다는 것이다. 하지만 지금 이 시각에 바로 체험할 수 있다.

마음이 고도로 느슨한 상태가 된 다음 신체가 존재하지 않고(이때 소리에 대해서는 특별히 민감하다.) 다만 생각만 있다. 이때는 움직이고 싶어도 움직이지 못한다. 신체가 없기 때문에 생각이 신체를 운용할 수 없다. 이어서 의식도 없어진다.

그 다음부터의 양상은 사람에 따라 다를 수도 있다. 어떤 사람은 심장이 박동하는 소리가 아주 빠르게 들리고, 어떤 사람은 호흡도 힘들어진다(신체의 관문을 넘기지 못하였기 때문에 완전히 적응하지 못한 것이다). 어떤 사람은 신체가 위로 떠오르는 것 같으면서 무한히 확대되다가 사라진다. 다만 두뇌와 의식만 존재하고 다른 부위는 존재하지 않으며, 눈을 떠도 신체가 존재한다는 감각을 느끼지 못한다. 의식이 아직도 입정상태에 있기 때문에 움직이지 않는다. 생각이 생겨야만 비로소 몸을 움직일 수 있게 된다.

입정이 어렵다고 생각하는 이유는 어떤 상황이 입정인지 모르기 때문이다. 길을 걸으면서 문제를 사고하는 습관이 있으면 안 된다. 전신을 느슨하게 하고 생각을 전부 허공에 두고 어디에도 머무르지 말아야 한다. 이렇게 할 수 있다면 길을 걷는다는 느낌도 사라질 것이다. 혹 망상이 생길 수 있지만 두 발은 마치 털담요 위를 걷는 것 같다는 느낌을 받을 것이다. 이렇게 걸으면 100리 길을 걸어도 힘들지 않다.

일전에 동화선사를 다녀갔던 락상구걸洛桑求杰활불은 보통 하루에 100km되는 길을 걷는다. 그분에게는 쉬운 일이지만 일반 사람들에게는 대단한 일이다. 락상구걸활불은 길을 걷는다는 느낌이 없다. 길을 걷는 감각이 어떠냐고 물으면 구름을 밟는 것 같다고 말한다.

무엇 때문에 성인들의 정력은 넘쳐나는가? 사람들은 이해하지 못하지만 성인들은 그 어떤 일을 하든지 일심불란으로 한다. 우리들도 일심불란으로 일을 하면 피로를 느끼지 못한다. 다만 일심불란한 상태에서 나오면 그때 피로를 느낀다.

입정 훈련의 가장 좋은 방법은 길을 걷는 것이다. 나도 이런 방법을 사용한다. 이 방법을 익힌 다음에는 어떤 일을 하든지 입정할 수 있었다. 방을 청소하고 옷을 세탁하면서도 입정하지 못할 이유가 없다. 하지만 사람들에겐 청소나 빨래를 하면서 이런저런 생각을 하는 습관이 있다. 무시겁無始劫이래 어느 누구도 청소나 빨래를 하면서 입정을 하는 방법을 가르쳐 주지 않았기 때문이다.

선유자禪油子들은 야불도단 하면서 가부좌를 하고 잔다. 하지만 전신이 느슨한 상태가 되어야만 잠을 잘 수 있다. 깨어난 다음 목덜미가 아플 수 있지만 잠이 들면 입정과 같다.

오늘은 여기까지 하겠다. 법문을 들었으면 돌아가서 소화시켜야 한다.

🧘 생각을 어느 곳에도 두지 않으면 길을 걸으면서도 입정이 된다

■질문: 좌선할 때 억지로 버티면 자지 않을 수 있습니까?
■만행스님: 내가 된다고 하든 안 된다고 하든 당신은 그것에 집착할 것이다. 두 가지 모두 가능하다. 다만 사람에 따라 다르다.

■질문: 길을 걸으면서 어떻게 입정을 훈련합니까?
■만행스님: 길을 걸을 때 생각을 어느 곳에도 두지 않는다. 마음을 허공에 던지게 되면 순간적으로 확 열린다. 진정으로 머무르지 않는(無住) 것은 모든 것에 머무른다(全住)는 것이다. 마음을 허공에 놓으면 신체는 기계처럼 걷기만 한다. 소용돌이치는 바람처럼 걷는다. 이런 감각은 천천히 훈련해야 느낄 수 있다.

고요한 밤중에 길을 걷든지 아니면 혼잡하고 어수선한 환경 속에서 길을 걷든지 생각을 그 어느 곳에도 두지 말아야 한다. 이렇게 훈련하면 입정할 수 있다. 한 도반께서 지팡이를 짚고 일주일을 밤낮없이 걸었는데 입정하였다. 그는 49살에 가버렸다. 사람들이 그에게 언제 가느냐고 물었더니 94살에 간다고 하였다.

수행하는 방법은 매우 많지만 모두 다른 각도에서 체험해야 한다. 이를테면 고요한 밤중에 허공 아래에 서 있으면, 허공의 힘은 본래부터 자기와 한 몸이고 한 번도 헤어져본 적이 없었다는 것을

느끼게 된다.

　우리들은 이렇게 훈련하고 실천하면서 체험해야 한다. 매일 어리둥절하게 앉아만 있으면 언제 입정하고 언제 지혜의 문이 열리겠는가! 다음 시간은 불교에서 사용하는 가장 간단한 수련 방법 관호흡觀呼吸 즉 '안반법安般法'[29]에 대해 강의하겠다.

---

[29] 석가모니부처님께서 나운존자에게 가르쳤다는 호흡수련법이다. '안'은 숨을 들이쉬는 것이고, '반'은 숨을 내쉬는 것인데, '조용한 곳에 결가부좌를 하고 앉아서 무념무상으로 들어가되, 의식을 코 끝에 둔다. 날숨이나 들숨이 길면 길다는 것을 알고 짧으면 짧다는 것을 알며, 차가우면 차갑다는 것을 알고 따뜻하면 따뜻하다는 것을 알며, 숨을 안 쉬면 안 쉬는 것을 알고 숨을 쉬면 쉬는 것을 알며, 의식을 따라 숨을 쉬면 의식을 따라 숨을 쉬는 것을 아는 등 숨 쉬는 모든 동작을 모두 관한다. 이렇게 하면 번뇌망상이 없어지고 대과보를 얻으며 감로수를 얻을 수 있다고 말씀하셨다.

제 7부 좌선

1강

매일 두 시간 이상 좌선해야 한다

동화선사는 두 사람으로부터 출발했다

사람은 배불리 먹어야 한다. 배불리 먹으면 잡생각이 없다. 우리 출가한 사람들은 가는 곳마다 모두 자기 집이다. 사람들은 나를 보고 설 명절에 집에 가지 않느냐고 묻는데 그때마다 나는 "동화선사가 바로 나의 집이다."라고 말한다. 호북에 있는 집은 형님과 형수님의 집이며 부모님의 집이지 나의 집이 아니다. 나는 지금껏 그곳이 나의 집이라고 생각한 적이 없다.

주방에서 일하는 사람들의 노고가 참 많다. 이 많은 사람들의 밥을 해야 하고 또 이 많은 사람들의 입맛을 맞추어야 하니 쉬운 일이 아니다. 다행히 수행자들은 먹는 일에 크게 신경 쓰지 않으니 괜찮은 편이다. 만약 먹는 것, 입는 것도 초월하지 못한다면 내면의 경계를 초월하기가 어렵다.

세 번째 무문관수행을 마치고 나온 다음 나는 원래 스승의 절(하문에 있다)에 가기로 하였는데, 이곳 지방정부로부터 여기에 남아 6

평방킬로미터를 동화산 관광구로 개발할 것을 요청받다. 그래서 나는 무문관센터(대규모 무문관수행터)를 먼저 세우고 다음 동화사를 재건하기로 하였다.

무문관센터를 창건하는 일 자체에는 신심이 있었다. 하지만 창건한 다음 얼마나 오래 가느냐 하는 것이 문제였다. 만약 천년을 유지하지 못하고 1~2백 년도 가지 못하면 신도들에게 미안한 일이다. 창건비용은 모두 신도들이 아껴 먹고 아껴 쓰면서 기부한 것들이다.

남화사는 이미 1500년의 역사가 있지만 지금도 여전히 존재한다. 하지만 동화사는 남화사와 같은 시대 같은 사람(지약선사智藥禪師)이 창건하였는데 일찍 소멸되고 아무것도 남지 않았다. 동화사의 원래 이름은 영취사靈鷲寺였고, 남화사는 보림선사寶林禪寺였다. 보림선사는 송나라 때 남화사로 이름을 고쳤다.

육조께서 사냥꾼 속에 숨어서 15년간 수련하시다 출세한 다음 영취사를 동화사로 이름을 고치셨는데, 육조께서 남화사로 가시고 난 다음 동화사는 차츰 쇠락하기 시작했다.

처음 이곳에는 두 사람과 동굴 하나(삼성동三聖洞)뿐이었다. 이 건물(목두루木頭楼)도 옹원현 정부에서 빌렸는데 우리 것이라고 해도 된다. 돈한스님은 혼자서 밥을 해야 하고 재무관리도 해야 했다. 우리 둘 중 하나는 동굴 안에 있고 하나는 동굴 밖에 있었다.

집에 있을 때도 일은 해보았지만, 그때는 모든 문제를 부모님께서 주도적으로 해결해 주셨기 때문에 걱정이 없었다. 하지만 지금은 자기 자신이 문제를 생각해야 하고 해결해야 한다. 살림살이를 해봐야 쌀 귀한 줄 안다고 하는 말과 같다.

🌀 매일 두 시간 이상 좌선해야 한다

여기에 온 사람들은 반드시 매일 두 시간씩 좌선해야 한다. 매일 두 시간씩 뜻을 지키며 좌선하면 공부기능이 사라지지 않는다. 마치 매일 등잔에 기름을 넣어주는 것과 같다.

무엇 때문에 어떤 수행자들은 하루에 1~2시간만 자도 일반인들이 7~8시간 자는 것보다 정신상태가 더 멀쩡한가? 어째서 밤에 꿈을 많이 꾼 사람은 아침에 일어나도 맥이 없고 정신이 흐린가? 일반인은 잠을 잔다고 해도 꿈을 꾸기 때문에 조용하지 못하다. 꿈을 꾸는 것도 에너지를 소모한다. 그래서 사람마다 수면의 질이 많이 다르다.

어떤 방법이든 한동안 훈련하지 않으면 그 방법을 온전히 자신의 것으로 만들지 못한다. 여러분이 방법을 구하러 여기 왔다고는 하지만, 한동안 참다운 수련을 하지 않으면 이 방법이 정확한지 아닌지를 체험할 수 없다. 모든 방법의 목적은 산란한 마음에 대처하기 위한 것이다. 본래부터 편안하고 산란하지 않다면 방법은 필요가 없다. 자리에 앉아 좌선할 때 머릿속이 더 산란해지고 복잡하다면 나가서 일하는 편이 좌선하는 것보다 정신집중에 더 좋은 것이다.

적당하게 좌선하면 신체에 이롭다. 일단 좌선하는 것이 생활에서 습관화가 되면 하루만 좌선하지 않아도 괴롭다. 피로할 때 가부좌를 하고 앉는 것이, 누워서 자는 것보다 쉽게 피로를 회복한다. 이런 경험은 다 있으리라고 생각한다.

2강
정좌하는 방법

🪷 부처를 믿는 것은 성불수행의 기반이다

 설날기간이라 많은 신도님들이 오셨는데, 좌선하는 기본 방법에 대하여 법문을 청하였다. 좌선하는 방법에 대하여 여기 계신 분들은 이미 다 알고 있으리라고 생각하지만, 설날명절에 오신 분들을 위하여 오늘 저녁 다시 한 번 좌선하는 기본 방법을 강의하려고 한다. 오늘 저녁 강의한 내용은 중복된 점도 있겠지만 새로운 내용도 많기 때문에 이전에 들었던 분들도 함께 듣기로 하자.
 지금 성불수행을 하는 사람의 추세는 지식인들도 많아졌고 젊은 이들도 많아졌다. 때문에 성불수행을 하는 사람들의 자질도 점점 높아지고 있다. 하지만 많은 사람들이 어디서부터 시작해야 할지 모르겠다고 한다. 이전에는 부처를 믿는 사람이 많았지만 지금은 성불수행을 하는 사람들도 많아졌다. 부처를 믿기만 해서는 영원히 성불하지 못하며 부처도 될 수 없기 때문이다.
 부처를 믿는 것은 아무런 조건도 없고 실천도 필요 없이 부처가 존재한다는 것만 믿으며, 또 인과응보, 육도윤회六道輪迴가 있다는 것만 믿으면 충분하다. 하지만 성불수행은 그렇지 않다. 위에서 말한 것도 갖춰져야 하고, 완벽한 수련방법을 배워 일상생활 중에도 꾸준히 수련해야 한다.

이를테면 싯다르타는 성불도 하지 못하고 출가도 하기 전에 이미 부처가 있다는 것을 믿었다. 때문에 각 종파의 경전과 수행의 기본 방법을 배운 다음, 그것들이 궁극의 것이 아니라고 느끼고, 황궁을 떠나 깊은 산 속에 들어가 홀로 탐색하고 깊은 연구를 하여서 원만한 성과를 성취한 것이다. 그분은 '사람(人)'의 기초 위에서 완전하게 깨달았다. 완벽하고 원만한 부처는 우선 부처를 믿는 것부터 성불수행을 시작한다.

성불수행은 수련방법과 스승이 필요하다

성불수행을 하려면 성불수행의 기본 이념과 수행 방법을 알아야 한다. 세속에서 학문과 기술을 배우려면 선생의 가르침이 있어야 하고 기본 방법과 기교가 있어야 한다. 성불수행은 더욱 수련방법과 스승이 필요하다. 자신이 노력하고 천천히 탐색하고 깨달으면 된다고 생각하겠지만, 이 방법은 많은 시간과 정력을 소모하는 것이다. 심지어 어떤 수련법은 깨닫지 못하는 것도 있다. 그러므로 경험이 있는 사람이 도움을 주어 이끌어 주고 일깨워 준다면 아주 좋은 효과를 가져올 수 있는 것이다.

지금 일부 보수적인 스님들은 한평생 단 한 분의 스승만 모시고 배워야 한다고 생각한다. 다른 스승에게 법을 배우면 스승을 배반한 것으로 생각한다. 이것은 착오이며 그렇게 생각하지 말아야 한다.

부처님께서는 수행하면서 많은 스승들의 도움과 가르침을 받았다. 그리고 성불하신 다음에도 그들을 부인하지 않고 "원만하지 못하고 궁극의 성취를 이루지는 못하였다."라고만 하셨다. 부처님께서는 여러 스승의 가르침으로 법을 배우고 또 그것을 기초로 하여 진일보하게 수련한 결과 성불하신 것이다.

수행하는 사람은 학생과 같다. 각 단계마다 각기 다른 스승의 도움과 가르침을 받아야 하는 것이다. 어느 날 여러분이 성불했다 하더라도, 여러분을 도와 수행시켜 주신 스승들은 영원히 여러분의 스승이다. 진정한 스승은 제자가 자기를 초월하는 것을 두려워하지 않으며, 오히려 모든 제자가 자기를 초월할 것을 갈망한다.

출가한 스님들은 3~5명의 스승을 모시고 법을 배울 수 있고, 거사님들은 더 많을 수 있다.

앉은 자세가 제일 중요하다

성불수행을 하고 도를 닦는 것은 바로 자기의 몸과 마음을 조절하는 것이다. 좌선할 때 계속해서 하품이 나는 것은 왜일까? 이는 앉은 자세가 단정하지 않아 혈기가 통하지 못해서 두뇌에 산소가 결핍되며 나타나는 현상이다.

두뇌에 산소가 부족하면 전압이 부족해 깜박이는 등불처럼 연신 하품하고 졸게 되는 것이다. 좌선하는 자세가 단정하고 바르면 혈기가 위로 올라가고, 두뇌에 에너지 공급이 충분하게 되어 산소가 결핍되지 않는다. 때문에 두뇌가 청정해지고 앉으면 앉을수록 정신이 맑아지는 것이다.

도를 닦는 첫 걸음에서는 앉은 자세가 제일 중요하다. 자세가 단정하지 않으면 수행하는 과정에서 가슴이 붓고 아프면서 답답한 감을 느끼는 선병禪病을 얻게 된다. 좌선하는 도중 어떤 사람들은 아랫배와 위장뿐만 아니라 등뼈 부위까지 부풀어 오른다. 앉은 자세가 단정하지 않기 때문에 그렇다.

우리가 이미 자유롭고 산만한 자세에 익숙하기 때문에, 갑자기 고정된 자세로 앉게 되면 몸이 쑤시고 아프면서 진정하지 못한다.

❸ 호흡을 조절해야 한다

자세를 단정하게 한 다음 일주일 정도 지나면 적응이 된다. 잡념이 많을 수는 있겠지만 몸이 막힘없이 잘 통함을 느끼면서 편안할 것이다.

자세를 단정하게 한 다음은 호흡을 조절해야 한다. 인체 생리학으로 보면 경락은 전신에 퍼져 있다. 경락은 마치 물 호스와 같다. 자세가 단정하지 못하면, 호스가 접혀서 물이 안 통하는 것처럼 경락이 접히면서 혈기가 제대로 통하지 못하는 것이다.

혈기가 통하지 못하면 몸을 비울 수 없다. 몸을 비울 수 없으면 마음이 망아忘我의 상태로 들어갈 수 없고 영성의 힘과도 소통할 수 없다. 사람의 몸은 확실하고 실체적인 존재로써 아주 견고하다. 우리가 수행한다고 하는 것은, 바로 이 확실하고 실체적인 개체를 융화시켜서 우주의 전체적인 힘과 하나를 이루게 하기 위한 것이다.

ⓛ 의식을 조절해야 한다

호흡 조절이 끝난 다음 의식을 조절하여야 한다. 다시 말하면 망상이 빈번한 두뇌와 마음의 잡념을 처리하는 것이다. 도를 닦는다고 하는 것은 바로 몸과 마음을 닦는 것이다. 몸과 마음을 떠나면 도를 닦는 기본을 떠나는 것이다.

매일 저녁 우리는 두 시간씩 좌선한다. 이 두 시간 동안 다리를 한 번도 바꾸지 않고, 처음부터 마지막까지 움직이지 않고 앉아 있을 수는 없다. 처음엔 오른쪽 다리를 위로 올렸다면, 나머지 한 시간은 왼쪽 다리를 오른쪽 다리 위에 올려도 된다.

어느 다리를 위에 놓는가가 중요한 게 아니라, 자세가 단정하고 생리의 혈기가 자연스럽게 잘 통할 수 있느냐 하는 것이 관건이다. 과거의 선방은 둥그런 방석을 사용하였는데, 지금은 편하게 자리를 옮길 수 있도록 나무로 선등禪凳(걸상)을 만들어 사용한다.

받침대를 깔고 앉으면 기혈이 잘 통한다

집에 이런 선등이 없다면, 엉덩이 끝에 6cm쯤 되는 베개, 혹은 다른 받침대를 깔고 앉아도 된다. 엉덩이 뒤쪽을 6cm쯤 높여 앉게 되면 기혈이 아주 쉽게 미추골을 통과할 수 있기 때문이다. 6cm쯤 높여 앉지 않고 다리와 엉덩이 끝이 평면 상태가 되면, 혈기가 미추골을 통과하지 못하고 미추골에 쌓이게 된다.

■ 뒤쪽을 6cm정도 높인 선등(또는 방석)을 사용하면 저절로 몸이 앞으로 약간 숙여진다.

장기적으로 좌선했던 사람은 깔지 않아도 괜찮겠지만, 좌선법을 처음 배우는 사람은 6cm 되는 받침대를 깔고 앉아야 된다. 받침대를 깔아 습관이 되면 뒤를 높여 앉는 것을 선호하게 된다. 이렇게 하면 허리가 쭉 펴질 것이다. 왜 여자들이 높은 신을 신기 좋아하는가? 그것은 그들이 제일 잘 알 것이다. 좌선도 마찬가지이다. 뒤를 높여 앉게 되면 허리가 쭉 펴질 것이고 어깨는 아래로 처진다.

만약 평평한 평면에 앉은 채로 오랜 시간 지나면 자기도 모르게 허리가 굽게 된다. 허리가 굽어지면 흉부 주위에 기가 쌓이면서 앞가슴의 뼈가 은근하게 아파 온다.

좌선하는 자세가 좋은 사람의 어깨는 아래로 처진다. 생리의 기가 아래로 가라앉으면 어깨가 축 처지는 것이다. 어깨가 들려 있다면 생리의 기가 가라앉지 않고 떠 있으며, 마음도 내려놓지 못하였음을 의미한다. 몸과 마음을 내려놓은 사람의 두 어깨는 축 처져 있고 목은 길게 위로 쭉 빠져 있을 것이다. 생리의 기가 가라앉게 되면 사람의 마음도 쉽게 조용해진다.

손은 어떻게 놓으면 되는가?

손은 어떻게 놓으면 되는가? 일반적으로 왼손을 오른손 밑에 놓고(왼손으로 오른손을 감싸고) 두 엄지손가락을 맞붙여 다리 위에 놓으면 된다. 아래턱은 약간 숙이고 시선은 1m 앞을 보면 제일 모범적인 자세이다. 먼 곳을 보면 머리가 들리고 가까운 곳을 보면 머리가 숙여진다. 그러므로 눈길을 1m쯤 되는 곳에다 놓으면 가장 적당하다. 보통 코끝과 배꼽이 일직선상에 놓인다고 느끼면 된다.

나이가 젊어서 몸이 덥고 열기가 많다면, 두 손을 무릎 위에 놓을 때 손바닥을 위로 향하게 놓으면 된다. 이렇게 하면 인체의 열기가 아주 쉽게 빠져 나올 수 있다. 체내의 열기가 부족하고 여유가 없으면 금방 말한 방법대로 두 손을 겹쳐서 다리 위에 놓으면 된다.

눈을 뜨면 좋은가, 감으면 좋은가? 이 문제는 스스로 결정하면 된다. 머리가 몽롱할 때는 눈을 뜨면 졸음이 오지 않을 것이고, 눈을 떴는데 머리가 산란하고 외부 사물들에 의해 방해가 될 것 같으면 눈을 감으면 되는 것이다. 이 모든 것은 모두 산 방법이고 죽은 방법이 아니다. 때문에 어떻게 하라고 정해진 것이 아니다.

혀끝을 입천장에 붙인다

혀끝을 입천장에 대야 하는가도 역시 사람 나름이다. 나이가 많고 생리적 에너지가 부족하거나 혹은 생리적 에너지가 거의 마른 사람은 혀를 위로 구부려서 입천장에 올려붙이면 좋다. 예를 들어 40대가 50~60대 되는 사람처럼 보이면 생리적 에너지가 시들고 말랐다는 것을 말하고, 60대가 40대처럼 보이면 생리적 에너지가 아주 충만하고 활발하다는 것을 말한다. 젊은이는 정력도 넘쳐흐르고 성욕도 왕성하다. 때문에 혀를 구부려 입천장에 붙이지 않아도 된다.

혀를 입천장에다 붙여본 사람은 모두 알 것이다. 한 10분가량 지나면 입 안에 침이 많아지는데 진액이 생겨나온 것이다. 침이 생기면 그것을 삼켜서 단전에 가라앉히면 된다. 이렇게 연속 이틀만 앉아 있게 되면 정력이 왕성해지고 성욕도 특별하게 왕성해짐을 느끼게 된다. 노인들도 이렇게 앉아 있으면 역시 며칠 안에 정력이 왕성해짐을 느끼게 될 것이다.

젊은이는 혀를 입천장에 붙일 필요가 없지만, 정력이 부족한 노인은 이 방법을 사용하면 좋다. 혀를 입천장에다 붙이면 신수腎水가 활성화된다. 더욱이 혀를 입천장에 붙이고 가부좌를 하면 두 다리가 저리면서 신수가 압박을 받음으로써, 신수가 부득불 위로 오르게 된다. 소위 '환정보뇌還精補腦' 한다는 말은 하부의 에너지가 두뇌로 운반되었음을 말한다.

🌀 호흡조절을 한다

자세를 단정히 한 다음 혈기를 순조롭게 조절시켜야 한다. 즉 호흡을 조절하는 것이다. 하지만 처음 정좌하는 방법을 배우는 이가 자세를 단정하게 한 다음 호흡을 조절하면, 도리어 신체의 혈기가 통하지 못해서 앉아 있는 것이 불편하고 몸이 부풀어 오른다. 왜냐하면 인체의 혈기는 익숙한 자세와 방향이 있는데, 새로운 자세로 바꿔 앉게 되면 익숙하지 않기 때문이다. 일주일만 참고 호흡을 조절하면 혈기가 흐르는 방향이 제대로 잡힐 것이다.

정좌를 하는 사람은 가부좌를 하자마자 목을 쑥 빼고 어깨를 아래로 축 처지게 하고, 두 손을 겹쳐서 다리 위에 놓은 다음 콧등과 배꼽이 일직선이 되도록 눈길을 전방 1m 되는 바닥을 보아야 한다. 이 모든 동작은 한 번에 끝내는 것이다. 습관이 되면 가부좌를 하기만 하면 이런 표준자세로 될 것이다.

③ 탁기를 몰아낸다

다음은 탁기를 밖으로 내쉬는 것인데(호기呼氣), 몇 번 내쉴지는 자신의 생리적 감각에 따라 결정한다. 예를 들어 탁기를 3번 내쉬었는데 몸이 비워지는 느낌이 들고 아래 위가 통하는 느낌이 들며, 이미 통로가 형성되었으면 그만 내쉬어도 된다. 하지만 3번 내지 5번을 내쉬어도 가슴이 답답하고 부풀어 오르면서 불편하면 계속하여 몇 번을 더 내쉬어야 한다.

숨을 내쉴 때마다 ①먼저 코로 숨을 흠뻑 들이쉬고, ②그것을 단전에 가라앉힌 다음, ③입으로 '후~' 하면서 기를 전부 내쉬어야 한다. 이것을 똑똑히 기억해야 한다. 즉 코로 들이쉬고 입으로 내쉰다.

이런 호흡 방법은 들이쉬는 숨은 적고 내쉬는 숨은 많기 마련이다. 숨을 천천히 가늘게 들이쉬고 크고 빠르게 내쉬면, 내쉬는 함량이 들이쉬는 함량보다 많아지고, 따라서 몸속이 아주 쉽게 비워진다. 몸이 비면 혈기가 아주 쉽게 통하고, 통하면 몸과 마음을 잊게 되는 것이다.

이와 같은 기초 지식과 정좌하는 방법을 우습게 여기면 안 된다. 이 방법은 유위법이지만, 장래에 무위법으로 들어가는 유일한 기초이다.

오랫동안 좌선했던 사람들은 병이 생기기도 한다. 환각도 보이고 심하면 정신병도 생긴다. 이 모든 것은 처음부터 자세가 단정하지 않고 혈기가 틀린 궤도로 들어갔기 때문에 생겨난 것이다. 자세가 단정하지 않고 비뚤게 앉으면 혈기가 핍박을 받아 다른 방향으로 들어가게 마련이다. 기혈이 어지럽혀지면 정신착란이 일어나게 되고, 정신적으로 타격을 받으면 심리에도 문제가 생기는 것이다.

숨을 내쉬는 것은 일종의 석방이다

탁기를 내쉬어서 몸이 빈 듯 가벼운 느낌이 들면, 이때부터 자연스럽게 호흡하면 된다. 똑같은 한 단락의 글을 읽더라도 어떤 사람은 단숨에 읽고, 어떤 사람은 나눠 읽거나 여러 번 끊어 읽기도 한다. 노래를 부르는 것도 마찬가지이다. 어떤 사람은 음을 길게 빼지만 어떤 사람은 그렇게 못한다.

사람마다 호흡이 다 다르기 때문이다. 노래를 하든 말을 하든 아니면 글을 읽든지 간에 모두 숨을 내쉬는 상태에서 소리를 내는 것이지, 숨을 들이쉬는 상태에서는 할 수 없다. 싸움을 할 때 주먹을 쥐고 사람을 치는 과정도 역시 숨을 내쉬는 상태에서 진행된다. 이렇듯 숨을 밖으로 내쉬는 날숨은 일종의 석방이라고도 표현할 수 있다.

보통 숨을 쉴 때 콧구멍에서 목구멍까지 들이쉬고 금방 내쉰다. 건강한 사람은 콧구멍에서 흉부까지 들이쉬고 내쉰다. 하지만 수련한 사람이나, 수련은 하지 않았지만 정력이 넘치는 사람은 숨을 단전까지 들이쉬어 모은다.

목구멍까지 숨을 들이쉬는 사람은 자주 호흡하지만, 숨을 단전까지 들이쉬는 사람은 숨을 적게 쉰다. 이런 사람은 노동이나 구보를 할 때, 또는 노래를 부를 때 숨이 차서 헐떡거리는 일이 없다. 또 긴 문장을 단숨에 읽을 수도 있는데 글을 읽어도 단전의 기가 방출되지 않기 때문이다. 목구멍까지만 숨을 들이쉬는 사람은 이렇게 할 수 없는데, 이는 숨을 들이쉬는 거리가 짧기 때문에 아주 빨리 방출하고 금방 또 들이쉬기 때문이다.

③ 숨을 단전까지 들이쉬면 잡념이 적다

마찬가지로 숨을 단전까지 들이쉬면 숨을 들이쉬는 시간이 길기 때문에 잡념도 적어진다. 숨을 목구멍까지 들이쉬게 되면, 거리가 짧고 그만큼 시간도 짧아 호흡 속도가 빠르므로 잡념도 쉽게 나타나며, 사상이 조용할 수 없으며 집중력이 떨어진다.

이런 이치를 안다면, 당연히 좌선할 때 의식적으로 숨을 단전까지 들이쉬고 가라앉혀야 한다. 또 이것이 습관이 되어야 한다. 이 방법으로 훈련하고 습관이 되면, 잠을 자더라도 들이쉬는 숨이 단전에 가서 가라앉을 것이다.

「육자대명주六字大明呪 음념법」을 해보면, 어떤 이는 발음 소리를 길게 내고, 어떤 이는 소리를 내자마자 끊어져 버린다. 후자는 기를 단전에 모으지 못하고, 숨을 가슴과 목구멍까지밖에 쉬지 않았기 때문이다. 이런 사람은 '옹嗡~'을 소리 내기 바쁘게 금방 끝나기 때문에 숨을 금방 들이쉴 수밖에 없다. 하지만 숨을 다시 들이쉬어도 역시 목구멍이나 가슴까지밖에 들이쉬지 못한다.

들이쉰 숨을 단전에 머물게 해야 온 몸에 기가 통할 수 있다

기공을 배워본 사람은 기를 단전에 모으는 단전호흡이 좋다는 것과 중요성을 잘 알 것이다. 숨을 들이쉬고 단전에 가라앉혀야만 생리 에너지가 활성화가 되고 깨울 수 있다.

이때 들이쉰 숨을 단전에 가라앉힌 후 3~5초쯤 멈춘 다음 내쉬어야 한다. 왜 숨을 단전에 두고 3~5초를 멈춰야 하는가? 단전에 들어가자마자 기를 내쉬면 아무런 작용도 못한다. 때문에 기를 단전에 두고 몇 초쯤 멈춰야 전신의 구석구석에 퍼지고, 말초신경까지 도달할 수 있다. 기를 단전에 모으면 아래로는 발끝까지 내려가고, 위로는 정수리까지 오르며, 어깨부터 손가락 끝까지 가게 된다. 들이쉰 숨을 단전에 두어야만 생리 에너지가 기에 밀려 온몸에 퍼지고, 전신의 말초신경까지 분포될 수 있는 것이다.

기가 잘 운행되면 혈도 잘 운행된다

　기가 움직이면 혈도 따라서 움직이고, 기가 통하면 혈도 따라서 통한다. 혈기가 통하면 인체는 자연히 에너지가 풍부해지고 메마르지 않는다. 간혹 나이는 젊은데 고목처럼 말라 보이는 사람은 바로 이 혈기 운행이 원활하지 못하여 에너지가 부족해 그런 것이다.
　심호흡 방법은 생리 에너지를 활성화시키는 것이고, 세포가 활발하게 움직이도록 촉진하며, 영원히 젊고 혈기가 넘치는 상태로 유지해 준다.

마음을 항복시키기 위해 팔만사천 수련방법을 만들었다

　호흡을 조절한 후 어지러운 마음은 어떻게 다스릴 것인가? 사람의 생각은 멈추지 않는다. 특히 영민한 사람의 사유는 더욱 민첩하고 멈추는 법이 없다. 일반인보다 열 배, 백 배나 더 활동적이며 반응도 민첩하다. 하지만 좌선에 있어서는 이런 사람이 더 어려울 수 있다. 이들의 몸을 조용하게 하기란 확실히 힘든 일이다. 설사 몸을 조용히 시킨다고 해도 뇌는 운동회가 열린 것처럼 북적북적할 것이다.
　평상시 이런 사람의 뇌는 습관적으로 문제를 생각한다. 때문에 갑자기 생각을 정지시키면 의지할 곳을 상실한 사람처럼 갈팡질팡하는 것이다. 이것이 바로 정좌를 처음 배우는 사람이 망상이 많은 이유다. 이들에게 한 가지 일을 시키면 그 일에 집중하므로 도리어 허튼 생각을 하지 않는다. 이런 사람들은 정좌를 시켜 허튼 생각을 하게 하느니 차라리 일을 시키는 게 낫다.

고대 조사님들은 바로 이런 이치를 잘 알고 있었기 때문에, 사람들의 산란한 마음과 망념을 대치하기 위하여 8만 4천 가지 수련방법을 만드셨다. 경을 읽든지 진언을 읽든지, 혹은 관상觀想을 하라는 것은 일을 시켜 허튼 생각을 할 겨를을 주지 않으려 함이다.

한동안 이렇게 연습하다 보면 일을 시키지 않더라도 안정되고 조용해질 것이다. 걸음을 걷지 못하는 사람에게 지팡이를 주어 연습하게 해서 혼자서도 잘 걸을 수 있도록 하는 것과 같은 이치다.

③ 일념으로 만념을 대신해서 항복시킨다

'일념一念'의 방식으로 만념을 삼키고 만념을 사라지게 한다. 모든 유위법은 유위有爲의 단계에 있으므로, 도와 소통하고자 한다면 무위無爲에 들어가야만 한다. '도道'는 무위의 차원이다. 하지만 무위의 차원은 높기 때문에 유위법이라는 사다리가 필요한 것이다.

염불을 즐기는 사람들은 정토법문이 최고라 하고, 참선을 즐기는 사람들은 선禪이 최고라 하고, 관상觀想을 즐기는 사람들은 관상수련법이 제일이라 한다. 어떤 수련법이든 어지러운 마음과 잡념, 번뇌를 해결하는 방법에 불과하다. 어지러운 마음을 집중시키고 번뇌를 해소하는 방법으로 반드시 염불을 하고, 관상을 해야 하며,

진언을 외울 필요는 없는 것이다. 특히 평소 머리 쓰기 좋아하고 생각하기를 즐기는 사람들은, 한 가지 일에 집중함으로써 어지러운 마음을 수습할 수 있다.

의식을 집중할 수 있으면 수련방법이 필요 없다

정치가나 사업가는 도를 닦고자 하면 아주 쉽게 입도할 수 있다. 이들은 정신을 집중하고 몰두하여야만 성공할 수 있기 때문에, 평소에도 마음이 어지럽지 않고 당연히 망념도 적기 때문이다.

평소 아무 일도 하지 않는 사람은 머리가 혼란하고 어지러워 허튼 생각만 하므로, 어느 날 성불수행을 시작한다 해도 여전히 허튼 생각에 머리가 혼잡하여 생각을 집중하기 어렵다. 여태까지 일심전력으로 문제를 사고하고 일을 처리해 본 적이 없기 때문이다.

당신이 두 눈을 감고 정좌할 때 의식이 아주 청정하고 집중할 수 있다면 어떤 수련방법도 필요 없다. 이 상태가 계속 되면 좋은데, 보통 30분을 넘기지 못하고 딴 생각을 하거나 마음이 어지러워진다. 이때 바로 방법이 필요한 것이다. 수련방법을 사용하여 흩어진 마음을 모으고, 망념을 떨쳐내야 한다.

염불을 해도 좋고, 진언을 외워도 좋고, 관상을 해도 다 좋다. 이 방법 중 하나를 십 분가량 하면 잡념이 사라진다. 이 방법들은 전부 산란한 마음을 잡기 위한 것으로, 집중할 수 있고 마음도 산란하지 않다면 더는 필요 없다. 그러니 이 방법들을 잠시 놔뒀다가 마음을 집중할 수 없을 때 다시 해서 그것을 해소하면 된다.

큰 성취를 얻으려면 무위법인 선종으로 돌아가야 한다

선종에서 '공을 관상(관공觀空)'하고 참 화두를 하는 것은 산란한 마음을 수습하기 위한 것이다. 밀종에서 관상을 하고 결수인結手印을 하며 진언을 읽는 목적도 역시 같다. 선종은 심리상태의 수련에 몰두하기 때문에 차원이 비교적 높은데, 처음 좌선법을 배우는 사람은 심리상태의 수련을 모르기 때문에, 과거의 스승님들께서 유위의 방법을 만들어 공부시킨 것이다.

유위법은 유형의 물건이라 볼 수도 있고, 만질 수도 있으며, 손에 들면 사용할 수도 있다. 이 때문에 사람들은 이 방법이 더 좋다고 말하기도 한다. 지금 밀종이 좋다고 유행하는 것도, 밀종은 유위법으로 발을 떼게 하며 입문시키기 때문이다.

그러나 그것은 무위법을 사용할 줄 모르고 유위법만 아는 것이다. 당신이 높은 차원에 있는 사람이라면 무위의 방법을 사용할 수 있다. 밀종을 닦더라도 최후의 큰 성취를 얻으려면 선종으로 돌아가야 한다. 선종에서 성취를 얻어야만 최고의 성취를 얻을 수 있다.

활짝 핀 연꽃이 되었다고 관상하라

정좌를 해서 망상을 없애고 싶으면 자기 몸을 하나의 연꽃이라고 관상하라. 머리는 연꽃봉오리, 목 아래는 연꽃 줄기라고 관상하면서, 연꽃봉오리가 차츰차츰 피어나 자기 몸은 없어지고 대신 활짝 핀 연꽃으로 변했다고 관상하여라.

연꽃이 활짝 피었다는 것은 연꽃 아래에 있는 에너지가 연꽃 줄기를 통해 연꽃봉오리로 끊임없이 옮겨졌음을 의미한다. 관상에 성공하면 정좌하는 동안 당신의 머리는 청정하고 맑으며 흐려지지 않을 것이다.

머리가 흐려지지 않게 대처하는 방법을 전에 가르쳐 주었다. 숨을 한 모금 흠뻑 들이쉬고 단전에 가라앉힌 다음 금방 내쉬지 말고 참을 수 있을 때까지 꾹 참고 있어라. 기를 단전에다 참고 있으

면 필연코 생리 에너지가 위로 움직일 것이다. 마치 분무기의 물이 모여 있다 사방에 흩어지듯, 기를 단전에 넣고 참으면(압력을 주면) 에너지가 위로 올라 머리로 가기 마련이다. 때문에 머리가 쉽게 흐려지지 않는다.

이 모든 것은 초기의 제일 기본적인 방법이다. 반년 정도면 모두 초월하고, 다음으로 마음을 다스리는 수련에 들어가게 된다. 몇 년 동안 수련했던 사람이 아직도 이런 수련을 해야 한다면, 기초 지식이 부실하고 기본적인 공능도 확고하지 못하여 튼튼하지 않다는 것을 의미한다. 때문에 성실하게 기초부터 다시 잘 닦아야 한다.

기본적인 공부를 소홀히 하면 안 된다. 앉은 자세가 단정하면 몸 앞부분에 있는 기가 가라앉을 것이고, 이어서 등줄기의 독맥을 통해 위로 운반된다. 그러나 몸 앞부분의 기가 떠 있고 가라앉지 않으면, 등 뒤의 기가 바로 하강할 것이며 환정보뇌를 이루지 못한다. 때문에 두뇌의 상태가 흐리고, 머리통도 메마르고 오그라드는 것이다.

앞부분에 있는 기가 아래로 가라앉게 되면, 에너지가 자연적으로 척추를 따라 위로 운반되고 두뇌에 공급되게 된다. 두뇌에 에너지가 충만하고 넘쳐나면 연꽃봉오리가 자연적으로 팽창하고 부풀어 오를 것이다.

에너지가 지속적으로 공급되어야 꽃송이가 피어난다

꽃송이가 유지되기 위해서는 꽃봉오리에 지속적인 에너지가 공급되어야만 한다. 그렇지 않으면 얼마가지 않아서 꽃송이가 메마르고 쭈그러질 것이다. 연꽃줄기에 구멍을 내 상처를 입히면, 에너지가 위로 운반되다가 중간의 상처에서 흘러버려서 꽃송이까지 도달하지 못할 것이다.

　에너지가 온전히 계속 꽃봉오리까지 공급되어, 연꽃봉오리가 부풀어 오르고 팽창하여 감당하기 어려울 정도가 되면 '탁' 하고 터지면서 꽃을 피울 것이다. 우리의 뇌는 바로 연꽃봉오리다. 소위 개정開頂이요, 개맥開脈이요 하는 것은 무엇에 의해 이루어지는가? 에너지가 지속적으로 두뇌에 공급되어 팽창하다가 감당하기 어려울 때 '탁' 하고 터져서 되는 것이다.

　모든 방법은 심신에 있는 에너지를 일깨우고 또 이것이 아래에서 누설되지 않도록 하기 위함이다. 누설은 어떻게 되는가? 생리적으로 누설되는 것이다. 부부생활을 자주 하면 아래로 누설된다. 적당히 절제해야 에너지가 위로 올라가 두뇌에 운반되고 연꽃봉오리를 피울 수 있다.

🙂 물이 수증기가 될 때까지 불을 끄지 마라

　에너지를 일깨우는 방법들은 많지만, 젊은 사람들은 충족된 에너지를 변환시켜 위로 올려 보낼 줄 모르며, 일반인들은 이 에너지를 일깨우지도 못하고 일깨운다 해도 아래 있는 길을 따라 흘려버리고 만다.

　이 에너지를 다른 물질로 바꾸어(정→기→신) 위로 올리면 좋겠지만 그렇게 하지 못하는 것이다. 수련하는 사람들은 이 이치를 깨닫고 인정도 하고 방법도 알지만, 이런 힘과 효력을 얻지 못한다. 불문에 '야불도단夜不倒單(장좌불와)'이라는 말이 있다. 그 목적은 단숨에 물을 끓이고자 하는 것이다. 물이 끓은 다음 계속 불을 때고 또 때면 가마에서 끓는 물이 모두 수증기로 바뀌고 자연히 위로 상승할 것이다.

우리가 수련하는 목적도 끊임없이 물을 끓이기 위한 것이다. 물이 끓으면 수증기로 변하여 위로 올라가기 시작하는데 불을 끈다면, 가마의 물이 언제 끓고 언제 모두 수증기로 바뀌겠는가? 그래서 장좌불와를 하는 것이다.[30]

유위법에 의해 영체가 나가는 것이다

금방 강의한 내용은 모두 몸을 닦는 방법과 과정이다. 몸을 닦는 과정이 결속되고 정수리가 열리면 영체(영체 또는 물건)가 바로 나간다. 영체가 나가게 되면, 누구도 이때의 방법을 함부로 가르치는 것이 아니다. 더욱이 일반 사람들에게 가르칠 수 있는 것이 아니다. 영체가 나가기 전의 방법은 모두 유위의 방법이다. 말로도 할 수 있고, 가르칠 수도 있고, 전법도 할 수 있으며, 배울 수도 있다.

그러나 영체가 나간 뒤로는 일반인들에게 가르칠 수 있는 것이 아니다. 혹은 가르쳐 준다고 해도, 마주 앉아서 말로 가르치는 것이 아니라 몇 천 몇 만 리 밖에서 서로 교류하면서 가르치는 것이

---

30 어느 정도 수련이 익숙해질 때까지(끓을 때까지), 잠도 자지 않고 눕지도 않으면서 계속 수련을 한다(계속 불을 땐다)는 뜻이다.

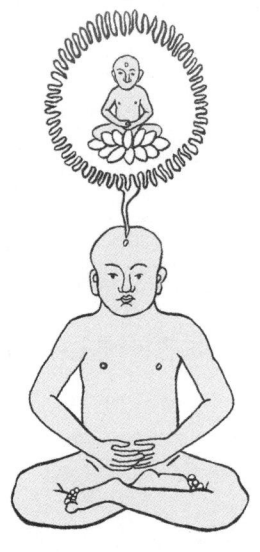

다.

오늘 저녁 강의한 내용은 제일 기초이고 제일 간단한 방법이다. 이 자리에 앉은 대다수 사람들은 「육자진언 음념법六字眞言音念法」을 다 할 줄 알 것이다. 하지만 나중에 온 사람들은 어떻게 관상하는가를 모르기 때문에 모방할 수밖에 없다. 외부의 유형·유상의 물건은 모방할 수 있지만, 내면의 심법은 들어보지도 모방도 하지도 못하는 것으로 친히 전수해야 하는 이유이다.

'두 번째 나'는 위에 있어야 정상이다[31]

- **질문**: "스승님! '제2자'가 출현하면 어떻게 합니까?"
- **만행스님**: 아주 분명하게 자신이 침대에 누워 있는 것을 볼 수 있다면 멀리 가지 말아야 한다. 즉 이 화면畫面을 유지하고 움직이지 말아야 한다. 일단 움직여서 화폭이 사라지면 어느 때 다시 출현할지 모르기 때문이다.

---

[31] 이 질문과 대답은 원래 1권 1부 8강의 뒷부분에 있던 것인데. 흐름으로 보아 여기로 옮겼다.

'제2자'는 대개 위에서 출현하는데, 나타나는 화폭이 아주 분명하면 그것에서 더 많은 화폭들이 변화되어 나올 수 있다. 사람의 육신에서는 이 '제2자'밖에 출현하지 않지만, 이 '제2자'가 무수하게 변화된 화신들을 출현하게 하는 것이다.

■질문 : 스승님! 영체가 맞은편에 있으면 어떻게 합니까?
■만행스님 : 각도角度를 바로 찾지 못하였기 때문이다. 안광의 오차라고 말해도 된다. 당신의 심리상태가 어디에 놓였느냐에 따라 달리 나타나는 것이다. 왜냐하면 본신은 위에도 아래에도 있지 않고, 안에도 밖에도 있지 않는 것이기 때문이다. 그것은 어디에도 있지 않지만, 또 모든 일체 가운데 다 있다.

그러면 어째서 영체가 위에 있는가? 수련을 하면 생리적인 힘이 위로 상승하기 때문에 '두 번째 나(영체)'도 위에서 나타나는 것이다. 망념이 없다면 한 가닥의 힘이 위로 상승할 것이며 정수리를 뚫고 외부로 나갈 것이다.

영체로부터 만들어진 화신들. 도사가 자신의 영체를 내보내고, 그 영체가 무수한 화신들을 만들고 있다.

도는 조각해서 만든 것이 아니다

■질문 : 스승님께서 말씀하신 한 가닥 힘은 자연적으로 오릅니까? 아니면 '작의作意'의 힘으로 오릅니까?
■만행스님 : 수행을 일정 수준까지 하게 되면 힘이 자연적으로 위로 오르게 된다. 작의로 힘을 위로 상승하게 하면 힘을 어느 정도 주어야 되는지 알기 어렵다. 힘을 강하게 하면 몸이 견디기 어렵고, 약하게 하면 아무런 움직임도 없다. 한 가지 방법으로 줄곧 수련하면, 물이 흘러 도랑이 되듯이 길이 생긴다. 물이 없으면 도랑을 판다고 해도 헛수고지만, 큰물이 생기면 자연 큰 강이 형성되기 마련이다. 『화엄경』에서 이렇게 말했다. "물이 맑으니 달이 나타나는데, 못을 파니 달이 오지 않는구나!"[32]

'도道'라는 것은 조각해서 만든 것이 아니다. 그런데도 사람들이 인위적으로 조각한 것들이 많기 때문에 참 도를 방해한다.

정수리 연꽃이 다 피었다고 관상하라

생각은 마치 총사령관과 같다. 생각을 정수리에 두면, 염원을 하든지 하지 않든지 간에 에너지는 정수리까지 오를 것이다. 하지만

---
[32] 수청월자래水淸月自來, 착지월불래鑿池月不來.

생각을 발끝에 두면, 신체의 혈기는 필연적으로 발끝으로 흐른다. 때문에 「육자진언 음념법」을 할 때 생각을 정수리에 두고, 정수리의 연꽃이 이미 다 피었다고 관상하면 된다.

이렇게 하여야만 생리 에너지가 아래로 내려가지 않는다. 에너지가 아래에 있지 않으면 성욕도 일지 않는다. 금방 강의한 방법은 대략 반 년을 하면 되는데, 이것을 수행의 전체라고 여기면 안 된다.

③ 영체가 나간 후에 대도의 수련이 시작된다

기본 공능을 닦은 사람의 몸과 마음에는 절대적으로 표시가 있다. 앞서 영체가 나가는 원리는 로켓 발사하는 원리와 같다고 하였는데, 로켓을 발사하려면 발사대 밑의 연소물에 불을 붙여 점화시켜야 한다. 점화하면 에너지가 엄청난 열량을 생산하는데, 이 힘이 바로 로켓 탄두를 허공으로 쏴 올려 보내는 것이다.

로켓이 발사되어 허공으로 올라가면 발사대는 필요 없다. 이 말은 두뇌의 연꽃이 피고 영체가 나가기만 하면 육체의 작용은 더 이상 필요 없다는 것이다. 다시 하는 수련에는 색신色身의 작용이 필요하지 않다는 말이다. 보통 반년이면 몸을 닦는 과정이 끝나는데, 십여 년을 수련하였는데도 아직 이런 상태에 있다면 확실히 당신의 근기가 부족하거나 아니면 진심으로 수련하지 않았다는 뜻이다.

우리 체내의 에너지는 무엇인가? 바로 단전의 정·기·신이다. 단전의 에너지를 점화시켜 생산한 강대한 에너지는 중맥을 통하여, 즉 연꽃줄기를 통하여 지속적으로 위로 운반하면서 로켓 탄두를 허공으로 발사시킨다.

우리의 인체는 로켓 발사대이다. 중맥은 통로이며, 영체는 로켓 탄두이고, 체내의 정·기·신은 화약이다. 「육자진언 음념법」은 바로 연소물의 점화작용을 한다. 수행의 이치가 이렇다. 영체가 나가야만 대도의 수련을 시작한다고 하는 것이다.

좌선에서 몽롱한 상태를 깨는 법

좌선할 때 머리가 흐리고 몽롱한 것을 어떻게 치료할 것인가? 이 문제는 이미 여러 차례 얘기하였지만 오늘 한 번 더 말하고자 한다. 척추를 쭉 펴고 눈을 감고 숨을 흠뻑 들이마시고 꾹 참고 내쉬지 않는다. 다음에 눈알을 시계회전 방향으로 열 번 돌리고 반대 방향으로 열 번 돌린 다음, 밖에서부터 안으로 열 번 돌리고 안에서부터 밖으로 열 번 돌린 다음 후하고 숨을 내쉰다. 이렇게 숨쉬기를 세 번 반복하면 머리가 흐리고 몽롱한 것을 치료할 수 있다.

이때 반드시 척추를 쭉 펴고 아래턱을 아래로 눌러야 한다. 이 방법은 아주 효율적으로 머리가 흐리고 몽롱한 것을 치료할 수 있다. 보통 좌선할 때면 머리가 흐리고 산란하며 그것을 없애기가 아주 어렵다. 이럴 때는 금방 얘기한 방법으로 치료한 다음 참선을 하면 된다. 공부를 하던 중이라도 공부를 정지하고 이 방법으로 치료한 다음 다시 하면 좋다.

　이는 산을 오르는 자동차에 비유해 보면 쉽게 이해가 된다. 차를 몰고 산길을 올라갈 때 경사가 가파르면 힘이 부족해 차가 멈추는 일이 생기는데, 이럴 때는 차를 후진시켰다가 전속력을 다하여 다시 올라가야 한다. 이렇게 해야만 비로소 산을 넘어갈 수 있다. 좌선이든 공부든 집중하기가 어렵다면, 잠시 멈추고 내가 알려준 호흡으로 힘을 얻은 후 다시 하면 된다. 자동차가 산을 오를 때 잠시 멈췄다 힘을 얻듯이 말이다.

　사람은 피곤하면 하품을 하고 눈물을 글썽이게 된다. 사람의 다섯 가지 감각기관에는 가는 파이프들이 서로 통하고 있다. 사람이 하품할 때 생기는 눈물은 혈액 속에 이산화탄소가 증가되면서 뇌수의 호흡중추를 자극하여 생산되는 생리현상이다. 이럴 때면 입을 벌리고 머리를 추켜올리면 잠시 좋아진다. 하지만 얼마 있다가 또 다시 산소가 부족하면 정신이 흐리고 몽롱하게 된다.

　처음 공부를 시작할 때면 정신이 흐리고 몽롱하며 산란에 쉽게 빠지게 된다. 산란에서 벗어나도 또다시 정신이 흐리고 몽롱해지며, 정신이 개운한가 싶다가도 다시 산란하기 시작한다. 이는 수행자들이 겪는 일반적인 증상이다.

몸이 느슨히 풀려야만 심령이 도와 상응한다

저녁에 앉아 정좌할 때면 몸을 느슨하게 풀어야 한다. 신체가 느슨하지 않으면 몸이 조용할 수 없다. 뿐만 아니라 몸이 느슨하지 않으면 생리적으로 기맥이 통하지 못하여, 망상이 빈번하며 마음이 가라앉지 않게 된다. 몸이 느슨하게 풀려야만 심령心靈이 도道와 상응해서 입도할 수 있다. 때문에 정좌를 시작하면 몸을 느슨하게 푸는 것부터 배워야 한다.

여성분들은 본래부터 음기가 많고 양기가 부족한 탓에, 정좌를 일정한 수준까지 하고 나면 신체의 어떤 부분은 떨리고 몸이 흔들리는 현상들이 나타난다. 하지만 신체의 양기가 충만하면 이러한 현상들을 이겨낼 수 있다.

남성분들 가운데서도 건강이 나쁘거나 혹은 중병을 앓고 일어난 사람들은, 정좌할 때면 떨리고 흔들리는 현상들이 나타나거나, 아니면 한 줄기 힘이 체내에서 규율 있게 움직이는 감을 느낀다. 이것은 모두 체내의 진기가 충분하지 못해서 기맥이 몸에서 도는 공간을 만들기 때문이다.

이런 현상들을 전체적인 관점에서 보면 모두 좋은 일들이다. 하지만 몸을 철저히 풀어 느슨하게 만들어야만 이 관문을 돌파하고 넘어갈 수 있다. 아니면 이 관문을 넘어가기 어렵다. 정좌할 때만 자기를 느슨하게 하는 것이 아니라 일상생활을 하면서도 자기를 느슨하게 할 수 있어야 한다. 정좌할 때만 느슨하게 한 힘은, 전체 시간에 비하면 아주 보잘것 없는 힘이기 때문에 별 쓸모가 없다.

심오한 이론이어서 내가 그만큼 말을 못하고, 또 내가 말을 할 수 있다고 해도 여러분이 이해하지를 못할 것이다. 이런 상황을 두고 우리가 할 수 있는 것은, 시시각각으로 자신의 마음이 일어남을 살펴보고, 평상시 보고 듣고 하는 모든 것들에 빨리빨리 대응하는 것이다.

③ 몰입하고 내려놓고 하기를 반복하여 훈련하라

'부주왕사不住往事면(지나간 일에 머물지 않으면)' '업자소업自消이다(업장이 저절로 소멸된다)'이다. 일단 '무아無我'의 경지에 도달하면 도道와 함께 있게 된다. 무아가 되어야만 무주無住가 되며, 무주가 되어야만 만사만물과 하나로 융합된다.

현재 우리는 '무아無我'에 도달할 수 없으며 '부주왕사不住往事'의 경지도 되지 않지만, 모두 몸과 마음을 집중하여 한 가지 일에만 몰두하고, 이 일이 끝난 다음 두 번째 일에 집중하여 몰두하고, 그것도 첫 번째 일을 철저히 내려놓고 전심전의로 두 번째 일에 몰입하여야만 한다. 세 번째 일을 할 때에도 두 번째 일을 철저히 내려놓고, 세 번째 일에 몰두해야 하는 것이다.

계속 이렇게 하면, 시간이 지날수록 눈앞에서 하는 일에도 머무르지 않는다. 이것이 바로 우리가 손을 써야 하는 곳이다. 눈앞에만! 더 나아가 눈앞의 일에도 집착하지 않는다.

지금 여기에 있는 스님 몇 분은 평소에도 아주 느슨하다는 것을 안다. 평소에 느슨한 분들은 걷는 자세만 보아도 알 수 있다. 그들의 어깨는 아래로 처지고 들려 있지 않다. 또 풍채는 아주 뛰어나고 걸음걸이 가볍기가 산들산들 부는 바람과도 같다.

🧘 수행을 생활화하면 힘들지 않다

매일 하는 수행공부가 일상이 되어 이것이 곧 생활방식이 되면 힘든 줄 모르며, 또한 매일 하지 않으면 밥을 먹지 않은 것처럼 무엇이 빠진 것 같은 느낌이 든다. 이것을 '수행'이라고 생각하면 도리어 힘들어지는 것이다.

🧘 다른 사람이 답할 것만 기다리면 지혜의 문이 열리지 않는다

평상시 생활에 문제가 생기면 스스로 답안을 찾고 해결할 줄 알아야 하며, 사람을 찾아가서 해답을 주기만 바라면 안 된다. 이렇게 하면 지혜의 문은 영원히 열리지 않는다.

3강

좌선하는 과정에서 자발동공이 생기는 원인

🌷 신체의 순환과 마음상태

좌선하는 과정에서 자발동공自發動功이 생기는 현상33(동북쪽에 앉은 거사가 좌선하는 과정에서 생긴 현상)에 대해 오늘 저녁 토론한다. 왜 이런 현상이 나타나는가? 생리적인 기기氣機(몸 안에서 일어나는 기의 순환활동)가 가라앉지 못하고 또 위로 올라가지 못하면, 신체가 끊임없이 흔들리게 된다. 심할 때는 뛰기도 하고 손발이 규칙적으로 몸을 때린다.

몸 상태가 안 좋은 사람은 생리적인 기기가 발동하면 자기의 몸을 제어하지 못한다. 이것을 모르면 사람들은 뭔가 문제가 생겼다고 한다. 하지만 이것은 정상적인 현상이다. 이미 결혼한 남녀들은 이런 현상이 더 많이 나타난다. 동정의 몸으로 수련한 사람은 이런 현상이 거의 없다.

---

33 자신의 의지와 상관없이 몸이 움직이는 현상.

어떤 사람들은 자기는 대소주천大小周天이 돌아가니 대소주천이 통했다고 생각하는데, 사실 이것은 통한 것이 아니다. 완전히 잘 통하면 대소주천이 돈다는 느낌이 없다. 마치 물병에 물이 꽉 차면 물이 흔들리지 않는 것과 같다. 흔들린다는 것은 아직도 병 안에 공간이 있다는 뜻이다.

또 어떤 사람들은 이런 기의 활동이 좋은 현상이라고 하면서 수행의 차원이 아주 높다고 한다. 하지만 아직 도를 수련하는 차원에 들어서지 못한 것이다. 오직 마음상태를 수련하는 차원에 들어서야만 도를 수련한다고 한다.

기공氣功은 기껏해야 이선二禪정도밖에 되지 못한다. 기를 수련하는 것은 몸을 수련하는 차원이고 도를 수련한다고 할 수 없다. 하지만 도를 수련하려면 반드시 신체도 수련해야 한다. 왜냐하면 신체가 건강하지 못하면 도를 수련할 수 없기 때문이다.

기를 얻고자 한다면, 대소주천의 운행노선을 안 다음, 좌선할 때 의식으로 인도한다. 시간이 오래되면 의식대로 움직인다. 설령 기기氣機가 돈다고 해도, 그것은 단지 초급 단계에 지나지 않는다. 몸을 비우지 못하면 입문할 수 없다. 신체는 백년 안으로 못쓰게 된다. 불법은 신체의 기기氣機를 말하지 않는다. 아무리 신체의 변화가 크다고 할지라도 마음상태에서 변화가 없다면 아무 소용이 없는 것이다.

기氣가 발동한 다음에는, 신체가 아주 규칙적으로 흔들리거나 순환하게 된다. 이 이치를 알게 되면 의도적으로 제지하는 것이 아니라 느슨하게 심신을 풀어야 한다. 심신을 느슨하게 풀 수 없는 사람은 자기 신체에 암시를 주어야 한다. 신체가 완전히 느슨해야만 비로소 기기가 잘 통할 수 있고, 더 나아가 기가 가득 차면서 자연스레 편안하게 된다.

마음이 들뜨고 조급한 이유는 기가 가라앉지 못하고 기맥氣脈이 가득 채워지지 못했기 때문이다. 기맥이 채워져서 기가 더 이상 움직이지 않는 현상은, 바람이 멎으면 나뭇잎이 흔들리지 않는 것과 같다. 생리의 기기가 가득 채워지면 마음이 편안하고 잡념도 생기지 않으며, 신체는 갓난아기처럼 유연하게 변한다. 좌선한 시간이 아주 오래 되었는데도, 신체가 계속 경직되고 유연하지 못한 까닭은 신체의 기기가 발동되지 못했기 때문이다.

노자는 "기운을 순수하게 하고 자연스럽게 맡겨 완전한 부드러움을 이룸으로써 마치 갓난아이처럼 만들 수 있는가?(專氣致柔 能嬰兒乎?)"[34]라고 말했다. 여기서 말하는 '기'는 호흡하는 기를 말하는 것이 아니라 신체 안에 있는 선천의 기를 말한다. 호흡하는 기는 마치 성냥과 같아서 체내의 기에 불을 붙일 수 있다.

체내의 원기를 다스려야 한다

좌선하면 체내에 원기元氣가 생겨난다. 심신이 조용하면 할수록 원기도 점점 더 많아진다. 사람들이 말하는 '기공무氣功舞' 혹은 '자

---

[34] 『도덕경』, 「10장, 능위장能爲章」

연무自然舞'는 체내의 기기가 움직이면서 생기는 현상들이다.

(바로 이때 그 거사가 뒤로 물러앉으면서 고함지르고 몸을 심하게 흔들기 시작했다. 다급한 그의 처가 "어떻게 해야 합니까?"하고 스승님께 묻는다.)

어떻게 하면 좋은가? 첫째는 금욕을 해야 하고, 둘째로 「연화생동공」의 일곱 가지 요가동작을 수련하면 된다. 이 일곱 가지 요가동작은, 물 호스를 곧게 펴서 물이 잘 흐르게 하듯이 체내의 경락을 자연스럽게 열어주어 잘 통하게 한다.

기가 위로 치고 올라갈 때 억제하지 못하면 자기도 모르게 재채기를 한다. 간염에 걸린 사람이 오른쪽 옆구리가 아픈 것은, 그곳의 기가 움직이면서 생긴 통증이다. 이 이치를 모르면 사람들은 어쩔 줄 몰라 하며 당황한다. 이런 상황에서 포기하지 말고 계속 수련을 해나간다면 신체가 진기眞氣를 보충받을 수 있다. 하지만 보통 사람들은 문제가 생겼다고 하면서 포기한다.

음양이 균형을 이루어야 몸이 평안하다

왜 자기도 모르게 합장하거나 가볍게 몸을 때리는가? 왼쪽은 양에 속하고 오른쪽은 음에 속한다. 음양이 화합할 때 두 갈래 힘이 서로 합하면서 합장하거나 몸을 때리게 된다. 왜 양쪽 신장부위를 두드리게 되는가? 왼쪽 신장은 양기를 생성하고 오른쪽 신장은 음기를 생성하기 때문이다. 사람은 음양이 균형을 이루어야만 편안하고 조용해진다. 왜 성숙한 남녀는 성생활을 하는가? 체내의 음양 두 기운이 균형을 이루지 못했기 때문이다.

인도와 티벳에는 음양쌍수陰陽雙修라는 수련법이 있는데, 그것은 수련법이 없을 때의 수련법이다. 사람들의 체내에는 음과 양 두 가지 기가 다 있기 때문에, 본래 다른 사람의 힘을 빌려서 수련할 필요가 없다. 옛날사람들이 말하는 음양쌍수는 사람에게 내재된 음양쌍수를 말한다. 만약 남녀쌍수를 이루어야만 성취할 수 있다면, 옛날 그렇게 많은 고승·대덕들이 혼자서 수련해 성취한 것을 어떻게 설명할 수 있겠는가?

체내의 음양이 균형을 이루면 부부생활이 필요 없다. 더욱이 동자신으로 수련한 사람들은, 일정한 정도까지 수련하게 되면 어디에 가서 수련하든지 그곳의 에너지장을 변화시켜서 음양을 균형되게 만든다. '어떤 곳의 자기장은 좋고, 가피력도 크다.'고 하는 것은, 그곳이 옛날에 대수행자가 수행했던 곳이라는 뜻이다. 그들이 그곳을 특별하게 가피한 것은 아니지만, 자연적으로 그곳의 자기장을 변화시킨 것이다.

음양이 평형을 이루어야 신체가 조용하고 편안한 상태가 된다. 사람들이 화를 낼 때 왜 고함을 지르거나 사람을 때리는가? 젊은 이들은 혈기가 왕성해서 그렇고, 노인은 기가 가라앉지 못했기 때문이다.

저 거사님은 체내의 양기가 부족한 것이 아니다. 만약 체내의 음기가 강하면, 저런 상태가 아니라 유령계幽靈界의 중생들과 소통하게 된다. 저분은 남자이기 때문에 양기가 음기보다 더 많다. 이런 상태에서 용맹정진 할 수 있다면 틀림없이 100일 안으로 돌파할 수 있다. 저런 사람이 여기 앉으면 본래는 마음이 아주 편하고 조용한데, 갑자기 생리의 기기가 발동하는 바람에 이런 상황이 나타난다.

🌀 모공의 한기를 삼매진화가 막아준다

사람들은 잠을 자거나 피로할 때 자기도 모르게 경련이 생긴다. 신체가 허약하기 때문인데, 거의 모든 사람들이 이런 체험이 있다. 갓난애들도 잠을 자면서 갑자기 와들와들 몸을 떨 때가 있다. 이는 어린아이 체내에 진기가 움직여 부딪치면서 생기는 현상으로, 원기가 충만하지 못하기 때문이다. 신체가 허약한 사람들의 원기가 부족한 것도 마찬가지 이치이다. 좌선를 해서 원기가 충족되면 아주 규칙적으로 몸이 흔들거린다.

여러분들은 좌선할 때 다리를 꽁꽁 덮는 것을 좋아한다. 하지만 마음이 조용하지 못하면 다리를 덮을 필요가 없다. 선정공부가 깊어서 자리에 앉으면 바로 입정할 수 있는 사람도 다리를 덮을 필요가 없다.

왜 다리를 덮는가? 어떤 상황에서 다리를 덮어야 하는가? 바람 맞을까봐 두려워 덮고 풍습風濕[35]이 두려워 덮는다고 한다. 하지만

---

[35] 바람과 습기로 인하여 뼈마디가 저리고 아픈 병.

지금 여러분의 상황은 다리를 덮을 차원까지 도달하지 못했다.

사람들은 왜 잠을 잘 때 쉽게 바람을 맞게 되는가? 잠을 잘 때는 온 몸의 모공이 다 열리기 때문에 한기가 아주 쉽게 몸에 스며든다. 지금 우리들은 몸을 느슨하게 풀지 못했는데, 어떻게 모공이 열리고 어떻게 무릎이 바람을 맞겠는가?

또 선정공부가 깊으면 깊을수록 삼매진화三昧眞火(정·기·신)가 생긴다. 활활 타오르는 화로에 땔나무를 넣은 것처럼 삼매진화의 불길이 점점 세차게 타오를 것인데 어떻게 바람을 맞겠는가?

옛날 깊은 산속에서 수련하는 사람들은 옷을 적게 입었다. 내가 티벳에서 무문관수행을 할 때 무척 추운 날씨였지만 항상 웃통을 벗고 반바지만 입고 좌선하였다. 어떤 도반은 반바지도 입지 않았다. 아직 완전히 느슨해지지 않고 막 느슨해지려고 할 때, 즉 모공이 아직 완전히 열리지 않고 막 열리려고 할 때에 담요를 덮는다. 여기 앉은 사람들의 모공은 아직 열리지 않았기 때문에 외부의 한기가 스며들지 않는다.

인도의 요가공을 수련하는 사람들은 콧구멍을 막고 물속에 넣고, 또 땅속에 파묻어도 죽지 않는다. 왜냐하면 그들은 모공이 전부 열렸기 때문에 코를 대신해서 호흡할 수 있기 때문이다.

자세·호흡·마음을 조절하여 잡념을 없앤다

우리들은 한 가지 이치를 알아야 한다. 즉 기를 가라앉혀야 마음이 편안하고 조용하다는 것이다. 다시 말해서 "기주신한氣住神閑(기가 가라앉으면 정신이 한가해진다)"이다. 두뇌가 많이 활동하는 것은 잡념이 많고 기가 가라앉지 않았기 때문이다. 기가 가라앉아야만 잡념이 사라지고 의식도 고도로 집중된다.

하지만 무리하게 기를 가라앉히면 기가 막히면서 답답하고 어혈이 생길 수 있다. 대부분의 좌선하는 사람들이 빠른 속도로 입정하고자 억지로 기를 가라앉힌다. 이런 시간이 오래 지속되면 신체의 각 부분에 통증이 생기는데 이는 어혈이 생겼기 때문이다.

옛날 사람들은 이런 이치를 알았기 때문에, 좌선하기 전에 반드시 자세를 조절하고 호흡을 조절하며 의념을 조절하였다. 신체를 단정히 하고(자세 조절), 숨을 내쉰다(호흡 조절). 숨이 통한 다음(마음 조절) 비로소 마음이 조용해진다. 다시 말하면 몸가짐이 단정하면 호흡이 잘 통하고, 따라서 심기도 잘 통하고 두뇌도 쉽게 맑고 조용해지는 것이다.

지금 저 거사님의 상황은 기맥이 잘 통하지 못해서 생긴 것인데, 사람들 보기에는 갑자기 놀란 사람같이 보인다. 사실상 자기도 모르게 나오는 동작이다. 이를테면 날이 추울 때 자기도 모르게 몸서리치거나 벌벌 떨게 되는데, 체내의 기기가 떨어져서 생기는 현상이다. 저런 상황은 일단 내재된 힘이 치고 올라가기만 하면 머리카락도 다시 자랄 것이다(이분의 머리는 이미 다 빠졌다). 그림을 그릴 때 저분의 선정력은 전부 붓에 집중하지만, 일단 좌선하게 되면 그의 기는 모두 각각의 자리로 찾아가게 될 것이다. 그리고 신체단련을 많이 하고 강도 높은 노동을 많이 하면 좋다.

옛날 사람들이 하는 말은 모두 자신의 경험에서 온 것이다. 다른 사람에게 들은 말도 아니고 경전에서 한 말도 아니다. 하지만 지금은 이런 방법이 전해지지 않기 때문에, 좌선할 때 자세를 조절하는 문제를 말하지 않는다.

"어떻게 앉아야 하느냐?"라고 방법을 물으면, "앉기만 하면 된다."라고 한다. 이렇게 아무리 앉아봐야 몇 명이나 인재가 생기겠는가? 아주 적을 것이다. 달마초조께서 심신을 조절하는 방법을 말씀하셨으나, 그것을 알아들은 사람은 극히 적다. 좌선은 '무위법無爲法'이라는 것은 다 알고 있지만, 유위법有爲法도 수련하지 못한 사람들이 어떻게 무위법을 잘 수련할 수 있겠는가?

기 운용과 신체의 변화

사람들은 때로는 '아주 힘들다'는 느낌을 받는데, 이것도 기를 서로 잇지 못했기 때문이다. 중기中氣가 가득 찬 사람은 말하기를 아주 좋아한다. 그들은 말을 하지 않으면 가슴이 답답하기 때문에 끊임없이 말을 한다. 그래야만 가슴에서 기가 나가고 갑갑하지 않다.

반면에 수련을 통해 기를 가라앉히면 말하기 싫어하고, 조금만 말해도 아주 힘들어진다. 위의 기와 아래의 기가 이어지지 못했기 때문이다. 즉 위의 기는 해방되어 나갔는데, 아래의 기는 아직도 위로 올라가지 못해서 기가 이어지지 못한 것이다.

　말이 많은 사람들은 단전의 기가 충만하기 어렵다. 왜냐하면 말이라는 것은 단전의 기를 사용하기 때문이다.

　좌선하기 전에는 반드시 밥을 적게 먹어야 한다. 음식을 적게 먹으면 체내의 기기가 쉽게 잘 통하지만, 음식을 많이 먹으면 기기가 막히는 것이다. 왜 식사 후에 졸음이 오는가? 위에 음식물이 가득 차면, 두뇌의 에너지를 비롯한 온 몸의 에너지가 위에 모여 소화를 돕는다. 그러므로 두뇌에 혈액공급이 부족하고 산소공급도 부족해 졸음도 오고 움직이기도 싫은 것이다. 하지만 적게 먹거나 배가 몹시 고프지 않을 정도면 두뇌가 맑고 청정하다. 이런 원인을 모르기 때문에, 다만 "너무 배불리 먹어서 사람이 멍청해졌다."라고만 한다.

　불문에서 '일중일식日中一食(하루에 한끼)'을 주장하는 이유가 여러 가지이지만, 그 중 중요한 이유는 지혜문을 열기 위한 것이다. 사실 '오후불식(정오가 지나면 먹지 않는다)'이 좋은 점이 아주 많다.

　봄철이 되면 비가 많이 오고 동굴 안에도 습기가 아주 많은데 어떤 느낌이 드는가? 양기가 왕성한 사람이라면 이런 환경이 시원하고 청량한 세계 같은 느낌일 것이다. 하지만 체내에 음기가 많은 사람들은 음침하고 싸늘한 느낌일 것이다.

■질문 : 스승님! 좌선하면 모두 저 거사님과 같은 상황이 나타납니

까?

▪만행스님 : 신체가 허약한 사람, 특히 이미 결혼한 사람들은 이런 현상이 있을 수 있다.

▪질문 : 스승님! 매번 좌선할 때면 기침을 하는데 무슨 까닭입니까?

▪만행스님 : 폐에 한기가 있기 때문이다. 『동몽지관童蒙止觀』에 "폐에 한기가 있으면 '스呬(sī)' 발음을 하라."라고 하였다.

4강

진심을 지키는 것은 모든 수련방법을 초월한다

좌선할 때 머리를 개운하게 하는 방법

좌선하면서 머리가 흐리고 혼매(昏昧)에 빠지면 손으로 경추를 잡아당기고 툭툭 치든가, 아니면 손끝으로 콕콕 찍든가, 아니면 두 손바닥을 마주하고 1~2분 힘껏 비벼서 생기는 열로 경추를 꼭꼭 눌러주어도 된다. 힘을 주어서 아프도록 눌러야 효과가 있다. 뒤통수에 열이 나면 금방 머리가 개운해지고 정신이 반짝하게 된다. 이것도 역시 지혜문을 여는 방법인데, 기혈이 잘 통하면 두뇌에 산소와 기혈이 충분해지면서 생각도 빨라지고 반응도 빠르게 된다.

「연화생법문 동공」 제1절은 '관음이 성인을 청하다'이다. 이 동작을 할 때 반드시 아래턱을 안으로 당겨서 인후를 꾹 눌러야 한다. 그러면 기혈이 통하게 되고 두뇌에 충분한 혈액이 공급된다. 생리 문제를 해결하지 못하면 심리 문제도 해결하지 못한다. 불조께서 '항복기심'을 하라고 하셨지만 몸을 다스리지 못하면 어떻게 마음을 다스릴 수 있겠는가?

본래의 마음을 지키는 것이 염불보다 낫다

5조께서 "원래의 참마음을 지킨다면, 밖에 있는 부처를 외우는 것보다 낫다."라고 하셨다. 무엇을 "원래의 참마음을 지킨다(守本眞心)."라고 하는가? 무엇 때문에 수행자들은 반드시 자기의 본심을 지켜야 하는가?

진정하게 자기의 본심을 지킬 수 있다면 '겉치레 부처'를 염불할 필요가 없다. 무엇을 겉치레 부처라고 하는가? 여러분이 외우는 아미타불, 여러분의 스승, 살아있는 활불이 바로 겉치레 부처이다. 우리들이 자기의 본심을 지키지 못하고 허튼 생각만 하기 때문에 하는 수 없이 겉치레 부처를 외우게 하는 것이다.

소위 "마음을 다스린다(降伏其心)."에서 '마음'은 망상하는 마음과 혼란한 마음을 말하고, 동시에 내면에 각지覺知의 힘을 배양하지 못하였음을 뜻한다. 팔만사천 가지 수련법이 있다고 하는 것은, 우리들이 자기의 본심을 지키지 못하고 있음을 의미한다. 자기의 본심을 지킬 수 있다면 수련법이 필요하지 않다. 그러므로 최고의 방법은 바로 자기의 본심을 혼란하지 않게 하는 것이다.

『능엄경』에서 부처님께서는 스물다섯의 부처와 대아라한들께 어떤 수련법을 수련해 증과를 성취하였는지를 물으셨다. 또 인지因地에서 수련할 때 최초로 발심해서 십팔계十八界를 깨닫는데, 어떤 방법이 가장 융통성이 있고 쉬우며 쉽게 삼매경에 들 수 있는 가를 물으셨다. 이 스물다섯의 성인들은 모두 자기의 원통법문圓通 法門을 진술하셨다.

사실 이 스물다섯 분의 보살님과 대아라한들도, 인지因地에서 수행할 때 모두 자기의 본심을 지킬 수 없었다. 그래서 부처님께서 그들에게 한 가지 방법을 전수하셨다. 그분들은 과지果地에 들어섰기 때문에 이제 그 방법이 필요 없었다. 그들이 말한 내용은 후배들에게 참고가 되기 위한 것이다.

우리들도 어느 날 자기의 본심을 지킬 수 있다면 자연히 『능엄경』의 스물다섯 보살님들과 대아라한님들의 방법을 초월할 수 있다. 사람들은 '너의 수련법이 낮고 나의 수련법이 높다.'라고 말한다. 이런 말을 하는 사람들은 제일 기본적인 이치도 이해하지 못하고 깨닫지 못한 사람들이다.

자기 수련법이 최고라고 하는 사람은 아직도 망념을 다스리지 못하고, 진심을 지키지 못하며, 아직도 입문을 못하였고, 따라서 도에 있는 것이 아니다. 마음공부를 하는 것이 아니라, 아직까지 수련법에만 신경 쓰는 사람이다.

자기의 본심을 지킬 수 있고 자기의 망념을 다스릴 수 있는데, 무슨 수련법을 수련할 필요가 있는가? 자기의 본심을 지킬 수 있다면 그것이 참된 수련법이다. 성불수행을 한다고 하는 많은 사람들이 이와 같은 이치를 깨닫지 못하고 있다. 최근에 활불이라고 하고 법왕이라고 하는 사람들이, 자기들 수련법이 최상이고 어떤 활불의 전승을 받았다고 말을 하였다. 이런 말을 하는 사람들은 바로 이런 이치를 모르는 사람들이다.

사람들은 모두 높은 경계를 추구하고 높은 명사明師를 찾고자 한다. 하지만 진짜 높은 경계의 명사님께서 우리 앞에 다가올 때 반드시 그분에게 배우며 적응한다고는 말할 수 없다. 자기의 본심을 지키지 못하면 어떤 수련법을 가르쳐주어도 사용할 수 없고 허튼 생각만 할 것이다.

황벽黃檗선사께서 "수련법이란 우는 아이 입에 사탕을 넣어 달래주는데 불과하다."라고 말씀하셨다. 사탕을 다 먹고 나면 아이는 또 울게 된다. 입에 계속 사탕을 넣어주지 않으면 해결할 방법이 없는 것이다. 수련하는 방법이 많으면 많을수록 마음 수련에 공을 들이지 않고 수련법만 요구하는 것이다.

옛날 선사님들은 수련하는 방법을 주지 않는다. 단지 선방에 가서 앉아만 있으라고 한다. "어떻게 공부합니까?"하고 물으면 "내려놓으라."하고, 또 "어떻게 공부해야 합니까?"하고 물으면 "누가 염불하고 있는가?"를 참구하라고 하고, "무엇을 본래면목이라고 합니까?"하고 물으면 가서 참선하라고 한다. 또다시 "어떻게 공부해야 합니까?"하고 물으면 향판으로 내려치면서 앞의 네 가지에 대한 질문은 더 이상 묻지 못하게 한다.

나의 소중한 것을 내려놓는 용기가 필요하다

외부의 것을 내려놓으면 놓을수록 내재된 영성의 힘이 더 많이 생긴다. 이것은 보이지 않는 경계인데 유형유상의 경계를 훨씬 초과한다. 어떤 사람은 자기가 수행할 때 "부처도 보고, 빛도 보며, 소리도 들을 수 있고, 부처님·보살님들과 교류도 한다."고 한다. 확실히 이것도 경계다. 하지만 절대로 내재된 영성의 힘을 초월하는 것에 비할 수 없다. 이런 사람들은 이 수련방법 저 수련법하며 돌고 돌다가 한평생을 해도 가장 기초적인 수련법조차 끝내지 못한다. 가장 기초적인 수련법도 끝내지 못한다면 어떻게 도 안으로 들어갈 수 있겠는가? 수련법은 도가 아니다. 단지 도 안으로 들어갈 수 있게 인도하는 방법일 뿐이다.

오늘 밭일을 하는데 스님 한분이 '자기는 계속 사가행四加行과 오가행五加行을 수련해야 된다.'는 것이다. 그래서 내가 그분께 이런 말을 하였다. "나의 도반 한분이 사가행과 오가행을 세 번이나 수련하였다. 내가 어떤 효과가 있는가 물었더니 아무런 느낌도 없다고 하였다. 내가 그 도반 보고 계속 수련하면 입도할 수 있겠냐고 물었더니 잘 모르겠다고 했다."라고 하더라고. 하지만 그 스님은 "수련하면 수련하지 않는 것보단 낫지 않겠냐?"라는 것이다.

이 스님의 말도 맞다. 수련하면 수련하지 않는 것보다 나을 수 있다. 절을 하고 염불하며 좌선하고 주문을 독송하면, 수련하지 않는 것보다 나은 것이다. 하지만 열의 대가를 치렀는데 열의 수확을 얻지 못하고, 겨우 0.1 혹은 0.01, 아니 0.001의 수확을 얻는가? 이 스님의 말은 이치가 있는 것 같지만 이치가 없다. 다만 쓴웃음이 나올 뿐이다.

지금 우리들은 모두 전업專業 수행자들이다. 그런데 근본적인 공부는 하지 않고 하필 나뭇가지 끝을 붙잡고 있는가? 효과가 없는 공부라는 것을 알면서 공부 방법을 바꾸지 않는다. 부처님께서 "무량한 수련법을 기어이 다 배워야 한다."라고 하셨다. 손에 든 사과가 맛있다고 세상의 모든 사과가 다 그보다 맛이 없는 것이 아니다.

자기 손에 있는 사과를 내려놓고 다른 사과의 맛을 본다면, 그래서 자기가 먹던 사과보다 더 맛있는 사과가 있다는 것을 발견하면 그 놀라움과 기쁨은 헤아릴 수 없을 것이다. 자기 손에 있는 사과를 내려놓을 수 있다는 것은 아주 대단한 용기와 기백이 있어야 가능하다.

이조는 흰 눈을 붉은 색으로 변하게 하고 법을 얻었다

이조 혜가께서 법을 구할 때, 그분은 이미 중원일대에서 아주 이름이 있는 큰 법사였다. 달마조사께서는 이미 그것을 다 알고 계셨다. 이조께서 달마조사께 법을 구할 때 달마조사께서 "무량겁의 대법은 소근기小根器 소지혜小智慧가 얻을 수 있는 것이 아니다."라고 하셨다. 그 의미는 '나의 이 무상대법은 너와 같은 소근기의 사람이 얻을 수 있는 것이 아니다.'라는 것이다.

당시의 이조는 유명한 법사였다. 어떻게 이런 경멸을 감당하겠는가? 하지만 이조는 아주 대단하신 분이다. 달마께서 성인이라는 것을 알고 계신 이조는, 진리 앞에서 물러나지 않고 대담하게 앞으로 나서며 "어떻게 하면 당신의 법을 배울 수 있습니까?"하고 단도직입적으로 물었다. 달마께서 "흰 눈이 붉은색으로 변하면 법을 주리다."라고 하셨다.

그 뒤에 일어난 일은 모두 다 알 것이라고 생각한다. 이조는 허리에 찬 칼을 빼들어 툭하는 소리와 함께 왼쪽 팔을 잘랐다. 어느 누가 이런 기백이 있는가? 역사상에서 단지 이조 한분뿐이다. 당시 이조는 스물여덟 살이었다. 혈기가 왕성한 젊은이로서 용감하고 대단한 일을 하였다. 나이가 좀 더 든 사람은 절대 그렇게 못할 것이다. 그리하여 그는 한 시대의 종사가 되었다.

예로부터 도를 닦고 도를 깨달은 사람들은 모두 어리숙한 사람들이다. 절대로 너무 총명해서 말재간이나 피우는 실속 없는 사람들이 아니다. 이런 사람들은 도와 인연이 없다.

혜가 단비도 / 혜가는 스승께 자신의 신구의를 바치며, 나(육체)에 대한 미련이 없다는 것을 팔을 잘라 보여 주었다. / 손형우 화백 2018

망상보다는 염불이 낫다

　무엇 때문에 옛날 조사·대덕들께서 염불하고 독경하며 주문을 독송하면서 관상하라고 하셨는가? 사람들이 자기의 마음을 안으로 모으지 못하고 본심을 지키지 못한다는 것을 아주 잘 아셨기 때문이다. 다시 말하면 사람들은 자기의 마음을 지키지 못하는 것이다.
　그래서 앉아서 허튼 생각을 하도록 놔두기보다는 한 가지 일을 시키는 것이 좋다고 생각하였다. 무엇을 시킬 것인가? 목숨 걸고 염불하고 독경하며 주문을 독송하면서 관상하게 하였다. 그러다가 기진맥진하면 갑자기 모든 것을 내려놓고 안으로 들어가게 되는데, 이때 내재의 맑고 깨끗한 각지(청성각지淸醒覺知)의 힘이 단번에 생기는 것이다.
　온종일 일하고 나면 힘들기 그지없다. 저녁에 자리에 앉아 좌선하면 잡념은 적지만 혼매에 빠지게 된다. 만약 낮에 일하지 않고 잘 먹고 잘 자면, 저녁에 좌선할 때 머리는 흐리지 않지만 허튼 생각이 많을 것이다. 수행하려면 후자는 혼란한 것을 극복하고, 전자는 혼매에 빠지는 것을 극복해야 한다.
　걱정하고 염려하는 것이 있으면 머리가 흐리지 않을 뿐만 아니라 잠도 이루지 못한다. 수행자들이 진정하게 생사를 끝내려고 수련에 온 힘을 다 쏟는다면, 정좌할 때 절대로 혼매에 빠지지 않을 것이다. 설사 혼매에 빠진다고 해도 기껏해야 한 20분 정도면 금방 머리가 맑아질 것이다. 20분 정도 혼매에 빠지는 것은 생리의 문제이기 때문에 다스릴 방법이 없는 것이다.

생각과 밖의 사물이 연결되기 전에 끊어야 된다

자기의 마음을 지킬 수 있다면 모든 방법을 초월하게 된다. 어떻게 하면 자기의 마음을 지킬 수 있는가? 전제 조건은 자기의 마음을 볼 수 있어야 한다는 것이다. 어떻게 하면 자기의 마음을 볼 수 있는가? 마음에 형상이 있는가?

매 하나의 생각은 모두 마음의 현현이다. 그러므로 자기의 생각의 싹이 생기는 것을 볼 수 있다면 자기의 마음을 볼 수 있는 것이고, 자기 마음을 볼 수 있다면 자기의 마음을 파악하여 제어할 수 있는 것이다.

육근이 육진에게 작용한 것은 마음이다. 우리들이 외계의 갖가지 사물을 볼 수 있는 것 역시 마음을 쓰기 시작했기 때문이다. 마음이 움직이지 않았다면 눈앞의 모든 것은 다 '공空'이다. 바로 '보아도 본 것이 없는 것(시약무도視若無睹)'이다.

외계의 갖가지 현상을 볼 때도 내재의 생각을 볼 수 있다. 사실 우리들이 보는 외계의 각종 현상들은 내재의 생각이 연장되어 외계의 현상과 융합해 한 몸이 된 것이다. 우리들의 마음이 외계의 현상과 이어짐이 생기지 않았을 때, 마음의 생각의 싹이 막 생기려는 그 찰나에 알아차리고 그 자리에서 끊어야 한다. 내재의 힘과 외계 육진의 형상이 연결된 다음에 끊으려고 하면 이미 늦는다.

이를테면 사과를 볼 때, 보는 동시에 이미 분별하고 판단하였고 사유의 파도가 형성된다. 이때는 그 망심을 꺼버리려 해도 이미 늦었다. 내재에서 사과를 보고자 하는 생각의 싹이 생기는 찰나, 또는 사과를 보려고 할 그때에 그 생각의 싹을 꺼버려야 하는 것이다.

🔆 무주無住에는 3단계가 있다

독경하고 염불하며 좌선하고 주문을 독송하며 관상할 때 혼란하면, 아무리 공을 들이며 노력해도 계속 허튼 생각만 하게 된다. 이때는 몇 분간 정지하였다가 다시 시작하면 혼란한 마음이 사라진다. 관상할 때 잡념이 생겨 계속 관상할 수 없으면 어떻게 하는가? 억지로 관상하지 말고 아예 정지하였다가 새로 관상을 시작하면 된다.

마음의 안팎을 모두 내려놓을 때, 다시 말해서 '무심우사無心于事(일에 대해 무심할 때)'일 때, 나타나는 자기의 모든 생각을 똑똑히 볼 수 있다. 좋은 생각이든 나쁜 생각이든 혹은 무기념無記念36이든 전부 볼 수 있다. 진정 모든 생각마다 모두 볼 수 있다면 수련법이 필요 없다. 자기의 진심을 지킬 수 있고, 외부의 힘을 빌지 않아도 이미 자기의 힘이 돌아왔기 때문에, 그 과정을 겪을 필요가 없는 것이다.

마음이 아주 혼란한 사람은 눈빛만 보아도 알 수 있다. 어떤 사람의 눈빛을 보면 아주 막막해 보인다. 왜 막막한가? 목표가 없기

---

36 선한 생각도 악한 생각도 아닌 중성의 생각, 분별이 없는 생각.

때문이다. '무주無住(머뭄이 없음)'의 경계에 도달하려면, 우선 한 가지 일에 완전히 머물러야한다. 한 가지 일에 고도로 집중해야 한다. 이런 과정을 거쳐야만 새로운 단계로 올라서 '무주'의 경계를 이룰 수 있다.

지금 우리들은 가장 낮은 단계에 있다. 때문에 실마리를 잡지 못하고 이것도 잡았다 저것도 잡았다 한다. 하지만 아무리 많은 것을 잡아 보아도 단 하나도 전문적으로 잡아보지 못하고 있다. 그러던 어느 날 한 단계 올라가게 되었는데 갑자기 깨달은 것이다. 즉 한 가지 수련법에 머물게 된 것이다. 이 수련법을 3~5년을 수련하게 되면 우리들의 눈빛, 우리들의 지혜는 지금과 판연히 다를 것이다.

3년~5년을 수련하게 되면 또 한 단계 올라서 무주無住의 경계에 도달하게 된다. 이때는 그 수련법에 멈추어 있지 않게 된다. 만약 이 수련법을 포기하지 않는다면 입도할 수 없다. 수련법은 단지 과정일 뿐이기 때문이다. 그러나 이 과정을 겪고 지나지 않으면 입도는 절대로 불가능하다.

무주의 단계	1단계	2단계	3단계
상태	머무를 바를 찾지 못함	한 가지 일에 완전히 머뭄	머무름이 없음
수련법	하나의 수련법도 집중하지 못함	한 가지 수련법에 집중함	육진을 초월함, 기존의 수련법을 버림

세 번째 단계(無住:무주의 단계)에 들어설 때 제일 처음 단계(머무를 바를 찾지 못했을 때)와 거의 비슷하다는 것을 발견하지만, 처음 단계의 '무주'와 세 번째 단계의 '무주'는 완전히 다르다. 겉보기에는 비

숫한 것 같지만 전문가들이 보게 되면 완전히 다른 것이다.

여러분 중에 열에 여덟아홉은 이런 상황이다. 단지 정도가 다를 뿐이다. 이전에 돈한의 눈빛도 아주 좋지 않았는데 이 반 년간 큰 변화를 가져왔다. 아마 관향觀香을 해 효과를 본 것 같다.

이런 상황은 말로 설명하기가 아주 어렵다. 단지 자기 자신이 느끼고 인식한 다음에야 내가 한 말을 알아들을 수 있다. 자신이 느끼고 인식하지 못하면 내가 아무리 말해도 알아듣지 못한다. 제1단계의 '무주'는 한 초점에 집중할 수 없지만, 제3단계의 '무주'는 성취한 사람이 세간의 육진에 대한 초월이다. 제2단계에 있는 사람들이 주는 인상은 아주 진보한 것 같고 자신감이 충만하며, 고생과 노고를 견디며 아주 도심이 있어 보인다. 제3단계에 들어선 사람에게는 제2단계의 현상들이 존재하지 않는다. 사람들에게 주는 인상에도 도심이 없어 보이고 항상심恒常心도 없어 보이지만, 전문가들의 눈에는 한 번만 보아도 바로 알 수 있다.

하지만 세상에 이런 전문가들이 몇 명이나 되는가? 99%는 전문가가 아니다. 우리들은 모두 부처를 바라보지만 진정하게 부처를 아는 사람은 몇 되지 않는다. 우리들은 모두 범부들이기 때문이다. 하지만 불조께서 당신의 모든 지혜를 우리들에게 남겨 주셨다. 우리들이 불경을 익숙하게 읽을 수 있다면, 틀림없이 참된 수행인과 거짓된 수행인을 감별할 수 있게 된다.

누구에게나 맞는 원만한 수행방법은 없다

사람들은 한 수련방법으로 한동안 수련하고는 '이 방법은 원만하지 않다.'고 하며 다른 수련법을 찾게 된다. 진짜 좋은 새 수련방법을 구해 한동안 수련하고도 '이 방법도 원만하지 못하다.'고 한다. 왜냐하면 어떤 방법이든 모두 '궁극의 수련법'이 아니기 때문이다. 마음을 다스리지 못하면 어떤 방법이든 근본문제를 해결하지 못한다. 다만 잠시 우는 어린이를 달랠 뿐, 조금 있으면 또 울면서 보채는 것이다. 마음을 다스려야만 영원히 보채지 않고 울지 않게 된다.

어떤 수련법이든 모두에게 원만하거나 철저한 것이 아니다. 또한 모든 병을 다 치료하지 못한다. 수련법에는 높고 낮은 것이 없다, 만약 가장 원만하고 가장 철저한 방법이라면, 조사님들께서 말씀하신 것처럼 오로지 자기의 본심을 지키는 것뿐이다. 이것은 염불 등 모든 수련법보다 훨씬 낫다.

진심은 뿌리이고 망심은 싹이다

남은 시간은 여러분들이 의논하는 시간으로 하겠다. 대담하게 말하기 바란다. 우리들은 범부이기 때문에 말을 틀리게 해도 무방하다. 나 역시 말을 잘못할까봐 두려워하지 않는다. 왜냐하면 나도 부처가 아니기 때문이다.

■ 질문 : 스승님! 진심真心과 망심妄心을 어떻게 분별합니까?
■ 만행스님 : '진'이 바로 '망'이고 '망'이 바로 '진'이다. 진과 망은 본래 한 몸이고 하나이다. 다만 하나는 일심전력이고 하나는 일심전력이 아니다. 하나는 각성하였고 하나는 각성하지 못하였다.

'진심을 지킨다.'라는 말은 바로 '망심을 지킨다.'라는 말이다. 망심을 깊이 파고 들어가면 진심을 볼 수 있다. 진심은 뿌리이고 망심은 싹이다! 싹은 뿌리에서 생기므로 싹을 따라 깊이 파고 들어가면 뿌리를 찾을 수 있다. 뿌리를 보지 못하고 싹만 보았기 때문에 단지 싹만 잡고 있다. 싹을 따라 계속 파고들어가야만 뿌리를 찾을 수 있다. 참된 마음과 망령된 마음은 둘이 아니라 하나이다.

심心과 성性은 둘이 아니라 하나다. 성은 심의 체體이고, 심은 성의 상相이다. 무엇을 심의 상이라고 하는가? 육진은 바로 심의 상이고, 심은 또한 성의 상이다. 이것을 세 가지 측면에서 논술할 수 있다. 소위 육근, 육진, 육식이라는 것이 이러한 이치인 것이다. 범부들은 체·상·용도 있고 진과 망도 있다. 하지만 성인들은 체·상·용이 본래 하나이기 때문에 구별이 없으며, 진과 망은 존재하지 않는다.

명사를 만나면 성견과 아집을 버려라

만약 우리들이 명사明師를 만나면, 즉 '겪고 지나온 사람'을 만난다면 자기를 전부 그분께 바치고, 과거에 공부하였던 모든 것과 지견知見(지식과 분별력)을 전부 내려놓고, 자기를 빈 병으로 만들어서 명사의 가르침을 받아들인다면 3년 안으로 큰 성취를 거둘 수 있을 것이다. 자기의 성견成見(자신의 모든 지식과 지혜를 동원해서 자기 것으로 만든 자신만의 사상과 견해)과 아집을 내려놓는 것은 한 차례의 사망이다. 오직 사망해야만 비로소 새로운 삶을 얻을 수 있다.

옛날에는 '참학(參學, 萬行 : 수행하며 배우러 다님)을 하러간다.'는 것이 아주 유행하였다. 현재는 '수행하러 간다.'라고 하지 않고 '행각(行脚, 운유雲游, 놀러 다님)하러 간다.'라고 한다. 지금은 교통이 아주 편리해 각 곳을 다니면서 관광도 하고 산수구경도 하는데 이것은 참학을 하는 것이 아니다.

만약 어떤 스님을 만나 참학을 하게 되면, 반드시 자기가 원래 배웠던 것을 잠시 한쪽에 내려놓고, 완전히 그 스님의 불법과 부처님사상을 받아들여야 한다. 다 배우고 난 다음, 자기가 배운 것과 비교하고 추려서 자기 것으로 만들어야 한다. 그래도 부족하면 계속해서 두 번째 스승, 혹은 세 번째 스승을 찾아서 배우는 것이다.

세 번째 스승을 찾아 참방參訪을 할 때도, 첫 번째 스승과 두 번째 스승께 배운 것을 잠시 한쪽에 내려놓아야 한다. 한쪽에 내려놓으란 말은 그것을 전부 버리라는 말도 아니고, 자기가 배웠던 내용을 부정하라는 것도 아니다. 세 번째 스승께 참학한 다음에야, 원래 세웠던 불교학의 기초 위에서 자기의 부처님사상의 체계가 형성되는 것이다. 이것은 만고불변의 규율이다. 스승 세 분을 모셔보면 반드시 자기의 부처님사상의 체계가 형성되는 것이다

자기의 부처님 사상체계를 형성하기 위해 참학한다

'스승을 모신다(배사拜師).'라는 말은 귀의하고 엎드려 절을 하며 용돈 드리는 것을 말하는 것이 아니다. 진정하게 스승을 모시고 스승의 슬하에서 한동안 수행하면서 배우는 것을 말한다. 성불수행을 하는 사람들은 반드시 자기의 부처님 사상체계가 형성되어야 한다.

부처님사상의 체계가 없으면 첫째는 줏대가 없게 된다. 이 스승의 말도 옳은 것 같고 저 스승의 말도 옳은 것 같으며, 누구의 말이 옳고 무엇을 믿어야 좋을지 갈피를 잡지 못한다.

둘째로는 외부에 나가서 사람들에게 불법을 전수해야 되는데, 부처님사상 체계가 형성되지 못하였기 때문에 어디서부터 어떻게 착수해서 어떻게 전수할 것인지를 모른다. 묻는 말에 해답할 줄을 모른다. 사람들에게 답변을 하게 되면 자기의 사상도 지키지 못하고 혼란에 빠진다. 왜냐하면 본래부터 지켜야 할 사상이 없고 자기의 부처님사상 체계가 없기 때문이다.

조사님은 우리 후배들에게 어떤 곳을 가든지 3~5년 동안 아주 성실하게 있으라고 말씀하셨다. 하지만 지금 출가한 사람들은 어느 절에 가든지 반년 정도 있으면 잘 있는 것이다. 설령 상주하고 있더라도 떠난다고 마음먹으면 금방 툭툭 털고 가버린다. 이런 사람들은 참학을 하면 할수록 자기를 더 해치는 것이다.

하지만 지혜가 있는 사람들은 참학을 하는 곳이 많으면 많을수록, 자기는 학문도 얕고 견문도 좁으며 무식하고 아둔해서 사람들이 자기보다 낫다고 생각한다. 세상의 어느 누구 어떤 일이든지 여러분을 해치지 못한다. 진정하게 여러분을 해치는 자는 바로 여러분 자신이다. 법문이 사람을 해치는 것이 아니라 자신이 자기를 해치는 것이다.

좌선을 할 때 두뇌에 산소공급이 충분히 되도록 해야 한다

지금 여러분은 머리가 텅 비고 통했다는 느낌이 있는가, 없는가? 머리가 통하지 않고 비지 않으면 아무리 앉아 있어도 소용이 없다. 나의 머리가 언제 열리고 비었는가 하면, 티벳에 있을 때 어렴풋이 그런 느낌이 들었다. 처음 무문관수련을 한 절진동에서 2년 동안 앉아 있을 때는 머리가 무거운 것이 묵직한 수박 같았다. 익은 수박을 손으로 치면 텅텅 빈 소리가 나지만, 익지 않은 수박을 손으로 치면 속이 꽉 차있기 때문에 둔탁한 소리가 난다.

좌선은 두 단계를 거쳐야 한다. 금방 시작할 때의 몸은 꽉 차있고 아주 무겁다. 거의 일년, 아니 2~3년 앉아 있게 되면, 어떤 사람은 갑자기 철저하게 통하고 어떤 사람은 천천히 통하게 된다.

머리가 흐리고 졸음이 오면, 손바닥으로 뒷골과 경추를 툭툭 치면 2분 안으로 산소공급이 충분해지면서 머리가 맑아진다. 산소가 충분해지면 머리가 금방 비게 되고 통하게 된다. 사실상 깨달음을 얻는 것과 두뇌는 아주 밀접한 관계가 있다. 두뇌에 산소가 부족하면 혈맥이 열리지 않는다. 혈맥과 경락을 열리게 하려면 두뇌에 산소공급이 충족되어야 한다. 그래야 경락과 혈맥이 열리고 두뇌도 철저하게 열리게 된다.

　개울물을 막힘없이 흐르게 하려면 우선 도랑에 물이 출렁 거려야 한다. 만약 물도랑에 물이 없고 오랫동안 메마르게 되면, 차츰 진흙이 쌓이고 자갈과 모래 그리고 나뭇잎들이 꽉 차면서 막히게 된다. 우리들의 두뇌가 열리는 이치도 이와 비슷하다.

신수는 위로 오르고 심화는 하강해야 한다

■**질문**: 신수腎水는 어디서 옵니까?
■**만행스님**: 아주 잘 물었다. 신수는 위로 오르고 심화心火는 아래로 하강해야한다. 그런데 왜 우리들의 신수는 위로 오르지 않는가? 심화가 하강하지 못하기 때문이다. 무엇을 심화라고 하는가? 출가한 사람들을 보면 성미가 급하지 않고 거칠지 않은 사람이 몇 없다. 마음이 평온하고 태도가 온화하며 도량이 넓은 사람도 몇 없다. 대개 마음이 좁고 옹졸하다. 말 한 마디 하기 바쁘게 반박하는 말이 열 마디 스무 마디도 더 된다. 설사 반박하지 않아도 속으로 못마땅하게 생각해 화가 잔뜩 치밀어 오른 상태가 된다.

　무엇 때문인가? 덕행과 수양이 부족하고 진보하기 싫어서 그런 것이 아니다. 생리적으로 순환하며 변화되지 못했기 때문에 심리적으로 이런 반응이 오는 것이다. 만약 생리적으로 순환하며 변화가 되면 신수는 위로 오르고 심화는 아래로 하강하게 되어, 심화가 다시는 폐와 위에 누적되지 않게 된다. 그러므로 자연 환희심이 생기게 된다.

신수는 등 뒤로 해서 위로 오르고 심화는 몸 앞으로 해서 하강한다. 도교에서 말한 것처럼 임맥과 독맥이 거침없이 통하면서 순환하기 시작하는 것이다. 어떻게 하면 신수를 위로 오르게 할 수 있는가? 바로 모든 종교에서 제창하는 방법, 즉 '절욕節慾'이다. 육체적인 욕망을 삼가해야 한다는 말이다.

절욕이 지나치면 금욕이 된다. 이 '욕'이라는 힘을 전환시키지 못하고 금욕하게 되면 문제가 생긴다. 그러므로 욕망을 절욕할 수는 있지만 막으면 안 된다. 생리를 전화할 수 있다면 금욕을 하지 않아도 저절로 금욕이 되는 무욕가금無欲可禁의 상태가 된다.

「연화생동공」은 신수를 상승시키는 효능이 있다

어떻게 하면 신수를 위로 오르게 할 수 있는가? 바로「연화생동공」이다.「연화생동공」의 매 하나의 동작마다 모두 신수를 활성화시키고, 신수로 하여금 위로 오르게 하며, 인체의 기경팔맥을 소통시키는 효능이 있다.

이를테면 제1절의 '관음이 성인을 청한다(관음청성觀音請聖)'는 신체의 에너지를 보충시킨다. 이 동작은 우선 임맥과 독맥에 영향을 미치게 해 신수를 이끌어 위로 오르게 한다.

제2절의 '선학이 날개를 펼친다(선학전시仙鶴展翅)'는 중맥에 영향

을 주어 중맥을 따라 기가 위로 오르게 한다. 뿐만 아니라 두 팔의 대동맥은 선학의 날개처럼 아래에 있는 힘을 위로 끌어 올린다.

제3절의 '하천의 물을 머물러 모이게 하고 강물을 뒤집는다(하주강변河住江翻)'은 완전히 심화를 하강시키고 신수를 위로 상승시킨다. 즉 기가 몸의 앞쪽으로 하강해 모였다가(하주) 등쪽으로는 위로 오르게 함으로써(강변) 몸을 순환하며 움직이게 한다.

제4절의 '천하를 돌린다(건곤선전乾坤旋轉)'는 위의 몇 가지 동작으로 위로 올라가게 된 에너지가 체내에서 균형을 잡도록 한다. 왼편과 오른편의 에너지를 융합시켜 음양의 평형과 조화를 이루게 하는 것이다.

제5절의 '무소가 달을 본다(서우망월犀牛望月)'는 역시 위의 네 가지 동작으로 올라간 에너지를 균형되게 하면서 신장·간장·폐로 하여금 한걸음 더 잘 통하게 한다.

제6절의 '연꽃이 흔들린다(하화요요荷花搖撓)'는 에너지를 계속 신체에 보충하는 작용을 한다. 앞의 다섯 개의 동작을 통해 이미 신체에 에너지가 충만해졌다. 하지만 쌀자루에 쌀을 넣을 때 쌀자루를 흔들흔들 흔들면 쌀을 더 담을 수 있는 것처럼, 이 동작을 통해 빈 공간 없이 에너지를 더 보충하는 것이다.

제7절의 '땅에 서서 하늘로 치솟는다(입지충천立地冲天)'는 충만된 에너지를 연꽃대를 통해 위로 충격함으로써 '연꽃 봉오리'가 순식간에 활짝 피어나게 하는 작용을 한다.

이렇게 해석하였는데도 느낌이 없다면 내가 말을 하지 않은 것과 같다. 이 일곱 동작 안에 있는 신묘한 이치는 현재로서는 느끼지 못하겠지만, 꾸준히 계속해 나간다면 틀림없이 내재의 힘이 생성될 것이다. 그때라야 「연화생동공」의 동작의 작용을 알게 될 것이다.

③ 사리는 육근을 닫을 수 있어야 생긴다

매일 몇 시에 일어나는가? 지금 수련을 잘 하지 않으면 죽을 때 '사리(사리자舍利子)'가 없다! 죽은 다음 사리를 몇 개 남기면 얼마나 좋은가! 수련을 잘 하지 않으면 체내의 에너지가 육근을 통해 전부 새나가기 때문에 죽을 때 사리가 없게 된다. 이것은 절대 농담이 아니다.

사리는 어떻게 생기는가? 대부분의 사람들은 모른다. 사리는 육근을 닫았기 때문에 생기는 것이다. 육근이 어떻게 닫히게 되는가? 마음이 도와 상응되고 소통되었기 때문이다. 마음이 도와 상응하지 않으면 체내의 에너지가 새나간다. 일단 마음이 도와 상응하고 소통되면 육근이 닫히게 되면서 원기가 새나가지 않게 된다. 이렇게 되면 사리가 생기는 것이다.

사리가 있다고 수행이 원만하거나 철저하게 큰 깨달음을 얻은 것은 아니다. 하지만 이미 도와 상응하였고 소통한 것은 분명하다. 아니면 사리가 생길 수 없다. 도와 소통하지 않으면 체내의 에너지가 육근을 통해 새버리게 된다. 무엇이 도와 상응하였는가? 바로 심성의 힘(에너지)이 도와 상응한 것이다. 심성의 힘은 만물의 어머니이다.

③ 망아의 정신으로 사는 사람은 수행에서 성공한다

한 사람이 '수행에서 성취할 수 있냐, 없냐?' 하는 것을 판단하는 방법은 아주 간단하다. 세간에서 일할 때 고생과 노고를 두려워하지 않고 최선을 다하느냐 하는 것을 살피면 바로 알 수 있다. 만약 세간의 일에서 고생을 두려워하고 자기를 위할 것을 생각하는 사람은, 수행할 때도 고생과 노고를 두려워하고 자기만 위할 것을 생각하게 된다.

세간의 일에서 '망아忘我'의 정신으로 고생을 두려워하지 않는다면, 수행에서도 망아의 정신으로 고생을 두려워하지 않을 것이다. 이런 사람들이 나가서 홍법하고 절을 짓는 불사를 하게 되면, 여전히 망아의 정신으로 노고를 두려워하지 않을 것이다. 한 가지 일을 할 때 망아의 정신으로 고생을 두려워하지 않는다면, 그 어떤 일을 해도 여전히 망아의 정신으로 고생을 두려워하지 않을 것이다. 겁쟁이는 어디를 가도 겁쟁이고 담이 큰 사람은 어디를 가도 담이 크다.

5강

체내의 에너지가 깨어나면 어떤 현상이 있는가?

좌선의 자세

좌선할 때 척추를 쭉 펴되 앞으로 약간 기울여서 앉는데, 신체의 무게를 미추골에 놓는 것이 아니라 대퇴부 즉, 엉덩이뼈와 무릎에 놓는다. 아래턱은 안으로 약간 당기고, 어깨는 반드시 아래로 축 처지게 하며, 목을 위로 쭉 뺀다. 처음에는 어색하지만 계속 그런 자세로 앉게 되면 점차 습관화가 된다.

이런 자세로 좌선하면 아주 쉽게 호흡한 기가 단전에 가라앉는다. 뿐만 아니라 콧구멍부터 단전까지 통로가 생긴다는 느낌이 생기면서, 숨을 약간만 들이쉬어도 기가 바로 단전에 가라앉는다. 일단 기가 단전에 가라앉아 움직이지 않고 달아나지 않으면 망념이 생기지 않는다. 동시에 몸 앞쪽의 기가 가라앉으면 뒷쪽 독맥을 따라 힘이 위로 오르게 된다. 이 힘이 독맥을 통해 위로 올라가는 과정이 완성되면, 그 뒤부터는 독맥을 통할 것 없이 곧바로 중맥을 타고 위로 오르게 된다. 기가 아래로 단전에 가라앉으면 앉을수록 중맥의 힘(에너지, 기)은 더 위로 충격하게 된다.

이렇게 하고 앉아 있으면 아주 쉽게 몸을 비우게 된다. 설사 몸을 비우지 못하더라도, 신체는 마치 통로가 된 것처럼 아래로 위로 굵직한 호스처럼 잘 통한다. 기가 단전에 가라앉아야만 잡념도 적어지고 신체도 잊게 된다. 다시 말하면 신체를 비워버리게 되는 것이다.

옛날 수행자들이 선방에서 좌선을 할 때, 대퇴부 위에 선판禪板을 가로놓고 두 손을 겹쳐서 무릎위에 놓는 것이 아니라 손바닥을 아래로 해서 선판 위에 놓는다. 이런 자세로 앉으면 자연스럽게 앞가슴이 펴진다.

이와 같이 두 어깨를 아래로 처지게 하고 허리를 쭉 편 자세라면, 일단 앉으면 하루를 앉게 되고, 앉는 시간이 오래 되면 중기中氣가 충족하게 된다. 중기가 충족하면 체형도 변하고 목소리도 변한다. 선방에서 좌선을 잘 하고 공부가 잘되면, 얼굴에서는 빛을 뿌리고, 말하는 음성은 큰 종을 치는 소리처럼 웅웅하고 허공에 울려 퍼진다.

지금 여러분이 앉은 자세는 모두 정확하지 않다. 척추를 앞으로 약간 기울여야 한다. 자세를 조절한 다음 몸을 느슨하게 해야 한다. 허운노스님의 『개시록開示錄』첫 장을 보면 해청海靑(중국스님들이 입는 남색 장삼)을 입고 목에 염주를 걸고 있는 사진이 있다. 이 사진을 잘 눈여겨보면 노스님의 자질을 바로 알아볼 수 있다.

사람들에게 아주 느슨하고 침착하며 평온하다는 느낌을 주며 두 어깨는 처져 있다. 이런 사람의 기는 이미 가라앉았고 몸의 빛깔도 이미 바뀐 것이다. 아주 고요하고 어떤 상황에 마주해도 절대 격동하지 않는 사람이다.

🌀 기가 가라앉아야만 자기를 다스릴 수 있다

사람들은 어깨가 평평한 사람을 장군감이라고 한다. 왜냐하면 이런 사람의 기는 아래로 가라앉지 않았기 때문에, 화기火氣도 세고 화력火力도 충족해 3군을 거느리는 대장이 될 수 있기 때문이다. 이런 사람은 다른 사람은 정복할 수 있지만 자기는 정복할 수 없다.

자기를 정복하고자 하면 반드시 이 화기를 가라앉혀야 한다. 기가 가라앉아야만 자기를 다스릴 수 있다. 그러므로 반드시 심신을 느슨하게 하고 자세가 정확해야 한다. 자세를 정확하게 조절하고 기를 가라앉혀야만 마음상태가 느슨해지고 평온한 것이다.

여러분의 자세를 보면 돈한스님만 괜찮다. 그 외는 아직도 멀었다. 몸을 약간 앞으로 기울이고 등을 쭉 펴야 된다. 이런 감각은 스스로 천천히 포착하면서 느껴야 한다. 코로 들숨을 흠뻑 들이쉬어서 단전까지 도착하게 되면, 당신의 호흡 길은 거침없이 잘 통하는 통로 같은 느낌이 있게 된다. 날숨을 쉴 때도 단전의 기가 이 통로를 통해 밖으로 나간다. 이렇게 심호흡하는 방식으로 체내의 이산화탄소를 깨끗이 내보내고 산소를 많이 흡수해 단전에 저축하는 것이다.

　상반신의 무게를 둔부에 쏠리게 하는 것이 아니다. 엉덩이뼈와 무릎에 무게가 놓이고 꼬리뼈는 허공에 뜬 상태가 된다. 정상적인 척추는 세 부분으로 굽혀진다. 즉 목 부분은 앞으로 굽혀지고, 흉부는 뒤로, 또 허리는 앞으로 굽혀지는 S자형으로 되어 있다. 그러므로 미저골尾骶骨은 약간 뒤로 가고, 꼬리뼈 끝은 또 앞으로 약간 나왔는데, 그래서 둔부가 꼿꼿하게 선 듯한 자세가 되는 것이다.

　좌선하는 자세가 생리구조에 부합되면 생리적 힘은 독맥을 타고 아래로부터 위로 쉽게 오른다. 그러나 앉은 자세가 생리구조에 부합되지 않고, 자유롭게 허리를 구부리고 앉거나 혹은 허리를 너무 곧게 펴고 앉으면 처음에는 편안한 것 같지만 오랫동안 앉아있지 못한다. 이런 자세는 신체의 기 운행을 방해한다. 하지만 정자세로 좌선하면, 처음은 힘들어도 일정한 시간이 지나면 신체의 기가 막힘없이 잘 통하게 된다.

　이 자리에 꼬맹이 거사님(9살 어린이)이 앉았는데 그 자세가 제법 표준에 가깝다! 자리에 척 앉더니 허리를 쭉 펴고 두 어깨가 자연스럽게 처져있는 것이 참 제대로 정확하다. 이 꼬맹이는 이미 몇 년 동안 좌선을 하였는데, 장래에 혹 출가하게 되면 틀림없이 고승이 될 것이다. 내면적으로도 고승이 될 재목이 있는지 모르겠지만 적어도 겉모양은 있을만한 것을 다 갖추었다. 사실을 말하면 내면에 그런 것이 있기 때문에 겉에도 나타나는 것이다. 내면에 그런 것이 없다면 외부에도 나타나지 않는다.

경계란 생리에서 오기도 하고 심리에서도 온다

'경계'란 생리에서 오기도 하고 심리에서도 온다. 엄밀히 말하면 생리적인 것은 경계라고 할 수 없고 다만 '생리반응'이라고만 한다. 심신의 반응이 끝난 뒤에 허공에 있는 영계의 중생들과 연결되어야만 비로소 경계라고 말한다. 왜냐하면 이때는 이미 심신의 반응이 아니기 때문이다.

옛날 도가와 밀종 그리고 인도의 유가술(요가)은, 생리적인 힘을 수련해 내야만 도를 깨달은 소식이라고 하고 가장 높은 경계로 보았다. 이 힘을 수련해 낸 다음 사람의 심신도 완전히 변하게 된다. 심지어 전체적인 사상경계도 변한다. 몸과 마음은 갈라놓을 수 없기 때문에, 생리가 변하면 자연적으로 심리(사상, 생각)도 변하는 것이다. 허운노스님과 대만의 광흠廣欽노스님은 겪고 지나온 분들이고 성취한 분들이다.

이 생리의 힘은 어디로 가서 나타나지 않냐고 묻겠지만, 사실 전부 육근으로 새버렸다. 다시 말하면 우리들이 너무 혼란하기 때문에 흘러버린 것이다. 듣기 좋아하면 귀로 흐르고, 눈으로 보기 좋아하면 눈으로 흐르고, 말하기 좋아하면 입으로 흐르고, 냄새를 맡기 좋아하면 코로 흘러 버린다. 의근도 마찬가지다. 일단 생각을 움직이게 되면 바로 그 생각을 따라 흘러버리는 것이다.

육근, 이 여섯 개의 문을 닫을 수 있다면 백 일 안으로 바로 그 힘을 포착할 수 있다. 만약 신체가 이 힘을 얻는다면, 장수하고 싶은 대로 장수할 수 있다. 이 힘을 얻었다고 득도하는 것은 아니지만, 득도하려면 반드시 이 힘을 수련해 얻어야 한다.

🧘 정수리부터 회음혈까지 불빛이 환한 통로처럼 빛이 난다

일전에 이 힘을 인체 안에 있는 연료燃料라고 말한 적이 있다. 이를테면 로켓을 발사하려면 반드시 아래에 있는 대량의 농축된 화약을 점화해, 화약이 연소되면서 발생하는 많고 강대한 열량으로 로켓을 하늘로 발사하는 것이다. 생리적인 이 힘의 작용은 바로 로켓 탄두를 상승하게 하는 화약과 같다. 화약이 없으면 로켓은 하늘로 날아오르지 못한다.

체내의 이 힘이 깨어나면 정수리부터 회음혈까지 불빛이 환한 통로처럼 빛이 난다. 이때의 두개골은 불룩하게 팽창하면서 머리가 저리고, 두통이 나면서 현기증에 구토까지 생긴다. 이 모든 것은 다 필연적인 반응이다. 만약 이 공부의 힘을 잃지 않으려면, 반드시 이 힘을 보존해야하고 새서 흐르지 않게 해야 한다. 불교에 '누진통漏盡通'이라는 것이 있는데, 그 뜻은 새는 근원을 전부 근절하면 다시는 새지 않는다는 말이다. 작게는 몸과 마음이 새지 않고, 크게는 삼계무루三界無漏를 증득하는 것이다.

🧘 생리에 통달해야 제 길에 들어선다

생리를 모르고 생리에 통달하지 못하면 공부가 제 길에 들어서지 못한다. 왜 어떤 사람의 목소리는 우렁차고 어떤 사람의 목소리는 작은가? 이와 같은 것은 마땅히 알아야 하는 문제들이다. 하지만 이런 문제를 중시하는 사람은 몇 없다. 좀 안다고 하는 사람은 '중기中氣가 충족해 목소리가 우렁차다.'고 말하는 것이 전부다. 무엇 때문에 중기가 충족한가? 선천적으로 체질이 좋은 경우도 있고 후천적으로 차츰차츰 수련해 충족한 경우도 있다.

만약 이 힘을 아래로부터 위로 오르게 하지 않으면, 이생에서 성취(즉신성취卽身成就)를 못하는 것은 물론이고 살아생전에 극락세계도 갈 수 없다. 그저 임종시 믿음의 힘(信力)과 원력願力덕분에 부처님이 인도해 주셔서 갈 수 있을 뿐이다.

불경에서 "서방정토로 왕생한다."라는 말은, 단지 임종시 왕생하는 것만 말하는 것이 아니라 살아생전에 지금의 육체를 떠나 서방정토에 가서 노닐고 다른 시공을 관광하고 돌아오는 것도 포함한 말이다.

만약 살아서 자기가 가고 싶은 곳을 갈 수 있다면, 임종시 숨을 거둘 때 육체를 떠나 자기가 가고 싶은 곳으로 갈 수 있다. 하지만 살아생전에 육체를 떠날 수 없다면 임종시 '중음신中陰身'이 된다. 만약 중음신이 계속 부처를 생각하고 계속 염불한다면 서방정토로 왕생할 수 있고 즉각 성취할 수 있다. 하지만 중음신이 갈피를 잡지 못하고 방향을 잃게 되면 허공에서 떠돌아다니는 '고혼야귀孤魂

野鬼'가 된다.

③ 정확한 좌선자세 훈련법

자리에 앉으면 몸을 비우고 자기를 활짝 핀 연꽃이라고 관상觀想하라. 머리는 연꽃봉오리, 목과 척추는 연꽃대이며, 이 연꽃대는 거침없이 잘 통하는 통로라고 관상하라. 이것은 이론적으로도 맞으며 미신도 아니다. 완전히 생리과학에 부합된다.

우리 조상들은 수천 년 전에 이미 '생리'라는 학과목을 아주 투철하게 연구하였다. 그들은 수행은 대주천大周天과 소주천小周天을 수련하면 된다고 하였다. 다시 말하면 임맥과 독맥, 그리고 중맥과 기경팔맥을 수련해 열리면 곧바로 성불한다고 하였다. 이러한 관점이 완전히 정확하다고는 말 못하지만 이치가 없는 것은 아니다. 왜냐하면 신체의 경락이 거침없이 통해야 우주와 천지 그리고 사람이 한 몸이 되는 것이다. 이때는 영혼과 소통도 할 수 있고, 천당과 지옥을 자기 뜻대로 오갈 수 있는 것이다.

정확한 좌선자세를 훈련하려면, 벽을 보고 마주서서 발끝을 벽에 붙인 뒤 앉았다 섰다 하는 연습을 반복적으로 하면 아주 좋다. 이런 자세를 익숙하게 연습한 다음 가부좌를 하고 앉으면 척추의 자세가 올바르게 된다.

마음이 부처와 상응되었다고 하더라도, 아직 신체가 도와 멀리 떨어져 있고, 또 색신色身을 바꾸지 못하면 수시로 마음이 바뀌게 된다. 업력은 한편으론 생리에서 생기고 다른 한편으론 심리에서 생긴다. 신체를 수련해 후천적으로 업력을 바꾸고, 그 바뀐 것이 심리에 침투되어야만 선천에서 가지고 온 업력을 소멸할 수 있다. 육신은 이생에서 얻은 것이고 법신은 원래부터 가지고 있는 것이다. 몸을 수련하는 내용은 도교의 경전이 불가보다 더 많고 더 명확하게 말했다.

의근을 다스려야 무문관수련을 할 수 있다

■**상도스님** : 스승님! 관향觀香을 하는데 머리가 밝아졌다 어두워졌다 하고, 향의 불꽃이 이동하면서 왔다 갔다 합니다. 그리고 또 다른 현상도 있는 것 같은데, 잠이 든 것 같기도 하고 아닌 것 같기도 합니다. 제가 혼매에 떨어진 것이 아닙니까?

■**만행스님** : 아니다. 『서유기西遊記』 드라마를 보았을 것이다. 손오공이 요귀들을 볼 때 눈에서 두 갈래 빛이 뿜어 나오는데, 마치 조요경照耀鏡처럼 그 빛에 의해 요귀들의 정체가 금방 드러난다. 비록 이것은 비유한 것이기는 하지만, 진정하게 수행해 성취한 사람들은 이런 것이다. 그들의 눈에는 사람들이 육안으로 볼 수 없는 상적무상常寂無相의 빛이 있다. 물건이나 사람을 볼 때, 눈에서 무상의 빛이 나면서 손전등처럼 물건과 사람을 비추는 것이다. 영화감독은 관중들이 알아보기 쉽게 유형유상의 광으로 무상의 광을 표현한 것이다.

관향을 하면 내재의 힘이 서서히 생기는데, 망상이 생기거나 혼매에 떨어지면 그 내재의 힘(光光)이 갑자기 사라지거나 약하게 된다. 그래서 관향을 할 때 금방 당신이 말한 그런 상황이 나타난다. 다시 말하면 당신이 망상을 할 때, 당신 내재의 등불이 약해지거나 꺼진다는 것이다. 하지만 금방 정신 차리고 두 눈의 초점을 맞추면 내재의 등불이 다시 밝아진다.

이런 상황이 지속되면 차츰 '용음호소龍吟虎嘯'의 소리가 귀에 들리게 된다. 왼쪽 귀는 용이고 오른쪽 귀는 범이다. 왜 소리가 나는가? 생리적인 에너지가 위로 상승하였기 때문이다. 옛날 도가에서 이것을 '한 소식'이라고 하였다. 다시 말하면 거의 도에 다가갔고 곧 득도한다는 것이다. 도가와 인도의 요가술로 보면 아주 대단해진 것이다. 하지만 불가로 말하면 아직도 도와 거리가 먼 것이다.

눈으로 볼 때, 손전등을 켜서 비추는 것처럼 내재의 힘은 눈이라는 창문으로 빛(에너지)을 발사하는 것이다. 그러므로 눈을 떠서 보는 것이 많아도 내재의 힘이 줄줄 새서 흘러버린다. 무문관수련하는 방법으로 눈·코·귀·혀·몸의 오근을 끊을 수 있지만, 의근意根은 끊을 수 없다. 다시 말해서 두뇌의 생각과 혼란한 마음은 끊을 수 없는 것이다. 그렇기 때문에 동굴에서 출관하면, 오근이 더 심하게 활동해 그나마 동굴에서 얻은 기능을 전부 소모해 버린다. 의근을 다스리지 못하면 무문관수련은 헛한 것이다. 그래서 애초부터 의근을 다스려야 하는 것이다.

가슴이 답답하면 강한 날숨을 쉬어 기를 내보내야 한다

요사이 사자봉 동굴에서 수련하는 작은 스님의 체내에 있는 기가 가라앉지 않고 들떠있어 마음이 몹시 흔들리고 있다. 저녁에 내가 가서 보니 한숨만 푹푹 쉬고 있었다. 동화사에 왔을 때는 아주 부드럽고 평안한 상태라 말대꾸도 하기 싫어했다. 그때는 기가 가라앉았기 때문에 말하면 아주 힘들었기 때문이다. 그런데 지금은 그 스님의 기가 가슴에 뭉쳐 위로 치밀어 오르니, 말을 하지 않고 한숨을 쉬지 않으면 너무 불편한 것이다. 한숨을 쉬면 가슴속에 있는 기가 밖으로 나가기 때문에 후련하다.

이런 상황을 다스리려면 먼저 운동을 하고, 그 다음은 날숨 쉬는 방법으로 흉부에 있는 기를 깨끗이 내보내야 한다. 날숨을 깨끗이 내쉴수록 들숨으로 들어가는 기도 단전에 깊게 가라앉는다. 안에 있는 힘을 내보내지 않으면 외부의 힘도 들어갈 수 없다.

위걸偉杰이 왔는가? "이 사미스님이 한 달만 무문관수련을 해도 대단하다."라고 했던 당신의 말을 기억하는가? 원래 이 사미스님은 3년 혹은 그보다 더 길게 무문관수련을 하겠다고 계획하였었다. 20대 나이는 혈기가 왕성해 두려움이 없을 때이다. 한 달만 무문관수련을 하면 대단할 것이라고 생각하지 말고, 우리는 모두 사미스님의 계획을 응원해야 하는 것이다.

남녀를 막론하고 일단 서른이 넘으면 열정이 식는다. 스무살 전의 나를 회상해 보면 아무리 써도 다 못 쓰는 무궁무진한 힘이 있었다. 피로한 줄도 모르고 힘든 줄도 몰랐는데, 서른이 넘으니 피로한 느낌도 있고 힘들다는 느낌도 든다.

　옛날의 수행자들은 어려서부터 수행을 시작해서 처음의 기세로 공부를 끝냈다. 오륙십에 출가한 수행자들도 그릇(근기)이 좋으면 성취했다. 아이와 어른의 구별이라면, 아이는 마음에 파동이 많아 안정되지 않기 때문에, 올라가는 것이 빠르지만 내려가는 것도 쉽다. 하지만 중·노년은 마음이 안정되었기 때문에, 속도는 늦더라도 일단 올라만 가면 내려가지 않는다.

망상도 힘이다

■질문 : 스승님! 만약 경계 속에서 '자기는 어디서 왔고 또 앞으로 어디로 간다.'는 것을 안다면 어떻게 해야 합니까?

■만행스님 : 확실하게 이런 경계를 증득하였다면 이미 '무사지無師智'를 얻은 것이다. 당연히 앞으로 어떻게 해야 하는 것도 알 것이다. 하지만 당신의 상황을 보면 이 경계는 당신이 수련해 얻은 것이 아니다. 그것은 당신의 환상이고 상상한 것이며 갈망한 것이다.

■대답 : 저는 상상도 하지 않았고 갈망도 하지 않았습니다.

■만행스님 : 만약 이런 상황이 또다시 나타난다면 그 문을 계속 열어 놓고 그 문으로 나가거라. 그리고 천천히 '어떻게 그 문을 찾게 되었고, 어떻게 문이 천천히 열리게 되었는가?' 하는 것을 포착해라. 문이 열린 적이 있는 것 같다면, 바로 그 문틈으로 들락날락

해보아라.

　이런 상황을 조산선사曹山禪師의 말을 빌려 설명하겠다. 어느 날 조산선사의 제자가 "스승님! 천정에 부딪치면 어떻게 해야 합니까?"하고 물었다. 조산선사는 겪어 나온 분이라 이런 경계를 이미 알았다. 제자는 그 경계에 이미 도달하였지만 아직 겪고 나오지 못한 상황이다. 그 말을 들은 조산선사는 "부딪쳐 뚫고 나가거라."라고 하였다. 제자는 그 말을 알아들었다. 만약 당신이 금방 말한 경계에 도달하였다면, 내가 '문틈으로 나가라.'고 했을 때, 당신이 어떻게 해야 하는지 알 것이다. 즉 바로 문틈으로 나갈 것이다!

■ 대답 : …….

■ 만행스님 : 아니다. 당신의 말은 내가 금방 말한 경계가 아니다. 당신의 말은 『능엄경』에서 말하는 50가지 종류의 음마陰魔 중에서 '수음受陰'이다. 『능엄경』을 읽어 보면 어떤 상황인가 알 수 있다. 이것도 망상의 일종이고 하나의 과정이다. 망상도 힘이다. 만약 그런 힘이 없다면 망상도 못한다. '도를 수련하는데 방해가 되지 않겠는가?' 하고 묻겠지만, 집착하면 방해가 되지만 집착하지 않으면 방해가 되지 않는다.

■ 대답 : …….

■ 만행스님 : 전부 망상이다. 내가 당신을 관세음보살이라고 하면 당신은 어떤 느낌이 드는가?

■ 대답 : …….

■만행스님 : 직접적으로 나의 물음에 답을 해라. 내가 당신을 참새가 환생해 왔다면 또 무슨 느낌이 드는가?
■대답 : 무엇이라고 해도 괜찮으며 신경 쓰지 않습니다.

수행한다는 것은 과거생의 인연이 이어진 것이다

■만행스님 : 지금 이 자리에 있는 사람들 가운데 누구도 이런 마음을 가진 사람이 없다. 내가 당신들을 나한이 다시 환생해 왔다고 하면 흐뭇해하겠지만, 당신들에게 소나 말이 환생해 왔다고 하면 금방 "아닐 것인데, 어떻게 내가 소나 말이 환생한 사람이겠는가?" 하면서 좋아하지 않을 것이다.

한 가지는 틀림없다. 이생에서 불법을 들을 수 있고 불법을 수행한다는 것은, 과거생에서 이미 불법을 들었고 수행하였으며 사람으로 태어났다는 뜻이다. 그래서 이생에 와서도 의지 굳건하게 불법을 배우는 것이다.

만약 몹시 피로하고 힘들면, 먼저 반시간 동안 좌선하고 자는 것이 좋겠다. 좌선하면서 머리가 흐리고 혼매에 빠지는 원인은, 아래에 있는 힘 즉 원기가 올라가서 두뇌에 공급되지 못해 두뇌의 산소가 결핍된 탓이다. 만약 좌선하는 방법으로 아래의 힘을 위로 오르게 해 두뇌에 산소가 공급되면, 두뇌는 곧바로 맑고 깨끗해진다. 하지만 또다시 잡념이 많아지는 것을 느끼게 된다. 이 단계를 지나가면, 잡념은 적어지지만 또 다시 머리가 흐려지고 혼매의 상태가 된다. 이렇게 여러 번 반복하다가 안의 힘이 충족하게 되면, 오르고 내리고 하는 것 없이, 자리에 앉으면 신체는 밝고 환한 통로처럼 생각만 생기면 금방 볼 수 있다.

　무엇을 '보았다'고 하는가? 이를테면 우리들이 부모님이란 말만 하면 금방 부모님의 모습이 뇌리에 나타난다. 이것을 보았다고 한다. 뿐만 아니라 아주 똑똑하게 보는 것이다. 수련이 일정한 정도가 되면, 일단 두뇌에 생각만 생기면 마치 부모님의 모습을 보는 것처럼 똑똑하게 보이는 것이다.

　이것은 육안으로 본 것이 아니다. 불문에서 말하는 안근眼根이 보았다든가 혹은 '심안心眼'이 본 것이다. 일단 심광心光이 나타나면, 생각만 생기면 금방 보게 된다. 이런 경계에 도달한 사람이라야 진정하게 총명한 사람이라고 할 수 있다. 하지만 대지혜를 가진 것은 아니다. 진정하게 총명한 사람은 자기의 마음 씀씀이를 파악하여 제어할 수 있다. 하지만 우리들은 자기의 마음 씀씀이를 똑똑히 보지 못할 뿐만 아니라 파악도 못하고 장악도 못한다. 조금 똑똑한 것도 아니고 다만 바보 멍텅구리라 할 것이다.

6강

머리가 몽롱하고 혼란한 것을 어떻게 다스리는가?

기가 가라앉지 않으면 두뇌가 시끄럽다

　가부좌를 하고 자리에 앉아 좌선할 때는 물론이고 좌선이 끝날 때도 밖으로 숨을 내쉬어 기를 내보내야 한다. 기가 가라앉지 않으면 그 기를 반드시 내쉬어야 한다. 두 어깨는 되도록 아래로 자연스레 처지게 두는데 어깨를 높이 쳐들지 말아야 한다. 어깨를 높이 쳐들면 위기胃氣, 즉 위장 안에 기포가 생기기 쉽다. 기가 가라앉지 않으면 절대로 두뇌가 조용하게 되지 않는다. 그래서 자리에 앉으면 끊임없는 망상만 하고 위기도 점점 많아지게 된다. 위기가 많이 치밀어 오를수록 망상도 더 많아진다.
　수행은 '기'로 하는 것이 아니라고 하지만, 마음을 조용하게 하는 것은 생리의 기와 밀접한 관계가 있다. 옛사람들은 "마음이 들뜨면 기가 소란해지고, 기가 멈추면 정신이 한가하다(심부기조心浮氣躁 기주신한氣住神閑)."라고 하였다. 기가 가라앉지 않으면 두뇌가 온갖 잡생각을 많이 하게 된다.

🧘 위기胃氣가 많아지면 망상도 많아진다

위기胃氣가 많아지면 운동량을 늘리는 방법으로 다스릴 수 있다. 좌선을 잘하면 잘할수록 시간이 길면 길수록 위기도 많아지고, 좌선하지 않으면 오히려 위기가 없어짐을 느낄 수 있다. 위기를 잘 조화하지 못하면 오장육부의 기도 조화가 될 수 없다. 오장육부의 기는 전부 '위胃'에서 오기 때문이다.

모두 다 같이 좌선할 때는, 다른 사람의 수행에 영향을 주지 않기 위해 날숨 쉬는 소리가 크지 않아야 한다. 사실 숨을 내쉴 때 소리를 내지 않아도 된다. 오직 아랫배를 수축해 숨을 밖으로 내쉬면 자연적으로 날숨이 나가게 된다.

신체도 다스리지 못하면서 어떻게 마음을 다스리겠는가? 지금 좌선하는 것을 자세히 살펴보면 대부분이 머리를 한쪽으로 기울이고 있다. 어떤 사람은 오른쪽으로, 어떤 사람은 왼쪽으로 기울어져 있다. 또 한쪽 어깨는 높고 한쪽 어깨는 처져있다.

🧘 마음을 다스리려면 기부터 다스려야 한다

왜 이렇게 되는가? 생리적 기혈이 평형되지 않았기 때문에 머리가 한쪽으로 기울어지는 것이다. 만약 이런 자세를 바로잡지 않으면 기혈은 더욱 더 평형을 이루지 못한다. 자세가 단정하지 않고 기혈이 잘 통하지 않으면 마음을 조용하게 할 수 없다.

때문에 '항복기심降伏其心(마음을 다스림)'을 하려면 우선 '항복기기降伏其氣(기운을 다스림)'부터 해야 한다. 기가 위로 치솟게 되면 잡념이 많아지고, 잡념이 많으면 기가 가라앉지 않는다. 기가 멈추어야만 정신이 한가롭고, 마음이 평온하면 기가 온화하게 되며, 기가 온화하면 흔들리지 않는다. 흔들리지 않아야만 비로소 우주와 한 몸이 되는 것이다.

포향의 자세와 효과

앞으로는 방식을 바꾸어서 좌선하기 전 20~30분간 포향跑香하기로 하겠다. 포향하면서 체내의 허기虛氣와 탁기濁氣를 밖으로 보내는 것이다. 이렇게 포향부터 하면 몸도 더워지고 좌선해도 다리가 아프지 않다.

포향할 때 '어깨를 드리우고 목은 위로 좀 **뺀다**(목을 약간 위로 올려서 쳐든다)고 생각하며 허리는 쭉 펴야 한다. 아래턱은 약간 안으로 당기고 심신은 반드시 고도로 느슨하게 풀어야 한다. 심신을 느슨하게 풀어야만 비울 수 있다.

20분만 좌선해도 눈앞에 내재의 광명이 나타난다

심신이 조금이라도 조화되고 조용해지면 금방 얼굴이 피어오르게 된다. 향 한대 탈 때까지 좌선해 잘 앉아 있게 되면 얼굴에 빛이 나게 된다. 내재의 광명이 생기면 얼굴에도 피부에도 모두 나타난다. 지금 여러분이 눈을 감으면 틀림없이 눈앞이 캄캄할 것이다. 도를 수련하겠다는 마음이 강렬하지 못하고 정념도 제대로 세워지지 않았기 때문에 이마 속의 그 빛덩어리가 솟아오르지 못하기 때문이다.

'사선팔정四禪八定'의 매 단계마다 여러 가지 징조들이 있게 된다. 이미 오랫동안 좌선하였다는 사람들이 어째서 아무런 경계도 나타나지 않는가? '도'에 대한 정보를 조금도 얻지 못했기 때문이다. 수련을 어느 정도까지 하였든지 모두 소식이 있기 마련이다. 원만한 경계는 아니지만, 필경 도를 수련하였다는 소식이고 길가의 경치가 나타난다. 만약 아무런 소식도 없고 길가의 경치도 나타나지 않았다면, 제 길에 들어서지 못했다는 뜻이다. 평상시 우리들은 집착하지 말라고 한다. 하지만 지금 가장 기초적인 경계도 없는데 무엇을 집착한단 말인가?

진정으로 정념正念을 세우고 아주 강한 염원을 가지고 도를 수련한다면 백 일이 채 되지 않아서 눈앞에 대광명이 나타날 것이다. 광명이 나타나지 않으면 지혜를 닦아내지 못한다. 옛날 선종에서 눈앞의 무명無明을 '칠흑통저漆黑桶底(칠흑같이 어두운 통의 밑바닥)'라고 하였다. 언제든지 눈앞의 '칠흑통저'를 타파해야만 비로소 도와 상응할 수 있고 도 안으로 들어갈 수 있다.

자신에게 가장 적합한 수련방법을 택하라

저녁 두 시간 밖에 되지 않는 좌선으로는 시간이 부족하다. 낮에 책을 보거나 독경할 때도 마음을 가라앉힐 수 있는가? 망념을 다스릴 수 없다면 수련법을 바로 바꿔야 한다.

어떤 수련법을 사용하든 간에, 혼란한 마음을 다스릴 수 있고 마음을 집중할 수 있다면 그 수련법이 매우 적합한 것이다. 법문이 높다고, 성불을 빨리할 수 있다고 해서 맹목적으로 그 수련법을 가져와 수련하는 것이 아니다. 자기의 망념을 다스릴 수 있는 수련법을 선택해야 한다. 각기 다른 질병을 앓는 중생들에게 각기 다른 처방을 하는 것과 같다.

석가모니부처님께서도 "같은 법에도 같지 않은 법이 있고, 같지 않은 법에도 같은 법이 있다."라고 하셨다. 한 가지 방법을 가져다 계속 수련한다고 성취하는 것이 아니다. 각기 다른 단계에서 신심은 각기 다른 반응을 한다. 그러므로 다른 수련법으로 자기의 심신을 다스려야 하는 것이다.

자리에 앉으면 머리가 흐려지고 하품만 하는데 왜 이런 문제를 해결하지 못하는가? 바로 이런 것들을 보고 다스릴 줄 모른다고 하는 것이다. 머리가 흐리고 의식이 몽롱한 것을 해결할만 하면 또 혼란에 빠져버린다. 좌선을 오래하면 한 가닥 힘이 몸에서 빙빙 돌거나 허리가 아플 때가 있다. 이런 것은 모두 경계이기 때문에 대처해서 다스려야 한다.

예전에도 다스리는 방법을 이미 수없이 말했다. 그런데 어째서 아직까지 사용할 줄 모르는가? 병이 생기면 의사를 찾아 처방을 받아야 하지 않는가? 의사는 이미 처방을 다 내주었는데 약을 사지 않고, 약을 사 와도 달여서 먹으려고 하지 않는다. 무엇 때문인가? 시끄럽다고 생각하기 때문이다. 다시 말하면 나태하기 때문이다. 이런 사람은 평소에 일할 때도 번거로운 것을 싫어한다. 도를 수련할 때 문제가 생기면 대처해야 된다는 것을 알지만, 귀찮다고 생각하기 때문에 대처하지 않는다.

한 가지 일을 시작하면 처음의 기세로 끝을 봐야 한다

세간의 일보다 도를 수련하는 일은 더 번거롭고 더 인내심이 있어야 한다. 도를 수련한다는 자체가 아주 복잡한 일이다. 남다른 인내심이 있어야 하고 아주 세심해야만 수련할 수 있는 것이다. 세간의 일은 성불수행에 비하면 훨씬 쉽다. 마음 쓰는 것도 그렇게 섬세하지 않아도 된다. 하지만 사람들은 쉬운 일은 하기 싫어하고, 잘 하지도 못하면서 복잡하고 어려운 성불수행을 하려고 한다.

세간의 어떤 일인들 시끄럽지 않겠는가? 어떤 일이든 모두 심혈을 기울여야 하고 열심히 해야 한다. 어떤 일이든 인내심을 가지고 꾸준히 하는 자체가 도를 수련하는 것이다. 번거로울 것을 걱정해서 쉬운 일만 골라서 한다면, 그 내심은 어떤 일을 회피하고 있다는 것을 말한다. 이것은 도에 어긋나는 일이다. 혹은 이 일을 피하면 그런 일이 다시 나타나지 않을 수 있겠지만, 똑같은 성질의 문제가 다른 형식으로 계속 생길 수 있다.

자기의 마음 씀씀이를 관찰하기 싫어하고, 일상생활의 일을 잘했든 못했든 간에 일단락 지을 줄 모르며, 하면 하는 대로 지나가면 지나가는 대로 흥흥 거리는 사람은 영원히 진보할 수 없다. 머리를 쓰기 싫어하는 사람이 좌선을 하면 바로 혼매昏昧에 떨어지게 된다. 좌선하는 중에 하나하나의 생각을 모두 깨닫고 보살핀다면, 절대로 혼매에 떨어지지 않고 졸음도 오지 않을 것이다. 좌선한다고 앉아서 아무 일도 하지 않고, 법에 따라 수련도 하지 않으면 혼란할 수밖에 없다. 혼란한 시간이 오래되면 몸은 피로하고 머리도 흐리며 몽롱해 졸음밖에 오지 않는다.

수행하는 것과 일하는 것은 같다. 한 가지 일을 시작하면 처음의 기세로 끝을 봐야 한다. 성불수행을 하고 도를 수련하는 것도 몇 년을 하면 익숙하게 익히고 능력을 배양할 수 있다. 만약 10년, 20년이 지나도 제 길에 들어서지 못하였다면, 도를 수련하겠다는 마음이 자연 게을러지게 된다. 혹은 자기는 게을러지지 않았다고 하지만, 자세히 돌이켜보면 초발심처럼 도를 수련하겠다는 마음이 강렬하지 못함을 발견하게 될 것이다.

이를테면 처음 성불수행을 할 때는 매일 독경하고 절을 하며 좌선하는 시간이 하루에 5~6시간씩 되었는데 지금도 그렇게 하고 있는가? 10년 동안 시종일관 이렇게 성불수행을 견지해 왔고, 시간

뿐만 아니라 마음가짐도 변치 않고 견지하였다면 필연적으로 성취하였을 것이다.

발심하기는 쉽지만 발심한 힘을 변함없이 유지하기는 아주 어려운 일이다. 마치 우리들이 8시간을 울력한다고 했을 때, 진정으로 힘을 쓰는 시간은 2~3시간밖에 되지 않는 것과 같다. 이 두세 시간이 지나면 일하는 속도가 차츰 늦어지게 된다. 심신의 힘은 시간적 한계성이 있기 때문이다.

먼저 수련하고 다음 홍법한다

옛날 사람들은 수련해 성취한 다음에 다시 세속으로 나와서 홍법弘法하였다. 처음부터 홍법을 한 뒤에 들어가서 도를 수련한다면 마음을 가라앉히기가 아주 힘들다. 극히 적은 대근기大根器를 가진 사람만이 세속을 돌아다니면서 세속의 각종 현상을 파악하게 된다. 대부분은 세속에 있는 기간이 길수록 세속에서 빠져 나오지 못한다. 그러므로 조사님들은 수행자들에게 세속에 발을 들여놓지 말라고 하셨다.

범부들은 세속을 접할수록 신심이 더 오염된다. 성불수행을 하는 사람들은 '집착하지 말라'는 말을 좋아한다. 하지만 세속의 사물에 접촉하면 바로 집착하게 된다. 성취한 후라야 접촉하는 사물에 집착하지 않는 것이다. 왜냐하면 이미 내재의 핵심을 찾았고 마음이 안주할 곳이 있기 때문이다.

심령이 안착할 곳을 찾지 못하면 외부의 사물에 집착하게 된다. 다시 말하면 득도하지 못한 사람은 필연적으로 외재적인 사물에 마음이 머무를 수밖에 없는 것이다. 오직 득도한 사람이라야 외재적인 사물에 머무르지 않고 내재의 핵심에 안주하게 된다. 수행에서 빨리 성취하고자하면 우선 소승불교의 계율을 수행의 첫 번째 조건으로 수련해야 한다. 즉 "먼저 수련하고 다음 홍법한다."라는 것이다.

소승불교는 수증修證에 치우치고 대승불교는 홍법에 치우친다. 소승불교의 계율과 대승불교의 계율은 아주 큰 구별이 있다. 발전적 측면에서 말하면 대승불교에서 제정한 계율은 소승불교에서 제정한 계율보다 좋다. 이것이 바로 부처님께서 입멸하신지 얼마 지나지 않아서, 제자들끼리 분란이 일어나 상좌부上座部와 대중부大衆部로 나뉜 이유이다.

심혈을 기울여서 자기의 생각을 보지 않기 때문에 자리에 앉으면 무엇을 해야 할지 모른다. 몸은 동굴에 앉아 좌선하는 것 같지만 정신은 이미 동굴 밖으로 나가있는 것이다. 일단 이런 습관이 형성되면 아무리 마음을 모으려 해도 힘들다. 혼란한 마음이 아무리 강하다고 해도, 열심히 마음을 모으기만 하면 백 일 안으로 전념할 수 있다. 전념할 수 있고 또 습관이 형성되면 바로 용맹정진할 수 있다. 하지만 반드시 백 일 안으로 수련하면서, 열심히 자기의 모든 마음 씀씀이를 느끼고 알아차려야 한다. 일단 생각이 도망가면 얼른 찾아와야 한다.

🌀 수련의 성과가 수행자의 몸에 그대로 드러난다

사람의 심신에는 기억하는 기능과 타성이라는 것이 있다. 처음은 마지못해 억지로 하는 것 같지만 자기도 모르는 사이에 그 어떤 상태에 들어가게 되는데, 일단 그것이 타성이 되면 마음을 그만두려고 해도 그만둘 수 없다.

사람들은 일하기 싫어한다. 하지만 10~15일을 일하고 나면, 일을 하지 않으면 오히려 몸이 불편하다. 나가서 일을 하고 땀을 내면 몸도 가뿐하고 기분도 상쾌한 것이다. 더욱이 몸이 뻣뻣하고 불편하며 졸음이 올 때, 나가서 몇 시간 일하고 땀을 흘리고 돌아오면 몸이 풀리는 것이다. 땀을 배출하면 몸에 잠재한 병 기운을 몸 밖으로 배출하게 한다. 적당하게 땀을 흘리는 것은 건강에 아주 좋다.

목을 아래로 숙이고 좌선하는 사람은 눈을 뜨고 좌선해야 된다. 눈을 감는 시간이 오래되면 머리가 흐려진다. 이것도 일종의 혼란한 상태인데 지나치게 혼란한 것은 아니다. 마치 '도거掉擧(들떠서 헤맴)'처럼 때로는 일정한 상태에 들어간 것 같지만 금방 나와 버리는 것과 같다.

신체의 왼쪽은 '기氣'이고 오른쪽은 '혈血'이다. 왼쪽의 기가 충족하면 필연적으로 목과 머리는 오른편으로 기울어지고, 오른쪽의 혈이 충족하면 목과 머리는 왼쪽으로 기울어진다. 신체의 이 두 가닥 힘이 평형되지 않으면 참선한다고 자리에 앉을 때 이리저리 삐뚤어지는 것이다.

정좌할 때 두 어깨를 안으로 모으는 것이 아니라 뒤로 펴야한다. 즉 가슴을 쭉 펴라는 말이다. 대부분의 출가한 사람들이 좌선을 오래하면 등을 앞으로 구부리거나(굽은 것은 아니다) 두 어깨를 앞으로 모은다. 하지만 이런 자세는 바르지 않다. 진정하게 좌선을 오래한 사람의 허리는 곧고, 두 어깨는 뒤로 쭉 펴져 있다. 흉부의 기가 잘 통해야만 정수리의 연꽃이 필 수 있고 내재의 힘이 뻗어나갈 수 있는 것이다.

수련이 어느 정도까지 되었고 도력도 얼마나 높은가 하는 것도, 수행자의 몸에 에누리 없이 드러난다. 말을 할 필요도 없다. 좌선을 오래하였는데도 목이 길어지지 않고 짧아졌다면, 그 사람은 기가 가라앉지 못하였고 심신도 안정되지 못하였음을 의미한다. 따라서 어깨도 이렇게 올라가 있고 목도 줄어든 것이다. 기가 가라앉으면 어깨는 내려가고, 목은 닭목처럼 위로 길게 쑥 빠져 있게 된다. 이것은 수행자의 중기中氣가 위로 충격(쳐서 올라감)했다는 것을 의미한다.

하지만 지금 우리들은 누구도 그런 형상이 없다. 무엇을 말하는가? 일전에 내가 한 말들을 돌이켜 보고 총결해 보라. 한 수행자의 수행상황과 마음상태를 이해하려면 겪어보지 않고 보기만 해도 다 알 수 있는 것이다. 만약 신체의 변화가 없다면, 마음상태의 변화도 없다는 것을 말한다.

몸이 있는 곳에 마음도 있게 하라

■ **질문** : 스승님! 재가자들은 수행할 방법이 없나요?

■ **만행스님** : 비록 옛사람들이 "행·주·좌·와가 모두 선禪이고 모든 것이 참선하는 것이라."고 하였지만, '좌坐'가 가장 기본이다. 좌도 조용하게 할 수 없다면, 행·주·와의 세 가지 방면에서도 심신이 조용할 수 없다. 우리들은 매일 사업이 바쁘고 열심히 일을 해야 하기 때문에 좌선할 시간이 없다. 그러므로 수행방식을 조절하고 행·주·와의 세 방면을 통해 좌선에서 부족한 것을 보충해야 한다.

'행'은 우선 마음부터 평온하고 온화해야 하며 마음의 문을 활짝 열어야 한다. 잠을 잘 때는 문제를 적게 생각하고 잘 자야하고, 일을 할 때는 열심히 일을 해야 한다. 자기를 훈련해 몸이 있는 곳에 마음도 있게 하면 그것이 가장 최고의 수행방법인 것이다. 몸이 있는 곳에 마음도 있는 것을 '신심통일身心統一' 또는 '신심합일身心合一'이라고 한다. 하지만 범부들은 이렇게 하는 사람이 없다. 그렇게 할 수 있다면 성취한 것이다. 범부들은 몸이 여기 있더라도 마음은 벌써 저쪽에 가있다. 신심이 동시에 같은 곳에 있을 방법이 없는 것이다.

어떤 일을 하든지 몸과 마음과 일, 이 셋이 하나로 될 수 있다면 도를 수련하고 있는 것이다. 일을 하면서 입으로 '어미타불, 어미타불'하면서 염불하는 것은 전도된 일이고, 머리 위에 머리를 얹은 격인 것이다.

공부할 줄 아는 사람이라면 좌선만 하면 바로 눈앞에 광명이 나타난다. 출가한 사람들처럼 좌선하는 시간이 길다고 눈앞에 광명이 나타나는 것이 아니다. 하루 24시간 중에 좌선할 수 있는 시간이 얼마나 되는가? 하루에 두 시간만 좌선할 수 있어도 아주 대단한 일이다. 만약 행·주·좌·와의 네 가지 일을 할 때 모두 고요하고 상서로운 마음상태를 가지고 있다면, 도를 깨우치고 득도하며 성불하는 일은 쉬운 것이다.

일상생활 속에서 공부하는 방법을 배워야 한다. 좌선할 때 어떻게 공을 들이고 공부하였다면, 길을 걸을 때도 좌선할 때의 기억을 가지고 길을 걷는다. 심지어 잠을 잘 때도 이 기억을 가지고 잠을 자는 것이다. 일을 할 때도 마찬가지로 이 기억을 가지고 일을 한다.

좌선할 때 마음이 평온하다면 그 평온한 기억을 가지고 일하면 된다. 하지만 사람들은 그렇게 하지 못한다. 가부좌를 하고 두어 시간 좌선할 때는 도를 수련하는 것 같지만, 자리에서 내려오면 완전히 다른 모습이다. 설사 두 시간 동안 잘 앉아있었다고 해도 어찌 나머지 22시간을 감당하겠는가? 때문에 반드시 수행시간을 연장해 일상생활에서 공부할 수 있도록 훈련해야 한다.

시시각각으로 자기의 마음을 지켜라

시시각각으로 자기의 심념心念(마음)을 지킬 수 있다면 외계의 사물에 집착하지 않을 것이다. 외계의 사물에 집착하고 사람들의 눈치를 살피고, 말투에 신경 쓰며, 심지어 자기에 대한 태도가 좋은가 아닌가 등등에 집착하게 되는 원인은, 마음이 안에 있지 않고 밖에 머무르기 때문이다.

시시각각으로 자기의 마음 씀씀이를 파악하고 자기의 진심을 지킨다면, 외계의 사물에 대해 신경을 쓰지 않을 것이다. 외계의 사물에 신경 쓰는 원인은, 우리들의 마음이 밖에 있기 때문이다. 그러므로 항상 주변의 자기에 대한 태도와 평가에 신경 쓰게 된다.

만약 사람들의 태도와 관점 그리고 행동거지들에 대해 신경 쓰는 것을, 이 힘을 바꾸어 자기의 마음 씀씀이를 살필 수 있다면 수행속도가 아주 빨라질 것이다. 뿐만 아니라 이 힘을 이끌어 사람노릇을 하면서 사업을 한다면 반드시 큰 성공을 이룰 것이다. 우리들의 문제는 힘을 한 곳에 집중할 수 없다는 것이다. 안에도 밖에도 진정하게 신경을 쓰는 것이 아니라, 매일 대혼란에 처해 있고 매일 '순기자연'이라는 곳에 처해 있다.

힘은 오직 하나다. 그 힘을 집중하면, 어떤 곳에 사용해도 모두 돌파할 수 있고 모두 성취할 수 있다. 성불수행을 하기 전에 세간에서 무슨 일이든 잘 했다면 성불수행을 해도 아주 잘 할 것이다. 또 성불수행을 잘 하였다면 세간에 나가서도 일을 아주 잘할 것이다. 같은 이치로 세간에서 일을 잘하지 못하면 성불수행도 잘 할 수 없고, 성불수행을 잘하지 못하면 세간일도 잘 할 수 없다. 성불수행 자체도 일을 하는 것인데, 단지 부처님이 되는 일을 할 따름이다. 인간의 일도 잘하지 못한다면 어찌 부처님이 되는 일을 잘할 수 있겠는가!

7강

무엇이 분명한 경계인가?

공에서도 각지는 존재한다

공부문제는 아무리 도움을 주려고 해도 소용없다. 오직 자기가 그런 과정을 겪어야만 모르는 부분을 해결할 수 있다. 누구나 수련하는 과정에서 경계들이 출현한다. 경계가 출현한 다음 경계에 집착할수록 돌파하기 어렵다.

대부분의 수행자들은 어떻게 경계를 비워야 하는지를 모른다. 마음을 경계에 두지 않고 생각하지 않으면 비우는 것이다. 더는 이 문제를 알고자 하지 않으면, 마음이 점차적으로 비워지면서 마음의 존재를 느끼지 못하게 된다.

진정한 '공空'은 아무것도 없다는 것이 아니다. '아무것도 없다.'는 잘못된 인식이다. 모든 것을 다 비워야 하지만 각지覺知만은 비우면 안 된다. 순리적인 경계(순경順境)이든 역리적인 경계(역경逆境)이든 경계에 끌려다니지 않을 수 있는 것은 각지가 존재하기 때문이다. 왜 화를 내고 후회하는가? 화를 낼 때는 각지를 잃었지만,

지나고 나면 각지가 다시 출현하기 때문에 후회하는 것이다.

수행은 기나긴 과정을 거쳐야 한다. 어떤 단계는 막연할 때가 있다. 그래서 "이렇게 수련하면 되는가? 지금 내가 수행하고 있는가?" 하는 의문을 가지게 된다. 이런 경계는 이미 유위법을 돌파하고 무위법의 단계에 이르렀다는 뜻이다. 이때는 망념이 사라져서 그 어떤 방법도 필요하지 않다. 독경하고 주문을 독송하며 관상하는 방법으로 망념을 다스리지 않아도, 생각만 움직여도 그냥 청정해진다.

무문선사無門禪師라는 분이 있었다. 원래 그분의 이름은 '도수道修'였는데, 도를 깨달은 다음에 '무문'으로 이름을 바꾸었다. 왜 이름을 바꾸었냐고 물으니 "법이 없는 것을 법으로 하고 문이 없는 것을 문으로 한다(無法爲法, 無門爲門)."라고 대답하였다.

특별한 것이 아닌 자연스러운 것

'공空'도 일종의 경계이지만 '유有'도 일종의 경계이다. 정상적인 사람이 길을 걷는 것처럼 아주 자연스럽게 걷게 되므로 특별한 방법이 필요 없다. 하지만 어느 발부터 내디딜까 하는 생각을 하는 순간 이미 비정상이 되고 자연스럽지 못하게 된다. 호흡하는 것도 마찬가지이다. 평상시 우리들은 호흡하고 있다는 것을 느끼지 못하지만, 감기에 걸려서 호흡이 잘 안되면 호흡이라는 것을 느끼게 된다.

석가모니부처님께서 숲속에서 산책하시는데 코끼리가 떼로 달려들면서 아난의 뒤를 쫓아오니, 다급해진 아난이 부처님의 등 뒤로 가서 숨었다. 부처님께서 당신도 모르게 다섯 손가락을 펴니, 다섯 갈래 빛줄기가 뿜어지면서 순식간에 코끼리 떼를 막았다. 아난이 부처님께 "무슨 능력입니까?"하고 물었더니, 부처님께서는 "아무런 능력도 아니다. 저절로 손이 내밀어진 것이다."라고 하셨다. 마치 모기가 눈앞에 날아오면, 또 사람 손이 눈앞을 스치게 되면 자기도 모르게 눈꺼풀을 깜빡하는 것처럼 자연스러운 것이다.

선은 지팡이 없이도 걷게 하는 수행방법이다

수행이 '공·무空無'의 단계에 도달하면 모든 마음씀씀이가 '공·무'에 힘을 모아주면서 더욱더 안정되고 튼튼하게 해준다. 지금 우리들의 좌선공부가 약간 안정된 상태라고 할 수 있지만 자기를 비운 것은 아니다. 옛날 사람들은 "세간의 공·명·이·록功名利祿(부귀영화)을 비우지 않으면 도를 수련할 수 없고, 몸을 비우지 않으면 도를 깨달을 수 없으며, 마음을 비우지 못하면 증도證道할 수 없다."라고 하였다. 사람들은 왜 정토수행법을 환영하면서 선禪은 달가워하지 않는가? 왜 지금 선을 배우는 사람들이 많은데도 진정하게 수련하는 사람은 극히 적은가?

사람들은 밀종이 익히기 쉽다고 한다. 밀종과 정토종은 유위법이기 때문에 지팡이와 같다. 지팡이를 버리면 걷지 못한다. 손에 지팡이를 잡고 있었기 때문에 걸을 수 있었다는 것이다. 몇 년 동안 계속 염불하고 주문을 독송하던 사람을, 갑자기 염불을 못하게 하고 주문도 독송하지 못하게 하면 틀림없이 잡념에 빠지게 될 것이다.

선을 처음 수련할 때는 다른 방법보다 어렵다. 선은 처음부터 심신을 비우게 하고 지팡이도 없기 때문이다. 그러므로 많은 사람들이 선을 수련하였지만 발전이 없다는 것을 발견하게 된다. 더구나 이 사람에게 염불하고 주문을 독송하라고 하면 습관이 안 되어서 또 어렵다.

밀종수행법을 수련하고 정토수행법을 수련하던 사람들이 선을 수련하면, 첫 일주일은 수련할 줄 모른다는 느낌이 들지만, 시간이 좀 지나면 자신이 뿌리를 깊이 박은 아주 튼튼하고 굵으며 싱싱한 거목이 되었다는 것을 느낀다. 뿐만 아니라 아무리 큰 비바람이 불어도 의연히 움직이지 않을 것이라고 생각한다.

망념을 그대로 두는 것이 무상대법이다

아마도 여러분은 "아무것도 생각하지 말라는 것이 무엇이 어려운가?" 하겠지만, 자기에게 "아무것도 생각하지 말라."라고 하면 저절로 망상이 생기고 그것도 끝없이 생긴다는 것을 발견하게 된다. 이것은 아주 당연한 현상이다. 사실 망상을 쫓는다는 일은 경계에 들어와 돌아다닌다는 말이다. 그렇다면 경계를 쫓아버리겠는가? 아니면 경계를 돌아다니겠는가? 어떻게 하면 되는가?

　완전히 신경 쓸 필요가 없다. 오직 각조覺照를 분발시켜서 지켜보기만 하면 된다. 이때 여러분이 맞이하는 환경은 아주 분명한 경계일 것이다.

　다시 한 번 강조하면, 잡념이 생길 때 그 망념을 따르지도 말고 쫓으려고도 하지 말아야 한다. 이렇게 되면 마음이 아주 분명한 상태가 될 것이다. 이렇게 수련하고 공부하는 것이 진정하게 수련하고 공부하는 것이고 바로 무상대법無上大法이다.

　이런 방법은 말로 하기는 쉽지만 수련하기는 어렵다. 어떤 방법으로 수련을 시작하든지 반드시 이 단계를 거쳐야 한다. 아니면 성취할 수 없다. 산만한 마음에 비위를 맞추려고 노력하지 말아야 한다. 산만한 마음에 머무르면 산만한 마음의 비위를 맞추는 것이고, 잡념을 거절하면 도리어 잡념이 점점 더 많아진다.

　나는 여러분에게 유위법을 주면서 완전한 눈가림을 할 수 있다. 하지만 한동안 수련해보면, 수련을 하면 할수록 점점 도와 멀어지고, 도를 수련하는 것이 아니라 수행방법을 수련하였다는 것을 발견할 것이다.

　수련하는 시간이 적어도 괜찮지 않냐는 생각이 있을 수 있다. 대부분 사람들의 수행은 기계적이다. 출가한 사람들도 마찬가지이다. 매일 기계적으로 경전 한 권을 읽고 나면, 오늘 수행은 끝났다고 생각한다. 이런 수련방법은 아무 소용이 없다. 경전을 읽을 때 망념이 좀 적어질 수 있지만 그 힘은 너무 미약하다. 또 망념이 좀 줄어들었다고 하지만, 공들인 것에 비해 너무 미미하다. 입도하였으면 어떤 일을 하든지 모두 도 안에 있지만, 입문하지 못하면 아무리 좋은 방법을 주어도 도의 문 밖에 있게 된다.

내면의 경계를 관찰하라

　나는 출가한 사람들은 무위법부터 수련해야 한다고 주장한다. 왜냐하면 출가한 사람들은 자질구레한 일들이 적기 때문이다. 하지만 집에서 수행하는 사람들은 생활상의 작은 문제들을 피할 수 없다. 출근하면 상하관계도 처리해야 하고, 가족과 친구사이의 관계도 처리해야 하는 등 두루두루 여러 가지 일들이 많은 것이다. 하지만 출가한 사람들은 이런 일들이 없다.
　주변의 일에 너무 신경 쓰면 도심道心을 잃는다. 일이 옳고 그르고 하는 문제에 너무 신경 쓰고, 두뇌로 지나치게 분별하면 입도하지 못한다. 더욱이 내면적 자성自性의 빛(光芒)이 출현하지 않았을 때는 외부의 경계 때문에 방황하게 된다. 바꿔 말을 하면 내재한 자성의 빛이 출현하게 되면, 내면의 경계를 따른다는 말이다. 즉 밖에 머무르지 않으면 내면에 머무르고, 내면에 머무르지 않으면 밖에 머무르는 것이다.
　지금 여러분들은 내면의 경계가 생기지 않았기 때문에 부득이하게 외부의 경계를 따를 수밖에 없다. 그러므로 중요한 관건은 내면의 경계를 수련해 내야 한다는 것이다. 마음이 움직이는 것을

100% 다 볼 수는 없어도 적어도 30%는 볼 수 있어야 한다. 100가지 생각에서 30가지 생각은 얼마든지 볼 수 있다. 이러한 기초 위에서 천천히 수련하면 자연히 잡념이 적어진다.

처음 시작은 반드시 의식적으로 자기의 마음이 일어나는 것을 관찰해야 한다. 어떤 수행법이든 작의作意(마음이 일어나는 것을 관찰함)로부터 시작해 수련하는 것이고, 선종의 관공觀空도 역시 작의로부터 시작한다. 하지만 사람들은 자리에 앉아서 잡생각은 할지언정 자기의 마음이 일어나는 것은 관찰하지 않는다.

🛐 너무 많은 가르침은 마음에 각인되지 않는다

책을 많이 읽어야 된다고 해도 읽지 않는다. 어떤 사람은 하루 종일 독경하지만 건성으로 읽고 깊이 연구하지 않는다. 이렇게 하면 아무 소용이 없다. 수련할 줄 모르는 이유는 이치가 명확하지 못하기 때문이다. 이치가 명확하지 못한데 어떻게 수련하고 어떻게 제 길에 들어서겠는가? 『원각경』을 추천하였지만 보지 않는다. 그러므로 수련할 줄 모른다.

이미 방법을 가르쳐 주었는데 왜 수련하지 않는가? 아직까지 진정으로 도를 갈망하지 않는 것인가? 문제를 말해 보라고 해도 말하지 못한다. 하기는 일정한 차원에 도달해야만 문제점도 알 수 있고 물어도 볼 수 있다. 처음 시작은 모두 문제가 없다. 문제에 봉착하지 못했기 때문에, 자기 딴에는 무엇이나 다 안다고 생각하지만 아직까지 제 길에 들어서지 못한 것이다.

지금은 법문 들을 기회를 아주 쉽게 얻을 수 있다. 그러므로 마음에 새겨두지 않는다. 경전을 너무 많이 읽었기 때문에 한 마디도 기억하지 못하는 것과 같다. 옛날에는 지금처럼 경전이 많지 못하고 인쇄의 질도 좋지 않았기 때문에 개인의 손에 들어오기 어려웠다. 그래서 한 사람이 읽으면 많은 사람이 듣는다. 그러므로 옛날 사람은 경전을 아주 소중하게 여겼다.

옛날에 깨달은 스승의 법문을 들으려면 몇십 리 심지어 몇백 리 길을 걸어야 들을 수 있었다. 그러므로 한 마디 법문마다 아주 깊은 낙인을 남기게 된다. 만행의 법문내용은 무엇이고 만행의 사상은 무엇인가? 대답할 수 있는가? 대답하지 못한다. 들은 것이 너무 많기 때문에 한 마디도 기억하지 못하는 것이다.

그러므로 옛날 사람들은 설법할 때 법을 너무 깊이 말하지 않고 이치도 많이 말하지 않는다. 미칠 지경으로 도를 구하려 하고 극도로 갈망할 때, 비로소 한마디 말을 해주면 바로 깨우치는 것이다. 말하는 것이 많으면 도리어 한 마디도 기억하지 못한다. 쉽게 얻는 것은 쉽게 잃는다. 불문에서 "자비에서 화가 생기고, 방편에서 저속한 것이 생긴다."라고 말한다. 이렇게 보면 여러분은 법문을 너무 많이 들은 것 같다.

의문되는 점들이 있으면 말하고, 다 같이 연구하고 토론하자.

■ 질문 : 스승님! 다른 절에 가보면 나무가 무성하고 폭포와 못이 있습니다. 하지만 우리 절은 산은 민둥산이고 폭포 같은 것도 없는데

있으면 얼마나 좋겠습니까?

■만행스님 : 물론이다. 더 이상 무엇을 말하겠는가? 나무가 우거지는 울창한 환경은 30년 뒤면 실현될 것이다. 이전에 여기 살던 농민들은 해마다 산에 불을 놓았다. 2년 전 우리 절에서 이 땅들을 사들인 다음에야 산에 불이 없게 되었다.

산에 나무가 없으면 땅에 물이 저장되지 못한다. 또한 물이 적을수록 나무도 자라지 못한다. 마치 가난한 사람일수록 돈을 못 벌고 부유할수록 더욱더 많은 돈을 버는 것과 같다. 인공호수는 이미 계획하였지만 일손이 부족해 만들지 못하고 있다.(현재는 아주 큰 인공호수가 만들어졌다.)

의심치 않고 깊이 믿는 자체가 바로 무위이다

■질문 : 스승님! 왜 음념音念으로 주문(주어)을 독송하고 성음으로는 독송하지 않습니까?

■만행스님 : 성음의 전파는 주로 음音에 의거한다. 음은 미세하다. 미세할수록 침투력이 강하다. 굵은 소리는 도리어 침투력이 없다. 독경할 때 몸과 마음이 조용해야 된다. 그래야만 음의 진동하는 효과가 분명하고 똑똑하다.

■질문 : 스승님 빛(光)은 어디서 옵니까?

■만행스님 : 우리들이 사바세계로 올 때 광음천光音天을 지나온다.

사실 '광'과 '음'도 우리들의 망념이다. 광음천은 색계의 제 17층천에 있는데, 단지 이선二禪의 공부밖에 되지 않는다. 그러므로 여전히 범부이다.

■질문 : 무체無體로서 체體로 존재한 사람이 부처님입니까?
■만행스님 : 그것을 무엇이라고 하면 무엇인데, 각 종교마다 각기 이름 지은 명사名詞가 있다. 노자의 말씀처럼 일단 이름을 붙이면 의미가 축소되는 것이다. 즉 "부처님을 '부처'라고 단정지어 이름할 수 없는데도 억지로 '부처'라 이름을 지어 부르고, 도 역시 '도'라고만 단정지어 이름 지을 수 없는데도 억지로 '도'라고 이름 지어 부르는 것이다."37이다. 또 무명無名은 만물이 될 수 있고 무체無體는 만체萬體가 될 수 있으나, 유명有名과 유체有體는 물질이라 도道가 아닌 것이다.

■질문 : 스승님 광음이 있으면 윤회를 초월할 수 있는지요?
■만행스님 : 계속 삼계三界 안에 있게 된다. 삼계 밖은 아무것도 없다. 공空마저 존재하지 않는다. 광음은 도를 수련하는 하나의 과정인데 이 단계를 지나면 광음도 없다.

지금 어떤 사람들은 벌써 하품을 한다. 왜 그런가? 바로 내재한 빛의 힘이 솟아오르지 못해서 두뇌에 산소가 부족하기 때문이다. 만약 내재한 빛의 힘이 머리 꼭대기까지 올라가면, 두뇌에 영원히

---

37 佛非佛, 强名曰佛. 道非道, 强名曰道.

산소가 결핍되지 않고 조금만 생각을 움직여도 졸음이 없어진다. 또한 생사문제를 마음에 두어도 졸음이 없다. 만약 부모님께서 돌아가셨을 때의 마음상태라면 어떻게 졸음이 오겠는가?

좌선하면서 잡념이 적으면 자고 싶고 정신이 맑으면 산만해진다. 졸음이 오면 눈을 번쩍 뜨고 있어라. 사실 잠은 두어 시간 정도 자면 아주 충분하다. 목전 상황에서 산만한 마음이 심하기 때문에, 마치 운동대회를 여는 것처럼 두뇌가 복잡하기 그지없다.

잡념이 좀 줄었다 해도 머리는 또 끄떡거리면서 졸고, 정신이 들면 또 산만해지기 시작한다. 어떤 일이든 성공하려면 쉽지 않고 저절로 되는 것이 없다. 수행은 세간의 어떤 일보다 더 어렵다. 그러므로 수행하는 사람은 많지만 도를 깨달은 사람은 적다. 어쩌다 도를 깨달은 사람이 있어도 증과證果를 얻지 못한다. 증과를 얻었다 해도 홍법하고 제도할 수 있는 것도 아니다. 그러므로 범부들이 교화한 중생이 성인들이 교화한 중생보다 더 많다.

▪질문 : 스승님! 제가 성불수행을 하는 이유는 불교교리를 믿고 따르기 때문이지 무엇을 얻고자 한 것이 아닙니다. 이렇게 해도 됩니까?

▪만행스님 : 성불수행은 바라는 것이 없어야 한다. 바라는 것이 많으면 많을수록 수련하지 못한다. 바라는 것이 생기면 대립되는 힘이 생기고 힘들어진다. 느슨하게 비워야만 도의 힘이 나타난다. 느슨한 것과 비우는 것은, 바라는 것이 없는 데서 생긴다.

어린애들의 두뇌는 단순하고 잡념이 적지만 성인成人들의 두뇌는 복잡하고 잡념도 많다. 그러므로 불교는 "직심(단순한 마음)이 도다(直心是道)." 라고 말한다. 다른 종교에서도 모두 "갓난아기 같은 천진하고 거짓이 없는 마음(赤子之心)"을 수련하라고 한다. 사람들이 수련할수록 두뇌가 복잡해지는 원인은 분별심이 너무 많기 때문이다. 부처님을 의심치 않고 깊이 믿는 자체가 바로 무위이고, 도를 구하는 무상無上의 방법이다.

8강

화두는 어떻게 참하는가?

간화두와 참화두

불교에서는 여러 가지 수련하는 방법이 있다. 그중 '참화두參話頭(화두를 관찰하며 연구함)'라는 수련방법이 있다. 무엇을 '화두'라고 하는가? 답이 있는가? 무엇을 '화두'라고 하는지도 모른다면 어떻게 참參38을 하겠는가? 여러분은 '분명하게 각지覺知(깨달아서 앎)할 수 있습니다.'라고 말하겠지만, 이미 당신은 생각의 실마리가 생기지 않았는가? 여러분은 또 '분명하게 각지를 못하면 돌덩이와 같지 않겠습니까?'라고 할 것이다.

일반적인 답은 "생각의 싹이 생기지 않았을 때는 화두라 하고, 생각이 이미 생겼다면 '화미話尾'라고 한다."이다. 그러나 사실 이 말은 틀렸다. 생각의 싹이 생기지 않았을 때를 화두라고 하면 그때 당신은 어디에 있었는가? 만약 생각의 싹이 생기기 않았다면, 묻노

---

38 참구參究, 즉 참여해서 집중적으로 관찰하며 연구함

라! 당신은 어떻게 생각을 처리했는가? 생각의 싹이 이미 생겼다면 또 다시 화미에 떨어진 것이다.

생각이 생기기 전을 상상해 보면 어떤 상태이겠는가? 이를테면 매일 울력하러 밭으로 나가 일할 때, 사람들과 말도 안하고 아무 생각도 없이 부지런히 일을 하면 자기도 모르게 시간이 아주 많이 흘러간다. 일을 아주 많이 했지만 좀처럼 피곤하지는 않다. 이때의 당신은 무슨 상태인가? 일상생활 가운데 이런 현상이 나타난다. 이런 상태에서 사람들이 부르거나 혹은 당신과 얘기를 나누면, 비로소 일을 많이 하였고 시간도 엄청 많이 지났다는 것을 발견하고 피로를 느끼게 된다.

신나게 일할 때는 피로한 줄 모른다. 하지만 일이 다 끝나면 피로하다. 왜 그러는가? 평상시에 이런 것을 관찰해 보았는가? 수련이라는 것은 단지 선방에서 좌선할 때만 하는 것이 아니다. 매일 매시간 마다 수련할 수 있다. 수련방법을 알면 언제 어디서나 수련을 할 수 있다. 어떤 곳에서 수련할 수 있었다면, 언제 어디서나 수련할 수 있다. 단지 선방에서만 수련을 할 수 있는 것은 아니다. 중국어를 잘 하는 사람은, 미국으로 가든 영국으로 가든 일본으로 가든 모두 중국어를 잘할 것이다.

밭에 나가 김을 맬 때는 선정력을 호미 끝에 두어야 한다. 마음을 호미 끝에 두지 않으면 문제가 생겨 풀이 있어도 보지 못한다. 본래는 호미로 이쪽 풀을 매야 하는데 저쪽으로 가게 된다. 생각의 싹이 생길 때마다 볼 수 있고 감각할 수 있는 것을 '간화두看話頭'라 하고, 생각마다 전체를 볼 수 있어야 '참화두'라고 한다. 전제조건은 마음을 화두에 집중할 수 있어야 한다는 것이다.

마음을 화두에 집중하려면 반드시 화두를 볼 수 있어야 한다. 오직 화두를 볼 수 있어야만 점차적으로 마음이 화두에 집중할 수 있다. 마음이 화두에 집중할 수 있어야만 점차적으로 '참화두'에 도달해 화두를 참할 수 있으며, 나중에는 '무화두無話頭'에 도달한다. '간화두'를 정定(≒집중, 몰두)이라고 하고 '참화두'를 관觀(즉 지혜)이라고 한다.

참화두를 한다지만 마음이 화두에 집중할 수 없다면 어떻게 '참參(관찰하며 연구함)'을 할 수 있는가? 보지 못하면 참할 수 없는데 어떻게 도를 깨달을 수 있겠는가? 예를 들면 수학문제를 풀 때, 풀어야 할 수학문제를 찾지 못했다면 어떻게 풀겠는가? 문제를 찾았다고 해도 그 문제에 집중하지 않으면 문제를 풀지 못한다. 마음이 산만해서 이 생각 저 생각을 하는데 수학 문제를 어떻게 풀 것인가! 간화두는 '정(집중력 또는 집중한 상태)'을 수련하기 위한 것이고 참화두는 '혜慧(지혜)'를 수련하기 위한 것이다.

3) 참의 과정

참화두와 참공안參公案은 본질적인 구별이 없다. 지금 간화두도 도달하지 못했는데 어떻게 참화두를 하겠는가? 냉정하게 말하면 화두조차 찾지 못한 상황인데 간화두인들 어떻게 할 것인가?

불교에 우리 모두 알고 있는 화두가 하나 있다. 즉 "부모로부터 태어나기 전의 나는 무엇인가?"이다. 이 화두를 참하려면, 우선 이 말에 정신을 고도로 집중해야만 할 수 있다. 정신을 고도로 집중하지 않으면 어떻게 명확하게 이 말을 참하겠는가? 화두의 작용은 무엇인가? 왜 '참여할 참'이라는 글자를 쓰고 '탐색할 탐探'이라는 글자는 쓰지 않는가? 이런 문제를 생각하기 바란다.

평상시에 여러분의 두 눈은 여기저기 두리번거리면서 집중하지 않는다. 수련한다는 사람이 어떻게 머리를 흔들거리고 두 눈은 보지 않는 곳 없이 두리번거리는가? 진정하게 수련하는 사람의 몸은 경직된 상태이고 눈빛은 생기가 없고 두뇌는 무뎌서 멍청하다. 이것이 수련의 첫 번째 단계의 현상이다.

하지만 지금 여러분의 두 눈은 이리저리 빙글거리며 돌아간다. 아직까지 첫 번째 단계에도 도달하지 못한 것이다. 드릴로 나무에 구멍을 뚫고자 하면, 한 곳을 집중적으로 뚫어야 한다. '참'이라는 것도 바로 이런 상태이다. 반드시 집중적으로 참을 해야 한다. 참에 들어서면 두 눈에 생기가 없다. 지금 여러분의 눈빛을 보면 속마음이 아주 산만하다는 것을 알 수 있다.

참을 하면서 들어갔다 다시 나오면 어떤 경계인가? "햇빛이 검은 구름 밖으로 뚫고 나갔다."는 경계일 것이다. 이때는 "바람이 멎고 파도가 잠잠하니, 둥근 달이 강물에 밝게 비추어 있다."라는 경계일 것이다. 큰 강과 바다는 바람이 없어도 파도가 1m나 된다. 바람이 멎고 바다와 큰 강의 파도가 잠잠하게 되니, 하늘의 둥근달이 바다와 큰 강에 환하게 나타나는 것이다.

하지만 이와 같은 경계가 나타나려면 반드시 "강물이 멈추니(하단전에 기운이 쌓이니) 물이 넘쳐 역류한다(등허리의 독맥을 타고 올라간 다).”는 과정을 겪어야 한다. 이렇게 되기 전에 반드시 '지화두知話頭→ 간화두→ 참화두→ 오화두悟話頭'의 과정을 겪어야 한다.

사실상 이 과정은 상등근기 사람은 한 생각 사이에 완성할 수 있고, 중등근기 사람은 두 생각 사이에 완성할 수 있다. 여러분이 화두를 잡을 수 있다면 그것은 축하할 일이다. 하지만 무엇이 화두 인지도 모르는데, 어떻게 화두를 잡을 수 있으며 어떻게 화두를 참 할 수 있겠는가? 어쩌다 잡았다고 해도 들어가지 못한다. 들어갈 수 있다면 틀림없이 나올 수 있다.

"강물이 멈추니 물이 넘쳐 역류하고, 바람이 멎고 파도가 잠잠 하니(마음이 머무르는 곳이 없어지니) 둥근 달이 강물에 비추어진다(자성自性이 드러난다)." 이 말의 앞부분은 생리生理의 경계를 가리켜 말 하고, 뒷부분은 심령의 경계를 가리켜 말한 것이다. 만약 참을 할 만한 화두 혹은 공안을 찾지 못하면 이 말로 참을 할 수 있고, 이 말을 깨달으면 성불할 수 있다.

이 말은 '식견識見(견지見地)'과 '수증修證'을 포함한 말이다. 하지만 '행원行願(보살행)'까지는 포함하지 않았다. 어떻게 행원하는가? 바로 "자비심은 천하를 덮고 마음엔 중생을 담는다."[39]인 것이다.

---

39 悲滿天下, 心存衆生.

🛐 내면의 밝은 별을 보았는가?

　자기의 마음씀씀이도 보지 못하면서 어떻게 도를 수련하는 사람이라고 할 수 있는가? 지금 여러분은 생사를 해탈하고 서방 극락세계로 왕생하겠다고 하는데, 자신이 있는가? 그런 조짐이 나타났는가? 그런 조짐도 없고 자신도 없는데, 임종 때 어떻게 그곳으로 갈 수 있는가? 어디로 가겠는가? 이것은 현실적인 문제이다.

　이를테면 저녁에 잠을 잘 때 꿈을 어디까지 꾸었는지 알 수 있는가? 꿈속에서 자기를 파악하지 못하면 임종 때 왕생한 다음에도 파악하지 못한다. 잠자는 것은 소혼미小昏迷이고 임종은 대혼미大昏迷인데, 어떻게 대혼미에 자기를 파악하겠는가?

　사람들은 내일도 죽지 않고 명년에도 죽지 않는다는 것을 알기 때문에 조금도 조급한 느낌이 없다. 하지만 내가 "내일 당신은 죽을 것이다."라고 한다면, 그때서야 비로소 조급하고 초조해하며 생사를 파악하고 제어하고자 갈망할 것이다.

　어떻게 하면 생사를 파악할 수 있는가? "바람이 멎고 파도가 잠잠하니 둥근 달이 강물에 비추어 진다."는 경계가 되어야만 비로소 일부분을 알 수 있다. 하지만 완전히 알지 못한다. 이 자리에 몇 사람이나 "바람이 멎고 파도가 잠잠하니 둥근 달이 강물에 비추어 진다."는 경계에 도달하였는가? 한 사람도 도달하지 못하였다. 도대체 성불수행을 어떻게 한 것인가?

　여러분 가운데 몇 분이나 별을 보았는가? 별이 어디에 있는가? 그때 당시 석가모니부처님께서 "밤하늘의 밝은 별을 보았다."는 것은 어디의 별을 보셨다는 것인가?

어디서 별을 보았는가? 만약 하늘의 별을 본 것이라면, 숲속에서 좌선하면 매일 별을 볼 수 있는데 어떻게 도를 깨우치지 못하였는가? 우리들도 매일 하늘의 별을 보고 있는데 왜 도를 깨우치지 못하는가? 부처님께서 보신 별은 하늘의 별이 아니라 내면의 밝은 별이다.

부처님께서 진정하게 "밤하늘의 밝은 별을 보았다."면 이미 철두철미하게 깨달았는데, 왜 또 칠일동안 입정하셨는가? 사람들은 부처님께서 칠일동안 입정한 다음에야 오안육통(五眼六通)을 구족하였다는 것을 다 안다.

어떤 사람의 말에 의하면 49일 입정했다고 한다. 칠일을 입정하셨든지 49일을 입정하셨든지 간에, 부처님께서 크게 입정(대정大定)을 하신 것은 확실하다. 만약 크게 입정을 하시지 않았다면 오안육통을 구족하지 못했을 것이고, 삼신사지三身四智도 증득證得하지 못하셨을 것이다.

비록 '밝은 별'을 보았지만, 그래도 '원만한 도'와는 거리가 멀다. 하지만 '밝은 별'을 보았다는 것은, 전깃줄에 전기가 통한 것처럼 천리만리 밖의 전등불을 찰나에 밝힐 수 있는 것과 같다.

이 자리에 앉은 여러분도 혹은 '밝은 별'을 볼 때도 있었을 것이다. 하지만 찰나간이다. '밝은 별'은 절대로 그림자처럼 당신 뒤를 따라다니지 않는다. 만약 날마다 '밝은 별'이 당신을 따라다닌다면 항상 입정의 상태에 있다는 뜻이다.

이런 상태를 밀종에서는 좌맥·중맥·우맥이 통했다고 하고, 도가에서는 대주천·소주천이 잘 통 했다고 한다. 아울러 주변사람들을 보든 안 보든 그들의 마음씀씀이를 전부 다 알 수 있다. 그들이 움직이면 움직이는 것을 알고, 심지어 움직이기 전에 미리 다 아는 것이다.

오늘은 이만 강의한다. 나머지 시간은 질문하기 바란다. 오늘 강의한 내용은 여러분에게 큰 영향은 없겠지만, 훗날의 사람들을 위해 기록하기 위해서 강의하였다. 천만 명 사람들 가운데 단 한 사람만 알아듣고 받아들일 수 있다면 강의할 만하다. 들을 줄 아는 사람은 요령을 파악했을 것이고, 들을 줄 모르는 사람은 구경을 했으면 충분하다.

부처님의 삼신은 무엇인가?

▪ 질문 : 스승님! 왜 부처님은 삼신三身이 있습니까?

▪ 만행스님 : 삼신이지만 일신一身이다. 그림 한 폭을 사방에서 보면 네 폭의 그림이지만, 사실상 한 폭의 그림인 것과 같다. '법신法身'은 불생불멸이고, '화신化身'은 어디서나 다 볼 수 있는 것이며, '보신報身'은 소원에 따라 온다. 한 단계의 소원을 달성하게 되면 보신은 없어진다.

불조(석가부처님)와 육조께서도 모두 삼신은 일신이라고 말씀하신 적이 있다. 삼신은 중생들이 보는 견지에서 말한 것이다. 『역경』에 "어진 사람이 보면 어질다고 말하고, 지혜로운 사람이 보면 지혜롭다고 말한다."40고 하였다. 사람에 따라 보는 견해가 각자 다른 것이다.

'화신'은 전적으로 공덕 수련에 의한 것이고, '법신'은 이치를 따라 들어간 것이고, '보신'으로 공덕에 성공한다. 참선하면서 도를 깨닫는 사람들은 단지 '법신'만 증득하는 것이고, '보신'에 의해서야 그 공덕이 성공한다.

법신과 보신을 증득하더라도 천백 억의 화신은 없다. 왜 나한은 화신이 없거나 극히 적은가? 나한은 보살도를 행하지 않았기 때문이다. 그러므로 '천백억 화신'이 있는 부처님·보살님들과 비교할 수 없다.

나의 책에 이런 이야기가 있다. "교주가 될 생각이 없다면 화신을 수련할 필요가 없고, 법신만 수련해도 해탈할 수 있다." 독각불獨覺佛은 이미 법신과 보신을 증득하였다. 그들은 비록 '화신'이 있다는 것을 알지만 더는 수련하기 싫은 것이다. 그것만으로도 이미 충분하게 만족하며 살 수 있기 때문이다.

참화두의 수련법

■ 질문 : 어떻게 수련해야 참화두라고 할 수 있습니까?
■ 만행스님 : 일념을 만념으로 만념을 일념으로(一念萬念, 萬念一念)한

---

40 『역경』「계사상전 5장」: 仁者見之 謂之仁, 知者見之 謂之知.

다면, 그것이 바로 참화두이다. 이렇게 할 수 있다는 것은 '화두에 들어갔다(입화두入話頭)'는 것이다. 지금 우리들은 "해야 할 일도 없고 마음에 두는 일도 없다(無事于心, 無心于事)"는 상태가 되면 절대로 안 된다. 그렇게 하면 만공萬空에 떨어지면서 백겁을 겪어도 본래면목을 보지 못한다.

지금 상황에서 여러분은 이 말의 경계를 관찰하지 못한다. 지금 여러분은 어떤 상태인가? 미궁에 빠진 사람처럼 두서없이 사방으로 헤매고 있다. 일이 없으면 헛생각을 하고, 아니면 나가서 죽도록 일한다. 비록 잡생각은 하지 않지만, 마음속 한구석에는 아직도 실오라기 같은 생각이 남아 있는 것이다. 마치 파리가 기운이 없어서 날지 못하지만 푸드덕 거리는 것과 같다. 그러므로 옛날 사람들은 특히 젊은이들에게 노동을 해서 기운을 빼라고 한다. 피로하면 잡생각이 없어지기 때문이다.

선을 수련해도 동動과 정靜을 결합해야 한다. 체력이 왕성하면 노동으로 기운을 빼고, 체력이 약하면 노동으로 체력을 기른다. 하지만 이것도 정도껏 해야 한다.

며칠 전 우리들은 3만 그루나 되는 묘목을 심었다. 이것은 심한 노동이기 때문에 체력을 너무 많이 소모하였다. 하지만 추운 계절이 다가오므로 하는 수 없는 일이었다. 묘목을 날라 오는 것만도 길에서 사흘 걸렸다. 묘목이 거의 말라 죽을 형편이므로 빨리 심지 않을 수 없었다. 하지만 장기적으로 이렇게 심한 노동을 하면 안 된다.

▪질문 : 스승님! 화두를 마음에 두면, 마음에 머무르는 것이 아닙니까?

▪만행스님 : 마음을 푹 놓아라. 한 가지 일에 집착할 수 있다면, 바로 하루에 일념, 일념에 하루가 되는 것이다. 그것은 아주 축하할 일이다.

무엇을 '정'이라고 하는가? 하루에 일념이면 바로 '정'이 된다. 다시 말하면, 며칠 전 우리들이 하루에 묘목을 3만 그루 심었는데 망상할 겨를이 없었다. 이것도 역시 '정'이다. 이런 상태를 계속 유지할 수 있다면 틀림없이 3년 안으로 크게 성취할 것이다.

9강

선칠 수련의 의의(打七的意義)

🧘 참선을 7일주기로 하는 것은 사람의 신진대사에 맞춘 것이다

지금부터 인경引磬 하나를 준비하였다가 한 시간에 한 번씩 쳐서 개정開靜을 하겠다. 다리가 아프면 조금씩 움직여도 괜찮다. 이를 악물고 몇 번 훈련해 이 고비를 넘기면 쉽게 다리가 아프지는 않을 것이다.

불교에 '타선칠打禪七'이라는 수행방식이 있는데 '타칠打七'이라고도 한다. 이것은 7일을 주기로 하는 수행방법인데 몇 천 년 동안 이 방식으로 수행해 왔다. 타칠 수련은 어째서 6일이나 8일을 주기로 하지 않고 7일로 하였는가?

현대과학으로 해석하자면 이와 같다. 거시적으로 보면 사람의 용모(외모와 손금을 포함해)는 7년에 한 번 변하고, 미시적으로 보면 인체의 생리변화는 7일이 주기이다. 대자연의 법칙도 역시 7일이 한 주기이다. 옛날 중국 의사들이 약을 처방할 때도 한 번에 7첩을 주었다. 지금 사람들은 이런 법칙을 모르고 3첩도 주고 5첩도 준

다. 한 번에 열 몇 첩씩 주는 의사도 있다. 사람들이 감기에 걸리면 치료하든 안하든 7일이 지나야만 호전된다.

일반적으로 인체 세포는 7일에 한 번씩 신진대사를 한다. 잿밥을 먹고 염불하는 사람들은 10~15일에 한 번 신진대사를 한다. 좌선하는 사람들은 체력 소모가 적기 때문에 신진대사가 늦는 것이다. 그래서 좌선하고 정수靜修하는 사람들의 수명은 비교적 긴 편이다.

격렬하게 운동하는 사람의 세포는 7일에 한 번씩 신진대사를 하는 것이 아니라 3일주기로 신진대사를 하면서 새로운 세포를 만든다. 신진대사가 빨라야 그들이 하는 일에 몸이 적응하기 때문이다. 좌선하는 사람의 세포는 늙어도 계속 쓸 수 있지만 운동선수의 세포는 늙으면 쓸 수 없다. 오직 새로 생긴 세포가 있어야만 계속 운동할 수 있는 것이다.

타칠이라고 한 이유는 7식을 제어하라는 뜻이다

전통불교의 타칠打七은 생리의 신진대사 주기와 관계가 있다. 불교는 사람 의식의 층을 눈, 코, 입, 귀, 혀, 6식(의식), 7식(말나식), 8식(아뢰야식) 등 여덟 개 차원으로 나누었다. 우리들이 외부의 정보를 수집할 수 있는 것은 전5식(눈, 코, 입, 귀, 혀)이 선봉대 역할을 하기 때문이다. 그들은 마치 카메라 렌즈처럼 끊임없이 외부의 정보를 수집하는데 그것을 주관하는 기관이 여섯 번째인 6식이다.

6식은 카메라의 셔터와 같다. 셔터를 눌러야만 외계의 사물들이 카메라에 찍히는 것이다. 비록 눈으로 보고 귀로 들었지만 셔터를 누르지 않으면 외부의 경계가 찍히지 않는다. 하지만 생각을 하지 말아야만(의근을 움직이지 않아야만) 외부 정보들이 7식과 8식으로 들어가지 않는다.

  7식을 '말나식末那識'이라고 한다. 앞의 6식에서 수집한 정보들을 분석하고 판단하고 선택한 다음(없앨 것은 없애버린다) 8식으로 보낸다. 만약 7식이 8식에 정보를 전달하지 않으면 8식은 공백 상태가 된다. 7식은 아주 견고한 망상이다. 전통불교에서 말하는 타칠打七이라는 말은 바로 7식을 죽인다는 말이다.

  『단경』에서 "6과 7은 인因에서 변하고 5와 8은 과果에서 변한다."고 말한다. 단번에 6식과 7식을 변화시킬 수 있다면 성불할 가능성이 있다. 수행자들이 외부 경계에 부딪치게 되면 6식과 7식을 제지할 수 있다. 하지만 제5식과 8식은 제지할 수 없다. 증과를 얻는 그 찰나에만 원만할 수 있다.

  7식을 다스릴 수 있다면 '분별分別'을 '평등성지平等性智'로 바꿀 수 있다. 사람들이 선악을 말하고 시비를 가리면서 분별하게 되는 것은 7식이 작동하기 때문이다. 잠을 잘 때 꿈을 꾸는 것은 6식과 7식의 작용이다. 이 의식들은 전5의식이 없어도 단독으로 행동할 수 있기 때문이다.

7식을 다스려야 8식이 보물이 된다

사실, 세속의 수련은 직접적으로 7식(말나식)을 겨냥한다. 조사·대덕들께서 말씀하신 것처럼 7식을 억눌러야 8식의 심전心田에 심어놓은 씨앗들이 순식간에 지혜의 빛으로 변하게 된다. 7식을 억누르지 못하면 8식에 저장된 보물들이 나타나지 않는다.

앞의 7식까지 배운 모든 것들은 결국 8식에 저장된다. 그런데 명심견성을 해야 저장된 것들이 여래의 보물이 되는 것이다. 명심견성하기 전의 8식은 무엇이든 저장할 수 있는 창고일 뿐이다.

한층한층 앞의 7식들을 돌파하고 다스린 후 8식에 거의 접근할 때에야 자기의 습성과 버릇들이 얼마나 중요한지 발견하게 된다. 앞의 7식에서는 이것을 발견하지 못한다. 창고의 문을 열지 못해 그 안의 물건을 발견하지 못하는 것과 같다. 창고 안에는 무엇이든 다 들어있다. 진귀한 보물(세세생생 가지고 온 지혜)도 있고 쓰레기(세세생생 가지고 온 습성과 버릇)도 있다.

수련하면 할수록 8식에 심어놓은 종자(씨앗)들이 뒤집혀 나온다. 무량겁이래의 종자들이 뒤집혀 나오는 것을 보면서, 자기가 이런저런 짓을 다 했구나 하는 것을 발견하게 된다. 그래서 수련할수록 자기의 업장은 이렇게 두텁고, 심지어 죄가 무거워 용서받을 수 없을 정도까지 되었구나 하는 생각이 들게 된다.

8식의 창고에 저장할 수 있는 것과 저장해야 하는 것들이 있다. 7식을 다스릴 수 있다면 저장해야 할 것이 없다. 도를 깨달은 성인들은 흔적을 남기지 않는다. 다시 말하면 8식에 전달해야 할 것이 없는 것이다. 하지만 일반인들은 전5근을 다스리지 못한다. 매일 보고 듣는 것들이 그들 심성을 어지럽히기 때문이다.

🧘 면밀하게 하면서 보호하고 맡겨라

어째서 불상이나 좌선하는 사람들은 모두 눈을 반쯤 감고 있는가? 이것은 우리들에게 6근을 다스리라고 시키는 것이다. 가장 다스리기 힘든 것은 6근 중 의근意根이다. '무념無念'이라는 것은 생각마다 머무르지 말라는 말이지, 생각 자체를 부정하는 말은 아니다. 생각은 있지만 머무르지 않는 상태가 바로 '무념'이다. 8가지 의식의 기능을 다 갖추고 있는 사람이 생각이 없을 수 있겠는가? 모든 일체에 머무르지 않는 것(無住), 명백하고 분명한 상태에 있는 것이 참선하는 사람의 견지해야 할 행동이다.

선종에 '면밀보임綿密保任'이라는 말이 있다. 무엇을 '면綿'이라고 하고 무엇을 '밀密'이라고 하는가? '면'이란 가늘고 길다는 것을 말하고 '밀'이란 끊어지지 않고 내외선후가 없다는 것이다. '보保'는 시시각각 자기의 생각을 보호한다는 것이고 '임任'이란 되는 대로 내버려둘 뿐 '능能'과 '머무는 곳(所)'이 없다는 것을 말한다. 이 공부가 성숙하면 자연스럽게 입도하게 된다. 이것은 하나의 완전한 공부방법이다.

사람들은 모두 편리한 방법에 익숙해져 결수인結手印을 하고 주문을 독송하는 유위법을 좋아한다. 하지만 유위법은 심법이 아니다. 진정한 심법은 '면밀하게(가늘고 길지만 끊어지지 않게) 보임保任하는 것'이다. 면밀하게 보임할 수 있다면 7식이 분별할 것이 없어져서 어느 누구를 보든 다 같아진다. 이 경지가 되면 '평등성지平等性智'를 얻게 된다. 이렇게 할 수 있다면 더 이상 가부좌를 하지 않아도 된다.

사실상 보임공保任功을 들이는 가장 좋은 방법은 사람들과의 왕래이다. 그런데 여러분들은 잘못된 공부를 하기 때문에 조용한 환경만을 좋아한다. 심신의 평온은 공부를 하기 위한 것이다. 그런데 시끄러운 환경 속에서는 공부할 수 없고, 더구나 원래 가지고 있던 편안한 마음마저 잃는다면 이런 공부는 공부라고 말할 수 없다.

㉛ 사상을 타파해서 지혜로 만드는 수련법

각지覺知의 힘을 완전히 불러 깨운 다음에는 모든 망념 그 자체가 바로 자기 묘명진심妙明眞心(오묘하고도 밝은 참 마음)의 현현이라는 것을 느끼게 될 것이다. 무형무상의 사물을 이용할 때는 반드시 유형유상의 사물에 의존해야 하는 것과 같은 이치이다. 육근이 작용하는 신체도 역시 묘명진심이 사용된 것이다.

불경에 "네 가지 상을 타파해서 네 가지 지혜로 만들라."는 말이 있다. 어떻게 네 가지 지혜를 만드는가? 아상, 인상, 중생상, 수자상[41]의 네 가지 상을 타파해야만 네 가지 지혜가 되는 것이다. 그 중 아상만 타파할 수 있다면 나머지 세 가지는 저절로 타파된다.

아상을 타파하는 가장 빠르고 쉬운 방법은 보시이다. 보시는 재물뿐만 아니라 노동으로도 보시할 수 있고, 따뜻한 말 한 마디 혹은 미소로도 보시할 수 있으며, 남을 위해 길을 내주는 것도 보시이다. 오로지 보시를 잘해야만 무아의 경지에 이르게 된다.

아집이 큰 사람은 보시의 길을 걸을 수 없다. 이런 사람들은 말끝마다 '나(我)'를 붙인다. '가아假我'를 너무 많이 썼기 때문에 '진아眞我'는 '가아'에 덮여서 나오지 못한다. '진아'를 보고자 갈망하는 사람은 보시를 많이 해야 한다. 보시를 하고 또 하며 끊임없이 보시하면 무아가 된다. 무아에 이를 때 만물과 하나가 될 수 있다.

사람들이 나에게 무슨 말을 할 때, 겉으로는 내색하지 않지만 내심 '할 말 있으면 해보라'는 마음이 있다. 이것도 아만我慢이다. 즉 '나는 당신들보다 낫다'는 태도이다. 아집이 강한 사람이 자신을 다스리는 방법은, 시시각각 분명한 각지를 유지하되 따지지 않으면서 다른 사람들의 비평과 오해를 받아들이는 것이다.

왜 불문에서는 우리에게 절하고 독경하며 염불하라고 말하는가? 그것은 6식을 억누르고, 7식으로 하여금 경문과 불호들을 끊임없이 8식에 편입시켜 8식에 있는 나쁜 것들을 희석하기 위함이다. 쓴 물이 담긴 컵에 맑은 물을 계속 부어 희석시킴으로써 쓴맛이 나지 않도록 하는 것과 같다.

---

41 ① 아상 : 나와 나의 소유물이라는 실체가 있다고 생각함. ② 인상 : 인도人道에서 태어난 사람은 다른 육도에서 태어난 부류 보다 뛰어난 실체가 있다고 생각함. ③ 중생상 : 중생은 오온五蘊(색·수·상·행·식)의 화합으로 태어났으므로 물질적 실체가 있다고 생각함. ④ 수자상 : 태어나서 죽음에 이르는 수명이 실제로 있으므로, 그 동안은 실체가 있다고 생각함.

염불을 외우는 행위는 염불의 의미를 몸에 물들고 배게 한다. 독경하고 주문을 독송하는 것도 마찬가지이다. 일단 내면의 의지를 배양하면, 8식에 저장하였던 것들이 순식간에 뒤집혀 나오면서 질적인 변화를 가져오게 된다.

옛사람들은 하루에 10만 번 불호를 독송해야 한다고 주장하였다. 목적은 정념淨念을 계속 이어지게 함으로써 8식에 있는 종자를 변화시키기 위함이다. 지금 사람들은 염불도 적게 하고 좌선도 적게 하며 주문도 적게 독송한다. 그래서 강한 힘을 형성시키지 못한다. 어떤 사람들은 아침저녁으로 두세 시간 정도 밖에 하지 않기 때문에 시간 자체도 부족하다.

유위법에서 무위법으로 나아간다

전6식을 다스리지 못한 사람들은 멈추지 않고 계속 업장을 모은다. 조사님들은 이런 상황을 잘 알았기 때문에 '두뇌가 조용해질 수 없다면 한 가지 일을 시켜야 된다.'고 생각하셨다. 이것이 바로 유위법이다.

사실 수행은, 처음에는 유위법으로 시작해서 무위법으로 나아가게 된다. 불문에서 유위법을 '작의作意'라고 한다. 그 어떤 수행방법이든 작의를 떠날 수 없다. 작의는 직접 6식과 7식에 대응한다. 6식과 7식에 머무를 때면 이근이 아주 예민해진다. 어떤 사람은 몇 번 불러도 듣지 못하는데, 6식과 7식에 있지 않고 전5식에 끌려 다니기 때문이다.

전5식이 5진塵에 머무르지 않는 사람의 반응은 아주 민첩하다. 전5식이 5진에 머무르는 사람은 6식의 반응이 아주 느리다.

6진의 경계에서, 그 어떤 경계에도 머무르지 않는 사람의 마음은 흩어져 혼란스럽고 눈빛도 그러하다. 음악을 좋아하는 사람이 음악을 들을 때면 그 사람의 청각은 성진聲塵에 머무른 채 아무것도 들리지 않는 것과 같고, 회화를 즐기는 사람이 한 폭의 그림을 볼 때면 그의 안근이 그 그림에만 머물러 있는 것과 같다. 어떤 사람은 어느 곳에도 머무르지 못하고 혼란스러움에 처해 있기도 한다. 이런 사람이 죽을 때에 어떻게 자기 자신을 주체할 수 있겠는가?

옛날 인도사람들은 향을 관하는 방법으로 산란한 마음을 다스렸다. 좌선할 때 향 한대에 불을 붙이고 눈에서 2미터 되는 곳의 눈높이에 놓은 다음 매일 한 시간 정도 향불 끝을 지켜보는데 석 달이면 주의력이 향상된다. 두 눈으로 집중할 때 마음도 함께 집중하는 것이다. 내재된 힘이 집중되면 외부 경계에 큰 관심을 가지지 않는다. 조사들께서는 "마음이 산란하지 않을 때는 잠깐만 졸아도 휴식이 된다."라고 말씀하셨다.

🧘 신체를 다스리면 마음도 다스려진다

현대인에게 신체를 다스리는 것보다 더 좋은 수행방법은 없다. 옛사람들은 마음을 다스렸지만 현대인들은 신체를 다스리는 것만으로도 대단한 일이다. 신체를 다스리지 못하면 마음이 신체에 끌려 다닌다. 한 가지 수행방법을 시작하면 적어도 반년 동안은 훈련해야 한다. 아무리 좋은 방법이라도 일정한 시간을 할애해야 한다.

힘이란 안과 밖이 따로 존재하지 않고 단지 한 가닥일 뿐이다. 어디에 힘을 쓰면 바로 그 곳에 힘이 있는 것이다. '회광반조回光返照'에서 쓰는 힘이 바로 이 힘이다. 우리들은 다른 사람들의 옳고 그름만을 살피고 자기 것은 따지지 않는다. 우리들이 마음을 다스리고 자아를 초월하게 되면, 다른 사람들을 볼 때 그의 가피력이 된다.

동굴에서 좌선하면 소리가 들리는가? 심장이 뛰는 소리를 들을 수 있는가? 육근을 완전히 닫으면 내면에 한 가닥 힘이 생기는데 이 힘이 위로 치솟으면서 각종 소리가 들리는 것이다. 나무뿌리에 힘이 생기면 나무 가지로 퍼져나가는 것과 같다. 신체도 한 그루 나무와 같다. 내면에 힘이 생기면 위로 오른다. 귀에 소리가 들리는 것은 깨달음의 시작이다. 비록 '광영문두光影門頭(입구를 비추는 빛)'[42]라고 하지만 좋은 기별이다. 하지만 그것에 집착하지 말아야 한다. 외재의 소리를 많이 들으면 내면의 힘이 말라버린다.

---

[42] 빛과 그림자, 즉 입도와 잡념을 가르는 문. 수행을 할 때 빛이 보이기 시작하는 단계로, 입도하기 직전을 뜻한다.

일단 내재의 힘이 생기면 잠을 잘 때 조그마한 소리만 들려도 바로 깨는데 자기가 불면증에 걸렸다고 착각한다. 두 어깨가 완전히 쳐지면서 목 뒤에서 한 가닥 힘이 솟구친다는 느낌이 든다. 인도사람들은 이 힘을 보존하기 위해 귀를 막아 그 힘이 위로 오르게 한다. 밀종은 두뇌를 연꽃봉오리라고 생각한다. 이 힘이 끊임없이 계속해 위로 오르고 쌓이면 연꽃봉오리가 열린다. 바로 개정開頂(정수리가 열림)되는 것이다.

제 8부 동공과 음념법

1강

불법은 실증에 의거한다

🪷 불법은 추측과 경험이 아닌 실증에 의거한다

지금 여러분들은 모두 하품을 하고 있다. 잠을 자고 싶은가? 어째서 이런 현상이 있게 되는가? 그것은 도를 수련하겠다는 욕망이 강렬하지 못하고 정념正念을 세우지 못했기 때문이다. 아주 강렬한 마음으로 한 가지 일에 마음을 둔다면 졸음은커녕 잠을 이루지 못할 것이다.

옛날 사람들은 수도하는 마음을 "여상고비如喪考妣", 즉 부모를 잃은 것처럼 비통하고 마음 아픈 일이라고 하였다. 도를 수련하는 사람의 마음은 이 정도까지 도달해야 하고, 이와 같은 강대한 힘이 있어야만 성도할 수 있고 생사를 해탈할 수 있다.

지금의 수행자들은 보통 두 가지 극단으로 나간다. 하나는 '순기자연順其自然(자연에 따른다)'으로 나가고, 다른 하나는 '나는 반드시 어떻게 할 것이다'라는 식이다. 겉으로 나타난 형식은 다르지만 본질상 구별이 없다. 설령 큰 성취를 이룬 사람이라고 해도 '순기자연'을 할 수 없다. 세속에서 일하면 현실의 환경을 벗어날 수 없다. 주위 환경을 고치고자 해도 마음대로 되는 것이 아니며, 개인의 힘으로는 환경을 바꿀 수 없다.

그러면 어떻게 해야 하는가? 환경에 적응하든지 아니면 환경에 의해 도태되어야 한다. 노자께서도 인생을 마주하고 일처리를 할 때 '무위無爲'와 '무불위無不爲'43를 주장하였다. '무불위(이루지 못함이 없음)'는 '무위(인위적으로 함이 없음)' 와 '유위(인위적으로 행함)'를 위해 상대적으로 사용되는 것이다.

이것은 마치 우리들이 용맹정진으로 도를 수련하면서 정신이 몽롱하면, 정신을 가다듬고 정념을 세우며 혼란한 마음을 거두어들이면 망념이 바로 줄어드는 것과 같다. 뿐만 아니라 도를 수련하다가 신심도 피로하고 머리가 팽창할 때는 적당히 느슨하게 몸을 푸는 방법도 배워야 한다. 대개의 상황에서, 수련을 한다는 것은 단순히 우리들의 상상으로 달성되는 것이 아니다. 어떤 일이든 충분하게 이해하지 못했거나 혹은 파악하지 못하면 그것을 상상할 방법이 없다.

동화산東華山의 오지봉五指峰을 오르기 전에는 아무리 상상해도 오지봉의 정상을 상상할 수 없다. 아무리 상상해도 실제와는 다른 것이다. 오직 오지봉 정상에 올라가 본 사람이라야, 오지봉에 정확하게 묘사할 수 있는 것이다.

불법은 실증에 의거한다. 추측하거나 경건함만으로 될 수 있는

---

43 『도덕경』「37, 위정장」: 無爲而無不爲(억지로 함이 없지만 이루지 못함이 없다).

것이 아니다. 경건한 믿음이 도에 들어가는 열쇠라고 하지만, 경건한 믿음만 있고 실천하는 길을 걷지 않는다면 근원(원두源頭)에 도달하지 못한다.

③ 성취한 사람은 도道와 한 몸이다

이치를 다 알고 난 다음에 믿어야만 경건한 믿음이라고 할 수 있다. 이해도 없는 상태에서 믿는 것은 전부 미신이다. 예를 들어, 우리는 매일 TV로 방송국 프로그램을 시청한다. 우리는 어떻게 CCTV방송의 프로그램도 볼 수 있고 다른 채널도 볼 수 있는가? 비록 정확한 원리는 모른다 해도 TV가 각 방송국의 프로그램을 볼 수 있는 장치라는 것은 명확히 알고 있다. 또 TV의 원리는 이해하지 못하지만, 수신이 된다는 것은 의심치 않고 믿는다. 이런 것도 일종의 미신이다. TV의 원리를 안 다음 믿는 것이 경건한 믿음이고 바른 믿음인 것이다.

아침이면 태양이 동쪽에서 솟아오르고 저녁이면 서쪽으로 진다는 것을 알고 있다. 이렇게 매일매일 순환한다는 것도 알고 있다. 매일 이런 현상을 마주하기 때문에 이런 현상에 대해 이해하고 알게 된다. 이런 현상을 볼 수 있을 뿐만 아니라 인식하고 깨닫는 것이다. 그러므로 사람들에게는 이에 대한 경건한 믿음이라든지 어리석은 믿음 또는 바른 믿음이라는 것이 존재하지 않는다.

성취한 사람, 즉 득도한 사람은 이미 미신과 바른 믿음 그리고 경건한 믿음을 모두 초월하였다. 그의 내심의 경계는, 매일 태양이 뜨고 지는 것이 당연한 것처럼 일상화되어 있다. 우리들은 매일 눈부시게 비추는 태양의 빛을 누릴 뿐만 아니라, 해가 뜨고 지는 법칙도 아주 익숙하게 안다. 그런데 태양이 솟아오르고 지는 것을 보면서도 보지 못했다고 생각한다. 말로는 보지 못하였다고 하지만 사실 이미 본 것이다. 다만 '보았다'거나 '보지 못했다'는 사실에 머무르지 않았을 뿐이다.

도를 깨달은 사람은 도와 한 몸이기 때문에 한 몸이라는 것을 인식하지 못한다. 같은 이치로 공을 들이고 공부하는 사람은 자기가 공을 들이고 공부하고 있다는 것을 인식하지 못한다. 왜냐하면 매일 공을 들이고 공부하는 상태에 있기 때문이다. 만약 자기가 공을 들이고 공부하고 있다는 것을 느낀다면, 그 시점은 공을 들이고 공부하지 않고 있다는 뜻이 된다. 만약 자기가 들어갔다는 것을 느꼈다면 바로 다시 나온 것이다.

도를 수련하고 사람노릇을 하며 일처리를 하는 것은 우리들로 하여금 완전한 체험을 하게 하는 것이다. 어떤 사물을 마주하든지 일심전력으로 체험해야 한다. 일심전력을 다해야 그 사물과 융합해 한 몸이 될 수 있고 소통할 수 있다. 두 사람이 같이 앉아서 얘기를 나누고 함께 일할 때, 그 찰나는 서로 소통하고 이해하며 상대방을 받아들이는 때이다. 이때의 두 사람은 한 몸이 된 것이다.

우리들이 부처님께서 말씀하신 법을 이해한다면 부처님과 한 몸이 된 것이다. 만약 우리들이 부처님께서 말씀한 불법을 이해하지 못한다면, 아무리 부처님을 믿는다고 해도 한 몸이 아니라 둘이다. 우리들이 독경하고 절하며 계를 준수하는 것은 부처의 뜻을 이해하고 부처와 한 몸이 되기 위한 것이다.

달마조사께서 중국에 오셔서 십여 년 있다가 인도로 다시 돌아가셨다. 가시면서 "법을 배우는 사람은 쇠털같이 많으나 진정하게 나의 법을 이해하는 사람은 적고도 적도다!"라고 하셨다. 만약 조사께서 말씀하신 법을 이해하지 못한다면, 마치 그분을 비방하는 것과 같고 부처를 비방하는 것과 같은 것이다. 석가모니 부처님께서도 이와 비슷한 말씀을 하셨다.

이해했다면 실행해야 한다

성불수행을 하는 사람들은 『금강경』을 독송하기 좋아한다. 하지만 진정하게 『금강경』의 뜻을 이해하는 사람이 몇이나 되는가? 진정하게 『금강경』의 뜻을 이해하는 사람이라면, 매일 『금강경』을 독송할 것이 아니라 『금강경』에서 말한 것처럼 실행해야 한다. 『아미타경』을 독송하는 것도 마찬가지고, 성불수행을 하고 사람노릇을 하며 일을 하는 것도 모두 같은 이치이다. 말을 하는 것보다 행동이 따라야 한다. 안다고 하는 것은 이치이고, 실천하는 것은 공부이다.

우리들이 만에 하나라도 말한 대로 할 수 있다면 아주 대단한 성취자일 것이다. 다시 말해서 말은 만 번을 했지만, 우리들은 그

중 단 하나도 실천에 옮기지 못한다는 말이다. 만 가지 일을 생각하지만 한 가지 일도 하지 못한다. 말은 하기 쉬우나 실제로 실천하기는 어렵다.

과거 불교신도들은 선사들을 아주 존중하였다. 왜냐하면 선사들은 몸소 실천으로 증명해 왔기 때문에, 이론적으로 불교학을 연구하는 학자들과는 달랐다. 3장 12부의 경전은, 부처님·보살님들께서 실제로 수련하고 실제로 증득을 한 다음에, 걸어 나와서 자기의 깨달음과 체득을 강의한 내용이다. 이런 깨달음과 체득을 기록하고 정리한 것이 바로 오늘날의 경經·율律·논論이다. 즉 사람들이 말하는 '불교학'이다.

실천 속에서 확실하게 수증修證하지 않고, 단지 성취자들의 깨달음과 체험(즉, 불교학)만 연구한다면 영원히 철저해질 수 없다. 실천하지 않고 단지 이론만 연구하는 사람들이 어떻게 그것을 알겠는가? 성불수행을 하는 사람들은 술을 마시지 않는다. 술을 마시지 않는 사람들이 어떻게 술에 취한 뒤를 상상할 수 있겠는가? 직접 술에 취하고 체험해 보아야 그 느낌을 아는 것이다.

하지만 이런 깨달음을 문자로 그린다거나 말로 형용하면 이미 진실한 깨달음과는 거리가 생긴다. 경계에 대한 깨달음은 문자와 언어로 완전하게 표현할 수 없다. 게다가 듣는 사람도 몸소 경험한 사람이 아니기 때문에 그 깨달음을 이해할 수 없는 것이다.

동공이 필요한 이유

　불법은 '마음(心)'의 공부이다. 이 '마음'에 대처해서 수련할 때, 정공靜功44만으로 마음을 조절해서, 마음으로 하여금 도와 상응하게 한다는 것은 아주 어려운 일이다. 정공으로 단련하는 것은 가장 근본적이고 기초적인 부분이다. 대부분 동공動功45을 수련해야만 원만할 수 있다.
　'동공'이란 무엇인가? 사회생활에서 사람과 사물에 접촉하고 일 처리 하는 것을 동공이라고 한다. '정공'이란 또 무엇인가? 문을 닫아걸고 사람을 만나지 않고 가부좌를 하며 홀로 청정하게 수련하는 것을 말한다. 불법의 최후는 '쓰임(용用)'을 체현하기 위한 것이다. 만약 자기의 공부가 효과적인 쓰임이 되지 못했거나, 혹은 이미 쓰임이 되었더라도 사람과 사물의 시련을 이겨내지 못했다면 최후의 궁극적인 공부를 한 것이 아니다.
　성불수행을 하는 사람들은 조사·대덕들의 수행기록을 많이 보아야 한다. 그분들이 어떻게 수행했고, 어떻게 겪고 지내왔는지를 많이 보아야 한다. 무엇을 성인聖人이라고 하고, 무엇을 위인偉人이라고 하는가? 성인과 위인은 모두 공통점을 가지고 있다. 그들은 모두 보통 사람들이 견뎌낼 수 없는 고난과 역경을 겪으며 성장해

---
44 움직이지 않고 하는 공부, 대표적으로 좌선공부가 있고, 「삼자명」 또는 「육자진언」 등을 독송하는 공부도 있다.
45 움직이면서 하는 공부, 「연화생동공」 같은 요가형 공부도 있고, 걸으면서 또는 일하면서 마음 수련을 하는 공부도 있다.

온 사람들이다. 하지만 여러분들은 이와는 반대로 고생은 피하려 하면서도 옛날 사람들보다 더 높은 성취를 얻으려고 한다. 뿐만 아니라 옛날 사람들이 하던 고생도 하기 싫어하고 옛날 사람들처럼 무언가에 이바지하는 것도 싫어한다.

내가 전에 이런 이치를 말하였다. 옛날의 수행자들은 먹고 입고 자고 쓰고 하는 객관적 조건은 아주 어려웠지만 성취하는 사람들이 많았는데, 지금 수행인들은 먹고 입고 쓰고 자고 하는 것들에는 근심걱정이 없지만 도를 성취하는 사람은 도리어 적다. 왜 그런가? 지금 사람은 옛날 사람과 같은 정신이 없을 뿐만 아니라 모든 면에서 옛날 사람들에 미치지 못한다. 그래서 옛사람들과 같은 성취를 이룰 수 없는 것이다.

사실상 일생동안 사람들의 득실得失은 얼마나 많은 대가를 지불하였는가에 달렸다. 왜 성불수행은 보시를 첫 자리에 놓는가? 보시가 바로 대가를 지불하고 이바지하는 일이기 때문이다.

여러분은 각자의 수행에 대해 계획이 있는가? 자기의 수행의 길을 설계해 보았는가? 지금부터 자기의 수행에 대한 인식과 수행의 계획을 대담하게 말해보기 바란다.

수행의 가장 합당한 방법

■질문 : 스승님! 수행은 갖가지 방법을 모두 시험한 다음, 그중에서 자기에게 가장 적합한 방법을 찾아야 되지 않습니까?

■만행스님 : 시험해 본다는 것은 단지 특정 유형의 사람만을 놓고 말한 것이다. 대부분은 아무리 시험해 보아도 선택할만한 방법을 찾지 못한다. 왜 그런가? 이는 사람들에게 일하는 방법을 가르쳐 주는 것과 같다. 어떤 사람들은 아무리 가르쳐 주어도 모두 실패한다. 게다가 이런 사람들은 자기에게서 문제를 찾는 것이 아니라 항상 다른 사람에게서 원인을 찾는다. 일단 문제가 생기면 남의 탓이고 자기 탓이 아니라는 것이다. 이런 마음으로 수행하면 영원히 진보하지 못한다.

혜안이 있는 스승은 이런 사람에게 단 한 가지 방법만 가르치고 다른 방법은 시험하지 못하게 한다. 왜냐하면 오직 그 방법만이 그 사람에게 가장 적합한 방법이라는 것을 알기 때문이다.

무시無始로부터 형성된 사람들의 업력은 각기 다르기 때문에, 사람마다 추구하는 방향도 다르고 사람노릇을 하고 일처리 하는 방식도 다르다. 많은 사람들이 원래는 다문하고 박식하였는데 나중에는 사도외문에 떨어지게 되었다. 그들은 자기가 무엇을 갖고자 하고, 어떤 길을 가야 하는지 모른다. 결국 그들은 불법에 대해 신심信心을 잃고 자기에 대해서도 신심을 잃게 된다.

여러 스승께 배우고 여러 수련방법을 익혀라

■질문 : 스승님! 옛날에 고승·대덕들은 많은 수련법을 배웠고, 선재동자도 53명의 선지식을 찾아다니면서 많은 수련법을 배웠는데, 그들이 모두 성취하지 않았습니까?

■만행스님 : 옳거니! 그들은 다른 유형의 사람들이다. 현재 상황을 보면 출가한 사람과 신도들의 대다수가 많은 수련법을 배웠다. 하지만 그들은 나중에 가서는 신심을 잃고 심지어 불법도 믿지 않게 되었다.

아주 일부분만이 여러 스승님을 모시면서 수련법을 배우는 과정에서 의지와 신심이 굳건해지면서 성취도 이룬다. 석가모니부처께서도 당시 인도의 모든 교파의 수련법을 다 배워서 수련하셨다. 하지만 그들의 수련법이 원만하지 않다고 여기고, 과거에 배웠던 모든 교리와 수련법들을 포기하고 혼자 이해하고 깨닫는 방식으로 수련한 결과 최후의 성취를 이루신 것이다.

물론 이미 수련한 것과 나중에 홀로 수련한 것을 갈라놓을 수는 없다. 비록 이전에 수련한 방법이 원만하지는 못했지만 결국 새로운 수련의 튼튼한 기초가 되었을 것이다.

많은 수련법을 배워야만 수행과정에서 나타나는 각 단계의 문제들에 대처하는 방법을 알 수 있다. 불문에는 '일문심입一門深入(한 개의 문으로 깊이 들어가라)'이라는 말을 하지 않았다. 뿐만 아니라 많이 듣고 많이 배우라고 하였고, 특히 출가한 사람들에게 "무량한 수련법을 반드시 배우기를 원한다(法門無量 誓願學)."라고 하였다.

습성과 버릇을 다스리는 것이 수련법

■질문 : 스승님 그렇다면 우리들은 어떻게 수련해야 합니까? 어떤 수련방법을 수련해야 합니까?

■만행스님 : 공부할 줄 아는 사람은 어떤 수련법을 주어도 다 공부할 줄 알고 깊이 파고들어갈 수 있지만, 공부할 줄 모르는 사람은 석가모니부처님께서 곁에 앉아서 심법을 전수해 주신다 할지라도 그것을 사용하지 못한다. 기초적인 단계에서 배울 때는 제일 소박하고, 자기에게 가장 합당하고 배우기 쉬운 방법을 사용하는 것이 좋다.

이를테면 고인들이 신도들을 가르칠 때 우선 그들로 하여금 경건한 믿음이 생기게 하였다. 그 다음 공경하는 마음으로 겸손하게 자기를 낮추는 마음을 생기게 하였다. 이 역시 방법이다. 단지 좌선하고 관상하며 주문을 독송하는 것만 수련방법이 아니다.

사실 선정력만 있게 되면 입정入定할 수 있다. 입정하기 전에는 가장 기초적인 공부, 즉 소박하고 자기를 낮추는 마음과 공경하는 마음 그리고 이바지하는 정신 등등을 갖추면 이미 수련이 다 된 것이다.

수련법이란 무엇인가? 자기의 각종 습성과 버릇들을 다스릴 수 있는 방법을 수련법이라고 한다. 수련법을 배웠지만 자기의 각종 습성과 버릇들을 다스릴 수 없다면, 그 사람에게는 맞지 않는 수련법이다. 마치 약방에 몇 백 가지 약들이 있지만 그 사람의 병을 치료할 수 있는 약은 몇 가지 안 되는 것과 같다. 다른 약은 그 사람에게는 아무런 도움이 안 되는 것이다.

　출가한 사람들의 병은, 청정하기를 즐기고 일하기 싫어하며 번거롭고 시끄러운 것을 싫어한다는 것이다. 하지만 성불하고 중생을 제도하는 일은 훨씬 더 번거롭고 어려운 일이다.

2강

「육자대명주」 음념법(六字大明咒音念法)[46]

옴	마	니	반	메	훔
옹	마	니	뻬	메	훙
ong	ma	ni	bei	mei	hoong
嗡	嘛	呢	叭	咪	吽

소리를 내서 읽어라

왜 옛날 사람들은 책을 읽거나 경을 낭독할 때 소리 내어 읽었는가? 소리 내어 읽으면 어떤 좋은 점이 있는가? 소리 내어 읽는 것에 아무런 의미가 없다면, 옛날 사람들이 왜 이런 방식을 택했겠는가?

몇천 년의 긴 세월 동안 고대인들은 모두 이런 방식으로 책을 읽거나 경을 낭독했다.

불교에서는 '육근 중에서 이근耳根과 의근意根이 구비한 기능이 제일 많고 제일 원만하다'고 한다. 석존께서는 『능엄경』에서 이근

---

46 이 내용은 『마음의 달』 1권을 낼 때 실어 놓았으나, 원래 『항복기심』 1권에 있었던 것이므로 이 책에 복원해 실었다.

의 원통圓通(원만하게 통달함)을 이렇게 판단하셨다. "이근의 원만은 1200종의 공덕이 있음을 알아야 하노라."

이근이 움직여야 비로소 의근이 공덕을 펼 수 있다. 어떤 사람의 귀와 눈이 밝다면, 당연히 두뇌도 반응이 빠를 것이다. 두뇌는 무엇에 의존해 정보를 수집하는가? 바로 눈과 귀다. 귀는 팔방의 소리를 듣고 눈은 육방을 본다. '총명'이란 말도 귀 밝고(귀 밝을 총聰) 눈 밝다(눈 밝을 명明)는 말이다. 보통 말은 이렇게 하지만 사실 귀는 하늘땅 인간 세상, 심지어 10방의 소리까지 다 듣는다고 해야 한다.

이근을 항복시켜라

저녁에 조용히 앉아 좌선 하려는데, 정신이 집중되지 않고 마음이 산만한 원인은 대낮에 접촉한 사물들이 두뇌에 기록되었기 때문이다. 이 기록은 주로 눈과 귀에서 하는데, 바로 안근과 이근이다. 이중에서도 안근이 기록한 깊이는 이근이 기록한 깊이보다 못하다.

예를 들면, 한 사람이 너에 대해 못된 표정을 짓고 악독하게 욕을 하면 마음이 섭섭하고 원한까지 품게 된다. 이 둘 중 어느 기억이 더 또렷한가? 아마 귀로 들었던 소리가 눈으로 봤던 것보다 더 또렷할 것이다.

왜 그런가? 우리는 욕계의 중생이다. 욕계 중생의 생명력은 광光

과 음音이다. 광(빛)과 음(소리)이 욕계 중생 생명의 주요 동력이기 때문에, 사람들은 일상생활에서 안근과 이근에 이끌려 맴돌게 된다. 불경의 묘사에 의하면 "광이 있기 전에는 오직 '소리(성음)' 밖에 없었다."라고 한다. 성음聲音의 힘은 인류가 처음으로 얻게 된 역량이다. 일단 성음으로 기억된 것은 씻어 버리기가 아주 어렵다.

안근으로 기억된 사물은 6식에 저장되고, 7식에 저장되지 못한다. 그러나 이근으로 저장된 사물은 아주 빨리 6식, 7식, 심지어 8식(아뢰야식)에 저장된다. 또한 8식에 저장된 것은 잊혀지지 않는다. 그러므로 옛날 사람들은 가장 빠르고 확실히 기억하려고 높은 소리를 내어 독송했다.

소리의 형태는 눈으로 볼 수 없지만 귀로는 쉽게 들을 수 있다. 4선 8정四禪八定의 경계에 이르러야만 비로소 소리를 볼 수 있다. 도교의 노자는 불교로 보면 아라한의 차원이며, 공자는 모두 성인이라고 하지만 실제로는 아라한 차원도 못 된다. 기껏해야 제3과(아라한 과위)에 불과한 것이다. 그렇지만 공자는 이미 성음의 중요성과 이근이 성음에 대한 예민한 정도, 즉 기억에 대한 중요성을 체득하였다.

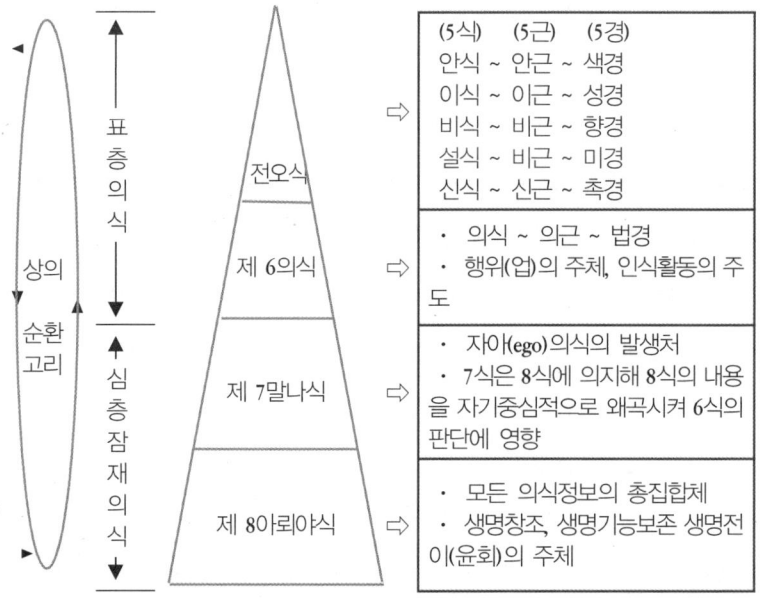

■ 팔식八識의 개념도

묵독默讀은 보통 안근과 의근을 정복하는 작용밖에 없다. 만약 높은 소리로 독송하면 안근과 의근을 정복할 수 있을 뿐만 아니라 이근까지 정복할 수 있다. 묵독을 하면 주위의 각종 소리가 아주 쉽게 귀에 들려와서 마음을 산만하게 할 수 있지만, 높은 소리로 독송하면 각 근들이 같이 작용해 아주 빠르게 '입으로 읽는다→ 귀로 듣는다→ 의식에 들어간다'는 고리가 형성된다. 왜냐하면 이근은 흡수하는 기능을 갖췄기 때문이다.

알다시피 비근은 흡수하는 기능이 있어서 멀리서도 냄새를 맡는다. 안근과 이근도 흡수하는 기능이 있다. 그런 기능이 없다면 먼 곳의 경치를 어떻게 볼 수 있고, 먼 곳의 소리를 어떻게 들을 수 있겠는가?

　냄새가 나기 때문에 식당에서 나오는 반찬의 냄새를 맡을 수 있다. 광은 광파가 있기 때문에 아주 먼 곳 몇십 리 밖도 비출 수 있다. 소리는 전달되는 주파수가 있기 때문에, 높은 소리로 절도 있게 경을 읽거나 주문을 독송하면, 이런 음파는 자연 8식(아뢰야식)에 저장되어 상상 이상의 효력을 가져온다(지혜문이 열리고 병도 치료함). 그러나 절도 없이 높은 소리로 책이나 경을 읽으면 효과가 없다.

　묵독이나 묵송은 이근의 기능을 충분히 사용하지 않았기 때문에, 효과와 효능이 크지 못하다. 음념법의 단계를 거쳐야만 묵독을 해도 효용이 높다. 음념을 「금강념金剛念」 혹은 「금강송金剛誦」이라 하고, 묵독을 「요가념(瑜伽念)」이라고 한다.47 오직 입·눈·귀·의意의 모든 근을 다 같이 사용해야만 상승효과가 나오며 하나로 통일되는 상태에 들어간다. 묵독은 다만 안근과 의근만 쓰고 이근을 쓰지 않기 때문에 쉽게 외부의 유혹에 딸려 나간다. 만약 이근마저 유혹에 끌리면 바로 「금강념」으로 이근을 항복시켜야 한다.

금강송은 이근을 원만하게 한다

　이근이 항복된 다음에야 「요가념」을 사용한다. 우리가 이근만

---

47 음념법은 '옹~, 가~, 훙~'하는 식으로 몸 전체와 주변을 진동시키는 방법이고, 묵독은 소리를 내되 중얼중얼 하는 정도로 자신이나 알아듣게 주문을 읽는 방법이다.

닦아서 통해도 지혜문이 크게 열릴 것이고, 두뇌도 빨리 회전할 것이다.

중국 한의학의 생리론에 의하면, 인체의 두 귀는 신장과 밀접한 관계가 있다. 인체의 신장은 왼쪽과 오른쪽에 하나씩 둘인데, 귀도 역시 둘이며, 귀의 생김새와 신장의 생김새도 비슷하다.

또 귀의 색깔과 형태로 그 사람의 신장상태를 가늠할 수 있다. 신장이 튼튼하면 신수腎水가 충분해 귀의 색깔이 불그레하고 풍만하며, 신장이 약하면 신수가 부족해 귀가 쭈글쭈글하고 색깔도 검다. 신장이 튼튼하면 환정보뇌還精補腦(정을 돌이켜서 뇌를 보충함) 할 수 있어서, 귀에 총기를 더해주고 눈은 더 밝아진다. 귀가 총명하고 눈이 밝아지면 하늘·땅·귀신 어디나 다 통할 수 있다.

내재한 의식이 밖으로 향하지 않을 때에만 「요가념」을 할 수 있다. 「요가념」을 상응의相應意라고 하고, 「금강념」을 항복의降伏意라고 하는데, 오직 항복되어야만 상응할 수 있다. 「요가념」에 도달한 사람의 말소리는 하단전에서 나와서 위로는 허공과 통한다.

그러므로 당나라 대혜선사大慧禪師께서는 "네가 말로 설명하지 않아도 수행이 어느 차원에 있다는 것을 나는 똑똑히 안다."라고 하셨다. 오관과 피부색깔은 그 사람이 어느 수행차원에 도달했는가를 똑똑히 보여주기 때문이다.

「금강송」은 아주 빠르게 생리적 기능을 항복시킴으로써, 우리들로 하여금 의식을 안정시키고 산만하지 않게 한다. 사람들이 앉아서 좌선한다고 하지만, 망상이 분분하면 기가 멈추지 않았음을 말하며, 마음이 안착되지 않았음을 뜻한다. 이것이 이른바 "기가 떠 있으니, 마음도 조급해 진다."라는 말이다. 기가 가라앉고 마음이 안착되면 망상도 사라지고 입정入定도 바로 된다.

옛날 사람들이 왜 "기를 단전에 가라앉히라." 하고 "정수리에 머무르게 하라."는 말을 하지 않았는가? 또 "기가 가라앉지 않으면 (즉 감정을 삭이지 않으면) 일을 망친다."라고 하였는가? 이런 이치가 여기에 있는 것이다.

「금강송」을 닦은 사람은 절대로 눈을 부릅뜨고 남을 원망하거나 화를 내지 않으며 욕심도 없다. 상중하의 세 곳을 잘 통하려면 「금강송」의 힘, 즉 음류音流의 진동에 의거해야 아주 빠르다. 「금강송」을 닦지 않고 「요가념」을 하면, 대부분 생리의 기가 엉키게 되어 건강에 불리하다. "「금강송」의 힘은 음류의 진동에 의거해야 된다."라고 고대의 대덕들께서 강조하셨다.

🌀 육자진언은 주어의 기본

여러분들은 이미 아셨는지 모르나, 모든 주어呪語(주문)에는 모두 "옹가훙嗡嘎吽ong ga hoong"의 세 글자가 들어있다. 혹은 이 세 자가 아니라 하더라도, 이 세 가지 음이 포함된 주어를 쓴다. '가嘎' 음과 '아啊' 음의 나오는 소리는 다르다. '가'음은 흉부(가슴)에서 울려나오는 소리다.

「육자명」 즉 '옹마니뻬메훙'도 「삼자명(옹가훙)」의 기초에서 형성된 것이다. 성聲의 힘은 거칠기 때문에, 음音의 힘에 의거해야만 비로소 인체의 모든 세포를 꿰뚫어 저장한다. 「육자진언」을 소리 내어 읽는 성음방식으로 하면 되지 않는다. 성념聲念의 힘은 음념音念의 힘을 따르지 못하기 때문이다.48

그런데 왜 「육자명(육자진언)」만 읽고 「삼자명」은 읽지 않는가? 아직까지 「삼자명」의 차원에 도달하지 못하였기 때문이다.

「삼자명」의 진동력은 「육자명」의 진동력 보다 몇백 배나 더 크다. 기맥이 완전히 열리지 않았는데 이 거대한 힘을 쓰면, 기맥이 열리게 되는 것이 아니라 미세하게 통하던 기맥이 도리어 막혀 버린다. 이것을 두고 "일을 너무 서두르면 도리어 이루지 못한다."고 하는 것이다. 「육자명」을 거의 반년 동안 읽어야 하고, 또 관상觀想의 힘도 더해야 「삼자명」을 읽을 수 있다.

🪷 자세·호흡·의식조절

자세 조절, 호흡 조절, 의식 조절의 세 가지 조절을 맞춘 다음 관상을 한다. 관상할 때 '나의 몸은 존재하지 않는다.'고 생각하고, 두뇌는 연꽃봉오리, 허리(척추)는 연꽃줄기라고 하며, 연꽃이 천천히 피어난다고 관상해라. 근기가 좋은 사람은 꽃봉오리가 활짝 피

---

48 일반적으로 성은 양陽이고 음은 음陰이라고 한다. 예를 들어 종을 칠 때 '땡'하는 소리는 성이고, '애애앵~'하면서 울려퍼지는 소리는 음이다. 그러니까 음념법은 금강송으로 발음하는 것(옴~, 가~, 훙~ 등등)을 말하고, 성음법은 주문을 주욱 읽어가는 방법(옴가훙 등등)을 말한다.

는 동시에 정수리가 열릴 것이다. 이런 사람은 심력·체력·근기가 아주 충만하다는 것을 의미한다.

관상할 때 어떤 사람의 연꽃은 작게 피고, 어떤 사람은 관상만 하면 연꽃이 단번에 크게 피면서 자신의 몸이 사라지고 전체가 연꽃이 된다. 망상만 없다면 이런 화폭이 오래 유지될 것이다. 화폭이 파괴되면 다시 한 번 관상해라. 그래도 되지 않으면 음념으로 잡념을 항복시키면 될 것이다. 이때 비로소 음념의 효력이 얼마나 대단한지를 체험할 것이다.

「육자진언」 음념법은 아래와 같다.

먼저 코로 기를(숨을) 하단전까지 흡입한 다음 3~5초 쯤 정지하였다가, '옹'자를 음념으로 '옹~'하고 읊으면서 숨을 천천히 밖으로 내쉰다. 육자진언(옹마니뻬메훙)의 매 글자마다 모두 이렇게 음념으로 읊는다.

육자 진언	❶ 옹	❷ 마	❸ 니	❹ 뻬	❺ 메	❻ 훙
	숨을 들이 쉼	좌동	좌동	좌동	좌동	좌동
→	기를 하단전에 가득차게	좌동	좌동	좌동	좌동	좌동
→	3~5초 정지	좌동	좌동	좌동	좌동	좌동
→	'옹ong'자를 음념으로 소리 내면서 기를 천천히 밖으로 코로 내쉰다	좌동 '마ma' 입으로 내쉰다	좌동 '니ni' 입으로 내쉰다	좌동 '뻬bei' 입으로 내쉰다	좌동 '메mei' 입으로 내쉰다	좌동 '훙hoong' 코로 내쉰다

이렇게 음념으로 반복하여 망상이 사라질 때까지 읊는다.

이럴 때 당신의 존재는 없다. 다만 당신은 연화대 위에 앉아 있거나 존경하는 부처님 앞에 서 있는다. 중국 남방 부처님상과 북방 부처님상은 좀 다르다. 부처님을 관상하기 어려우면 애당초 연화대 위에 앉아 있는 상이거나, 당신의 스승상을 관상해도 된다. 당신의 스승은 직접 뵌 분이기 때문에 비교적 관상하기가 쉽다. 이렇게 대략 두 달 남짓 수련하면 기가 하단전에 흡수되어 머무는 시간이 5초를 넘어가며, 심지어 10초 내지 20초까지 정지할 수 있다.

혹은 숨을 단번에 하단전까지 들이쉬고 아직 내쉬지 않았는데, 하단전이 홀쭉해 질 때도 있다. 그러면 이 기는 어디로 갔는가? 단전의 기가 전신의 모든 세포로 퍼진 것이다. 음념은 불을 지피는 성냥과 같다. 이런 방법으로 전신의 에너지에 불을 붙인다.

좌선 전후로 심호흡을 하라

한동안 좌선을 하다보면 어떤 사람들은 화를 내는데, 이것은 흡수된 기가 단전에 가라앉지 못하고 가슴에 막혀 답답해서 화를 내는 것이다. 화를 내면 막혔던 기가 입을 통해 밖으로 나오므로 가슴이 시원해진다.

"좌선의 자리에 앉으려 할 때 천 마디 소리를 내어 기를 내쉬면 입정 못할 걱정이 없다. 좌선에서 내려와 앉을 때 숨을 밖으로 10번 내쉬면 자연히 모든 병이 사라진다." 이 말은 고대의 대덕들께서 하신 말씀이다. 그들이 왜 열 마디 천 마디 소리로 기를 흡수하라고 하지 않고, 좌선하기 전이나 좌선에서 내려올 때 숨을 내쉬라고 강조하였는가?

사람들이 좌선하면 인체는 일정한 정도로 에너지를 생성한다. 그러나 사람들의 수련 경력이 얼마 되지 않아서, 아직까지 맑고 가벼운 기를 위로 오르게 하는 능력이 없고, 탁하고 무거운 기운을 아래로 하강시키는 능력은 더욱 없다. 그러므로 기가 엉키게 되고, 시간이 오래 지나면 위가 부풀어 오르면서 아프게 된다. 사람들이 위병 들었다고 오해하지만, 사실 정확한 수련방법을 알지 못해 나타나는 현상이다.

약간 숙여 앉아라

　일반 선사들은 전문가가 아니다. "다만 편안히 앉으면 된다."라고만 하고, 구체적인 좌선 방법을 옳게 가르쳐주지 못한다. 그러므로 좌선하는 자세가 천만 가지로 기이하고 괴이하다. 보통 열에 아홉은 선병禪病을 얻는데, 이런 사람들은 좌선을 하면 할수록 질병이 몸에 배여 헤맨다. 그래서 좌선하는 사람의 얼굴은 노랗고 몸매는 빼빼 마르며, 좌선하지 않는 사람은 너무 잘 먹어서 살이 피둥피둥 기름기가 돈다. 이것을 어찌 기막힌 현상이라 하지 않겠는가!

　반가부좌를 하든 결가부좌를 하든 양반좌를 하든 간에 척추를 쭉 펴고, 몸자세는 앞으로 조금 기울여 꼬리뼈를 약간 들고, 눈길은 1m 쯤 앞에 두고 보는 데, 머리 목덜미 척추는 앞으로 비스듬하게 일직선이 되고, 아래턱은 아래로 약간 눌러야 한다. 쭉 펴진 허리가 땅과 수직선이 되면 몸무게는 꼬리뼈에 있게 되고, 비스듬하게 앞으로 좀 기울이면 몸무게는 다리와 무명뼈에 두게 된다.

　「육자진언」을 음념법으로 하되 관상을 겸하면서 수련을 하면, 앞면의 기는 하강되고 등쪽의 기는 상승된다. 뒷 잔등은 기가 무럭무럭 올라 갈 것이고, 눈빛은 번쩍거리며, 월광(달빛)이 미간에 떠서 사라지지 않게 된다. 자세는 반드시 정확하게 조절되어야 한다.

무리하게 호흡하지 마라

급하게 서둘지도 말고 느리지도 않게 호흡하며「금강송」을 하면, 인체의 생리 호흡기능이 튼튼해 질 것이다.

권투할 때 사람들이 상대방을 때리면서 외치는 소리는 숨을 내쉬면서 나오는 소리이다. 숨을 들이쉬면서는 권투를 못한다. 무술하는 것도 모두 숨을 내쉬는 방법, 즉 들이쉬었다 내쉰다. 무술 선생이 이런 비밀을 가르쳐 주지 않는다면 한평생 연습해도 소득이 없다. 사람의 힘은 인체의 기에서 나오고 열량은 정精에서 나온다. 두뇌가 민첩하다는 것은 그의 정·기·신이 충족하다는 것을 의미한다.

선정기능이 없는 사람은 조금만 힘이 들어도 헐떡거리는데, 선정기능이 깊은 사람은 단번에 기를 하단전에 꽉 차게 들이쉬고 내쉴 때도 일반인들보다 길게 내쉰다. 선정기능이 깊은 사람들은 숨을 들이쉬거나 내쉬는 것도 깊고 천천히 한다. 기를 목구멍까지 들이쉬면 내쉬는 것도 빠르고, 가슴까지 들이쉬면 내쉬는 것이 좀 늦고, 하단전까지 들이쉬면 내쉬는 것이 길고 늦다. 호흡의 거리가 짧으면 헐떡거리고, 호흡의 거리가 길면 길수록 침착한 것이다.

「금강송」을 오랫동안 수련하면 인체의 모든 생리계통이 다 바뀐다. 더욱이「요가념」에 들어서면 정·기·신이 모두 바뀌며 심령心靈과 자연스레 상응된다. 처음 시작해서 익숙하지 않은 초보자는, 자기 마음대로 숨을 5초 이상 초과해 정지해서는 절대 안 된다. 약 2~3개월이 지난 다음에야 차츰 5초부터 10초, 또는 20초까지 단전에 기를 정지시킬 수 있다.

　이 자리에 앉은 여러분들은 「육자진언」을 음념법으로 「금강송」을 할 때, 단전에 기가 정지된 시간이 모두 10초를 초과하였다. 그러나 중생들에게 가르칠 때 3~5초를 초과하게 하면 절대 안 된다. 너무 급하게 서두르면 문제가 생겨 탈이 날 것이고, 이것은 여러분 자신이 책임져야 한다. 여러분의 수준으로 중생들의 수준을 가늠하면 안 되는 것이다.

　숨을 들이쉰 상태에서 기가 단전에 정지한 시간이 오래 되면 그래도 괜찮은데, 내쉰 뒤 정지된 시간이 오래 되면 탈이 난다. 기가 빠져 단전이 납작한 시간이 길게 되면, 생리기능이 시들고 오그라들면서 휴면상태에 들어가므로 위험하다.

　인체의 팔만사천 모공에서 땀도 배출하는데, 왜 기가 배출되지 않겠는가? 그렇다면 병이라는 것도 인체 밖으로 배출될 수 있지 않는가! 「금강송」을 한 1시간 하면 힘이 들어서 견디기가 어려우므로 자연적으로 망상이 없게 된다. 이때의 기는 이미 하단전에 가라앉았기 때문에, 망상을 조금만 해도 하단전의 기가 움직여서 힘들어 죽을 것 같은 느낌이 들게 되므로 망상은 아예 없다.

　기가 떠 있는 사람은 가슴이 막혀 답답하기 때문에, 진종일 쉴 새 없이 재잘거리며 몸을 움직인다. 그래야만 막혔던 기가 밖으로 나가서 가슴이 시원하다.

　자세가 단정하고 육근이 통일된 상태로 함께 음념법으로 독경하거나 주어를 읊으면, 산소가 머리 위로 올라와 졸음이 없어진다. 두뇌가 흐리고 멍청할 때 「금강송」을 하면 머리가 트인다. 일단 머리가 트이면 사유를 함에 민첩할 것이고 기억력도 아주 좋아진다.

🕉 매일 30분 이상, 6개월 이상!

어느 때에 트이는가 하는 것은 사람마다 다르다. 보통 18~19세이며, 여자는 남자보다 빠르다. 어떤 사람은 40대 가서 트이고, 어떤 사람은 60대 가서 트인다. 원기가 충족된 사람은 빠르고 원기가 약한 사람은 늦다.

「금강송」을 매일 30분씩 하면 원기를 돋울 수 있을 뿐만 아니라, 지혜문이 열리고 머리도 청정하며 총기도 좋아진다.

우리 한족들은 좌선하거나 염불하는 효과가 그다지 없는데, 티벳 밀교는 염주念呪를 소리 내어 읽기 때문에 효과가 좋다. 그들도 영문을 잘 모르지만, 조상님들이 이렇게 가르치셨기에 후대들도 따라 했을 뿐이다. 이것이 바로 음념법 즉 「금강송」이다.

경을 오래 읽으면 기운이 떨어지는데, 기가 하단전에 도달하지 못했고 생리기능도 활성화되지 못하였기 때문이다. 독송하는 속도가 빠르면 들이쉬는 기가 하단전에 도달하지 못하며, 도달했다 하더라도 금방 나가게 된다. 「금강송」 즉 음념법은 원기를 충분히 보충시켜준다.

■질문 : 스승님 귀에서 기가 밖으로 빠져나가고 소리도 나는데 왜 그런 겁니까?

■만행스님 : 아주 좋은 현상이다. 6근을 닫기 전에는 에너지가 밖으로 흐르기 때문에 귀에서 기가 빠져나가고 갖가지 다른 소리가 난다. 옛날사람들은 솜으로 두 귀를 막아서 에너지가 밖으로 흐르지 못하게 하였다.

■질문 : 그렇다면 평상시 우리들도 귀를 막아야 되지 않습니까?
■만행스님 : 말을 적게 하고 망상을 적게 하면 된다. 망상 때문에 새나가는 에너지가 귀에서 새는 에너지 보다 훨씬 많다.

■질문 : 스승님! 공기도 소리가 있지 않습니까? 좌선할 때 소리를 들었습니다.
■만행스님 : 공기는 소리가 있을 뿐만 아니라 색깔도 있다. 한줌 쥐어서 선물하여도 된다. 음악도 똑같이 색깔이 있다.

 3강

연화생동공[49]

연화생수련 : 동공

「연화생수련」은 동공動功과 정공靜功으로 나누는데 여기서는 동공에 대해서만 해설한다. 「연화생수련」은 내가 히말라야산에서 수련을 할 때 랍몽 큰스님으로부터 전수 받았는데, 랍몽 큰스님은 또 연화생대사로부터 전수되어 내려온 것을 배운 것이다.

연화생대사는 티벳불교의 창시인이시다. 지금으로부터 1300여 년 전에 티벳의 왕인 적송덕찬의 요청을 받고 30여 명의 대사들이 티벳에 가서 불교로 세인들을 교화하기 시작했다. 이 동공은 랍몽 큰스님께서 나에게 가르쳐준 것이고, 원시 요가瑜伽 동작의 정화를 담은 것인데, 요가의 정화는 바로 석가모니부처로부터 전승받아 내려온 것이다.

「연화생수련」은 동공도 있고 정공도 있으며, 옛날에는 티벳불교

---

[49] 이 내용은 『마음의 달』 1권에 실어 놓았으나, 본래 자리를 복원해서 여기에 다시 실었다.

든지 중국불교든지 모두 동과 정을 결합해 수련했었다. 다만 현대인들은 동공을 경시해서 수련하려 하지 않고 정공만 배우려고 한다.

정공은 마음을 위한 것이고 동공은 생리를 위한 것이다. 사람은 생리적으로 건강하지 못하면 마음도 조용해질 수 없다. 생리는 심리에 직접적으로 영향을 주기 때문이다. 불교에서 "모든 것은 오직 마음으로 만들어지는 것(一切唯心造)"이라고 하지만, 그것은 크게 깨달은 분들에게만 해당하는 말이다.

일반인들은 심리로 생리를 좌지우지 할 수 없다. 티벳불교나 중국의 도교는 모두 개오開悟와 각오覺悟 그리고 중맥을 터뜨리는 것에 대해 말을 많이 하는데, "반드시 중맥中脈을 열어야 한다."라고 한다. 말은 쉽지만 정작 그렇게 하자면 어디 용이한 일인가? 체내의 에너지를 충분히 쌓을 수 없는데 어떻게 중맥을 치고 올라가 열리게 할 수 있겠는가?

「연화생수련」은 동작이 일곱 가지밖에 되지 않지만, 이 일곱 가지 동작은 인체의 기경팔맥과 12경락을 둘러싸고 진행하는 것이기에 효험이 아주 좋다. 요가를 비롯한 기타 공법들에 수많은 동작이 있고, 어떤 것은 백여 가지의 동작이 있는 것도 있지만 사실 그렇게 많을 필요는 없다. 왜냐하면 인체에는 100여 갈래나 되는 많은 경락이 없고 기껏해야 독맥과 임맥, 그리고 중맥의 세 갈래의 경락만 있기 때문이다.

사람이 건강하지 못한 이유는 이 세 갈래의 경락이 잘 통하지 않기 때문이다. 이 세 갈래의 경락이 잘 통하면 왜 병이 나겠는가?

사실 병이라는 것은 본래 없는 것이다.

  어떤 사람들은 "다른 사람들의 공법에는 많은 동작이 있는데, 당신의 공법은 일곱 가지 동작밖에 없으니 너무 간단하지 않냐?"고 묻는다. 수련의 방법은 실상 아주 간단한 것인데, 우리가 그것들을 복잡하게 만들어서 그렇다. 우리들은 진리를 너무 복잡하게 보는데, 사실 진리는 간단하고도 간단한 것이다. 마치 우리들이 일상생활에서 먹고 마시고 배출하는 것과 같이 간단한 것이다.

  이 일곱 가지 동작은 몸을 단련할 수 있을 뿐 아니라 정신을 깨우쳐 성불하는 것을 돕는 기능도 가지고 있다. 즉 이 일곱 가지 동작은 인체의 기능을 자극해 왕성한 상태로 들어가게 하는 것인데, 몸이 건강해야 정공을 더 잘 배울 수 있는 것이다.

  아래에 일곱 가지 동작을 그림과 함께 소개한다.

1 - 觀音請聖 관음이 성인을 청하다

두 손으로 우주의 에너지를 모을 때 숨을 들이 쉬고, 나의 것으로 할 때 숨을 멈추며, 몸에 붓는 동작을 할 때 내쉰다. 에너지를 머리 위로 들어 올렸다가 정수리로부터 부어 넣으며 미간과 콧등을 지나 가슴으로 해서 아래로 내려가게 한다.

❶ 발을 모으고 곧게 서서 두 팔을 벌린다.

❷ 흡~ 두 팔의 끝으로 "우주의 끝을 잡아 천천히 당겨서 에너지덩이를 만들어 머리 위로 끌어 올린다"는 마음으로, 두 손을 머리 위로 모을 때까지 숨을 들이 쉰다.

❸ 숨 멈춤 머리 위로 모은 손을 위로 올리면서 허리를 쭉 편다. 이때 들이쉰 숨을 참고 내쉬지 않는다. 아래턱은 꾹 누른다.

❹ 호~ "에너지 덩이를 정수리로부터 부어 넣어 하단전까지 내려오게 한다"는 마음으로 두 손을 서서히 내려서 머리와 얼굴 가슴 하단전까지 쓸어내리듯 아래로 내리면서 숨을 내 쉰다.

위와 같은 동작들을 5차례 반복한다.

❺ 요점 반드시 우주의 기운을 모아서 내 몸에 들이붓는다는 관상을 겸한다. 손과 팔을 너무 쭉 펴지 않는다. 에너지 덩이를 위로 올릴 때 아래턱을 꾹 눌러야 한다.

❻ 효능 두 손이 뜨거워지면서 에너지가 보충된다.

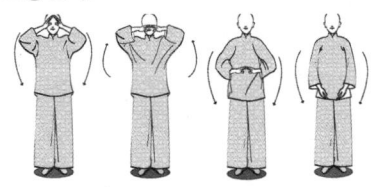

2 - 仙鶴展翅 선학이 날개를 펼치다

학이 날개짓을 하며 날아가는 형상으로 호흡을 한다.

❶ 흡~ "선학이 두 날개를 펼친다"고 생각하고, 두 팔을 펼쳐서 위로 올리면서 숨을 들이쉰다. 이때 발끝을 들면서 팔을 올린다. 또 숨을 하단전까지 들이 쉰다.

❷ 숨멈춤 두 팔이 어깨위로 최대로 올라갔을 때 잠시 숨을 멈춘다. 발끝을 세우고 숨을 멈춘 상태에서 3~5초간 멈추었다가 더 서있지 못하게 되었을 적에 ③의 동작을 한다.

❸ 호~ "선학이 날개를 접는다"고 생각하며, 두 팔을 내려 단전으로 모으면서 숨을 내쉰다. 이때 들었던 발끝을 서서히 내리며 바닥을 디딘다. 이러한 동작을 5차례 반복한다.

이 동작을 할 때에는 발끝을 세워야 한다. 발을 모으고 하는 것이 원칙이지만, 초보자는 두 발 사이를 조금 벌리면 쉽다.

❹ 효능 어깨 팔목 등 관절에 유연성이 생긴다. 등 뒤로 뜨거운 기운이 오른다. 체내에 에너지가 쌓인다.

3 - 河住江飜 냇물이 멈추고 강물이 넘치다

두 다리를 벌리고 뒤로 허리를 제치면서 숨을 들이쉬었다가 허리를 앞으로 굽히면서 숨을 내쉰다. 허리를 앞으로 굽히면서 내쉴 때에는 마치 강물이 멈추었다가 급히 범람하듯이 한다.

❶ 흡~ 어깨넓이 보다 조금 더 되게 두 다리를 벌린다. 두 팔을 벌리며 허리를 뒤로 제끼며 편다. 이 동작과 더불어 숨을 들이쉰다.

❷ 숨멈춤 뒤로 충분히 제낀 상태에서 2~3초간 숨을 멈춘다.

❸ 호~ 허리를 앞으로 숙이되, 두 팔을 급하게 내리면서 가랑이 안으로 들어가게 한다. 동시에 숨을 세차게 내쉰다.

이 동작을 5차례 반복한다. 일곱 가지 동작 중에서 이 동작만 좀 빠른 편이다. 굽힐 때 두 손바닥이 자신의 아래 허리를 치도록 최대한 허리를 구부린다.

❹ 요점 두 발로 땅을 굳게 디디고 버틴다. 위에서 아래로 세차게 내리 붓는다.

❺ 효능 뒷 잔등과 복부가 단련된다. 뱃살이 빠진다. 허리의 통증이 사라지며, 임맥과 독맥이 개통된다.

4 - 乾坤旋轉 천하를 돌리다

손을 잡으며 깍지를 낀다. 위로는 공중에서 원을 그리면서 하늘을 돌리듯이 하고, 아래로 허리를 굽히며 원을 그려서 땅을 돌리듯이 하는 것이다.

❶ 흡~ 다리를 어깨넓이만큼 자연스럽게 벌리고 선다. 손깍지를 끼고 손바닥을 위로 향하게 한 다음에 얼굴 위를 좌에서 우로 지나가면서 숨을 들이쉰다.

❷ 숨멈춤 깍지 낀 손이 얼굴 오른쪽으로 최대로 가 있을 때 잠시 숨을 멈춘다.

❸ 호~ 허리를 굽히며 얼굴 오른쪽에 가있는 손을 오른쪽 발등의 바깥쪽을 내리누르면서 숨을 내쉰다.

❹ 숨멈춤 발등의 바깥 바닥에 손이 닿은 상태에서 잠시 숨을 멈춘다.

❺ 흡~ 허리를 펴며 손을 오른쪽 얼굴 위에서 왼쪽 위로 돌리면서 숨을 들이쉰다.

❻ 숨멈춤 깍지 낀 손이 최대한 왼쪽 얼굴 위로 갔을 때 잠시 숨을 멈춘다.

❼ 호~ 허리를 굽히며 얼굴 왼쪽에 가 있는 손으로 왼쪽 발등의 바깥쪽을 내리누르면서 숨을 내쉰다.

❽ 숨멈춤 발등의 바깥쪽에 손이 닿은 상태에서 잠시 숨을 멈춘다.

❾ 흡 허리를 펴며 손을 왼쪽 얼굴 위에서 오른쪽 얼굴 위로 올리면서 숨을 들이쉰다.

❿ 숨멈춤 깍지 낀 손이 최대한 오른쪽 얼굴 위로 갔을 때 숨을 멈춘다. 이런 동작을 5차례 반복한다. 다만 ①은 시작하기 위한 동작이므로, ②동작부터 반복하는 것이다.

⓫ 효능 간과 위를 튼튼하게 한다.

5 - 犀牛望月 무소가 보름달을 바라보다

두 다리는 여전히 벌린 형태로 둔다. 왼손을 펼쳐서 하늘을 향해 들고 눈은 왼손의 손가락 끝을 바라본다.

❶ 흡~ 왼손바닥을 마치 보름달이 하늘을 운행하듯이 공중에서 회전하면서 숨을 들이 쉰다. 이때 눈은 왼손의 끝(그 연장선 상에 달이 있다고 생각한다. 이하 같음)을 바라본다.

❷ 호~ 숨을 내쉬며 하는 동작이다. 왼손의 손목을 꺾어서 손끝이 오른발의 안쪽 복숭아뼈로 가게 아래로 내리 누른다. 동시에 오른손을 하늘로 올리면서 눈은 오른손을 바라본다. 눈으로 왼손바닥을 바라보다가 오른손이 떠오르면 목을 뒤로 돌려서 등 뒤에 있는 오른손을 보는 것이다.

❸ 흡~ 숨을 들이쉬면서 하는 동작이다. 눈길은 계속 오른손 손끝을 바라보면서 허리를 편다. 허리를 편 상태에서 오른손 바닥을 마치 보름달이 하늘을 운행하듯이 공중에서 회전하면서 왼쪽으로 옮긴다.

❹ 호~ 숨을 내쉬며 하는 동작이다. 오른손의 손목을 꺾어서 왼쪽 발의 안쪽 복숭아뼈에 닿도록 내리 누른다. 동시에 왼손을 하늘로 올리면서 눈은 왼손의 손가락 끝을 바라본다. 눈으로 오른손 손가락 끝을 바라보다가 왼손이 떠오르면 왼손을 보는 것이다.

❺ 흡~ 숨을 들이쉬면서 하는 동작이다. 눈길은 계속 왼손의 끝을 바라보면서 허

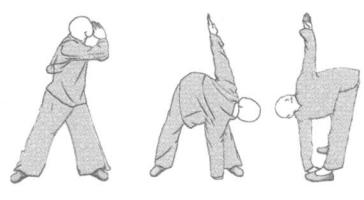

리를 편다. 눈 앞의 손바닥은 눈앞에 떠있는 보름달이고, 등 뒤에 있는 손바닥은 등 뒤에 떠오른 보름달이라고 생각한다. 그래서 보름달이 하늘에서 운행하듯이 손이 공중에서 원을 그리는 것이다. 이 동작을 5차례 반복한다.

❻ 요점 둔부를 원형으로 굽히되 두 다리는 굽히지 않는다.
❼ 효능 목뼈가 풀리고 목근육이 부드러워지며, 독맥의 흐름이 원활해진다. 신체가 좌우로 균형을 얻게 된다.

6 - 荷花搖擺 연꽃이 흔들리다

다리를 모으고 곧추 서서 두 팔을 아래로 드리웠다가 좌우로 둔부를 회전하되, 머리를 비롯한 상체는 움직이지 않으며, 마치 연꽃이 바람에 흔들리는 형상을 이루는 것이다. 이때 앞뒤 보다는 좌우로의 움직임을 크게 한다.

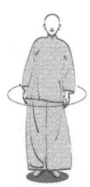 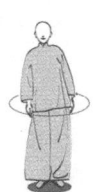

❶ 시계방향으로 회전하되 호흡을 자연스럽게 한다. 일곱 가지 동작에서 이 동작만 호흡을 자연스럽게 하고 다른 동작들은 다 동작에 따라 호흡을 한다.

❷ 일반적으로 시계방향으로 15회 돌린 다음 반대방향으로 10회 돌린다. 시계방향으로 돌리는 것은 우주의 에너지를 흡수하기 위한 것이고, 반대방향으로 돌리는 것은 에너지를 방출하기 위한 것이다. 그러므로 몸이 허약한 사람은 주로 시계방향으로 많이 돌려야 하며, 몸이 건강한 사람, 즉 성性 에너지가 넘쳐서 고통을 받는 사람들은 반대방향으로 돌린다.

❸ 손등을 굽히지 말고 두 팔을 자연스레 아래로 드리우며, 주로 둔부를 돌리고 어깨는 될 수 있는 대로 적게 돌려야 한다. 시계방향으로 먼저 돌린 뒤에 반대4방향으로 돌린다. 몸은 곧게 서고, 돌릴 적에는 연꽃이 바람에 흔들리 듯 해야 한다.

❹ 요점 배를 앞으로 내밀지 않는다. 손을 아래로 자연스럽게 드리운다. 두 손으로 허리춤을 잡아도 되고, 뒷짐을 져도 된다. 좌에서 우로, 우에서 좌로 둔부를 최대한 밀면서 폭을 크게 돌린다. 천천히 시작하다가 내부의 기가 약동되면 돌리는 폭을 줄인다.
❺ 효능 시계방향으로 돌리면 정력이 보강된다. 반대방향으로 돌리면 기운이 평형을 찾는다. 몸에 있는 가스를 배출시킨다.

7 - 立地沖天 땅에 서서 하늘을 충격하다

발끝을 세웠다가 힘차게 내리 딛어 온몸을 진동시키는 방법이다.

❶ 흡~ 두 발을 한데 모으고, 발끝을 세울 때 숨을 들이쉰다. 이때 목을 움츠리되 턱을 당기면 안 된다. 즉 첫 번째 동작인 '관음이 성인을 청하다'에서는 턱을 당기지만, 여기서는 턱을 당기는 것이 아니라 목을 움츠리는 것이다.

또 팔은 자연스럽게 내려뜨리되, 손목을 꺾어서 움츠린다. 이 동작은 몸은 곧추세우되 전신을 움츠린다는 생각으로 긴장시키는 것이 요점이다.
❷ 호~ 발뒤축으로 땅을 구르면서 숨을 내쉬되, 발뒤축으로 땅을 세게 굴러 진동력을 느껴야만 효과가 좋다. 이때 움츠렸던 목과 손목을 동시에 이완하면서 온몸으로 땅을 구르는 진동을 느끼는 것이다. 긴장과 이완을 번갈아 하되, 이완한 상태에서 충격을 느낌으로써 전신에 맺혔던 기혈이 원활히 돌아가도록 하는 것이다.
❸ 요점 몸 전체는 수직선이 되고 어깨는 높이 솟으면 솟을수록 좋다. 발 뒤축을 세차게 굴러서 몸 전체 특히 머리가 울리도록 한다.
❹ 효능 발 뒤축을 구를 때 머리가 울리면서 정수리가 열리고 몸 전체로 기운이 통한다.

 4강

진리의 깨달음

🪷 밀종과 도교의 정·기·신은 선천의 정·기·신이다

　도교의 수행이 신체의 수련에 치우친다고 알고 있는데, 불교의 수련 역시 신체의 수련을 아주 중시한다. 또 도교의 수련도 마음의 수련으로 귀결된다. 하지만 지금 수행자들은 신체의 수련도 완성할 수 없기 때문에, 도교는 신체만 수련하고 마음의 자세는 수련하지 않는다고 오해한다.
　불교는 심리상태의 수련을 위주로 하고 그 뒤에 몸을 닦는다. 불교의 관점으로는 사람의 몸은 사대가 임시로 합한 육체[50]이기 때문에 결국 백 년 내에 버려야 하는 것이다. 하지만 도교는 장생불로에 중점을 두기 때문에, 생리 수련에 드는 시간과 공부가 불교보다 훨씬 더 하다.

50　사대가합四大假合이라 하며, 지대 수대 화대 풍대가 합해진 것이 몸이다.

오늘은 신체의 정精·기氣·신神과 수련을 중심으로 강의하겠다.

티벳불교도 신체의 수련을 중시한다. 특히 정·기·신에 대한 논술이 비교적 많다. 사람들, 특히 기공을 수련하는 사람들은 '정·기·신'이란 말만 들으면 후천적으로 생기는 정·기·신으로 오인한다. 그러나 밀종과 도교에서 말하는 정·기·신은 선천적인 것이다. 우리가 후천적으로 생산하는 정자를 말하는 것도 아니고, 호흡할 때 들이마시고 뱉는 기氣는 더욱 아니다. 후천적인 정·기·신은 도를 닦는 각도에서 말하면 큰 도움이 안 된다. 건강한 신체를 위한 수련 역시 선천적인 정·기·신의 수련이다.

정·기·신을 충족한 사람의 손발은 항상 따뜻하다. 겨울에도 따뜻하며, 여름에는 선선하며 땀이 없다. 다만 수련할 때 손발에 땀이 많이 나는데, 이것은 체내의 습기가 배출되는 아주 좋은 현상이다.

신체에 기맥이 통하면 손발이 아주 유연해진다. 노인도 손발이 유연해져 난이도가 비교적 높은 동작도 다 할 수 있다. 대개 노인들은 뻣뻣하며 민첩하지 못한데, 이것은 겉으로 드러난 현상에 불과하다. 내면을 보면 정·기·신이 소모되어 근골이 약해지고, 신수腎水도 부족해 근골에 영양 공급이 안 되기 때문이다.

❸ 어린이는 선천적인 정·기·신을 보존하고 있다

불교에는 '살갗은 피와 살을 감싸고, 힘줄은 뼈를 감싼다'[51]는 말이 있는데, 사람의 생리기능이 노쇠하면 뼈를 감싸는 힘줄이 위축되어 난이도가 높은 동작을 할 수 없게 된다. 한 번 넘어지면 몇 달을 고생하고 뼈가 잘 부러진다. 하지만 어린이는 넘어지고 엎어지고 곤두박질쳐도 일어나서 그냥 걷고 뛴다. 아무런 이상이 없다.

어린이가 노인에 비해 뼈가 튼튼한 것은 정·기·신을 잘 보존하고 있기 때문이다. 선천적이면서 원시적인 정·기·신을 갖고 있는 셈이다. 우리도 일정 정도 수련을 해서 반로환동返老還童(노인이 다시 어린이가 됨)을 하면, 땅에 넘어지고 엎어지고 곤두박질을 쳐도 어린아이처럼 일어나 걸을 수 있으며 쉽게 상하지도 않는다.

어째서 관절, 허리, 목덜미 등이 쉽게 접질리고 빠지는가? 이것도 체내에 정·기·신이 부족하기 때문이다. 뼈를 감싸고 있는 힘줄이 풀어진 스프링처럼 탄성이 없기 때문에 관절, 허리, 목덜미가 뻣뻣하고 잘 접질린다. 하지만 어린이의 근골은 스프링처럼 탄성이 아주 좋기 때문에 그렇지 않은 것이다.

🧘 수련하면 다시 정·기·신을 충족시킬 수 있다

수련하면 체내가 다시 정·기·신으로 충족될 수 있다. 정·기·신이 충족되면 체내에 따뜻한 기가 피어오르고, 이 따뜻한 기운은 전신 구석구석으로 흘러 신체를 자양시키고 탄성을 회복시킨다. 근

---

51 피포혈육皮包血肉 근전골筋纏骨

육과 뼈를 이어주는 힘줄을 자양하여 탄성을 회복시키는 것이다.

몸을 잘 수련하면 80살이라도 신체의 원기(정·기·신)가 청소년과 같아진다. 옛날 대수행자들의 정력은 끊임없이 쓸 수 있었다. 이들은 한 사람이 열 사람, 백 사람 몫의 일을 해결하며 피로가 뭔지도 몰랐다. 그들의 정·기·신은 원래부터 충족할 뿐만 아니라 에너지를 모두 일에 전념했기 때문에, 육체의 욕망으로 인해 에너지가 소모되지 않은 것이다.

🛐 도는 정·기·신과 직접적인 관계가 없다

도교의 신도 몇 분이 오셔서 "서른 이전의 미혼이라 부부생활이 없는데도 왕성해야 할 정력이 없고, 결혼 후 부부생활이 빈번한데도 정력이 있는 것은 왜 그런가?" 하고 물었다. 현실적인 질문이다. 이 자리에 앉은 사람들 중 일부는 출가한 사람이고 일부는 가정을 갖고 있다. 이 문제에 대하여 생각해 본 적이 있는가?

후천의 정·기·신은 원래 없던 것인데, 후천적 욕망 때문에 선천의 정·기·신이 후천의 정·기·신으로 변한 것이다. 다시 말하면 후천의 정·기·신을 소모하면 할수록 선천의 정·기·신이 없어지고 수행의 차원도 상승하지 못한다. 왜냐하면 후천의 정·기·신은 선천의 정·기·신이 변해서 생긴 것이기 때문이다. 전에 이를 수증기에 비유한 적이 있다. 즉 수증기가 내려와 물이 되고, 물이 얼음으로 변한다. 수행은 바로 얼음을 물로, 물을 수증기로 변화시키고 그것을 정수리 위로 증발시키는 것이다.

도교와 밀종에서는 줄곧 임맥·독맥과 수도와의 관계를 언급하고 중맥과 개오와의 중요성을 언급하지만, 중국불교나 선종에서는 이것에 대한 언급이 적다. 아주 교묘한 언어로 비유하기 때문에 도를 깨우치지 못한 사람은 알아듣지 못하는 것이다.

옛날 선사님들은 왜 이런 방식으로 도를 표현했는가? 첫째는 도를 닦을 줄 모르는 사람들의 비방을 피하고, 둘째는 도를 닦는 사람들의 정·기·신에 대한 집착을 피하기 위해서다. 왜냐하면 진정한 대도大道는 신체와 직접적인 관계가 없으며 정·기·신과도 직접적인 관계가 없다. 신체의 정·기·신은 대도를 수련하는 기초일 뿐이다. 사선팔정四禪八定을 닦아 끝이 나면 신체도 정·기·신도 모두 필요 없다.

🙂 정·기·신은 사선팔정과 같은 경계이다

도교의 정·기·신은 불교의 사선팔정에 불과하다. 사실 사선팔정은 도교에서 말하는 네 단계보다 훨씬 높다. 도교의 네 단계는, "①정을 수련하여 기로 만든다. ②기를 수련하여 신이 되게 한다. ③신을 수련하여 허로 만든다. ④허를 수련하여 입도한다."이다.52 이것은 불교의 사선팔정에 매우 가깝다. 밀종에서는 좌左·중中·우右의

---

52 연정화기煉精化氣, 연기화신煉氣化神, 연신입허煉神入虛, 연허입도煉虛入道

삼맥을 닦고 나면 사선팔정에 이르는데, 이는 도교의 네 가지 단계와 거의 비슷하다. 하지만 구체적인 부분에서는 차이가 있다.

③ 정·기·신 수련의 궁극은 마음수련이다

지금 수행자들은 신체를 제대로 닦지 못하였기 때문에 몸을 비울 방법이 없다. 신체를 비우려면 우선 신체의 혈기가 잘 통해야 하고 기맥이 열려야 한다. 아니면 이 색신色身을 비울 방법이 없다. 또 색신을 비우지 못하면 심령을 입도시킬 방법이 없다. 여기에 앉아있는 몸은 고달프기 그지없는데 마음을 어떻게 조용하게 하며, 심리상태가 어떻게 입도할 수 있겠는가?

색신을 비우고 입도하려면 우선 기맥이 잘 통해야 한다. 또 기맥이 잘 통하려면 우선 정·기·신부터 충족하여야 한다. 정·기·신을 충족하지 못하면 전신의 기맥도 열리지 않고 잘 통할 수도 없다. 물 호스의 물이 잘 통하려면 녹이나 물때에 막히지 않도록 호스를 자주 관리해야 하는 것과 같은 이치이다. 즉 물 호스에 오랫동안 물이 없으면 관이 녹슬면서 막히듯, 기맥 역시 정·기·신이 오랫동안 부족하면 막히게 된다.

하지만 오랫동안 사용하지 않아 막힌 호스도 다시 물을 흐르게 하면 막혔던 부분이 뚫리면서 이내 잘 통하듯, 기맥 역시 정·기·신을 다시 충족시켜주면 잘 통하게 된다. 하지만 무엇보다도 물 호스를 평소 잘 관리해서 망가질 일이 없게 하는 게 좋듯, 기맥도 정·

기·신이 부족하지 않도록 주의를 하는 것이 좋다. 그래야 어쩌다 막히더라도 아주 빨리 회복할 수 있다.

수행하고 득도하는 것은 '기氣'에 의거하지 않는다고 하지만, 처음에는 확실히 기(선천의 기이며 호흡하는 기가 아니다)와 관계가 많다. 진정한 입도는 '광光', 즉 빛에 의거하는 것이다. 하지만 입도한 다음에는 광에도 의거할 수 없으며 또 광하고도 관계가 없다. 아울러 이것도 도를 닦는 한 단계일 뿐 전체 과정은 아니다. 어째서 수련을 하는 사람들이 일정 정도까지 수련하면 더는 올라가지 못하는가? 만약 계속 올라가고 싶으면 오로지 불교 수련법을 닦는 것 외에는 별다른 방법이 없기 때문이다.

진정한 밀종은 바로 선종이다. 밀종의 어느 종파나 파벌을 막론하고, 원만한 성취를 이루고자 하면 선종에 발을 붙이고 수련하여야 궁극의 원만을 이룰 수 있다. 아니면 수행자는 사선팔정에서 제자리걸음하고 색신의 수련에만 신경을 쓸 것이다.

임맥·독맥·중맥이 열려야 입도할 수 있다

내가 그린 그림에서 보듯 앞가슴의 중간선은 임맥이고, 등쪽 중간선은 독맥이며, 회음부터 백회까지의 중간선을 중맥이라고 한다. 이 세 줄기의 주요한 혈맥이 열리고 잘 통하여야만 입도할 수 있고 도를 깨우치고 성불할 수 있다.

임맥·독맥·중맥이 열려 잘 통하였다고 해서 진리를 깨닫고 성불

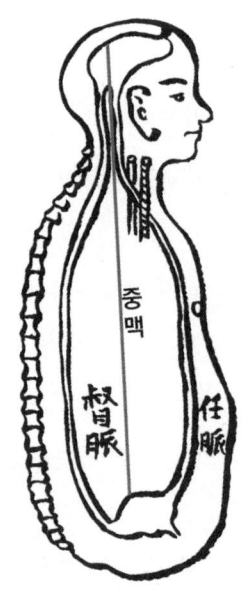

한 것은 아니지만, 진리를 깨닫고 성불한 사람은 임맥·독맥·중맥이 당연히 잘 통한다. 이것은 아주 미묘한 이치이다.

왜 기를 단전에 가라앉혀야 하는가? 기를 단전에 모으는 것은 수행의 최초 단계일 뿐 모두는 아니다. 백 일 정도로 끝내야 한다. 단전에 기를 모으는 기침단전氣沈丹田은 에너지가 단전에 가라앉음을 말한다. 몸 앞에 있는 에너지는 단전에 가라앉은 다음 바로 미추골에 도달한다. 그 다음 미추골에서 등 뒤를 따라 정수리까지 올라가 환정보뇌還精補腦를 하는 것이다.

하지만 몇 사람이나 기침단전을 할 수 있고, 또 그것을 누설하지 않을 수 있겠는가? 에너지가 단전에 모이면 성욕이 왕성해져 일반인들은 어찌할 방법을 모른다. 도를 닦겠다는 마음이 강렬하고 원력이 크다면, 에너지는 아래에 도착한 다음 어렵지 않게 미추골에서 척추를 따라 정수리까지 상승하는데 그제야 욕망이 사라진다.

🔯 희락지와 묘락지 그리고 청정지

도교에서는 회음혈을 '삼강구三江口'라고 한다. 삼강구는 임맥·독맥·중맥이 집중되는 교점이자 에너지가 흘러나가는 곳이다. 부부생활이 빈번한 사람들은 여기서 에너지를 흘려버리게 된다. 부부생활을 할 때 남자의 생식기는 양기를 방출하고 여자의 생식기는 음기를 방출한다. 음과 양, 이 두 기가 마주 부딪치고 결합하면 쾌감이 생기게 된다.

수행자가 초선初禪의 수련이 끝나고 2선의 수련에 들어가면 바로 음양이 교합하게 되는데, 그 교합에 전신이 도취되어 마치 신선과도 같은 느낌이 난다. 이 느낌은 일반인들이 부부생활에서 느끼는 쾌감보다 몇 십 배나 강렬하다. 이것이 바로 선정 수련을 하는 사람들이 일정한 정도까지 도달하면 부부생활이 필요 없는 이유이다. 그들은 이미 부부생활을 초월한 것이다.

사선팔정에서 초선을 이생희락지離生喜樂地라 하고, 2선을 정생희락지定生喜樂地라고 하며 3선을 이희묘락지離喜妙樂地, 4선은 사념청정지捨念淸淨地라고 한다.[53] 여기에서 말하는 '희喜'는 심리적인 느낌을 말하고 '락樂'은 생리적인 느낌을 말한다.

생리 에너지가 아래에서 새어나가지 않는다면 정精은 열량으로 변한다. 즉 인체의 열량은 정精에서 생긴 것인데, 이 정은 선천의 정을 말하며 후천에서 생육한 정자를 뜻하는 것이 아니다. 선천의

---

[53] 4선팔정 : 4선과 4무색정을 합해서 8정이라고 한다.

4선(색계)	4무색정(무색계)
초선 : 이생희락지離生喜樂地	공무변처空無邊處
2선 : 정생희락지定生喜樂地	식무변처識無邊處
3선 : 이희묘락지離喜妙樂地	무소유처無所有處
4선 : 사념청정지捨念淸淨地	비상비비상처非想非非想處

정이 후천의 정자로 변하지 않는다면, 그것은 열을 내며 기氣로 변한다. 이 기는 호흡의 기가 아니라 선천의 원기이다. 계속 수련하면 이 원기는 신神 즉 광光(빛)으로 변한다. 이 광은 가슴의 윗부분에 걸쳐 있다.

부처님·보살님을 표현한 그림을 보면 몸이 모두 빛으로 되어 있다. 우리의 에너지는 모두 가슴과 배꼽 사이에 있다. 이를 기氣라고 하는데, 우리가 호흡하는 기가 아니라 원기를 말한다.

또 배꼽과 무릎 사이에 있는 것을 정精이라고 한다. 겨울만 되면 무릎부터 손발이 차다고 하는데 정精이 부족하기 때문에 그렇다. 여기서 말하는 정精도 선천의 정을 말하며 후천의 정을 말하는 것이 아니다. 계속 수련하면 이 정이 열량으로 변하고, 기는 힘이 된다. 계속 수련하면 기는 신神으로, 신은 광으로 변한다.

❸ 몸 안에서의 여덟 단계 기 운행

체내의 정상적인 운행은 다음과 같이 여덟 단계를 거친다.
① 오곡을 섭취하고 위에서 소화하여 에너지를 생산하는데 이것을 단전에 저장한다. 그러면 에너지는 정으로 변한다. 이때의 정은 아직도 선천의 정이다.
② 수련을 하면 이 정은 임맥을 따라 아래에 있는 삼강구(회음)에 도착한다.
③ 당신이 금욕이나 절욕하는 사람이라면, 수련을 통하여 에너

지가 미추골을 돌아 척추를 따라 위로 상승한다. 하지만 여기까지 수련하면 사람의 등은 큰 벽돌이나 큰 돌에 눌린 것처럼 막혀서 에너지가 위로 올라가기가 아주 어렵다.

④ 사람의 앞가슴에도 '열십 자(+)'가 있고 등에도 '열십 자(+)'가 있다. 등의 '+' 자를 열어 통하게 하면 등 뒤는 바로 빛을 뿌릴 것이다. 하지만 극히 적은 사람들만 등이 열려 통하게 된다.

⑤ 등이 열리고 통하면 에너지가 뒷목을 따라 위로 상승하는데, 이때 미간이 번쩍번쩍하며 금빛을 낸다. 이것을 득도하고 천안이 열렸다고 오해하지만 한 단계의 현상에 불과하다.

⑥ 이 단계를 지나면 에너지가 미간으로부터 콧등을 지나 윗입술과 양쪽 법령선法令線을 지나고, 다시 아래턱을 지나 인후까지 도착한다. 인후를 통하기는 아주 어렵다. 일단 인후가 잘 통하면, 그가 말을 하거나 진언을 읽을 때 목소리가 진동력을 가지게 된다. 즉 음성이 자성磁性을 띤다.

수련하지 않아도 음성에 자성을 가지고 있는 경우가 있다. 이런 사람은 본래부터 에너지가 충만한 사람으로, 에너지가 뒤로 올라와서 인후까지 온 것이다. 이런 사람은 일상적인 부부생활을 하더라도, 에너지가 충분하기 때문에 여분이 남아 인후까지 도달한 것이다.

⑦ 인후가 열리고 통한 다음, 가슴을 지나 아래로 에너지가 내려간다. 에너지가 가슴을 지날 때면 위병이 났다고 생각될 만큼 가슴이 막히고 아주 괴롭다. 하지만 이 통증은 위가 아니라 가슴의 뼈가 아픈 것이다. 우리는 종종 좌선하는 사람들이 가슴을 두드리는

진리의 깨달음 · 489

걸 보곤 한다. 가슴이 열린 사람들은 번뇌가 없고 화를 내지 않는다. 어떤 사람은 화를 내지 않고 가슴에 품고 참는다. 사람이 화를 낼 때면 숨을 밖으로 내쉬게 되는데, 이것이 바로 가슴에 품고 참았던 기를 밖으로 내뿜는 현상이다.

가슴의 기를 모두 밖으로 내쉬고 나면 가슴이 답답하지 않고 시원하며 화를 내지 않게 된다. 화를 낸다는 것은 가슴에 몰린 기를 욕하는 방식으로 밖으로 내뱉고 쏟아 버리는 현상이다. 가슴이 비고 풀어지면 화를 낼 일이 없지만, 가슴에 기가 있으면 이 기가 화를 내도록 재촉한다.

⑧ 에너지는 계속 아래로 내려가고 단전 이하는 모두 쉽게 통하게 된다. 하반신이 모두 통한 사람은 생리적 욕망이 없다. 여기서 말하는 생리적 욕망은 성욕을 뜻한다. 사람은 왜 성욕을 갖는가? 미추골의 에너지가 척추를 따라 위로 오르지 못하고, 몸 앞에서 막혀 참지 못할 정도로 답답해서 방출할 수밖에 없기 때문이다.

에너지를 보존하고 방출하지 않으려면, 수련을 통하여 에너지를 뒤로 돌려 독맥을 따라 위로 상승시켜야 한다. 에너지가 삼강구에서 막히지 않고 흐르면 일반인이 겪는 생리현상이 나타나지 않는다.

그럼 어느 정도 수련해야 하는가? 당신이 수련방법을 모르거나, 아니면 방법이 정확하지 않다든가, 혹은 수련하는 시간이 부족하면 평생을 수련해도 헛수고하는 것이다. 하지만 정상적인 상태에서는 1년이면 완성된다. 만일 1년을 수련해도 효력이 없고 방법을 사용할 수 없다면 모두 사도외문이 되는 것이다. 그렇게 되면 이미 도를 닦는 것과는 아무런 상관이 없게 된다.

과거의 노선사들은 선방에서 이런 말을 하지 않는다. 선방에 들어가는 사람들은 이미 석사이거나 박사의 수준인데 이런 사람들에게 구태여 어린이나 배우는 '가갸거겨'를 가르치겠는가? 오랜 세월 선방에서 이에 대해 말을 하지 않았기 때문에, 불교에서는 이런 문제가 도를 닦는 것과 상관없는 줄로만 여긴다. 어느 법사나 선사님께서 이런 말을 선방에서 강의하면, 사람들은 그를 사도외문이라고 할 것이다.

과거의 위앙偽仰·임제臨濟·운문雲門·조동曹洞·법안法眼 등 5대 종파의 선사님들은 이에 대하여 말씀하신 적이 있다. 하지만 아주 은밀하고 교묘한 문자와 어구로만 말했다. '정전백수자停前柏樹子', '죽근선장竹根禪杖' 혹은 '삼강수三江水'라는 말이 이와 관련이 있을 것이라고 누가 생각하겠는가? 특히 도를 깨우치지 못한 사람들은 추호도 생각할 수 없었다.

③ 연꽃이 활짝 피고 몸 밖으로 나가야 수도가 시작된다

임맥과 독맥이 통해서 정·기·신이 충분해지면, 에너지가 인체를 앞뒤로 에워싸며 오르내리는 게 아니라 직접 중맥으로 들어가서 정수리로 나간다. 이때는 두뇌가 활짝 핀 연꽃처럼 빛을 낸다.

중맥이 통해서 정수리의 연꽃이 활짝 피고 몸 밖으로 나가야 진정한 수도가 시작된다. 이전의 모든 것들은 기초에 불과하다.

임맥과 독맥이 열려 통한 사람은 일을 해서 지치고 피곤해도, 대략 30분 정도 휴식하면 피로가 풀리고 회복된다. 길어도 한 시간 내지 두 시간이면 에너지가 충분히 보충되는 것이다.

우리의 에너지는 도대체 어디로 사라졌을까? 에너지가 모두 후천의 물건으로 변하여 아래로 누설된 것이다. 더 이상 놓치지 않으려면, 에너지를 중맥에 들어가게 해서 정수리로 나가게 하면 된다.

에너지는 아래로 나가지 못하면 정수리로 나간다. 이 말을 바꿔 말하면 정수리로 나가지 않으면 아래로 나가야 하는 것이다. 내보낼 곳이 없으면 미치거나 변태가 된다. 이 두 가지 방법 외에 다른 길은 없다. 금욕하는 사람들의 심리가 건강하지 못한 원인도 바로 여기에 있다. 신체를 다스려 항복시키고, 또 사선팔정의 수련을 통해 세 혈맥을 잘 통하게 해야 심리가 건강해지고 변태가 되지 않는 것이다.

3. 마음을 다스리기 전에 몸부터 다스려야 한다

사람의 생리는 어쩔 수 없이 그런 일을 생각하게 하고, 또 그런 일을 하도록 강박하는 기운이 있다. 반면에 심리는 그런 일을 생각하지 못하게 강박하고, 또 일을 못하게 억압하는 기운이 있다. 이것이 바로 금욕이다. 금욕을 하는 사람이 몸과 마음의 평형을 잃고 조절하는 능력을 상실하게 되면 변태가 되는 것이다. 때문에 마음을 다스리고 길들이기 전에 몸부터 길들이고 다스려야 한다.

보통 사람의 심리는 생리를 지배하지 못하고 생리의 기운에 밀려다닌다. 다시 말하면 생리가 심리를 지배하는 것이다. 성인聖人만이 심리로 생리를 지배할 수 있고, 심리로 생리를 이끌 수 있다. 오늘 내가 이런 말을 했다고 해서 몸을 닦는 데만 집착하면 안 된다. 금방 내가 명백하게 말했지만 이것은 대도를 닦는 기초일 뿐이다. 이 기초가 튼튼하지 않고서는 진정한 대도大道(연신입허煉神入虛)를 닦기는 불가능하다.

우리가 '수련한다'고 하는 것은 몸과 마음을 닦는 것을 말한다. 혈맥이 잘 통하지 않아서 정수리의 연꽃이 피지 못하면 영체(靈體, 물건)가 나가지 못하는 것이다. 그것이 나가지 못하면, 당신이 닦은 마음도 원만하지 못하게 된다. 그래서 정서의 파동에 따라 오늘은 기분이 엄청 좋았다가도, 다음 날 일순간에 나빠진다. 성인들이 항상 차분한 평상심을 유지할 수 있는 이유는, 이미 기초를 튼튼하게 닦아놓았기 때문에 생리적인 파동이 없기 때문이다. 따라서 심리 상태가 조용하고 편안하다.

🔷 엉덩이 밑에 6cm쯤 되는 받침을 깔면 기가 쉽게 올라온다

득도한 사람은 정수리에 연꽃을 피움으로써 본래 면목(자성, 영체)을 솟아오르게 한다. 하지만 거의 죽어가는 사람은 이런 에너지가 없기에 신식神識을 위로 올려 보내지 못한다. 에너지가 아래로 새나가서 신식을 품지 못하기 때문에, 사대가 분열된 뒤에 신식은 몸에서 이탈하여 떠나버릴 수밖에 없다.

　좌선하는 방법을 강의할 때 분명히 엉덩이 밑에 6cm쯤 되는 받침을 깔고 앉으라고 하였다. 이렇게 하면 미추골 부분이 반원형이 되어 혈기가 제대로 통하기 때문이다. 오랫동안 좌선했던 사람은 문제가 되지 않지만, 처음 좌선을 배우는 사람은 받침을 까는 것이 아주 중요하다. 미추골 일대가 평평해서, 몸이 지평과 90도가 되면 혈기가 위로 오르지 못하기 때문이다.

　오랫동안 좌선했던 사람의 사대는 수련이 이미 끝났기 때문에 몸이 비어 있다. 사대가 비어 있는 사람은 혈기와 에너지가 아주 잘 통한다. 하지만 대부분은 혈기가 통하지 못하기 때문에 몸을 잊지 못하고 비우지 못하는 것이다. 그래서 처음 좌선을 배우는 사람은 받침을 까는 것이 아주 중요한 것이다.

🌀 고승·대덕들은 심리수련을 잘 했기 때문에 기개와 도량이 비범하다

　과거의 고승·대덕들의 기개와 도량은 아주 비범하고, 행동은 민첩하며, 기력도 왕성했다. 그들의 머리는 큰 수박처럼 둥글둥글하게 생겼지만 지금 우리의 머리는 모두 메마르고 앙상하다. 어째서 그런가? 앞서 사람의 정수리를 연꽃봉오리에 비유했다. 에너지가 정수리에 공급되면 연꽃봉오리는 둥글고 풍만할 것이고, 에너지가 공급되지 못하면 연꽃봉오리는 쭈글쭈글해져 피지 못할 것이다. 설사 꽃이 핀다고 해도 조그마할 것이다.

불교의 수련이 심리상태의 수련에 있다고 하지만, 몸 관리를 잘 하지 못하면 심리상태가 안정될 수 없다. 불교가 도를 닦는 과정에서 신체의 중요성을 인정하지 않는 것이 아니라 생리 수련에 치우치지 않을 뿐이다. 수행자가 마음을 한곳으로 모을 수 있다면 신체 수련이라는 말을 할 필요도 없는 데, 이런 사람은 이미 자기도 모르는 사이에 신체의 수련이 끝났기 때문이다.

하지만 지금 우리는 전문적인 신체 수련을 할 줄 모르며, 또 어떻게 하면 신체 수련을 잘할 수 있는지도 모르고 있다. 신체를 닦은 후 마음을 어떻게 닦아야 하는지는 더욱 모른다. 과거 조사·대덕들은 "대도는 몸과 마음을 떠나지 않는다."라고 하셨다. 우리는 말끝마다 신체를 닦는 동시에 마음도 닦아야 된다고 하지만, 이 기초를 닦아 확고하게 하는 일은 쉬운 일이 아니다.

좌선하면 잠재되었던 질병이 드러난다

과거에 선종은 특별히 '장좌불와'를 중시하였는데, 지금은 극히 적은 사람들만 이 문제들을 제기한다. 하지만 신체를 잘 닦고 성취를 얻고자 하면 한동안은 장좌불와 훈련을 하여야 한다. 장좌불와 훈련을 하다 보면 몸에 각종 질병들이 나타날 수 있는데 이것을 수행에서 얻은 질병이라고 오해하면 안 된다.

장좌불와 수행 시 나타나는 질병은 원래 몸에 잠재하고 있었던 것으로 그동안 드러나지 않았을 뿐이다. 좌선은 원래 잠재하고 있던 질병을 빨리 나타나게 하는 작용을 한다. 좌선으로 병을 빨리 드러나게 함으로써 작은 병이 큰 병이 되는 불행을 막을 수 있다.

내 친구 몇몇은 자기 몸에 병이 있다는 것을 발견한 지 반 년 만에 모두 세상을 떠나 버렸다. 이틀 전 나는 광저우에서 백혈병을 앓던 속가 제자 하나를 왕생시키고 어제 저녁에 돌아왔다. 그는 죽기 이틀 전 정신을 잃은 뒤, 내 이름만을 부르며 계속 날 찾았다고 한다. 다행히 여기서 광저우는 얼마 멀지 않아 버스를 타고 그의 집으로 갔다. 도착하니 늦은 밤이었고 그는 이미 왕생하였다. 나는 그에게 경을 읽어주고 머리를 툭툭 몇 번 두드려 주었다.

그는 자기 몸에 병이 있다는 것을 발견한 지 얼마 되지 않아서 죽었다. 병을 발견했을 때는 이미 말기였다. 왜 이런 일이 벌어지는 것인가? 좌선하는 사람의 몸에는 쉽게 병이 난다. 병이 나는 게 아니라 몸에 백혈병이 잠재하고 있었다고 봐야 한다. 사람이 좌선을 하면 체내에 원기(에너지)가 생산된다. 이 에너지가 흘러 도착한 곳에 병이 있으면 반응이 생기고, 병이 없으면 아주 빠르게 통과된다.

병이 있는 곳은 에너지가 막혀서 통과할 수 없기에 필연적으로 병이 폭발하기 마련이다. 이때 사람들은 좌선하여 병이 생겼다고 오해하지만 사실 병이 잠복하고 있은 지 오래된 것이다. 폭발물 탐지기는 원래 땅에 묻혔던 지뢰 같은 폭탄을 탐지해 낸다. 좌선도 이런 탐지기처럼 이미 잠복한 질병을 찾아 밖으로 드러냄으로써 우환을 제거할 수 있는 것이다.

원기가 인체 내에서 유통하다가 복부 쪽으로 흐르면 위병이 나는데, 당신은 위병이 '기氣' 때문에 생겼다고 하지만 당신의 위가 본래부터 좋지 않았던 것이다. 즉 원기가 이곳을 흐르다가 잠재하였던 위병 때문에 막혀 반응이 생긴 것이다. 이럴 때 여러 가지 방법으로 원기를 통과시키면 다시는 위병이 나지 않는다.

수행하려면 6근부터 막아야 한다

지금 이런 원기를 일깨워서 쓰는 사람은 거의 없다. 어쩌다가 닦아 놓았던 적은 에너지마저 누설해 버리기 때문이다. 부부생활에서 누설되는 것도 있겠고, 눈으로 많이 보면 눈으로 누설되고, 귀로 많이 들으면 귀로 누설되고, 말을 많이 하면 입으로 누설된다. 또 6근 모두에서 누설될 수도 있기 때문에, 수행의 첫 시작은 6근을 먼저 막아야 하는 것이다.

수행자가 6근을 닫을 수 있다면 생리 에너지가 자동적으로 임맥·독맥과 중맥으로 들어갈 수 있을 것이고, 절욕하거나 금욕하게 되면 에너지(정·기·신)는 모두 임맥과 독맥 그리고 중맥에 저장된다. 하지만 사람이 육욕을 절제하지 않는다면 임맥·독맥·중맥에 저장되었던 에너지가 모두 아래로 내려가서 방출되는 것이다.

하주강번은 미추골을 열어준다

　내가 전수한 「연화생 법문 동공」의 7가지 동작 가운데, 제3절 '하주강번河住江翻'의 주요 작용은 미추골을 여는 데 있다. 미추골을 여는 게 제일 어렵긴 한데, 일단 미추골만 열면 에너지가 척추를 따라 위로 올라간다. '하주강번'은 이 에너지가 아래로 누설되지 않고 뒤로 돌아 오르게 돕는다.

　'하주河住'의 의미는 '흐르던 강물이 멈춰 흐르지 않는다'이며, '강번江翻'은 '큰 강이나 큰 바다에 물이 차고 넘쳐서 밑에서 위로 뒤집혀 오른다'는 것을 의미한다. 이것이 바로 '하주강번'의 실체적 의미이다. '하주강번 수도류河住江翻 水倒流'라! 역류하는 것은 성인이요, 순류하면 일반인이다. 우리가 이 모든 것을 모두 수련할 수 있다면 사선팔정의 수련에 도달할 수 있다. 하지만 이런 기초 수련도 끝을 보기가 힘들지 않은가?

　'여신공女神功'을 수련해 본 사람들은 알 것이다. 코로 숨을 흠뻑 들이쉰 다음 숨을 단전에 하강시키고 꾹 참으면, 눈앞에서 불빛이 번쩍번쩍 한다. 무슨 영문인지 아는가? 코로 심호흡하여 기를 단전에 가라앉힌 다음 참으면, 회음에 있던 기가 척추를 타고 위로 올라서 정수리를 지나 미간에 도착한다. 이 기가 미간에 도착하면 불빛이 번쩍번쩍 나는 것이다.

　어떤 사람들은 단숨에 기를 흠뻑 들이쉰 다음 단전에 가라앉히고 꾹 누르고 있으면, 기가 바로 중맥으로 들어갔다가 미간을 충격하고 정수리에서 빛을 낸다. 이것은 후천 호흡의 기로 선천의 원기를 이끌어 점화시킨 것이다. 그러니까 빛을 내는 것은 호흡해서 얻은 기가 아니라 선천에 원래 있던 원기인 것이다.

어째서 기공수련에서 '채기採氣'와 '토고납신吐故納新(탁한 기운을 토해내고 신선한 기운을 들이 쉰다)'을 그렇게 중시하는가? 이는 성냥으로 불을 켜서 점화시키듯 채기와 토고납신이 '도道'를 점화시키는 첫 시작이기 때문이다.

광光을 뿌린다 해도 득도가 아니다. 입도의 표식인 것이다.

연화생동공을 수련하면 무병장수한다

「연화생 법문 동공」의 7가지 동작을 잘 수련할 수 있다면, 제일 주요한 세 혈맥(임맥·독맥·중맥)을 1년 안에 열고 통하게 할 것이다. 종교를 믿지 않는 사람도 이 동공을 연습하면 신체가 건강해지고, 장수할 수 있으며, 병도 나지 않는다. 도를 닦는 사람이라면 이 동공에 의해 아주 수월하게 에너지를 높일 수 있을 것이다.

어째서 나무가 시들고 말라버리는가? 에너지가 메말라 운반할 것이 없기 때문이다. 그럼 사람은 어째서 시들고 마르는가? 역시 에너지가 공급되지 못하기 때문이다. 에너지가 충분해서 위로 공급할 수 있다면, 인체는 시들고 마르지 않을 것이다.

③ 길상와는 기운이 새는 것을 막아준다

불교는 길상와吉祥臥를 아주 중시한다. 길상와를 하면 삼강구의 입구 부분을 겹쳐 막음으로써, 에너지가 아주 쉽게 미추골에서 척추를 따라 위로 올라갈 수 있게 한다. 심지어 에너지가 직접 중맥으로 들어가서 위로 상승할 수도 있다.

반대로 길상와를 하지 않으면 에너지가 등을 타고 올라가기 어렵고 중간까지 올라가기도 어렵다. 또 에너지가 아래에 정지되어 누설될 수밖에 없다. 결국 불교의 길상와는 삼강구를 막아 에너지가 누설되지 않게 막는 작용을 한다.

특히 남성에게 작용이 뚜렷하다. 유정遺精을 하기 싫으면 유일한 방법이 바로 길상와이다. 에너지가 어느 정도 충족되면 길상와의 방법으로도 해결하지 못하게 된다. 그때는 얼음(정)을 녹여 물(기)을 만들고, 물을 수증기(신)로 변화시키는 방법으로 에너지를 정수리에서 발산시켜야 한다. 그렇게 하지 않으면 후천의 통로(생식기)를 따라 누설될 수밖에 없다.

불문에서 왜 잠을 잘 때 길상와吉祥臥를 하라고 하는가? 특히 남성들은 이 방면에서 무궁한 이득을 볼 수 있다. 길상와를 하면 세 갈래 혈맥이 삼강구로 결집된 다음 접어지는데, 접어지면 욕망이 사라지고 에너지가 두뇌로 오르게 되어서 누설되지 않는다.

제자가 여쭈었다.
■질문 : 길상와는 우측와가 좋습니까? 아니면 좌측와가 좋습니까?

■만행스님 : 우측와여야 한다. 정확한 우측와 자세는 손을 베개로 베고 엄지손가락은 귀 뿌리에 놓고 다른 네 손가락은 모아서 태양혈 밑에 놓는데 귀를 덮는 것이 아니다. 수련이 일정한 차원에 이르면 엄지손가락으로 귀를 막고 잠을 잘 수 있지만 이런 차원까지 도달할 수 있는 사람은 극히 적다.

길상와를 하고 있는 충남 부여의 미암사 와불. 세계 최대크기의 석가모니부처의 열반상(길이27미터, 높이 6미터, 넓이 6미터)

■질문 : 왼쪽 손은 어떻게 놓습니까?

■만행스님 : 왼쪽 손은 자연스럽게 몸 위에 놓으면 된다. 왼손은 왼손의 쓸모가 있고 오른손은 오른손대로 각기 자기의 용도가 있다. 지금 우리들은 '신전심身轉心(몸을 수련해서 마음을 바꿈)'의 차원이기 때문에 마음이 몸에 따라 움직이는 것이다. 즉 마음은 있지만 힘이

따라가지 못하기 때문에, 제아무리 마음을 쓴다고 하더라도 에너지가 위로 오르지 못한다.

관음청성은 정수리로 에너지를 섭취한다

진정한 선천의 통로는 바로 정수리이다. 정수리가 열리게 되면 에너지를 정수리에서도 흡수할 수 있다. 「연화생동공」의 제1절 '관음이 성인을 청하다(관음청성觀音請聖)'의 동작은 바로 이런 작용을 한다.

선학전시는 음양에너지의 평형을 유지시킨다

에너지가 충족된 다음 아래를 막을 수 없다면, 바로 '선학이 날개를 펼친다(선학전시仙鶴展翅)' 동작을 하면 된다. 이 동작은 인체에 들어온 에너지가 음양의 평형을 유지하도록 하고 동시에 아래를 막아준다. 일단 에너지가 충족되면 여전히 후천의 길을 따라 누설되려 할 것이다. 때문에 '하주강번'을 해야 한다.

🌀 건곤선전과 서우망월은 좌우 에너지를 교합시킨다

　에너지가 가득 차 '하주강번'을 해도 음양이 조절되지 않고, 좌우 역시 평형이 되지 않고 조화되지 않으면 '천하를 돌리다(건곤선전乾坤旋轉)'와 '무소가 보름달을 보다(서우망월犀牛望月)'를 하면 된다. 이것은 왼쪽의 에너지를 오른쪽으로, 오른쪽의 에너지를 왼쪽으로 보내 좌우의 에너지를 교합시키는 작용을 한다.
　이 두 동작을 하면 교합된 음양이 고르게 평형이 되면서 인체를 돌기 시작한다. 마치 물병에 물이 조금씩 들어가 가득 차게 되면 병뚜껑이 열리면서 물이 새듯, 에너지가 일정한 정도로 맴돌다 한 단계 한 단계씩 올라간다.

🌀 하화요파와 입지충천은 몸에 있는 공기를 배출한다

　링거 주사를 놓을 때는 주사기에 있는 공기를 깨끗이 빼고 주사를 놓는다. 공기가 혈관에 들어가면 자칫 혈전증이 생길 수 있어 아주 위험하기 때문이다. 피부주사나 혈관주사 역시 기포를 깨끗이 빼고 놔야 한다.
　에너지가 차츰차츰 몸에 차다 보면 어떤 곳은 기포가 생겨 빈틈이 생기게 된다. 「연화생동공」의 '연꽃이 바람에 흔들리다(하화요파荷花搖擺)'와 '땅을 박차고 하늘로 오르다(입지충천立地沖天)'의 두 가지 동공은 '흔들흔들' 하고 '후, 후…' 하면서 몸에 있는 기포를 배출시키는 것이다. 이것은 아주 오래전부터 내려온 동작이면서 과학적이다.

여기에 있는 이치와 작용을 여러분에게 아무리 설명해도 이해하지 못할 뿐만 아니라, 「동공」을 하라고 하면 매를 얻어맞는 것보다 더 힘들어 한다. 마치 부모가 공부하기 싫어하는 아이에게 때려죽인다고 겁을 줘도, 아이는 '내가 왜 부모님을 위해 공부해야 하지?' 하며 하기 싫어하는 것처럼 말이다.

'땅을 박차고 하늘로 오르다'는 발뒤꿈치로 땅을 구르는 동시에 숨을 내쉰다. 호흡과 함께 해야 효력이 있다. 오늘 말하는 내용을 여러분은 그럴 듯 말 듯 해서 믿고도 싶고 아니고도 싶을 것이다. 그저 몸소 경험하고 느껴야만 의심하지 않고 깊이 믿게 된다.

5강

어떻게 에너지를 활성화 하는가?

좌선은 동공과 병행해야 한다

오늘 저녁 좌선하는데, 나의 마음속에는 사원을 짓고 가꾸는 계획만 있을 뿐 다른 것이 없다. 간절하게 해결하고 싶은 문제들을 먼저 말하고 해결하자.

■질문 : 어떻게 하면 신체의 에너지를 활성화시킬 수 있습니까?
■만행스님 : 「육자대명주」 혹은 「삼자명」을 독송하면 에너지를 활성화할 수 있고, 「연화생동공」을 수련해도 에너지를 활성화할 수 있다. 좌선을 오랫동안 한 사람들은 너무 오랫동안 조용히 있었기 때문에, 동공으로 조화시키지 않으면 기운이 점점 없어진다.

『달마역근경達摩易筋經』과 『달마세수경達摩洗髓經』은 정공靜功과 배합하기 위해 나온 경이다. 후에 젊은 사람들이 이 경을 수련한 뒤에 사람을 때리고 싸우는데 사용함으로써 본래의 성질이 변질되었다. 그래서 수련하라고 강조하지 않게 되었다. 수행은 반드시 동과 정을 결합해야 한다. 좌선만 해서는 에너지를 활성화시키지 못한다.

  길을 걸을 때 통통하고 소리가 나거나 망치로 땅을 치는 것 같은 소리가 나면 송장이 걸어가는 소리처럼 들린다. 하지만 에너지가 활성화되어서 올라가게 되면, 길을 걸어도 소리가 나지 않으며 걸음도 아주 경쾌하다.

  처음 수련할 때는 전신에 맥이 너무 없어서 망상할 힘도 없게 된다. 하지만 계속 수련을 이어나가면 체내의 에너지가 활성화 된다. 극히 적은 사람들만이 이 첫 번째 단계를 완성할 수 있는데, 옛날 사람들은 첫 번째 단계를 "마음은 얼음같이 차갑고 몸은 고목같다."라고 말했다.

  두 번째 단계에 들어서면 "고목에 꽃이 핀 것 같다."라고 한다. 왜 고목에 꽃이 핀다고 하는가? 에너지가 활성화되었기 때문이다. 공부로 말하면 "하주강번河住江飜"54이 되었다고 한다. 계속 수련하면 기개와 도량이 비범해서(기우헌앙氣宇軒昂) 한 번만 고함을 쳐도 천지가 흔들린다. 불문에서 설법하는 것을 '사자후獅子吼'라고 비유한다. 사자가 부르짖으면 천지가 흔들리는 것이다.

---

54 강물이 그득해서 물이 역류한다. 즉 하단전에 기운이 가득차서 등허리의 독맥을 타고 올라간다는 뜻

에너지는 두 다리에서 생긴다

　에너지는 두 다리에서 생긴다. 그러므로 각 교파는 모두 가부좌를 하고 앉으라고 한다. 일반적으로 첫 번째 단계를 수련한 다음 잠을 잔다. 두 번째 단계는 에너지가 위로 상승하는데 반복적인 훈련이 있어야 한다. 만약 수련이 잘 되면 경계는 7일에 한 번 변하는 것이다.

　모든 공부의 뿌리는 모두 마음이다. 소위 "대도는 몸과 마음을 떠나지 않는다(대도 불리신심大道不離身心)."라는 말은, 몸만 수련해도 안 되고 마음만 수련해도 안 된다는 말이다. 불교는 마음상태의 수련에 치우치고, 도교는 신체의 수련에 치우친다. 아무리 신체를 중시해도 백년 안에 모두 사라진다. 사람들은 건강을 위하고 장수할 것을 소원해 수행하기 시작한다. 이것은 당연한 현상이다. 확실히 많은 사람들은 부처님을 믿고 성불수행을 한 다음 마음상태가 확 바뀌고 신체도 건강하게 되었다.

　『능엄경』에서 만물의 근원은 마음이라고 하였는데, 왜 조사님들은 야불도단(夜不倒單 : 밤에도 누워 자지 않음)으로 수련하셨는가? 업보신業報身은 마음의 현현이기 때문이다. 마음이 움직이지 않으면 업보를 받는다는 것이 없다. 그러므로 몸을 수련하는 것이 마음을 수련하는 것이고, 마음을 수련하는 것이 몸을 수련하는 것이다. 몸이 피로할 때 자리에 누우면 바로 잠을 잔다. 하지만 잘 먹고 신체도 피로하지 않으면 도리어 잠들기 어렵다. 이런 체험은 누구나 해봤을 것이다.

사람들은 마음을 다스리지 못하기 때문에 다리부터 다스리는 것이다. 몸이 나쁜 사람들은 가부좌를 할 수 없지만, 가부좌를 안 하더라도 마음만 조용하면 입도할 수 있다. 하지만 신체에 병이 있으면 마음을 조용하게 만들기가 어렵다. 사람들의 마음은 모두 청정하다. 그런데 왜 신체에 병이 들면 마음도 나빠지고, 신체가 건강하면 마음도 따라서 좋아지는가? 이것은 신체가 마음상태에 영향을 줄 수 있다는 것을 의미한다.

수련한 내용은 임종 시 생각을 지배한다

나이 많은 분들은 염불을 많이 해서 부처님의 이름이 머릿속에 가득차야만 잡생각이 두뇌에 들어오지 않는다. 이렇게 해야만 비로소 임종 때 불국佛國으로 갈 수 있다. 만약 두뇌에 아들과 손자 등등 가정의 자질구레한 생각으로 가득 차있다면, 또 다시 사바세계로 윤회해 오게 된다. 임종 때의 생각은 그 사람의 왕생하는 방향을 결정한다.

"오랫동안 수련했더라도 임종 때 정신이 혼란스러우면 헛수련한 것이 아니냐?"고 묻지만, 일생 수련을 잘한 사람이 어떻게 임종 때에 혼란할 수 있겠는가? 임종은 수련이 잘 되었는지의 여부를 점검할 수 있는 가장 좋은 시기이다.

평소에 부처님 말씀을 하고 부처님의 일을 하는 것은, 부처님의 형상을 8식에 가득 차게 하고 다른 것들은 8식에서 밀어내기 위한 것이다. 만약 8식에 부처님 형상만 있다면 임종 때 필연적으로 불국으로 왕생할 것이다.

어떻게 부처님의 정보를 8식에 저장할 것인가? 끊임없이 독경하고 염불하고 예불하고 주문을 독송하면서, 과거에 입력하였던 나쁜 정보를 모두 밀어내야 한다. 수련을 잘 했는지는 꿈에서도 점검할 수 있다. 만약 부처님과 상관없는 꿈을 꾼다면 수련을 잘 못한 것이다. 왜냐하면 꿈은 소혼미小昏迷이고 소사망小死亡이며, 임종은 대혼미大昏迷이고 대사망大死亡이기 때문이다.

■질문 : 스승님! 임종 때 자기의 스승님 명호를 불러도 됩니까?
■만행스님 : 그래도 좋다.

③ 정도를 지키며 현실을 누리는 것이 해탈이다

■질문 : 스승님!『능엄경』을 읽은 뒤로 성불수행은 아주 힘들고 어렵다고 생각되어 도가공道家功을 배우게 되었습니다. 그런데 어떻게 하면 마의 장애를 제거할 수 있습니까?
■만행스님 : 사실 '마'라고 하는 것은 너 자신이 이런 것을 좋아했기 때문에 생긴다. 육근이 색진色塵에 집착하지 않는데, 어떻게 색진에 끌려다니겠는가? "색이 사람을 유혹하는 것이 아니라 자기가 스스로 미혹되었고, 술이 사람을 취하게 한 것이 아니라 사람이 스스로 취했다."라는 말과 같이, 좌선하는 과정에 나타나는 경계에

집착하지 않으면 마魔가 달라붙을 수 없다. 이상하게 살아가는 사람들은 모두 경계에 너무 집착하기 때문이다.

■질문 : 스승님! 이미 몇 년 동안 계속 '삼청파三淸派'를 배우면서 부적(符呪)쓰는 방법으로 사람들에게 부적을 그려 주었습니다. 지금은 스승님의 수련방법대로 수련하고 「육자대명주」를 독송합니다. 앞으로 이전에 쓰던 방법을 계속 써도 됩니까? 만약 안 된다면 철저하게 내려놓으려고 합니다.
■만행스님 : 사람들에게 부적을 그려주는 것이 소용 있다고 생각하는가?

■질문 : 십여 년을 그렸는데 찾아오는 사람들도 많고 효과도 있는 듯합니다.
■만행스님 : 어떤 일이든 정도를 지키면 되지만 정도를 넘으면 안 된다. 어떤 사람이 어제 나에게 "왜 이조二祖께서 의발을 받았는데도 홍등가로 갔으며, 그곳에 가서 무엇을 하셨느냐?"라고 물었다. 사실 이조께서는 절대 자신을 위해 간 것이 아니고 즐기기 위한 것도 아니다.

부처님·보살님이 중생을 구제할 때 32가지 상相으로 나타난다고 하지만 32가지 상뿐이 아니다. 부모님들도 자식을 교육하기 위해 혼내고 때리고 다독이는 등등 각종 방법을 다 사용한다. 어떤 방법을 사용하든지 모두 자식을 교육하기 위한 것이 목적이다.

성불수행을 하는 대부분의 사람들이, 자신의 전생은 누구이고 무엇을 했던 사람인지를 알고 싶어 한다. 마침 오늘 한 신도님께서 전화가 왔는데, 자기의 전생이 누구였는지를 물었다. "당신의 전생은 측천무후였다."라고 했더니, 너무나 좋아서 어쩔 바를 모르면서 "정말 대단하신 스님입니다. 정말 부처님이십니다."라는 것이다. 그래서 내가 "당신의 전생은 거렁뱅이였다."라고 하니, "아닐건데요…"라고 하며 실망하는 것이다.

'전생에 무엇이었다.'가 중요한 것이 아니다. 중요한 것은 '다음 생에 무엇을 하느냐?' 하는 것이다. 전생에 무엇이었든지 간에 반드시 현재의 현실을 받아들여야 한다. 전생은 이미 지나간 것이고, 이번 생을 잘 살아야 한다. 어제 저지른 잘못을 고칠 수 있는가? 뼈저리게 뉘우치고 잘못을 고치려는 자체가 내일 잘못을 범하지 않고 잘 하겠다는 표현이다.

사실 성불수행 하는 사람들은 성불수행을 하지 않는 사람들보다 해탈하기 어렵다. 왜냐하면 대부분의 사람들은, 자기 몸에 올가미를 씌우기 때문이다. 해탈한 사람들은 여기 모인 우리와 같지 않다. 무엇을 해탈이라고 하는가? 과거를 회상하지 않고, 미래를 생각하지 않으며, 지금을 누리는 것을 해탈이라고 한다.

찾아보기

*

- 4무색정(무색계)   487
- 4선(색계)   487
- 4선팔정   487
- 7일주기   427
- 8식   149, 152, 241

ㄱ

- 각념   194
- 각지   224
- 간화두와 참화두   415
- 건곤선전   475, 503
- 견도   187, 188
- 견혹   183
- 겸손한 마음이 무아다   106
- 『고승전高僧傳』   28
- 공마저 공이 되는 경계   134
- 공무변처空無邊處   487
- 공에서도 각지는 존재한다   403
- 『관무량수경』   139
- 관음청성   472, 502
- 관정   73~75
- 광영문두   436
- 『금강경』   43, 86, 445
- 금강송   231, 457, 466
- 기억은 인과의 씨앗   231
- 기운을 순환시키는 방법   259
- 길상와   250, 500
- 깨달은 스승   70

ㄴ

- 내면의 경계   408
- 내재의 광명   392
- 『논어』, 「위정」   119
- 『능엄경』   60, 126, 353, 386, 453, 507

ㄷ

- 당하   38
- 『도덕경』「37, 위정장」   442
- 『도덕경』, 「10장, 능위장」   341
- 독각불   423
- 독경   60
- 동공이 필요한 이유   447
- 동動과 념念   229
- 두 번째 나   328
- 득도한 사람   28

ㅁ

- 마음을 가라앉히는 것이 수행   171
- 마음을 한 곳에 두면   120
- 마음의 산란   233
- 마하스님   204
- 망상도 힘이다   384
- 망상보다는 염불이 낫다   358
- 망아의 정   372
- 머리를 개운하게 하는 방법   351
- 머무르는 바 없이 마음을 내라   170
- 목건련존자   295

- 몸이 있는 곳에 마음도 있게 400
- 무기념 360
- 무문관수련 97
- 무상대법 406
- 무소유처無所有處 487
- 무위법 434
- 무주無住 3단계 360
- 미암사 와불 501
- 미추골 312,498
- 밀종 479

ㅂ

- 받침대를 깔고 앉으면 기혈이 잘 통한다 312
- 법맥과 소통 103
- 보리종자 171
- 보병기수련 159
- 보살은 인띠을 두려워한다 223
- 복보 82
- 부처가 부처를 염불한다 133
- 부처님의 삼신 422
- 부처를 믿는 것 307
- 분별이 없는 생각 360
- 불법은 실증에 의거 441
- 불법의 시작과 머무는 곳 31
- 불인선사의 실상반야 185
- 비상비비상처非想非非想處 487

ㅅ

- 사념청정지捨念淸淨地 487
- 사대가합四大假合 479
- 사도에 빠지면 위험하다 38
- 사리 371
- 사문沙門 290
- 사선팔정 483
- 사승과 법맥 101
- 사심은 끝없이 팽창한다 240
- 삼세인과 223
- 상기를 다스리는 법 17
- 서우망월 476,503
- 『서유기西游記』 381
- 『선관정맥禪觀正脈』 241
- 선·정·밀 53
- 선등(또는 방석) 312
- 선정력 208
- 선종 323
- 선칠 수련 427
- 선학전시 473,502
- 성견 237
- 성견과 아집 365
- 소동파의 오도게 185
- 소리를 내서 읽어라 453
- 손은 어떻게 놓으면 되는가? 13
- 수련도 인이 박인다 61
- 수청월자래 착지월불래 331
- 수행과정의 4가지 반응 167
- 수행의 가장 합당한 방법 449
- 수행의 관건 96
- 수행한다는 것은 과거생의 인연이 이어진 것이다 386
- 순기자연과 무아 235
- 숨을 들이 쉼 461
- 스승을 믿고 모든 것을 맡겨라 30
- 식무변처識無邊處 487
- 신체를 다스리면 마음도 다스려진다 436
- 신체수련의 4가지 단계와 반응 168
- 신체의 순환과 마음상태 339
- 신통력 93,95
- 심리수련 494

- 심향心香　141

ㅇ
- 아상　433
- 아집　79, 236, 242
- 안반법　299
- 안분수기　69
- 앉은 자세가 제일 중요하다　309
- 약간 숙여 앉아라　464
- 어미타불　34
- 업장　111, 140
- 에너지는 두 다리에서 생긴다　507
- 여덟 단계 기 운행　488
- 『역경』　422, 423
- 연도풍광　42
- 연화생동공　342, 369, 469, 499
- 『열자列子』　27
- 염불　137, 139, 143
- 염불수행법　125
- 염불해서 나타나는 경계들　144
- 오만함이 진보를 막는다　244
- 오체투지　40
- 오후불식　348
- 와선　287
- 용감하게 정진하면 성공한다　115
- 우두라융(594-657)　287
- 우란분회　87
- 우바리존자　291
- 유위법　327, 434
- 육자　461
- 「육자대명주」　159
- 「육자대명주」 음념법　453
- 육자진언　328, 459
- 『육조단경』　63, 221
- 음양이 균형　342
- 응무소주이생기심　170
- 의근　381
- 의식을 조절　311
- 이 세상에서 해탈　33
- 이근을 항복　454
- 이생희락지離生喜樂地　487
- 이해했다면 실행　445
- 이희묘락지離喜妙樂地　487
- 인경　247, 427
- 인과　192
- 인재 양성의 세 방법　121
- 일심불란　57, 201~207
- 일심불란의 선정력　215
- 일심전력　209
- 일체유심조　229
- 임맥·독맥·중맥　485
- 임종　40, 47, 420, 508
- 입도　65
- 입으로 내쉰다　461
- 입정　260, 283, 289
- 입정과 출정과정　276
- 입정의 네 단계　275
- 입지충천　478, 503

ㅈ
- 자기 수준에 맞는 스승　109
- 자기에게 엄격하라　175
- 자기의 마음을 지켜라　401
- 자기의 진면목　89
- 자발동공이 생기는 원인　339
- 자세·호흡·의식조절　346, 460
- 자신을 확실히 알아야 한다　238
- 자신의 결점을 보라　22
- 자신의 생각을 똑바로 관찰하라　270
- 잠드는 것과 입정　247

- 잡념　　　　　　　　221,265,345
- 잡념은 각지로 다스린다　　221
- 정·기·신　　　　　481,482,484
- 정념상속　　　　　　　　129
- 정생희락지定生喜樂地　　　487
- 정수리　　　　　　　　　378
- 정수리 연꽃이 다 피었다　331
- 정신집중　　　　　　　　172
- 정토종　　　　　　　　35,231
- 정확한 좌선자세 훈련법　　380
- 종宗과 교敎의 불성관佛性觀　226
- 좌선 몽롱한 상태를 깨는 법　333
- 좌선은 동공과 병행　　　　505
- 좌선의 자세　　　　　　　373
- 좌선하며 자고 깨는 방법　　255
- 잠재되었던 질병이 드러난다　495
- 중관　　　　　　　　　　189
- 중맥　　　　　　　　　　289
- 중생상　　　　　　　　　433
- 중음신　　　　　　　　33,278
- 중생은 과果를 두려워한다　223
- 증도위　　　　　　　　190,192
- 지관　　　　　　　　　　266
- 지관止觀과 입정入定　　　　265
- 지금 생에서 수행하라　　　161
- 지옥아귀도　　　　　　　　35
- 지혜는 번뇌속에서 현현한다　131
- 진실해야 진보가 된다　　　18
- 진심은 뿌리이고 망심은 싹이다 63
- 진언　　　　　　　　　　461
- 집착할 줄도 알아야 한다　　180

ㅊ

- 참의 과정　　　　　　　　417
- 참학　　　　　　　　　　365

- 참화두의 수련법　　　　　423
- 채식　　　　　　　　　　142
- 청정지　　　　　　　　　486
- 체내의 원기　　　　　　　341
- 출정의 세 단계　　　　　　275
- 취정회신　　　　　　　　262

ㅋ ㅌ

- 코로 내쉰다　　　　　　　461
- 타칠　　　　　　　　　　428
- 탁기를 몰아낸다　　　　　316

ㅍ

- 팔만사천 수련방법　　　　320
- 팔식八識의 개념도　　　　　456
- 포향　　　　　　　　265,391
- 풍습　　　　　　　　　　344

ㅎ

- 하단전　　　　　　　　　461
- 하주강번　　　　　473,498,506
- 하화요파　　　　　　477,503
- 한 가지 일에 몰두하라　　　177
- 해탈　　　　　　　　　　　31
- 혀끝을 입천장에 붙인다　　314
- 현성승　　　　　　　　　　92
- 혜가대사　　　　　　187,356
- 호흡조절　　　　　　310,315
- 홍법　　　　　　　　　　396
- 화두　　　　　　　　　　415
- 화신化身과 8식의 단계　　　148
- 『화엄경』　　　　　　　　331
- 환희의 날　　　　　　　　97
- 회음혈　　　　　　　　　378
- 희락지와 묘락지　　　　　486

만행스님의 글씨

降伏其心

東華禪

其心無住
善用其心

心本自在
心燈常明